KB146305

개념은 쉽게
기능은 빠르게
실무활용은 바로

회사에서
바로 **통** 하는

김경자·송선영 지음

실무 엑셀 함수&수식

모든 버전 사용 가능

2007 2010 2013 2016 2019 Microsoft 365

H 한빛미디어
Hanbit Media, Inc.

지은이 김경자

LG전자 LearningCenter에 근무하면서 IT교육과 인연을 맺어 현재는 기업체 및 공무원연수원에서 강의 및 엑셀 VBA를 활용한 업무혁신 프로그램을 개발하고 있습니다.

저서로는 《회사에서 바로 통하는 실무 엑셀 매크로&VBA》(한빛미디어, 2020), 《회사에서 바로 통하는 실무 엑셀 데이터 활용+분석》(한빛미디어, 2019), 《엑셀 2016 기본+실무완성》(북스홀릭퍼블리싱, 2018), 《회사에서 바로 통하는 엑셀 함수 실무 강의》(한빛미디어, 2017), 《엑셀 2016 매크로&VBA》(정보문화사, 2016), 《회사에서 바로 통하는 엑셀 데이터 활용+분석》(한빛미디어, 2016), 《엑셀 2013 기본+실무완성》(북스홀릭퍼블리싱, 2014), 《엑셀 2010 매크로&VBA》(영진닷컴, 2012), 《엑셀 2010 기본+실무완성》(북스홀릭퍼블리싱, 2011) 등이 있습니다.

Email onwings@cpedu.co.kr
Blog blog.naver.com/onwings

지은이 송선영

한국표준협회, 삼성전자, 통계교육원, 중앙교육연수원, 경기도교육연수원, 우정공무원교육원, 단재교육연수원, 충북자치연수원, 경남교육연수원, 경북교육연수원, 부산교육연수원, 농촌진흥청 등의 교육 기관에서 IT 및 정보화 교육, MS 오피스 등의 강의를 진행하고 있습니다.

저서로는 《회사에서 바로 통하는 실무 엑셀 데이터 활용+분석》(한빛미디어, 2019), 《회사에서 바로 통하는 엑셀 함수 실무 강의》(한빛미디어, 2017), 《회사에서 바로 통하는 엑셀 데이터 활용+분석》(한빛미디어, 2016), 《엑셀 2013 기본+실무완성》(북스홀릭퍼블리싱, 2014) 등이 있습니다.

Email asanyer@hanmail.net

회사에서 바로 통하는
실무 엑셀 함수&수식

초판 1쇄 발행 2021년 6월 11일
초판 3쇄 발행 2023년 10월 13일

지은이 김경자, 송선영 / **펴낸이** 김태헌
펴낸곳 한빛미디어(주) / **주소** 서울시 서대문구 연희로2길 62 한빛미디어(주) IT출판1부
전화 02-325-5544 / **팩스** 02-336-7124
등록 1999년 6월 24일 제25100-2017-000058호 / **ISBN** 979-11-6224-439-5 13000

총괄 배윤미 / **책임편집** 장용희 / **기획 · 편집** 박동민 / **교정** 전성희 / **진행** 진명규
디자인 표지 박정화 내지 박정우 / **전산편집** 오정화
영업 김형진, 장경환, 조유미 / **마케팅** 박상용, 한종진, 이행은, 김선아, 고광일, 성화정, 김한솔 / **제작** 박성우, 김정우

이 책에 대한 의견이나 오탈자 및 잘못된 내용에 대한 수정 정보는 한빛출판네트워크 홈페이지나 아래 이메일로 알려주십시오.
잘못된 책은 구입하신 서점에서 교환해 드립니다. 책값은 뒤표지에 표시되어 있습니다.
한빛출판네트워크 홈페이지 www.hanbit.co.kr / 이메일 ask@hanbit.co.kr / 자료실 www.hanbit.co.kr/src/10439

Published by HANBIT Media, Inc. Printed in Korea
Copyright © 2021 김경자, 송선영 & HANBIT Media, Inc.
이 책의 저작권은 김경자, 송선영과 한빛미디어(주)에 있습니다.
저작권법에 의해 보호를 받는 저작물이므로 무단 복제 및 무단 전재를 금합니다.

지금 하지 않으면 할 수 없는 일이 있습니다.
책으로 펴내고 싶은 아이디어나 원고를 메일(writer@hanbit.co.kr)로 보내주세요.
한빛미디어(주)는 여러분의 소중한 경험과 지식을 기다리고 있습니다.

원하는 결과를 얻으려면 엑셀 함수를 정확히 입력해야 한다!

필자의 강의를 들으러 온 교육생 한 분이 이런 이야기를 한 적이 있습니다. VLOOKUP 함수를 사용하면 어떤 때는 결과가 잘 나오는데, 어떤 때는 결과가 제대로 나오지 않아서 함수를 신뢰할 수 없다는 내용이었습니다. 이는 VLOOKUP 함수의 형식과 조건을 정확히 이해하지 못한 상태에서 사용했을 때 일어나는 문제입니다. 엑셀 함수는 업무 상황에 맞춰 정확히 입력해야만 비로소 원하는 결과를 구해줍니다. 따라서 엑셀 함수를 잘 쓰고 싶다면 우선 기본기를 탄탄하게 다지고, 이렇게 쌓은 기본기를 바탕으로 실무에 활용할 수 있는 응용력을 키우고 발휘해야 합니다.

실무에서 바로 활용할 수 있는 프로젝트 예제를 수록했다!

이 책은 필자가 20년 동안 현장에서 엑셀 실무자를 대상으로 엑셀 수식과 함수를 강의하면서 접해온 현장감을 담아 집필하려고 노력했습니다. 업무에서 좀 더 쉽게 함수를 사용할 수 있도록 예제를 구성하고 친절한 설명을 수록했습니다. 실무형 프로젝트 예제는 회사에서 바로 사용할 수 있는 것만 선별해 구성했습니다.

엑셀 함수의 달인이 되어 엑셀 전문가로 거듭나자!

어떠한 형태로 기능을 전달해야 독자분들이 가장 잘 이해할 수 있을지, 어떤 예제를 다루어야 실무에서 적용할 때 부족함이 없을지, 그리고 수식과 함수 교육에서 가장 궁금해하는 질문 사항에는 어떤 것이 있는지 등을 차곡차곡 모아 이 책에 수록하기 위해 최선을 다했습니다. 아무쪼록 이러한 노력이 이 책으로 엑셀 함수를 학습하는 여러분에게 그대로 전달되면 좋겠습니다. 이 책을 보는 독자분들이 엑셀 함수의 달인이 되어 주위에서 부러워하는 엑셀 전문가로 거듭날 수 있길 바랍니다.

많은 사람의 시간과 노력, 그리고 정성이 들어가야 한 권의 책이 완성됩니다. 이 책은 20년 동안 강의에서 받아왔던 질문 사항을 중심축으로 구성했습니다. 궁금한 사항을 질문해준 교육생들에게 감사드립니다. 더불어 편집, 교정, 출력 담당자분들에게 감사드리며, 무엇보다 항상 함께해준 가족과 응원해준 지인들에게 감사드립니다.

2021년 6월
김경자

이 책의 구성

핵심기능

엑셀 수식과 함수를 다룰 때 반드시 알아야 할 핵심기능과 활용 방법을 소개합니다. 핵심 기능을 통해 수식과 함수의 기본기를 충실히 익힐 수 있습니다.

회사에서 바로 통하는 키워드

어떤 엑셀 기능과 함수를 이용해 실습을 진행 하는지 확인할 수 있습니다.

프로젝트 실무 예제

실제 업무에서 쏙 뽑아온 실무 예제로 각각의 상황별로 어떤 함수를 사용해야 하고 어떻게 응용해야 하는지를 학습할 수 있습니다.

실습 파일&완성 파일

핵심기능과 프로젝트를 따라 할 때 필요한 예 제 파일과 결과를 비교해볼 수 있는 완성 파 일을 제공합니다.

프로젝트 시작하기

프로젝트 예제에서 어떤 작업을 배울지 친절 하게 안내합니다. 실무에 바로 써먹을 수 있어 수식과 함수의 활용 능력을 단숨에 업그레이 드해줍니다.

프로젝트 02

링크된 개체 삭제하고 회사별 거래 연도 표시하기

실습 파일 | Part02/Chapter01/01_02_회사별거래표기.xlsx
완성 파일 | Part02/Chapter01/01_02_회사별거래표기완성.xlsx

01 프로젝트 시작하기

최근 5년 동안 회사에서 거래한 해외 협력 회사의 정보를 사내 정보시스템에서 다운로드하여 엑셀 문서로 저장했습니다. 이 RAW 데이터를 사용하여 각 협력 회사별/연도별 거래 유무를 한눈에 분석할 수 있는 표를 만들려고 합니다. 시스템에서 다운로드한 RAW 데이터에는 불필요하게 링크된 개체가 많이 분포되어 있는데, 이 개체를 이동 옵션 기능으로 일괄 삭제하고 사업명에 설정된 하이퍼링크도 삭제해보겠습니다. 이렇게 편집이 완료된 목록을 참조하여 COUNTIFS 함수로 협력 회사별, 연도별 거래현황을 분석할 수 있는 집계표를 작성하겠습니다. 함수로 완성된 집계표에 사용자 지정 표시 형식과 조건부 서식을 추가하여 직관적으로 결과를 분석할 수 있도록 시각화 문서로 완성합니다.

이 프로젝트를 배우면 외부 시스템에서 다운로드한 데이터에 불필요한 개체가 있을 때 일괄 삭제함으로써 업무 처리 시간을 단축할 수 있고, 함수로 계산된 결과를 시각화하는 기법을 업무에 응용할 수 있습니다.

회사에서 바로 통하는 키워드 | 개체 선택, 하이퍼링크 제거, 이름 정의, COUNTIFS 함수, 사용자 지정 표시 형식, 조건부 서식

프로젝트 예제 미리 보기

학습에 들어가기 전에 완성된 실습 예제를 미리 확인할 수 있습니다.

한눈에 보는 작업순서

예제의 진행 과정을 한눈에 확인할 수 있도록 단계별 작업순서를 표시했습니다.

핵심기능 미리 보기

각 STEP의 작업 내용과 작업에 필요한 기능을 확인할 수 있습니다. 프로젝트 예제의 전 과정을 미리 살펴보고 학습을 시작합니다.

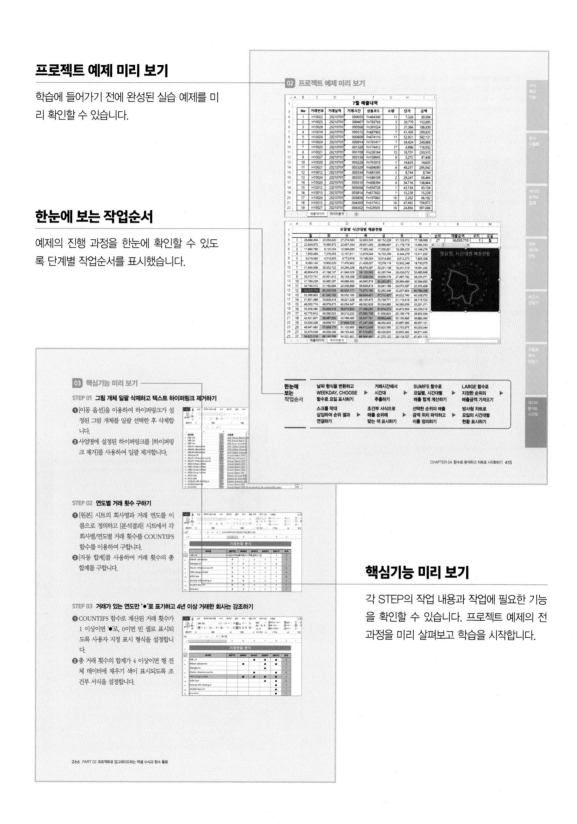

01 입고 데이터 이름 정의하기 [입고]와 [출고] 시트의 사업장명과 품목명 데이터가 SUMIFS 함수에서 절대 참조로 사용되므로 이름으로 정의해보겠습니다. ❶ [입고] 시트 탭을 클릭합니다. ❷ [A1:B84] 범위를 지정한 후 ❸ [수식] 탭-[정의된 이름] 그룹-[선택 영역에서 만들기]를 클릭합니다. ❹ [선택 영역에서 이름 만들기] 대화상자에서 [첫 행]에만 체크한 후 ❺ [확인]을 클릭합니다.

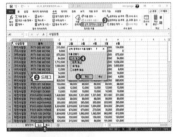

시간단축

[A1:B1] 범위를 지정한 후 Ctrl+Shift+□를 누르면 빠르게 범위를 지정할 수 있습니다.

실력향상

[A13:B84] 범위를 지정한 상태에서 [선택 영역에서 만들기]를 실행하면 각 열의 첫 번째 셀이 이름 문자로 사용되고 두 번째 셀부터 마지막 셀까지는 이름 범위로 적용됩니다.

02 입고 데이터와 출고 데이터를 구분하기 위해 정의된 이름을 수정해보겠습니다. ❶ [수식] 탭-[정의된 이름] 그룹-[이름 관리자]를 클릭합니다. ❷ [이름 관리자] 대화상자에서 [사업장명]을 더블클릭합니다. ❸ [이름 편집] 대화상자의 [이름]을 **입고사업장**으로 변경합니다. ❹ [확인]을 클릭합니다. ❺ 같은 방법으로 [품목명]을 **입고품목**으로 변경합니다.

078 PART 01 엑셀 수식과 함수를 제대로 다루는 데 꼭 필요한 핵심기능 40

시간단축

알아두면 엑셀을 활용한 업무를 좀 더 효율적으로 처리할 수 있고 작업 시간을 단축할 수 있는 내용을 팁으로 수록했습니다.

실력향상

실습을 진행하며 헷갈리기 쉬운 부분이나 기능 활용에 유용한 팁을 수록했습니다.

비법노트

수식과 함수를 다루는 데 필요한 기본 개념이나 따라 하기 실습 과정에서 알면 좋은 엑셀 활용 방법, 함수 구성 방법 등 엑셀 전문가의 노하우를 알려줍니다.

인덱스

현재 학습하고 있는 지점이 엑셀 함수&수식의 어떤 주요 기능을 다루고 있는지 바로 확인할 수 있습니다.

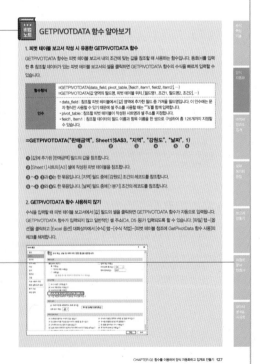

비법노트

GETPIVOTDATA 함수 알아보기

1. 피벗 테이블 보고서 작성 시 유용한 GETPIVOTDATA 함수

GETPIVOTDATA 함수는 피벗 테이블 보고서 내의 조건에 맞는 값을 참조할 때 사용하는 함수입니다. 등호(=)를 입력한 후 참조할 데이터가 있는 피벗 테이블 보고서의 셀을 클릭하면 GETPIVOTDATA 함수의 수식을 빠르게 입력할 수 있습니다.

함수형식	=GETPIVOTDATA(data_field, pivot_table, [field1, item1, field2, item2], …) =GETPIVOTDATA([값 영역의 필드명, 피벗 테이블 위치, [필드명1, 조건1, 필드명2, 조건2], …)
인수	• data_field : 참조할 피벗 테이블에서 [값] 영역에 추가된 값 중 가져올 필드명입니다. 이 안수에는 문자 형식만 사용할 수 있기 때문에 셀 주소를 사용할 때는 ""(큰따옴표)를 함께 입력합니다. • pivot_table : 참조할 피벗 테이블이 작성된 시트명과 셀 주소를 지정합니다. • field1, item1 : 참조할 데이터의 [값] 이름과 항목 이름을 한 쌍으로 구성하여 총 126개까지 지정할 수 있습니다.(…)

=GETPIVOTDATA("판매금액", Sheet1!$A$3, "지역", "강원도", "날짜", 1)

❶ [값]에 추가된 [판매금액] 필드의 값을 참조합니다.

❷ [Sheet1] 시트의 [A3] 셀에 작성된 피벗 테이블을 참조합니다.

❸ ~ ❹는 한 묶음입니다. [지역] 필드 중에 [강원도] 조건의 레코드를 참조합니다.

❺ ~ ❻ 역시도 한 묶음입니다. [날짜] 필드 중에 [1분기] 조건의 레코드를 참조합니다.

2. GETPIVOTDATA 함수 사용하지 않기

수식을 입력할 때 피벗 테이블 보고서에서 [값] 필드의 셀을 클릭하면 GETPIVOTDATA 함수가 자동으로 입력됩니다. GETPIVOTDATA 함수가 입력되지 않고 일반적인 셀 주소(C4, D5 등)가 입력되도록 할 수 있습니다. [파일] 탭-[옵션]을 클릭하고 [Excel 옵션] 대화상자에서 [수식] 탭-[수식 작업]-[피벗 테이블 참조에 GetPivotData 함수 사용]의 체크를 해제합니다.

CHAPTER 02 함수를 이용하여 양식 자동화하고 집계표 만들기 127

별책 부록

예제 파일의 [별책 부록] 폴더에 포함된 PDF 도서입니다. 실전형 함수 활용 매크로를 제작할 수 있는 고급 실무 프로젝트 예제로 구성되어 있습니다.

컨트롤 도구와 함수를 활용하여 매크로 프로그램 만들기

고급 실무 프로젝트

02

거래구분에 맞는 화면 표시하고 거래내역을 자동으로 기록하는 매크로 만들기

실습 파일 | 별책부록/거래내역서.xlsm
실습 파일 | 별책부록/거래내역서완성).xlsm

로 기록과 VBA는 엑셀에 없는 기능을 사용자가 직접 만들어 사용할 수 있는 도
의 함수와 양식 컨트롤, 매크로 기록, VBA를 함께 사용하면 반복 작업을 효율적
쉬운 속도로 작업할 수 있습니다. 먼저 ActiveX 컨트롤의 콤보 상자를 시번과
걸리도록 이벤트 프로시저를 작성하는 방법을 알아보겠습니다. 그리고 거래구분
자동으로 표시되는 매크로 기록 방법과 거래내역이 기존 데이터에 반영되는 매
크로로 기록하는 방법을 배워보겠습니다.

고급 실무 프로젝트 예제

엑셀 함수&수식 기능을 활용한 자동화 프로그램을 제작하는 예제입니다. 엑셀 매크로와 VBA를 사용해 직접 제작해보면서 실전에서의 고급 활용법을 배울 수 있습니다.

01 프로젝트 시작하기

거래구분에 맞는 화면을 표시하고 거래내역을 기존 데이터에 반영하는 매크로를 만들어보겠습니다. 거래처와 도서명은 양식 컨트롤의 콤보 상자를 이용하여 목록으로 표시하고 연관 데이터는 INDEX, INDIRECT 함수로 가져와보겠습니다. 옵션 단추로 입고, 출고를 선택하면 거래구분에 맞는 화면이 자동으로 표시되도록 매크로를 기록하고, 입고/출고 화면에서 입력한 데이터는 거래처와 도서 목록 데이터에 반영되도록 VBA 코드를 작성해보겠습니다.

이 프로젝트를 학습하면 옵션에 따라 다르게 화면을 표시하는 자동 매크로를 기록하는 방법과 원하는 시트에 데이터를 입력하는 코드, 다른 매크로를 호출하는 코드 등의 활용 방법을 익힐 수 있습니다.

| 회사에서 바로 통하는 키워드 | 이름 정의, INDEX 함수, INDIRECT 함수, 옵션 단추, 콤보 상자, 매크로 기록, 매크로 편집, Visual Basic 편집기 |

회사에서 바로 통하는 실습 예제&별책 부록 다운로드

이 책에 사용된 모든 실습 및 완성 예제 파일은 한빛미디어 홈페이지(www.hanbit.co.kr/media)에서 다운로드할 수 있습니다. 예제 파일은 따라 하기를 진행할 때마다 사용되므로 컴퓨터에 복사해두고 활용합니다.

1 한빛미디어 홈페이지(www.hanbit.co.kr/media)로 접속합니다. 로그인 후 화면 오른쪽 아래에 [자료실] 버튼을 클릭합니다.

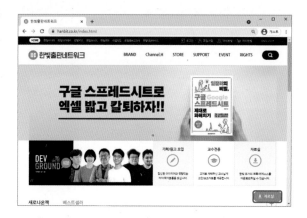

2 자료실 도서 검색란에서 도서명을 검색하고, 찾는 도서가 나타나면 [예제소스] 버튼을 클릭합니다.

3 선택한 도서 정보가 표시되면 오른쪽에 있는 [다운로드] 버튼을 클릭합니다.

다운로드한 예제 파일은 일반적으로 [다운로드] 폴더에 저장되며, 사용하는 웹 브라우저 설정에 따라 다를 수 있습니다.

목차

PART 01

엑셀 수식과 함수를 제대로 다루는 데 꼭 필요한 핵심기능 40

—— CHAPTER 01 ——
수식의 핵심기능 익히고 오류 없이 사용하기

목차

—— CHAPTER 03 ——
데이터 관리 도구와 수식으로 집계하기

목차

PART 02
프로젝트로 업그레이드하는 엑셀 수식과 함수 활용

—— CHAPTER 01 ——
외부 다운로드 데이터 편집하고 실무 활용도가 높은 집계표 만들기

—— **CHAPTER 02** ——

표 데이터를 변환하여 한눈에 확인하는 보고서 작성하기

—— **CHAPTER 03** ——

수식과 함수를 활용하여 자동화 문서 만들기

—— CHAPTER 04 ——
함수로 분석하고 차트로 시각화하기

회사에서 바로 통하는 비법노트

개념을 익히고 이론 학습이 필요한 부분은 별도로 참고할 수 있도록 노트로 구성했습니다. 실무에 꼭
필요한 엑셀 실력을 쌓을 수 있습니다.

목차

PART
01

엑셀 수식과
함수를 제대로
다루는 데 **꼭 필요한**
핵심기능 40

엑셀에서 가장 폭넓게 사용할 수 있는 기능이 수식과 함수입니다. 대부분의 엑셀
사용자들은 엑셀의 막강한 수식과 함수 기능을 활용하기 위해서 엑셀을 쓴다고 해
도 과언이 아닙니다. 기본이 튼튼해야 실력이 쌓이는 것처럼 수식과 함수도 기본
기능부터 탄탄하게 다져야 합니다.
PART 01에서는 엑셀의 꽃인 수식과 함수를 활용할 때 꼭 알아두어야 할 핵심기
능과 실무에서 주로 사용하는 엑셀 함수를 중심으로 기능과 사용 방법을 알아보겠
습니다.

CHAPTER

01

수식의 핵심기능 익히고 오류 없이 사용하기

엑셀 수식은 수많은 데이터 목록을 대상으로 입력하기 때문에 대부분 수식을 복사하여 사용합니다. 그런데 복사된 수식 중 일부 셀에 오류가 발생하면 다른 셀의 결과에도 오류가 발생할 수 있어 신뢰성이 떨어지게 됩니다. 따라서 수식을 오류 없이 정확하게 입력하는 것이 중요합니다. 이번 CHAPTER에서는 수식에서 꼭 익혀야 할 셀 참조 방식과 오류가 발생했을 때 해결하는 방법, 그리고 수식을 사용할 수 없는 데이터 목록인 경우 빠르게 편집하여 가공하는 방법에 대해 알아보겠습니다.

수식을 빠르게 입력하고 다양한 방법으로 복사하기

실습 파일 | Part01/Chapter01/01_01_예산실적비교.xlsx
완성 파일 | Part01/Chapter01/01_01_예산실적비교(완성).xlsx

셀에 입력된 수식을 복사하여 붙여 넣을 때 복사한 수식을 연속적인 셀 범위에 붙여 넣어야 하는 경우도 있고, 비연속적인 셀 범위에 붙여 넣어야 하는 경우도 있습니다. 작성된 표 모양에 따라 가장 적절하게 사용할 수 있는 수식 입력 및 복사 방법에 대해 알아보겠습니다.

미리 보기

회사에서 바로 통하는 키워드 : 채우기 옵션, 이동 옵션, Ctrl + Enter, Ctrl + D, Ctrl + R

한눈에 보는 작업순서				
비율 수식 복사하여 자동 채우기 옵션 변경하기 ▶	이동 옵션으로 빈 셀 지정하여 수식 동시에 입력하기 ▶	분기별 총계 자동 계산하기 ▶	단축키로 위쪽 셀과 왼쪽 셀 수식 복사하기 ▶	그룹별 합계와 비율 아래로 복사하기

01 비율 수식 복사하여 채우기 옵션 변경하기 ❶ [C6] 셀에 **=C5/C4**를 입력합니다. ❷ [C6] 셀의 채우기 핸들을 드래그하여 [V6] 셀까지 복사합니다. ❸ [자동 채우기 옵션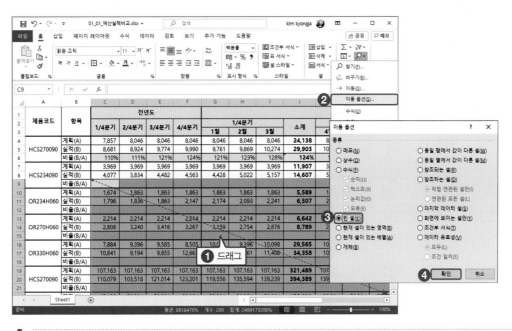]을 클릭한 후 ❹ [서식 없이 채우기]를 클릭합니다.

📶 실력향상 [자동 채우기 옵션]은 다른 작업을 진행하면 자동으로 사라집니다. 따라서 수식을 복사한 후 바로 클릭해 옵션을 변경해야 합니다.

02 이동 옵션으로 빈 셀 지정하여 수식 동시에 입력하기 ❶ [C9:V30] 범위를 지정한 후 ❷ [홈] 탭–[편집] 그룹–[찾기 및 선택]–[이동 옵션]을 클릭합니다. ❸ [이동 옵션] 대화상자에서 [빈 셀]을 클릭한 후 ❹ [확인]을 클릭합니다.

⏱ 시간단축 F5 를 누른 후 [이동] 대화상자에서 [옵션]을 클릭하면 좀 더 빠르게 [이동 옵션] 대화상자를 표시할 수 있습니다.

수식
핵심
기능

양식
자동화

데이터
관리&
집계

외부
데이터
편집

보고서
만들기

자동화
문서
만들기

데이터
분석&
시각화

03 ❶ 빈 셀이 모두 지정된 상태로 **=C8/C7**을 입력한 후 Ctrl + Enter 를 누릅니다. ❷ 지정된 빈 셀에 비율이 모두 입력됩니다.

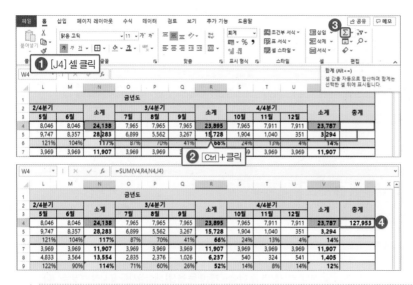

ılı 실력향상 Ctrl + Enter 로 수식을 입력하면 수식을 복사하는 것처럼 셀 주소가 변경되어 각 셀에 맞는 비율이 계산됩니다. 빈 셀이 지정된 상태에서 [C9] 셀을 다시 클릭하지 않도록 주의해야 합니다.

04 분기별 총계 자동 계산하기 ❶ [J4] 셀을 클릭한 후 ❷ Ctrl 을 누른 상태에서 [N4] 셀, [R4] 셀, [V4] 셀, [W4] 셀을 각각 클릭합니다. ❸ [홈] 탭-[편집] 그룹-[합계Σ]를 클릭합니다. ❹ [W4] 셀에 SUM 함수가 입력되어 합계가 계산됩니다.

ılı 실력향상 [합계]는 지정된 범위 중 마지막 셀이 빈 셀이면 범위의 마지막 셀에 자동으로 합계를 표시합니다.

05 단축키로 위쪽 셀과 왼쪽 셀의 수식 복사하기 ❶ [W5] 셀을 클릭한 후 Ctrl + D 를 누릅니다. 위쪽 셀의 수식이 복사됩니다. ❷ [W6] 셀을 클릭한 후 Ctrl + R 을 누릅니다. 왼쪽 셀의 수식이 복사됩니다.

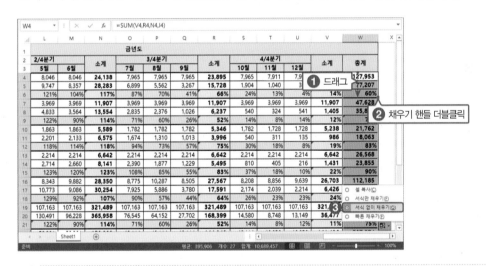

06 그룹별 합계와 비율 아래로 복사하기 ❶ [W4:W6] 범위를 지정한 후 ❷ 채우기 핸들을 더블 클릭합니다. ❸ [자동 채우기 옵션]을 클릭하여 [서식 없이 채우기]를 클릭합니다.

실력향상 수식이나 값을 복사할 때 채우기 핸들을 드래그하면 드래그하는 셀까지만 복사됩니다. 채우기 핸들을 더블클릭하면 첫 번째 기준으로 왼쪽 열인 V열의 데이터가 채워진 곳까지만 복사되고, 만약 왼쪽 열이 비어 있으면 두 번째 기준으로 오른쪽 열인 X열에서 데이터가 채워진 곳까지만 복사됩니다.

이동 옵션을 이용하여 필요한 셀만 지정하기

이동 옵션을 이용하면 텍스트(상수), 수식, 메모, 빈 셀, 화면에 보이는 셀만, 개체 등 종류별로 데이터를 지정할 수 있습니다.

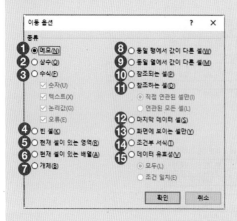

❶ **메모** : 지정된 범위 또는 선택된 워크시트에서 메모가 입력된 셀을 지정합니다.

❷ **상수** : 수식을 제외하고 데이터가 입력된 셀을 지정합니다.

❸ **수식** : 수식이 입력된 셀을 지정합니다. 수식의 결과에 따라 다시 세분화하여 [숫자], [텍스트], [논리값], [오류] 등을 선택할 수 있습니다.

❹ **빈 셀** : 비어 있는 셀만 지정합니다. 수식에 의해 빈 셀로 표시된 셀은 제외됩니다.

❺ **현재 셀이 있는 영역** : 지정된 셀을 중심으로 빈 행과 빈 열이 나오기 전까지의 모든 데이터 영역을 지정합니다. [현재 셀이 있는 영역]이란 현재 지정된 한 개 이상의 셀이 포함된 채워진 셀 블록을 말합니다.

❻ **현재 셀이 있는 배열** : Ctrl + Shift + Enter 를 눌러 배열 데이터를 입력했을 때 한 배열 안에 포함되어 있는 셀들을 지정합니다.

❼ **개체** : 워크시트나 텍스트 상자에 있는 차트 및 단추 등의 그래픽 개체를 지정합니다.

❽ **동일 행에서 값이 다른 셀** : 지정된 셀의 같은 행에서 값이 다른 셀들만 지정합니다.

❾ **동일 열에서 값이 다른 셀** : 지정된 셀의 같은 열에서 값이 다른 셀들만 지정합니다.

❿ **참조되는 셀** : 지정된 셀의 수식에서 참조하고 있는 셀을 지정합니다.

⓫ **참조하는 셀** : 지정된 셀을 참조하고 있는 셀을 지정합니다. 현재 셀을 직접적으로 참조하는 셀만 찾으려면 [직접 연관된 셀만]을 클릭하고, 현재 셀을 직접 또는 간접적으로 참조하는 모든 셀을 찾으려면 [연관된 모든 셀]을 클릭합니다.

⓬ **마지막 데이터 셀** : 현재 워크시트에서 사용된 마지막 셀의 다음 셀을 지정합니다.

⓭ **화면에 보이는 셀만** : 숨겨진 행이나 열은 제외하고 보이는 셀만 지정합니다.

⓮ **조건부 서식** : 조건부 서식이 설정된 셀을 지정합니다.

⓯ **데이터 유효성** : 데이터 유효성 검사가 설정된 셀을 지정합니다. 데이터 유효성 검사가 적용된 모든 셀을 찾으려면 [모두]를 클릭하고, 현재 지정한 셀과 동일한 데이터 유효성 검사가 적용된 셀을 찾으려면 [조건 일치]를 클릭합니다.

수식
핵심
기능

양식
자동화

데이터
관리&
집계

외부
데이터
편집

보고서
만들기

자동화
문서
만들기

데이터
분석&
시각화

핵심기능

02

수식을 사용할 때 자주 나타나는 문제점 해결하기

실습 파일 | Part01/Chapter01/01_02_비품감가상각비.xlsx
완성 파일 | Part01/Chapter01/01_02_비품감가상각비(완성).xlsx

수식이나 함수를 입력할 때 참조하고 싶은 셀이 가려져 있어 클릭할 수 없거나 수식이 문자로 입력되어 계산되지 않는 등의 경험을 종종 해보았을 것입니다. 엑셀을 사용할 때 자주 발생하는 문제의 원인을 파악하고 해결하는 방법에 대해 알아보겠습니다.

미리 보기

회사에서 바로 통하는 **키워드 :** 수식 입력줄, 표시 형식, 수식 표시, 계산 옵션

한눈에 보는 작업순서

참조할 셀이 클릭되지 않는 문제 해결하기 ▶ 수식 입력줄에서 수정하기 ▶ 수식이 문자로 입력되는 문제 해결하기 ▶ 셀에 수식 표시하기 ▶ 계산 옵션 확인하기

01 참조할 셀이 클릭되지 않는 문제 해결하기 셀에 입력하는 수식이 길면 왼쪽 열이나 오른쪽 열까지 수식이 표시되어 수식에 참조할 셀을 클릭할 수 없습니다. ❶ [G5] 셀에 **=ROUNDDOWN(** 를 입력한 후 참조할 셀로 [F5] 셀을 클릭해야 하는데 [G5] 셀에 입력된 수식이 길어 [F5] 셀을 가리고 있으므로 [F5] 셀을 클릭하기 어렵습니다. ❷ 이때는 주변에 있는 다른 셀인 [F4] 셀을 먼저 클릭한 후 ❸ □를 눌러 수식에 [F5] 셀을 입력합니다.

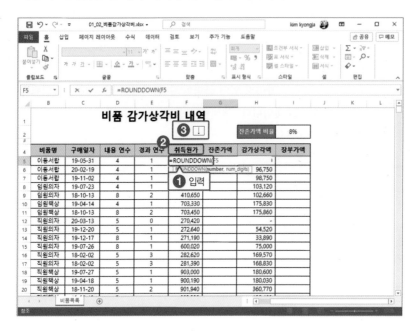

02 ❶ 'F5'가 입력되었다면 ***$I$2, −1)**를 마저 입력하여 수식을 완성합니다. ❷ [G5] 셀의 채우기 핸들을 더블클릭하여 수식을 복사합니다.

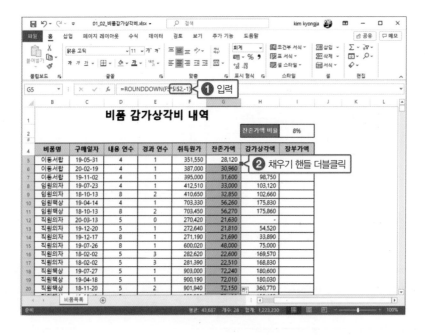

03 수식 입력줄에서 수정하기 긴 수식을 수정할 때는 셀에서 직접 수정하기보다는 수식 입력줄을 이용합니다. 수식 입력줄을 클릭하면 왼쪽 열이나 오른쪽 열의 데이터를 가리지 않기 때문에 참조할 셀을 클릭하기가 편리합니다. ❶ [H5] 셀을 클릭한 후 ❷ 수식 입력줄에 표시된 수식에서 'F5' 의 뒤쪽에 **−G5**를 추가로 입력합니다. ❸ [H5] 셀의 채우기 핸들을 더블클릭하여 수식을 복사합니다.

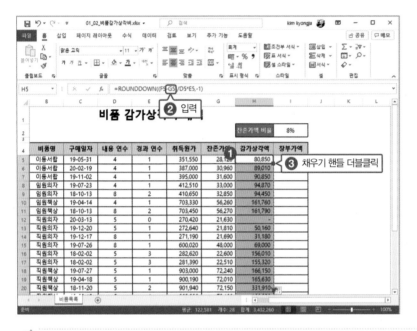

실력향상 셀에 수식이나 데이터를 입력할 때 수식 입력줄에서만 입력 또는 수정할 수 있도록 제한할 수 있습니다. [파일]-[옵션]을 클릭한 후 [Excel 옵션] 대화상자에서 [고급] 탭-[셀에서 직접 편집 허용]의 체크를 해제합니다.

04 수식이 문자로 입력되는 문제 해결하기 [I5] 셀에 **=F5−H5**를 입력합니다. 입력한 수식이 계산되지 않고 셀에 문자로 표시됩니다. 표시 형식이 [텍스트]로 설정되어 있기 때문입니다.

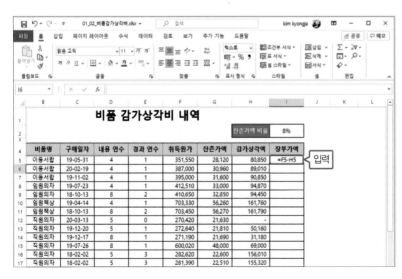

수식
핵심
기능

양식
자동화

데이터
관리&
집계

외부
데이터
편집

보고서
만들기

자동화
문서
만들기

데이터
분석&
시각화

05 ❶ [I5:I32] 범위를 지정한 후 ❷ [홈] 탭-[표시 형식] 그룹-[표시 형식]을 [일반]으로 변경합니다. ❸ [I5:I32] 범위가 선택된 상태에서 F2를 누른 후 ❹ Ctrl + Enter를 누릅니다. 계산된 결과가 다시 표시되고 [I5:I32] 범위에 수식이 동시에 입력됩니다.

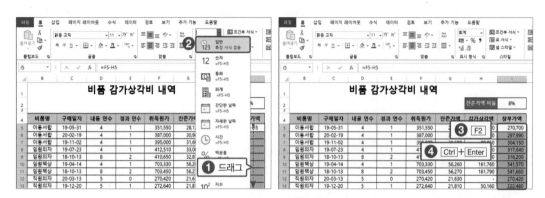

06 셀에 수식 표시하기 셀에는 수식의 결과가 표시되고 수식은 수식 입력줄에 표시됩니다. ❶ [수식] 탭-[수식 분석] 그룹-[수식 표시]를 클릭합니다. 셀에 수식이 모두 표시됩니다. ❷ [수식 표시]를 다시 한번 클릭하면 셀에 다시 수식의 결과가 표시됩니다.

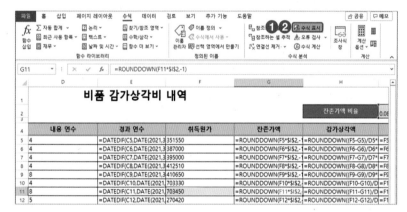

 시간단축

[수식 표시]의 설정 및 해제 단축키는 Ctrl + ` 입니다.

★★★
비법
노트

계산 옵션 확인하기

수식에서 참조한 셀 데이터가 변경되면 수식의 결과도 자동으로 변경됩니다. 참조한 셀 데이터가 변경되었는데도 수식의 결과가 자동으로 변경되지 않거나 채우기로 수식을 복사했을 때 결과가 계산되지 않는다면 계산 옵션이 수동으로 설정되어 있는지 확인합니다. [수식] 탭-[계산] 그룹-[계산 옵션]을 클릭합니다. [계산 옵션]이 [수동]으로 설정되어 있다면 [자동]으로 변경합니다.

수식
핵심
기능

양식
자동화

데이터
관리&
집계

외부
데이터
편집

보고서
만들기

자동화
문서
만들기

데이터
분석&
시각화

핵심기능

03

$ 기호와 이름 정의로
절대 참조 수식 사용하기

실습 파일 | Part01/Chapter01/01_03_판매현황과제품단가.xlsx
완성 파일 | Part01/Chapter01/01_03_판매현황과제품단가(완성).xlsx

다른 셀을 참조하도록 입력한 수식을 복사할 때는 셀 주소에 절대 참조를 지정해 두어야 셀 주소가 바뀌지 않습니다. 절대 참조를 지정하기 위해 셀 주소에 $ 기호를 표시하는 방법과 셀 주소에 새로운 이름을 정의하는 방법을 알아보겠습니다.

미리 보기

회사에서 바로 통하는 **키워드** : 절대 참조, 이름 정의, 이름 관리자

한눈에 보는 작업순서	$ 기호로 절대 참조 수식 사용하기 ▶ 이름 정의하기 ▶ 정의된 이름으로 절대 참조 수식 사용하기

01 $ 기호로 절대 참조 수식 사용하기 [일일현황] 시트의 D열에 '=합계/전체 합계' 형식의 수식을 입력하여 지점별 비율을 구해보겠습니다. 지점별 합계는 각 항목마다 다르지만 전체 합계는 한 셀을 여러 수식에서 동일하게 참조해야 하므로 절대 참조로 지정해야 합니다. ❶ [D4] 셀에 **=C4/C39**를 입력합니다. ❷ 전체 합계인 [C39] 셀이 수식에 'C39'로 입력된 상태에서 F4를 눌러 절대 참조로 변경합니다. 행 번호와 열 이름 앞에 $ 기호가 추가되어 '$C$39'로 표시됩니다. ❸ Enter를 누릅니다. ❹ [D4] 셀의 채우기 핸들을 더블클릭하여 수식을 복사합니다.

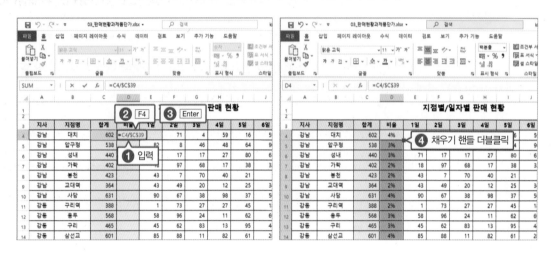

02 이름 정의하기 참조할 셀을 일반적인 문자로 이름 정의하여 수식에 입력해보겠습니다. ❶ [단가산출기준표] 시트 탭을 클릭합니다. ❷ [D5] 셀을 클릭한 후 ❸ [이름 상자]에 **대형제**를 입력한 후 Enter를 누릅니다. [D5] 셀이 [대형제] 이름으로 정의되었습니다.

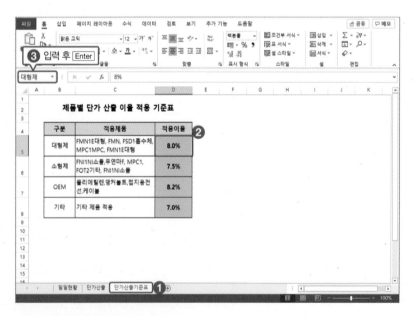

📊 **실력향상** 열 이름과 행 번호로 구성된 A1, B2, C3 등의 셀 주소는 복사하면 셀 주소가 바뀝니다. 그러나 셀 주소를 일반적인 문자로 정의하면 절대 참조 수식으로 적용됩니다.

03 ❶ [D6] 셀을 클릭합니다. ❷ [이름 상자]에 **소형제**를 입력한 후 Enter를 누릅니다. ❸ [D7] 셀을 클릭합니다. ❹ [이름 상자]에 **OEM**을 입력한 후 Enter를 누릅니다.

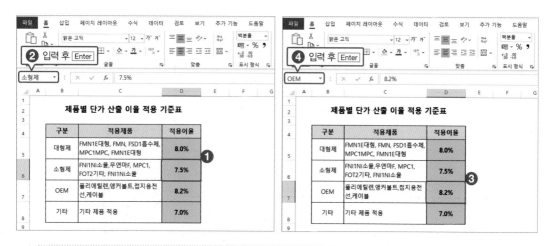

> 📊 **실력향상** 이름을 지정할 때는 규칙을 따라야 합니다. 이름의 첫 글자는 반드시 문자(가나다, ABC 등)로 시작해야 하며 영문일 경우 대소문자를 구별하지 않습니다. 문자 뒤에는 숫자를 사용할 수 있고 특수 문자와 공백은 사용할 수 없지만 언더바(_)는 사용할 수 있습니다.

04 정의된 이름으로 절대 참조 수식 사용하기 [단가산출기준표] 시트에서 정의한 이름을 사용하여 [단가산출] 시트에서 대형제의 이윤을 구해보겠습니다. ❶ [단가산출] 시트 탭을 클릭한 후 ❷ [J6:J14] 범위를 지정합니다. ❸ **=I6*대형제**를 입력한 후 Ctrl+Enter를 누릅니다. [J6:J14] 범위에 수식이 동시에 입력됩니다. 이름으로 정의한 [대형제]는 절대 참조로 사용되었습니다.

> 📊 **실력향상** 이름을 정의하면 셀의 위치와 함께 시트명도 지정되기 때문에 일반적인 문자로 정의한 이름을 수식에서 참조할 때는 시트명을 입력하지 않습니다.

수식
핵심
기능

양식
자동화

데이터
관리&
집계

외부
데이터
편집

보고서
만들기

자동화
문서
만들기

데이터
분석&
시각화

05 소형제와 OEM의 이윤을 구해보겠습니다. ❶ [J15:J22] 범위를 지정합니다. ❷ **=I15*소형제**를 입력한 후 Ctrl+Enter를 누릅니다. ❸ [J23:J35] 범위를 지정합니다. ❹ **=I23*OEM**을 입력한 후 Ctrl+Enter를 누릅니다.

	B	C	D	E	F	G	H	I	J	K
13		FMN1E대형	123,293	11,200	3,016	5,016	7,016	15,048	1,204	16,252
14		FMN2E대형	124,277	12,184	4,000	6,000	8,000	18,000	1,440	19,440
15		FNI1NI소물	304,390	47,484	8,757	10,863	13,038	32,658	=I15*소형제	32,658
16		무연마F	7,257	5,586	490	1,281	1,533	3,304		3,304
17		MPC1MPC	104,149	25,515	4,995	5,840	7,005	17,840		17,840
18	소형제	MPC2MPC	103,275	24,641	4,121	4,966	6,131	15,218		
19		FOT2기타(장비)	417,105	21,853	4,000	5,000	6,000	15,000		
20		FNI1NI소물	124,254	30,440	34,965	39,920	24,950	99,835		99,835
21		FMN1E소형	12,700	9,600	5,600	12,800	8,000	26,400		26,400
22		MPC1MPC	124,381	18,300	21,000	24,000	15,000	60,000		60,000
23		폴리에틸렌 전선	79,514	27,272	8,141	16,065	24,101	48,307		48,307
24		앵커볼트	304,390	104,405	31,150	61,516	92,274	184,940		184,940
25		접지용전선	104,149	35,721	10,661	21,049	31,570	63,280		63,280

❷ 입력 후 Ctrl+Enter · ❶ 드래그

	B	C	D	E	F	G	H	I	J	K
22		MPC1MPC	124,381	18,300	21,000	24,000	15,000	60,000	4,500	64,500
23		폴리에틸렌 전선	79,514	27,272	8,141	16,065	24,101	48,307	=I23*OEM	48,307
24		앵커볼트	304,390	104,405	31,150	61,516	92,274	184,940	OEM	184,940
25		접지용전선	104,149	35,721	10,661	21,049	31,570	63,280		63,280
26		폴리에틸렌케이블	7,257	4,350	636	2,562	3,846	7,044		7,044
27		접지봉	1,309	868	133	511	770	1,414		1,414
28		접지첨가제	187,350	27,540	8,217	16,227	24,339	48,783		
29	OEM	볼트형콘넥터	2,200	200	150	100	100	350		
30		감전보호기	683,991	237,615	70,000	140,000	210,000	420,000		420,000
31		보안등기구	183,160	71,792	16,000	8,000	24,000	48,000		48,000
32		보안등주	183,160	80,766	18,000	9,000	27,000	54,000		54,000
33		L형 앵커	126,105	30,895	25,140	50,215	75,325	150,680		150,680
34		기계터파기	124,284	48,712	39,648	79,176	118,760	237,584		237,584
35		기계되메우기	16,200	12,000	4,800	19,200	29,600	53,600		53,600

❹ 입력 후 Ctrl+Enter · ❸ 드래그

일일현황 · 단가산출 · 단가산출기준표

⏱ **시간단축** 수식을 입력하던 중 정의된 이름이 기억나지 않을 경우 [이름 붙여넣기]를 이용할 수 있습니다. F3을 누르면 [이름 붙여넣기] 대화상자가 표시되어 통합 문서에 정의된 모든 이름이 표시됩니다. 사용할 이름을 더블클릭하면 입력하던 수식에 이름이 자동으로 입력됩니다.

상대 참조, 절대 참조, 혼합 참조 알아보기

셀을 참조하여 입력한 수식을 복사했을 때 복사한 수식의 셀 주소가 바뀌면 상대 참조, 바뀌지 않으면 절대 참조, 행과 열 중에서 하나만 바뀌면 혼합 참조라고 합니다. 셀 참조 방식을 변경하려면 $ 기호를 직접 입력하거나 F4 를 누릅니다. 상대 참조(A1)로 지정된 셀 주소에 F4 를 누르면 절대 참조($A$1)로 바뀌고, 절대 참조에서 F4 를 누르면 행 고정 혼합 참조($A$1)로 바뀌며, 다시 F4 를 누르면 열 고정 혼합 참조($A1)로 바뀝니다. 열 고정 혼합 참조에서 F4 를 누르면 처음 상태인 상대 참조(A1)로 바뀌어 순환되는 형태입니다.

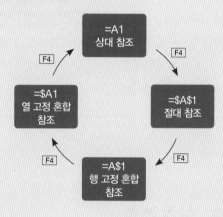

정의된 이름 관리하기

셀이나 범위를 이름으로 정의했을 경우 [이름 상자]에서 목록 단추 ▼ 를 클릭하면 통합 문서에 정의된 이름이 모두 나타납니다. 목록에 나타나는 이름을 클릭하면 해당 이름으로 정의된 셀을 지정할 수 있습니다. 정의된 이름을 편집하거나 삭제할 때는 [수식] 탭-[정의된 이름] 그룹-[이름 관리자]를 사용합니다. [이름 관리자] 대화상자를 표시하는 단축키는 Ctrl + F3 입니다.

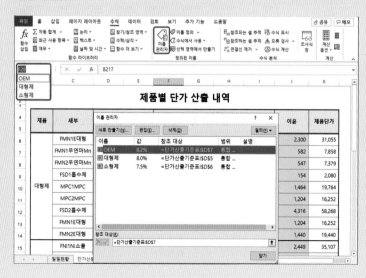

혼합 참조로 사업부별 실적 분석표 일괄 계산하기

실습 파일 | Part01/Chapter01/01_04_사업부별실적분석.xlsx
완성 파일 | Part01/Chapter01/01_04_사업부별실적분석(완성).xlsx

혼합 참조는 셀 주소의 열이나 행 중 하나만 고정하는 방식으로 '$A1' 또는 'A$1'과 같이 사용합니다. 수식을 행 방향, 열 방향으로 모두 복사해야 할 때 주로 사용하며 셀 주소에서 $ 기호가 붙으면 수식을 복사했을 때 열이나 행이 변경되지 않습니다.

미리 보기

회사에서 바로 통하는 **키워드 :** 혼합 참조, 이동 옵션, Ctrl + Enter, 음수 표시 형식

**한눈에
보는
작업순서**

빈 셀 지정하기 ▶ 혼합 참조로
비율 구하기 ▶ 혼합 참조로
차이 구하기 ▶ 음수 표시 형식
설정하기

01 빈 셀 지정하기 [D:F] 열에 '=각 사업부별 합계/전체 합계' 형식의 수식을 적용하여 계획과 실적의 비율을 구해보겠습니다. 절대 참조를 사용하면 각 사업부별로 수식을 각각 입력해야 하지만 혼합 참조를 사용하면 수식을 한 번만 입력해도 구할 수 있습니다. ❶ [D5:F24] 범위를 지정한 후 ❷ [홈] 탭-[편집] 그룹-[찾기 및 선택]-[이동 옵션]을 클릭합니다. ❸ [이동 옵션] 대화상자에서 [빈 셀]을 클릭한 후 ❹ [확인]을 클릭합니다.

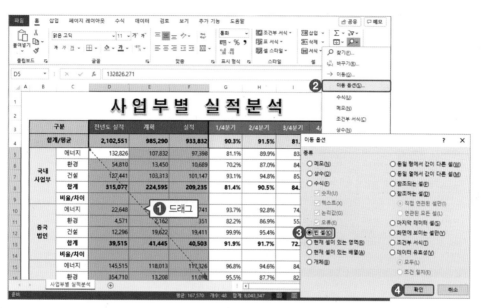

02 혼합 참조로 비율 구하기 ❶ 빈 셀이 지정된 상태에서 **=D8/D4**를 입력한 후 F4를 두 번 누릅니다. 전체 합계인 [D4] 셀에 혼합 참조가 지정되어 수식이 '=D8/D$4'로 변경됩니다. ❷ Ctrl +Enter를 누릅니다. 지정된 빈 셀에 비율 수식이 동시에 입력됩니다. ❸ [홈] 탭-[표시 형식] 그룹-[백분율 스타일]을 클릭한 후 ❹ [자릿수 늘림⟨✻⟩]을 한 번 클릭합니다.

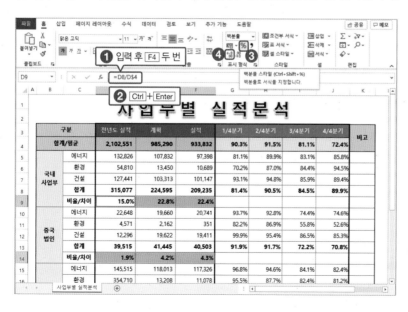

수식
핵심
기능

양식
자동화

데이터
관리&
집계

외부
데이터
편집

보고서
만들기

자동화
문서
만들기

데이터
분석&
시각화

03 혼합 참조로 차이 구하기 [G:J] 열에 '=각 사업부별 평균–전체 평균' 형식의 수식을 적용하여 평균의 차이를 구해보겠습니다. ❶ [G5:J24] 범위를 지정한 후 ❷ [홈] 탭–[편집] 그룹–[찾기 및 선택]–[이동 옵션]을 클릭합니다. ❸ [이동 옵션] 대화상자에서 [빈 셀]을 클릭한 후 ❹ [확인]을 클릭합니다.

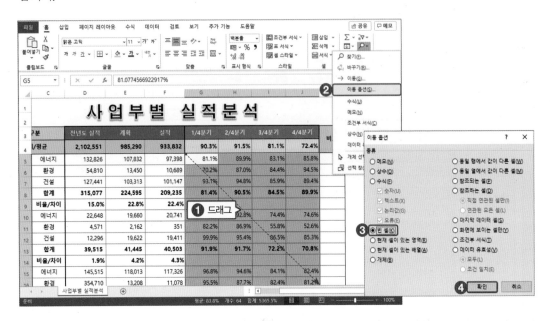

04 ❶ 빈 셀이 지정된 상태에서 **=G8-G4**를 입력한 후 F4 를 두 번 누릅니다. 전체 합계인 [G4] 셀에 혼합 참조가 지정되어 수식이 '=G8-G$4'로 변경됩니다. ❷ Ctrl + Enter 를 누릅니다. 지정된 빈 셀에 차이를 구하는 수식이 동시에 입력됩니다.

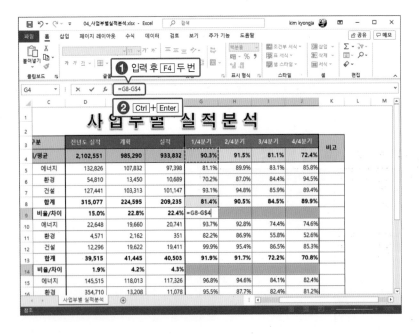

05 음수 표시 형식 설정하기 구해진 분기별 비율 중 음수에만 마이너스(−) 부호 대신 ▽ 기호가 표시되도록 사용자 지정 표시 형식을 설정해보겠습니다. ❶ 셀 범위가 지정된 상태에서 마우스 오른쪽 버튼을 클릭한 후 ❷ [셀 서식]을 클릭합니다. ❸ [셀 서식] 대화상자에서 [표시 형식] 탭을 클릭하고 ❹ [범주]에서 [사용자 지정]을 클릭합니다. ❺ [형식]에 **0.0%;▽0.0%**를 입력한 후 ❻ [확인]을 클릭합니다.

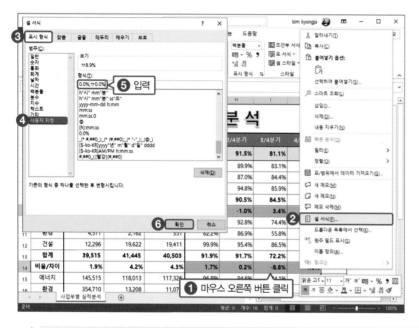

⏱ **시간단축**

특수 문자를 입력할 때는 자음 'ㅁ'을 입력한 후 [한자]를 누릅니다. 특수 문자 목록이 나타나면 [▽]를 선택합니다.

📊 **실력향상** 표시 형식은 셀에 입력된 문자와 숫잣값을 화면에서 어떻게 보여줄지 결정하는 것으로, 표시 형식으로 문자나 기호를 변경 또는 추가해도 입력된 원본 데이터는 변경되지 않습니다.

06 사용자 지정 표시 형식이 반영되어 음수에만 마이너스(−) 부호 대신 ▽ 기호가 표시되었습니다.

사 업 부 별 실 적 분 석

구분	전년도 실적	계획	실적	1/4분기	2/4분기	3/4분기	4/4분기	비고
율/평균	2,102,551	985,290	933,832	90.3%	91.5%	81.1%	72.4%	
에너지	132,826	107,832	97,398	81.1%	89.9%	83.1%	85.8%	
환경	54,810	13,450	10,689	70.2%	87.0%	84.4%	94.5%	
건설	127,441	103,313	101,147	93.1%	94.8%	85.9%	89.4%	
합계	315,077	224,595	209,235	81.4%	90.5%	84.5%	89.9%	
비율/차이	15.0%	22.8%	22.4%	▽8.9%	▽1.0%	3.4%	17.5%	
에너지	22,648	19,660	20,741	93.7%	92.8%	74.4%	74.6%	
환경	4,571	2,162	351	82.2%	86.9%	55.8%	52.6%	
건설	12,296	19,622	19,411	99.9%	95.4%	86.5%	85.3%	
합계	39,515	41,445	40,503	91.9%	91.7%	72.2%	70.8%	
비율/차이	1.9%	4.2%	4.3%	1.7%	0.2%	▽8.8%	▽1.6%	
에너지	145,515	118,013	117,326	96.8%	94.6%	84.1%	82.4%	
환경	354,710	13,208	11,078	95.5%	87.7%	82.4%	81.2%	

📊 **실력향상** 셀에 두 개 이상의 표시 형식을 적용할 경우에는 형식을 구분하는 기호로 세미콜론(;)을 사용합니다. 특정한 조건이 없을 때는 '양수;음수;0;문자' 기준으로 표시 형식이 적용됩니다.

수식 핵심 기능

양식 자동화

데이터 관리&집계

외부 데이터 편집

보고서 만들기

자동화 문서 만들기

데이터 분석&시각화

사용자 지정 표시 형식 알아보기

[셀 서식] 대화상자의 [표시 형식] 탭–[범주]에서 제공하지 않는 표시 형식은 [사용자 지정]에서 정해진 기호를 이용하여 정의합니다. 코드를 여러 가지로 조합하여 사용자가 직접 표시 형식을 지정할 수 있습니다.

기호	기능	입력 데이터	표시 형식	화면 표시
#	숫자를 표시하는 기호로 무효의 0을 표시하지 않습니다. 소수점을 기준으로 왼쪽 값의 자릿수가 # 기호보다 많은 경우는 입력된 데이터를 초과하여 모두 표시합니다. 소수점 기준으로 오른쪽에 입력하는 데이터는 지정한 # 기호 개수만큼만 표시합니다.	12345.10	#,###.##	12,345.1
0	숫자를 표시하는 기호로 무효의 0을 모두 표시합니다.	123.1	0,000.00	0,123.10
?	숫자를 표시하는 기호로 무효의 0은 공백으로 처리하여 자릿수를 맞추고자 할 때 사용합니다.	12.67 5.3	??.??	12.67 (공백)5.3(공백)
@	문자의 자리를 표시합니다.	홍길동	@님	홍길동님
_ (언더바)	_ 기호 다음에 오는 기호 너비만큼 공백을 표시합니다. '#,##0_–'으로 하면 – 문자 크기의 공백이 숫자 다음에 들어갑니다.	1230	#,##0_–	1,230(공백)
*	* 기호 다음에 입력된 데이터를 셀이 채워질 때까지 반복합니다.	123	*●#	●●●123
;	항목을 구분하는 기호로 '양수;음수;0;문자'를 구분합니다.	▲#,##0;▼#,##0;–;@		
yy/yyyy	연도를 두 자리 또는 네 자리로 표시합니다.	2021-01-04	yy/yyyy	21/2021
m/mm	월을 한 자리 또는 두 자리로 표시합니다.	2021-01-04	m/mm	1/01
d/dd	일을 한 자리 또는 두 자리로 표시합니다.	2021-01-04	d/dd	4/04
ddd/ dddd	요일을 영문 세 글자 또는 영문 전체를 표시합니다.	2021-01-04	ddd/dddd	Mon/ Monday
aaa/ aaaa	요일을 한글로 한 글자 또는 세 글자로 표시합니다.	2021-01-04	aaa/aaaa	월/월요일
h/hh	시간을 한 자리 또는 두 자리로 표시합니다. 대괄호로 묶어서 [h]로 표시하면 24시 이상이 되더라도 1일이 증가하지 않고 모든 시간을 시 단위로 표시합니다.	AM 09:05:08	h/hh	9/09
m/mm	h나 s 표시 형식과 함께 사용하면 분을 한 자리 또는 두 자리로 표시합니다. 대괄호를 묶어서 [m]으로 표시하면 60분 이상이 되더라도 한 시간이 증가하지 않고 모든 분을 분 단위로 표시합니다.	AM 09:05:08	m/mm	5/05
s/ss	초를 한 자리 또는 두 자리로 표시합니다.	AM 09:05:08	s/ss	8/08
조건값	숫자 데이터에 조건을 지정할 수 있습니다. 조건은 〈, 〉, 〉=, 〈=, 〈〉, =의 비교 연산자로 입력할 수 있습니다.	12300	[〉=10000] #",."##0	1,2300
[파랑] [빨강]…	셀에 있는 데이터의 색상을 지정합니다. [검정], [파랑], [녹청], [녹색], [자홍], [빨강], [흰색], [노랑] 중에서 지정할 수 있습니다. 그 이외의 색은 [색n]으로 표기합니다. n은 1~56까지의 숫자로 지정할 수 있습니다.			

수식
핵심
기능

양식
자동화

데이터
관리&
집계

외부
데이터
편집

보고서
만들기

자동화
문서
만들기

데이터
분석&
시각화

핵심기능

05

셀 범위의 첫 행을 이름으로
정의하여 함수 사용하기

실습 파일 | Part01/Chapter01/01_05_건설폐기물집계.xlsx
완성 파일 | Part01/Chapter01/01_05_건설폐기물집계(완성).xlsm

다른 시트의 셀 범위를 참조하는 수식을 입력하는 경우 참조하는 셀 범위를 미리 이름으로 정의해두면 함수를 입력할 때 시트를 이동할 필요가 없어 편리합니다. 또한 참조 수식에 시트명이 표시되지 않으므로 수식을 간결하게 입력할 수 있습니다.

미리 보기

건설 폐기물 목록

소재지	용도	면적	폐콘크리트	폐벽돌	폐블럭	폐기와	폐목재	폐합성수지	폐금속류	폐유리	생활폐기물
대현2동	상업용	137.68	17.36	0.00	41.55	0.00	4.63	0.25	1.31	0.45	0.42
대현2동	상업용	114.20	41.09	55.09	0.00	0.00	2.87	3.21	3.54	0.64	1.52
대현2동	상업용	47.00	50.59	43.58	2.80	0.00	2.61	6.47	3.41	3.25	0.04
대현2동	주상복합	142.93	64.70	68.32	0.00	0.00	3.59	6.65	5.74	2.54	0.04
대현2동	주상복합	155.66	56.42	61.11	6.57	0.00	3.14	5.44	4.80	3.21	0.04
대현2동	주상복합	131.41	174.58	133.88	4.03	0.00	5.01	0.25	16.68	32.63	0.09
대현2동	주상복합	122.68	65.30	48.46	1.84	0.00	2.70	5.40	6.25	1.30	0.72
대현2동	주상복합	110.55	109.53	116.86	0.00	0.00	4.11	3.80	10.69	1.90	0.16
대현2동	주상복합	107.70	88.44	129.79	0.00	0.00	2.11	3.52	9.72	3.21	0.66
대현2동	주상복합	83.08	42.10	105.36	2.03	0.00	2.77	5.73	3.88	0.61	1.22
대현2동	주상복합	96.56	47.57	55.09	0.00	0.00	2.85	3.21			
대현2동	주상복합	137.21	106.11	129.79	0.00	0.00	5.09	3.52			
대현2동	주상복합	166.66	11.60	27.22	27.22	4.14	3.02	0.12			
대현2동	주상복합	91.65	98.47	103.47	0.00	0.00	9.58	1.17			
대현2동	주상복합	274.00	88.97	103.48	0.00	0.00	8.58	1.24			
대현2동	주상복합	190.22	188.34	184.80	16.14	0.00	10.69	0.15			
대현2동	주상복합	89.77	79.21	85.70	0.00	0.00	6.78	2.11			
대현2동	주상복합	112.56	48.08	82.83	1.83	0.00	2.24	4.98			
대현2동	주상복합	59.08	65.22	97.36	1.83	0.00	2.77	5.73			
대현2동	주상복합	125.01	55.17	74.61	0.00	0.00	4.25	3.70			
대현2동	주상복합	87.94	43.44	74.61	0.00	0.00	3.72	3.70			
대현2동	주상복합	93.20	47.92	23.80	0.42	0.00	1.77	0.84			
대현2동	주상복합	96.56	53.44	23.80	0.42	0.00	1.77	1.10			

폐기물 항목별 집계

항목	합계	평균	비고
폐콘크리트	33,426.10	39.05	
폐벽돌	12,070.25	14.10	
폐블럭	19,580.95	22.87	
폐기와	9,673.61	11.30	
폐목재	17,001.91	19.86	
폐합성수지	1,439.04	1.68	
폐금속류	1,262.36	1.47	
폐유리	349.48	0.41	
생활폐기물	309.70	0.36	

회사에서 바로 통하는 **키워드** : 선택 영역에서 이름 만들기, SUM 함수, AVERAGE 함수, INDIRECT 함수

**한눈에
보는
작업순서**   선택 영역에서 이름 만들기 ▶ 항목별 합계 구하기 ▶ 항목별 평균 구하기

01 선택 영역에서 이름 만들기
[폐기물목록] 시트의 건설 폐기물 목록에서 각 범위를 이름 정의하고 집계표를 작성해보겠습니다. ❶ [D4:L860] 범위를 지정한 후 ❷ [수식] 탭-[정의된 이름] 그룹-[선택 영역에서 만들기]를 클릭합니다. ❸ [선택 영역에서 이름 만들기] 대화상자에서 [첫 행]에만 체크합니다. ❹ [확인]을 클릭합니다. ❺ 정의된 이름은 [이름 상자]의 목록 단추▼를 클릭하여 확인할 수 있습니다.

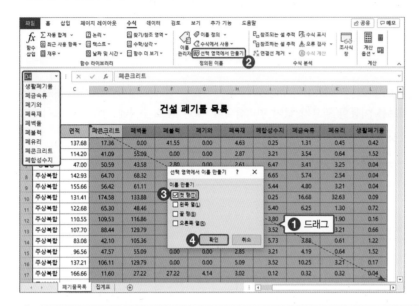

실력향상
[수식] 탭-[정의된 이름] 그룹-[이름 관리자]에서도 정의된 이름을 확인할 수 있습니다. [이름 관리자] 대화상자를 표시하는 단축키는 Ctrl + F3 입니다.

⏱ **시간단축** [D4] 셀을 클릭하고 Ctrl + Shift + → 를 누른 후 Ctrl + Shift + ↓ 를 누르면 빠르게 범위를 지정할 수 있습니다. [D4:L860] 범위를 지정한 상태에서 [선택 영역에서 만들기]를 실행하면 각 열의 첫 번째 셀이 이름 문자로 사용되고 두 번째 셀부터 마지막 셀까지는 이름 범위로 적용됩니다.

02 항목별 합계 구하기
[집계표] 시트에서 SUM 함수로 항목별 합계를 구할 때 정의된 이름을 사용할 수 있지만 '=SUM(폐콘크리트)', '=SUM(폐벽돌)' 형식과 같이 셀마다 수식을 입력하려면 불편합니다. 따라서 [C5] 셀에 수식을 한 번 입력한 후 [C13] 셀까지 복사하여 계산할 수 있도록 SUM과 INDIRECT 함수를 중첩하여 사용해보겠습니다. ❶ [집계표] 시트 탭을 클릭합니다. ❷ [C5] 셀에 **=SUM(INDIRECT(B5))**를 입력합니다. INDIRECT 함수에 의해서 [B5] 셀에 입력된 문자가 이름으로 사용되어 '=SUM(폐콘크리트)'와 같은 수식으로 계산됩니다.

03 구분별 평균 구하기 AVERAGE와 INDIRECT 함수를 중첩하여 구해보겠습니다. ❶ [D5] 셀에 **=AVERAGE(INDIRECT(B5))**를 입력합니다. ❷ [C5:D5] 범위를 지정한 후 ❸ 채우기 핸들을 더블클릭하여 수식을 복사합니다. ❹ [자동 채우기 옵션📋]을 클릭하여 [서식 없이 채우기]를 클릭합니다.

수식 핵심 기능

양식 자동화

데이터 관리& 집계

외부 데이터 편집

보고서 만들기

자동화 문서 만들기

데이터 분석& 시각화

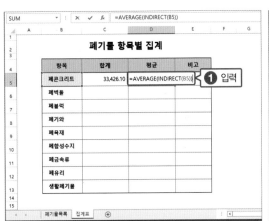

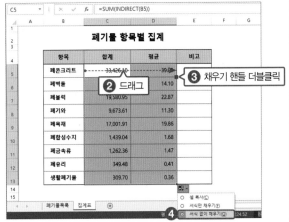

INDIRECT 함수 알아보기

INDIRECT 함수는 문자열 형태로 지정된 셀 주소나 셀에 입력된 문자를 실제 셀 주소나 이름으로 만듭니다.

편집 방법	=INDIRECT(ref_text, [a1]) =INDIRECT(문자열, 참조 유형)
속성 설정	• ref_text : 셀 주소 또는 이름 형태의 문자열로 '"A"&1'이 입력되면 [A1] 셀로 인식합니다. 'B5'가 입력되면 [B5] 셀에 입력되어 있는 문자를 셀 주소나 이름으로 사용하게 됩니다. • [a1] : 셀 주소 참조 방식을 지정하는 인수입니다. 생략하거나 TRUE를 입력하면 [A1]과 같은 스타일로, FALSE를 입력하면 [R1C1] 스타일로 참조합니다. [R1C1] 스타일은 행과 열의 이름을 모두 숫자로 표시하는 참조 스타일입니다. 예를 들어 [R4C3]은 행 번호가 4, 열 번호가 3으로 [C4] 셀을 뜻합니다.

그룹별 평균, 합계를 한번에 구하고 합계만 요약 시트에 복사하기

실습 파일 | Part01/Chapter01/01_06_하반기실적.xlsx
완성 파일 | Part01/Chapter01/01_01_06_하반기실적(완성).xlsx

집계표를 작성할 때 그룹별 소계를 구한 후 소계를 다시 합하여 전체 총계를 구하는 경우가 많습니다. 하나의 표에서 소계와 합계를 구할 때 합계 도구를 이용하면 SUM 함수가 자동으로 입력되어 빠르게 구할 수 있습니다.

미리 보기

회사에서 바로 통하는 **키워드** : 이동 옵션, 합계 도구, 수식 선택, 연결하여 붙여넣기

| 한눈에 보는 작업순서 | 이동 옵션으로 소계 행만 선택하기 | ▶ | 합계 도구로 소계 구하기 | ▶ | 합계 도구로 총계 구하기 | ▶ | 합계만 선택한 후 연결하여 붙여넣기 |

01 이동 옵션으로 소계 행만 선택하기 ❶ [D6:M82] 범위를 지정한 후 ❷ [홈] 탭–[편집] 그룹–[찾기 및 선택]–[이동 옵션]을 클릭합니다. ❸ [이동 옵션] 대화상자에서 [빈 셀]을 클릭한 후 ❹ [확인]을 클릭합니다.

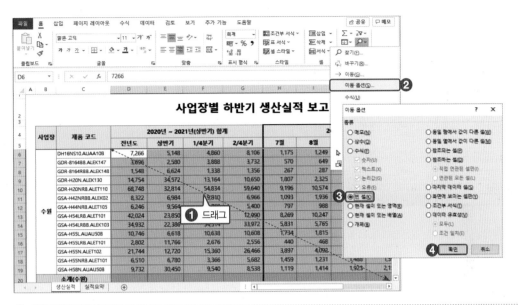

⏱ **시간단축** F5를 누른 후 [이동] 대화상자에서 [옵션]을 클릭하면 좀 더 빠르게 [이동 옵션] 대화상자를 표시할 수 있습니다.

02 합계 도구로 소계 구하기 ❶ [홈] 탭–[편집] 그룹–[합계∑]를 클릭합니다. ❷ 소계 행에 각 사업부별 합계가 표시됩니다.

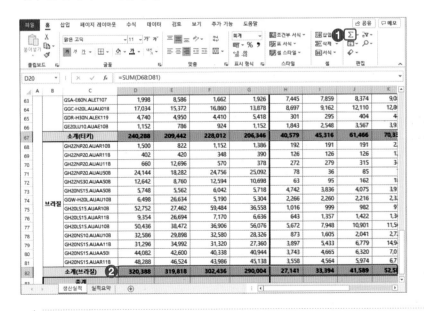

📊 **실력향상** 합계 도구는 지정된 빈 셀 사이에 숫자 데이터가 연속으로 입력되어 있는 경우 해당 범위를 참조하여 빈 셀에 합계를 구합니다.

03 합계 도구로 총계 구하기 ❶ [D83:M83] 범위를 지정한 후 ❷ [홈] 탭-[편집] 그룹-[합계∑]를 클릭합니다. 각 사업부별 소계만 참조하여 총계가 구해집니다.

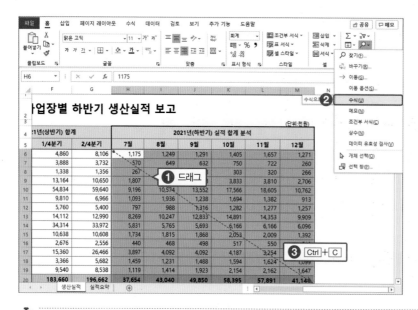

실력향상 합계 도구는 같은 열에 SUM 함수식이 입력된 셀이 있을 경우 해당 셀만 참조하여 합계가 계산됩니다.

04 합계만 선택한 후 연결하여 붙여넣기 하반기 실적의 합계만 [실적요약] 시트로 복사해보겠습니다. 이때 일반적인 방법으로 복사하고 붙여 넣으면 [생산실적] 시트의 합계가 값으로 붙여 넣어져 [생산실적] 시트의 숫자가 변경되었을 때 [실적요약] 시트의 합계가 변경되지 않습니다. 두 시트의 합계를 수식으로 연결하여 복사해보겠습니다. ❶ [H6:M83] 범위를 지정합니다. ❷ [홈] 탭-[편집] 그룹-[찾기 및 선택]-[수식]을 클릭합니다. 사업장별 소계와 총계만 선택되었습니다. ❸ Ctrl +C를 눌러 복사합니다.

시간단축 셀 범위를 지정할 때 [H6] 셀을 클릭한 후 Ctrl+Shift+→를 누른 후 다시 Ctrl+Shift+↓를 누르면 범위를 빠르게 지정할 수 있습니다.

05 ❶ [실적요약] 시트 탭을 클릭합니다. ❷ [C6] 셀을 마우스 오른쪽 버튼으로 클릭하여 ❸ [붙여넣기 옵션]-[연결하여 붙여넣기🔗]를 클릭합니다. 소계와 합계가 수식으로 연결되어 붙여넣기되었습니다.

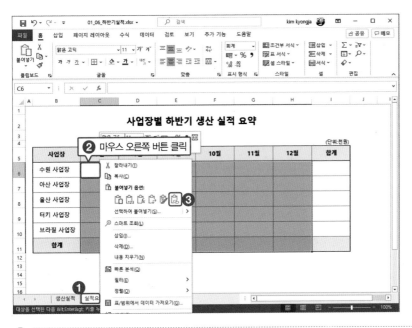

⏱️ **시간단축** 복사한 후 붙여 넣을 때 Ctrl + Shift + V를 눌러 [선택하여 붙여넣기] 대화상자를 표시한 후 [연결하여 붙여넣기]를 클릭해도 됩니다.

06 ❶ [I6:I11] 범위를 지정한 후 ❷ [홈] 탭-[편집] 그룹-[합계∑]를 클릭합니다. I열에 합계가 구해집니다.

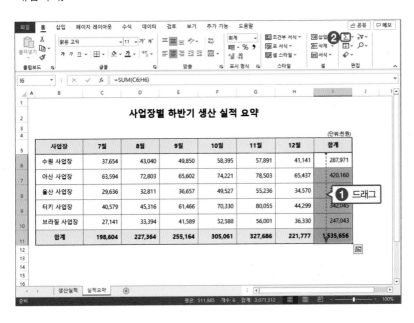

수식
핵심
기능

양식
자동화

데이터
관리&
집계

외부
데이터
편집

보고서
만들기

자동화
문서
만들기

데이터
분석&
시각화

붙여넣기 옵션 알아보기

셀이나 범위를 복사한 후 붙여 넣을 때 선택할 수 있는 옵션입니다. [선택하여 붙여넣기]를 클릭한 후 [선택하여 붙여넣기] 대화상자를 표시하여 추가적인 옵션을 선택할 수 있습니다.

❶ 붙여넣기 : 셀 내용은 물론 서식, 수식, 메모 등 셀 전체를 붙여 넣습니다. [붙여넣기] 대화상자에서 [모두]를 클릭한 것과 동일합니다.

❷ 수식 : 값과 동일한 결과로 표시되지만 수식도 함께 복사합니다.

❸ 수식 및 숫자 서식 : 수식과 함께 숫자 서식도 복사합니다.

❹ 원본 서식 유지 : 원본 데이터의 서식을 그대로 함께 복사합니다.

❺ 테두리 없음 : 테두리 서식만 제외하고 복사합니다. [선택하여 붙여넣기] 대화상자에서 [테두리만 제외]를 클릭한 것과 동일합니다.

❻ 원본 열 너비 유지 : 원본 데이터의 열 너비를 그대로 적용합니다.

❼ 바꾸기 : 행과 열의 구조를 바꿔서 복사합니다. [선택하여 붙여넣기] 대화상자에서 [행/열 바꿈]을 클릭한 것과 동일합니다.

❽ 값 : 원본 데이터의 값만 복사하되, 수식은 수식의 결괏값만 복사합니다.

❾ 값 및 숫자 서식 : 값과 함께 숫자에 사용된 서식도 함께 복사합니다. 수식이 있을 경우 결괏값이 복사됩니다.

❿ 값 및 원본 서식 : 원본 데이터의 모든 것을 복사하되, 수식만 결괏값으로 대체하여 복사합니다.

⓫ 서식 : 적용된 서식(글꼴, 맞춤, 표시 형식, 테두리, 채우기 색 등)만 복사합니다.

⓬ 연결하여 붙여넣기 : 원본 데이터와 연결하여 복사합니다. 즉, 원본 데이터를 수정하면 복사한 데이터도 자동으로 수정됩니다.

⓭ 그림 : 그림 형식으로 복사됩니다.

⓮ 연결된 그림 : 원본 데이터를 그림 형식으로 원본 데이터와 연결하여 복사합니다. 이때 원본 데이터가 변경되면 이 데이터도 자동으로 변경됩니다.

수식
핵심
기능

양식
자동화

데이터
관리&
집계

외부
데이터
편집

보고서
만들기

자동화
문서
만들기

데이터
분석&
시각화

수식 오류의 원인을 찾아 해결하기

실습 파일 | Part01/Chapter01/01_07_수식에서발생하는오류.xlsx
완성 파일 | Part01/Chapter01/01_07_수식에서발생하는오류(완성).xlsx

셀에 입력한 수식이나 함수 형식에 오류가 없는데도 수식 결과에 오류가 표시되었다면 수식에서 참조하는 셀의 데이터 문제입니다. 참조하는 데이터에 어떠한 문제가 있는지 찾은 다음 오류를 해결하기 위해 IFERROR 함수를 추가하고 텍스트 나누기 기능으로 참조하는 데이터를 편집해보겠습니다.

미리 보기

교육계획 수립을 위한 수요조사 집계 결과

과정번호	과정명	기간	계획인원	신청인원	신청률
2-16	맞춤형 강사요원 양성과정	1주			
2-17	맞춤형 집중 파일럿테스트 과정	3일			
2-18	맞춤형 집중 시범운영과정	3일			
3-1	핵심가치 공유 과정	2일			
3-2	5급후보 역량강화 과정	3일			
3-3	과장후보 역량강화 과정	3일			
3-4	고급 관리자 과정	44주			
3-5	사무관승진자 과정	2주			
3-6	학교설립 관련 도시계획의 이해 과정	3일			
3-7	대학 교육훈련 역량강화과정	3일			
3-8	정보화 담당자 집중교육 과정	1주			
3-9	학교 보건행정 실무과정	5일			
3-10	핵심 인재 양성 과정	2주			
3-11	창의 역량 개발 과정	2일			
3-12	기획력 향상 과정	1주			
3-13	효과적인 커뮤니케이션 과정	1주			
3-14	녹색성장정책의 이해 과정	3일			
3-15	엑셀 실무	3일			
3-16	엑셀 함수와 매크로	3일			
3-17	엑셀	5일			
3-18	파워포인트	5일			

진급대상자 교육 수료 현황

이름	주민번호	근무부서	교육시작일	의무점수	수강점수	교육 점수 비율
강계환	620203-******	생산부	2017-09-26	40	37	93%
강광수	560903-******	생산부	2017-09-03	40	62	155%
강귀영	730325-******	생산부	2017-09-08	0	25	
강기태	620702-******	설계실	2017-06-03	35	62	177%
강동주	660208-******	생산부	2017-06-12	40	37	93%
강동준	690209-******	품질관리부	2017-02-19	35	25	71%
강동헌	560531-******	품질관리부	2017-10-07	0	37	
강두성	560411-******	생산부	2017-10-29	40	37	93%
강독화	680806-******	생산부	2017-07-09	40	37	93%
강래오	580715-******	연구소	2017-04-04	0	37	
강명화	681028-******	생산부	2017-09-04	40	37	93%
강무경	611015-******	연구소	2017-05-15	40	25	63%
강무순	740308-******	품질관리부	2017-03-01	40	37	93%
강문자	720707-******	기판반	2017-06-20	35	37	106%
강미숙	620223-******	생산부	2017-06-07	40	37	93%
강미연	540105-******	품질관리부	2017-03-10	35	25	71%
강미정	540510-******	품질관리부	2017-05-30	35	37	106%
강민구	731128-******	품질관리부	2017-06-05	35	37	106%
강민성	560726-******	품질관리부	2017-06-16	40	37	93%
강민수	590211-******	생산부	2017-04-10	35	37	106%
강민영	620111-******	해외지사	2017-06-19	35	37	106%
강병현	640904-******	생산부	2017-10-13	35	37	106%
강상규	620203-******	품질관리부	2017-05-14	40	37	93%
강상오	560903-******	품질관리부	2017-06-12	35	37	106%

회사에서 바로 통하는 **키워드** : 수식 오류, 바꾸기, IFERROR 함수, 텍스트 나누기

한눈에 보는 작업순서

문자 데이터로 인식하는 오류 해결하기 ▶ IFERROR 함수로 오류 해결하기 ▶ 보이지 않는 Tab 문자 삭제하기

01 문자 데이터로 인식하는 오류 해결하기 [수요조사] 시트의 G열에 '=신청인원/계획인원' 수식을 입력한 후 복사했더니 총 21개의 셀 중 다섯 개의 셀에서 오류가 발생했습니다. 수식에 #VALUE! 오류가 발생했을 때는 연산할 수 없는 문자 형식의 데이터를 참조하고 있을 가능성이 큽니다. 계획 인원과 신청인원 데이터의 형식을 확인해보겠습니다. ❶ [E4:F24] 범위를 지정한 후 ❷ [홈] 탭–[맞춤] 그룹–[가운데 맞춤]을 클릭합니다. 가운데 맞춤이 해제됩니다. 셀 가로 맞춤이 [일반]으로 설정된 상태에서 데이터가 [왼쪽 맞춤]으로 표시되면 문자 데이터라는 의미입니다. 오류가 난 행의 계획인원 데이터가 문자 형식이라는 것을 확인할 수 있습니다.

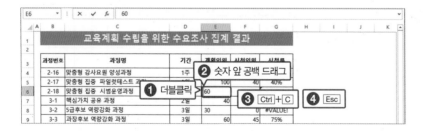

실력향상
다른 방법으로 셀 데이터의 형식을 확인하려면 TYPE 함수를 사용합니다. '=TYPE(셀 주소)'를 입력하면 숫자일 경우 결괏값으로 1이 표시되고, 문자일 경우 2가 표시됩니다.

02 오류가 난 수식에서 참조하고 있는 셀을 검토해보니 계획인원 항목의 숫자 앞뒤로 공백이 한 칸 포함되어 있습니다. 바꾸기 기능으로 공백을 모두 삭제해보겠습니다. 단, 엑셀에서는 공백으로 보이지만 실제로는 공백이 아닌 다른 데이터일 수 있으므로 [바꾸기] 대화상자의 [찾을 내용]에는 실제 셀에 있는 공백을 복사하여 사용합니다. ❶ [E6] 셀을 더블클릭한 후 ❷ 숫자 앞에 있는 공백을 드래그합니다. ❸ Ctrl + C 로 복사한 후 ❹ Esc 를 눌러 편집 모드를 취소합니다.

실력향상 엑셀에서 숫자를 입력할 때는 공백을 포함할 수 없습니다. 숫자 데이터 앞뒤에 공백을 입력하면 자동으로 삭제됩니다. 만약 숫자 데이터에 공백이 입력되어 있다면 이 데이터는 외부에서 가져온 데이터로, 셀에는 공백으로 보이지만 엑셀에서는 다른 코드로 인식합니다. 엑셀에서 직접 입력하는 공백의 유니코드 이름은 'Space', 문자로 인식된 공백의 유니코드 이름은 'No-Break Space'입니다.

03 ❶ [E4:F24] 범위를 지정한 후 ❷ [홈] 탭-[편집] 그룹-[찾기 및 선택]-[바꾸기]를 클릭합니다. ❸ [찾기 및 바꾸기] 대화상자에서 [찾을 내용]에 Ctrl+V로 붙여 넣습니다. 복사해둔 공백이 입력됩니다. ❹ [모두 바꾸기]를 클릭합니다. '10개의 항목이 바뀌었습니다'라는 메시지가 나타나면 ❺ [확인]을 클릭합니다. ❻ [찾기 및 바꾸기] 대화상자에서 [닫기]를 클릭합니다.

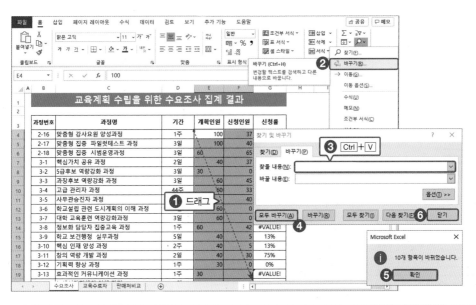

🔼 **실력향상** [찾기 및 바꾸기] 대화상자에서 [바꿀 내용]에 아무것도 입력하지 않고 바꾸기를 실행하면 [찾을 내용]에 입력된 데이터가 삭제됩니다.

04 IFERROR 함수로 오류 해결하기 ❶ [교육수료자] 시트 탭을 클릭합니다. H열에 '=수강점수/의무점수' 형식의 수식을 입력한 후 복사했습니다. 일부 셀에 #DIV/0! 오류가 표시되었는데 값을 0으로 나누었기 때문입니다. 나누는 수가 0이면 나누기를 할 수 없으므로 오류가 발생합니다. 이때는 셀 데이터가 잘못되거나 수식에 오류가 있는 것이 아니므로 오류가 표시되지 않도록 IFERROR 함수를 사용합니다. ❷ [H4] 셀을 클릭하고 ❸ **=IFERROR(G4/F4,"")**를 입력합니다. ❹ [H4] 셀의 채우기 핸들을 더블클릭하여 수식을 복사합니다. 의무 점수가 0인 경우는 빈 셀로 대체되어 오류가 표시되지 않습니다.

🔼 **실력향상**

IFERROR 함수는 'G4/F4' 수식에 오류가 없으면 나눈 결과를 표시하고, 오류가 있으면 빈 셀("")을 셀에 표시합니다.

수식
핵심
기능

양식
자동화

데이터
관리&
집계

외부
데이터
편집

보고서
만들기

자동화
문서
만들기

데이터
분석&
시각화

05 보이지 않는 Tab 문자 삭제하기 ❶ [판매처비교] 시트 탭을 클릭합니다. [표1]은 엑셀에서 직

접 작성했고 [표2]는 시스템에서 다운로드했습니다. [표2]에서 VLOOKUP 함수를 사용하여 [표1]에 있는 사업자번호를 표시하려고 하는데, VLOOKUP 함수에 오류가 발생했습니다. H열에 입력한 VLOOKUP 함수의 형식에도 문제가 없고 G열의 판매처가 모두 A열에 있는 문자인데도 함수의 결과가 오류로 표시되는 이유는 화면상에서 같게 보이는 두 표의 문자 데이터가 사실은 서로 다르기 때문입니다. 다운로드한 데이터에는 화면에 보이지 않는 문자가 포함되어 있을 수 있으므로 텍스트 나누기 기능을 사용해 확인해보겠습니다. ❷ [G5:G18] 범위를 지정한 후 ❸ [데이터] 탭-[데이터 도구] 그룹-[텍스트 나누기]를 클릭합니다.

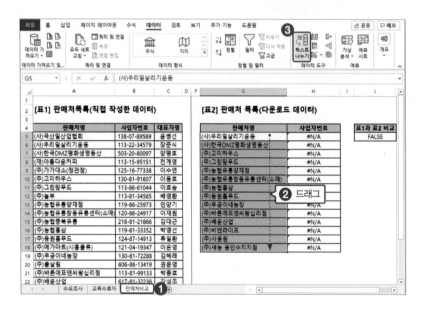

실력향상
[J5] 셀에 '=G5=A6'을 입력하면 FALSE로 표시됩니다. 즉, A열의 판매처명과 G열의 판매처명이 다른 문자로 인식되는 것입니다.

06 [텍스트 마법사 – 3단계 중 1단계] 대화상자의 [선택한 데이터 미리 보기]에 셀에서는 보이지

않았던 o 기호가 표시됩니다. 이 기호는 키보드의 Tab 문자이므로 모두 삭제해보겠습니다. ❶ [텍스트 마법사 – 3단계 중 1단계] 대화상자에서 [구분 기호로 분리됨]을 클릭한 후 ❷ [다음]을 클릭합니다. ❸ [텍스트 마법사 – 3단계 중 2단계] 대화상자의 [구분 기호]에서 [탭]에 체크합니다. Tab 문자가 사라지고 구분선이 표시되었습니다. ❹ [다음]을 클릭합니다.

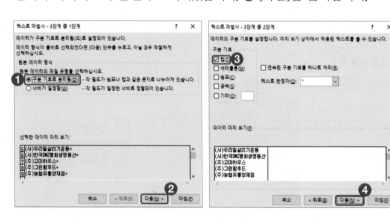

실력향상
텍스트 나누기 기능은 하나의 열 데이터를 두 개 이상의 열로 나눌 때 주로 사용하지만 불필요한 데이터를 분리하여 삭제하거나 열을 나누지 않고 데이터 형식을 변경할 때도 유용하게 사용할 수 있습니다.

07 ❶[텍스트 마법사 – 3단계 중 3단계] 대화상자의 두 번째 열을 클릭한 후 ❷[열 데이터 서식]에서 [열 가져오지 않음(건너뜀)]을 클릭합니다. ❸[마침]을 클릭합니다.

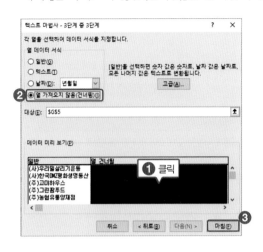

08 ❶G열의 Tab 문자가 삭제됐습니다. VLOOKUP 함수의 오류가 해결되어 사업자번호가 제대로 표시됩니다.

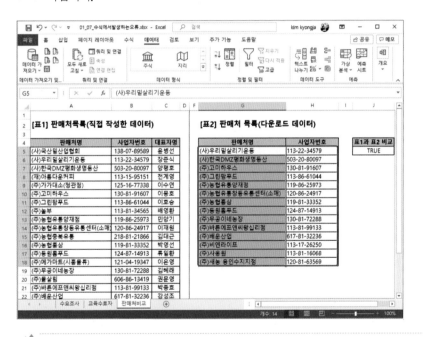

실력향상 CLEAN 함수를 사용해 화면에 보이지 않는 문자나 기호를 삭제할 수도 있습니다. 'CLEAN(셀 주소)'의 형식으로 사용하며 인쇄할 수 없는 모든 문자를 텍스트에서 제거해줍니다.

수식
핵심
기능

양식
자동화

데이터
관리&
집계

외부
데이터
편집

보고서
만들기

자동화
문서
만들기

데이터
분석&
시각화

수식의 오류 살펴보기

1. 오류의 원인과 해결 방법

수식을 입력했을 때 셀에 결괏값이 표시되지 않고 오류 표시가 나타나는 경우가 있습니다. 오류 표시별로 의미를 이해하면 오류의 원인도 쉽게 찾을 수 있습니다.

오류 표시	오류 원인과 해결 방법
#DIV/0!	나눗셈에서 어떤 값을 0으로 나눌 때 나타나는 오류입니다. 나누는 값이 0이거나 빈 셀이므로 나누는 값을 0이 아닌 값으로 바꿉니다.
#NAME?	주로 함수명을 잘못 입력하거나 정의되지 않은 이름을 사용할 경우 표시되는 오류입니다. 정의된 이름이나 함수에 오타를 확인합니다.
#REF!	참조된 셀이 없을 때 나타나는 오류입니다. 수식에 참조된 셀이 삭제되지는 않았는지 확인합니다.
#VALUE!	값이 잘못되었다는 오류입니다. 연산이나 함수의 인수로 사용된 값이 잘못되었는지 확인합니다.
#N/A	사용할 수 없는 값을 참조했을 때 나타나는 오류입니다. 수식에서 참조된 셀의 값이 맞는지 확인합니다.
#NUM!	숫자를 잘못 사용했을 때 나타나는 오류입니다. 인수에 사용된 숫자가 올바르게 입력되었는지 확인합니다.
#NULL!	존재하지 않는 값을 사용했을 때 나타나는 오류입니다. 교차되지 않은 셀 범위를 지정했는지 확인합니다.
######	셀에 입력된 숫자 데이터에 비해 열 너비가 좁을 경우 나타납니다. 열 너비를 넓혀줍니다. 표시 형식을 적용했을 때 표시할 수 있는 데이터 유형일 경우에도 이러한 오류가 발생할 수 있습니다. 이때는 표시 형식을 [일반]으로 변경합니다.

2. 수식의 오류를 검사하여 다른 값으로 대체해주는 IFERROR 함수

수식을 사용하다 보면 #VALUE!, #N/A, #DIV/0 등과 같은 오류가 나타날 때가 있습니다. 이때는 IFERROR 함수를 사용해 오류가 없을 때는 수식의 결과를 표시하고, 오류가 발생했을 때는 다른 값으로 대체할 수 있습니다.

함수 형식	=IFERROR(value, value_if_error) =IFERROR(오류를 검사할 수식, 오류가 발생했을 때 대체할 값)
인수	• value : 오류가 발생했는지 확인하는 수식으로 오류가 없을 때는 셀에 수식의 결과를 표시합니다. • value_if_error : [value] 인수의 결과가 오류일 때 대체하여 셀에 입력할 값이나 계산할 수식입니다.

수식
핵심
기능

양식
자동화

데이터
관리&
집계

외부
데이터
편집

보고서
만들기

자동화
문서
만들기

데이터
분석&
시각화

핵심기능

08

분리된 데이터를 한 셀에 입력하고 정리하기

실습 파일 | Part01/Chapter01/01_08_급여입금계좌.xlsx
완성 파일 | Part01/Chapter01/01_08_급여입금계좌(완성).xlsx

급여지급 내역표에는 은행명과 계좌번호가 서로 다른 행에 입력되어 있습니다. 한 사람의 급여 정보가 두 개의 행으로 나누어져 있으므로 은행과 계좌번호 데이터를 한 셀로 모으고 불필요한 빈 행을 일괄 삭제해보겠습니다.

미리 보기

회사에서 바로 통하는 키워드 : 한 셀로 합치기, 값 복사, 서식 복사, 빈 셀 지정

한눈에 보는 작업순서 은행명과 계좌번호를 한 셀로 모으기 ▶ 수식을 값으로 복사하기 ▶ 서식 복사하기 ▶ 빈 행 삭제하기

01 은행명과 계좌번호를 한 셀로 모으기 K열에 두 행으로 나누어 입력되어 있는 은행명과 계좌번호를 한 셀에 표시해보겠습니다. ❶ [L3] 셀을 클릭하고 ❷ **=K3&" "&K4**를 입력합니다. 큰따옴표 안에 공백이 한 칸 있으므로 은행명과 계좌번호 사이에 공백이 한 칸 생깁니다. ❸ [L3:L4] 범위를 지정한 후 ❹ 채우기 핸들을 더블클릭합니다. [L3] 셀에는 수식이 입력되어 있고, [L4] 셀은 빈 셀이므로 수식과 빈 셀이 반복되어 표시됩니다.

📶 실력향상 [L3] 셀만 클릭하여 수식을 복사하면 계좌번호와 다음 사람의 은행명이 셀에 함께 입력됩니다. 수식을 복사한 후 규칙적으로 빈 셀이 있어야 불필요한 빈 행을 일괄 삭제할 수 있습니다.

02 수식을 값으로 복사하기 L열에 은행명과 계좌번호를 표시했으므로 K열은 삭제하겠습니다. L열에 입력한 수식에 K열이 참조된 상태에서 K열을 삭제하면 L열의 수식에 오류가 발생합니다. K열을 삭제했을 때 오류가 발생하지 않도록 L열의 수식을 값으로 변경해보겠습니다. ❶ [L3:L122] 범위를 지정한 후 ❷ Ctrl + C 를 눌러 복사합니다. ❸ 지정한 범위에서 마우스 오른쪽 버튼을 클릭한 후 ❹ [붙여넣기 옵션]–[값]을 클릭합니다.

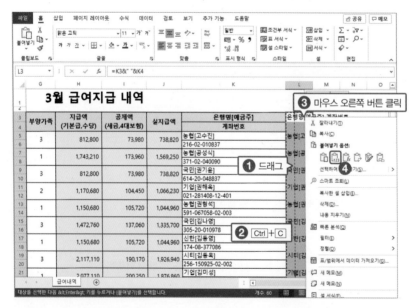

⏱ 시간단축

빠르게 범위를 지정하려면 [L3] 셀을 클릭한 후 화면을 아래로 이동하고 Shift 를 누른 상태에서 마지막 셀인 [L122] 셀을 클릭합니다.

03 서식 복사하기 K열의 서식을 L열에 복사해보겠습니다. ❶ K열을 범위로 지정한 후 ❷ [홈] 탭–[클립보드] 그룹–[서식 복사❖]를 클릭합니다. ❸ L열을 클릭합니다. K열의 서식이 L열로 복사 되었습니다. ❹ K열을 마우스 오른쪽 버튼으로 클릭합니다. ❺ [삭제]를 클릭합니다.

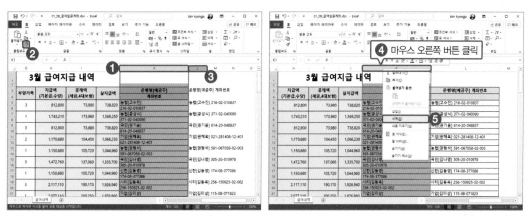

04 빈 행 삭제하기 불필요한 빈 행을 삭제해보겠습니다. ❶ [K3:K122] 범위를 지정한 후 ❷ [홈] 탭–[편집] 그룹–[찾기 및 선택]–[이동 옵션]을 클릭합니다. ❸ [이동 옵션] 대화상자에서 [빈 셀]을 클릭한 후 ❹ [확인]을 클릭합니다.

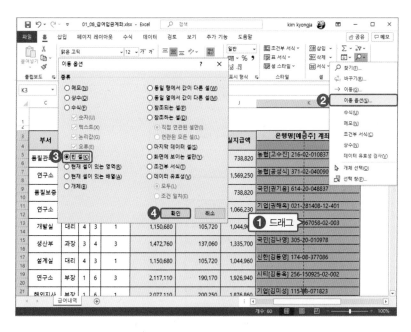

수식
핵심
기능

양식
자동화

데이터
관리&
집계

외부
데이터
편집

보고서
만들기

자동화
문서
만들기

데이터
분석&
시각화

05 ❶ 지정된 셀에서 마우스 오른쪽 버튼을 클릭한 후 ❷ [삭제]를 클릭합니다. ❸ [삭제] 대화상자에서 [행 전체]를 클릭한 후 ❹ [확인]을 클릭합니다.

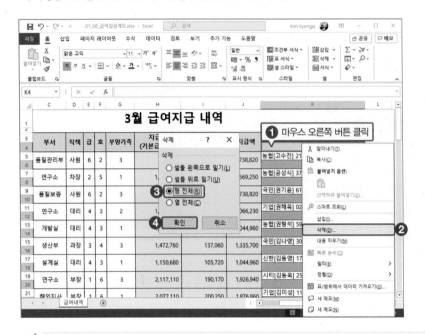

📶 **실력향상** 마우스 오른쪽 버튼을 클릭할 때는 반드시 지정된 빈 셀 위에서 클릭해야 빈 셀이 지정된 상태가 해제되지 않습니다.

06 불필요한 빈 행이 모두 삭제되고 한 사람의 급여 정보가 한 행으로 정리되었습니다.

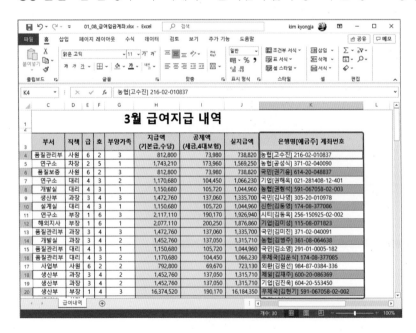

수식
핵심
기능

양식
자동화

데이터
관리&
집계

외부
데이터
편집

보고서
만들기

자동화
문서
만들기

데이터
분석&
시각화

핵심기능 09

수식으로 데이터 일괄 이동하여 목록 정리하기

실습 파일 | Part01/Chapter01/01_09_연구재료비목록.xlsx
완성 파일 | Part01/Chapter01/01_09_연구재료비목록(완성).xlsx

수식을 적용해 행으로 나열된 항목을 각각 다른 열로 이동하고 반복되는 머리글은 바꾸기 기능을 이용하여 일괄 삭제해 데이터 목록을 정리해보겠습니다.

미리 보기

연구재료비 구입 목록

번호	일자	거래처	예산액	집행액	세부내역
140	2021-05-11	상당아크릴	49,500	35,398	사용목적 :재료구매 사업자등록번호(지급처) :104-04-35847(상당아크릴) 품명 :아크릴 수량 :1 단가(원) :35398
141	2021-04-08	API솔루션	1,216,000	1,216,000	사용목적 :연구재료구매 사업자등록번호(지급처) :536-15-00013(API솔루션) 품명 :전자부품구매 수량 :1 단가(원) :1216000
142	2021-04-05	KPCON	3,000		
143	2021-04-05	KPCON	28,000		
144	2021-04-01	OP전기	17,600		
145	2021-04-01	에스알티	38,500		
146	2021-03-31	스마트유통	420,000		

연구재료비 구입 목록

번호	일자	거래처	예산액	집행액	사용목적	사업자등록번호(지급처)	품명	수량	단가(원)
140	2021-05-11	상당아크릴	49,500	35,398	재료구매	104-04-35847(상당아크릴)	아크릴	1	35,398
141	2021-04-08	API솔루션	1,216,000	1,216,000	연구재료구매	536-15-00013(API솔루션)	전자부품구매	1	1,216,000
142	2021-04-05	KPCON	3,000	2,727	배송비	101-08-40015(문케이알)	배송비	1	3,000
143	2021-04-05	KPCON	28,000	25,455	DMX 케이블 구매	101-08-40015(문케이알)	DMX Cable 5M	4	7,000
144	2021-04-01	OP전기	17,600	16,000	전기부품구매	101-33-72386(일진전기)	H.B(목)	40	400
145	2021-04-01	에스알티	38,500	35,000	연구재료 민트 고무패킹구매	601-20-68572(에스알티)	민트 M-1	500	70
146	2021-03-31	스마트유통	420,000	381,819	장비전원 아답터 구매	105-52-58019(스마트유통)	모니터 아답터 DC12V5A	50	8,400
147	2021-03-31	스마트유통	2,500	2,273	장비전원 아답터 구매 배송	105-52-58019(스마트유통)	배송	1	2,500
148	2021-03-31	NAPPA(주)	17,900	16,273	연구재료비구매	220-81-62517(네이버)	재료비	1	17,900
149	2021-03-30	뱅큐PIK	2,200	2,000	재료구매 배송	114-81-69078(뱅큐PIK)	배송비	1	2,200
150	2021-03-30	뱅큐PIK	11,550	10,500	테스트 센서	114-81-69078(뱅큐PIK)	RV160-20	50	231
151	2021-03-30	(주)파인파크	14,100	12,818	마이크로 USB케이블	217-09-50552(인터파크)	마이크로5핀 USB 데이터 충전	20	2,900
152	2021-03-25	아크릴조인	500,000	500,000	재료비 가공	101-36-72451(아크릴조인)	아크릴 가공	5	100,000
153	2021-03-24	NAPPA(주)	80,000	72,727	연구재료비 - 전자부품구매	817-08-00189(3D프린터)	리밋스위치	1	80,000
154	2021-03-24	렉스(주)	30,800	28,000	연구 부품구매	113-81-88335(엔티렉스)	테프론튜브	1	28,000
155	2021-03-24	NAPPA(주)	65,000	59,091	연구재료비 - 전자부품구매	817-08-00189(3D프린터)	테프론튜브	1	65,000
156	2021-03-24	NAPPA(주)	40,000	36,364	연구재료비 - 전자부품구매	817-08-00189(3D프린터)	커티스터	1	40,000
157	2021-03-24	NAPPA(주)	24,000	21,819	연구재료비 - 전자부품구매	817-08-00189(3D프린터)	타이밍벨트	1	24,000
158	2021-03-24	NAPPA(주)	80,000	72,727	연구재료비 - 전자부품구매	817-08-00189(3D프린터)	커뮬러	1	80,000
159	2021-03-24	렉스(주)	52,800	48,000	연구 부품구매	113-81-88335(엔티렉스)	팬뮬러	1	48,000
160	2021-03-23	도시바	8,000,000	8,000,000	재료비- 소프트웨어구매	110-81-75049(도시바)	MIDI MTC 제어 소프트웨어	1	8,000,000
161	2021-03-23	리본	16,300	14,819	연구재료비구매	220-81-83676(리본)	재료	1	14,818
162	2021-03-20	PALCOM	677,752	677,752	연구재료 해외구매	Libelium Comunicacio(해외구매)	전자부품 모듈	1	677,752
163	2021-03-17	한국인테리어	4,750,000	4,750,000	임베디드 보드 (LCD 형) mao	135-86-04285(주식회사 한국인테리어)	임베디드 보드 lcd형	10	475,000
164	2021-03-15	EIRO(주)	3,750,000	3,750,000	임베디드 보드구매	144-81-06133(EIRO(주))	통신임베디드 보드 구매	25	150,000

회사에서 바로 통하는 키워드 : 행/열 바꿈, 대표 문자로 바꾸기, 수식으로 이동, 빈 행 삭제

한눈에 보는 작업순서

행/열 바꿈으로 머리글 편집하기 ▶ 반복되는 문자 일괄 삭제하기 ▶ 수식으로 데이터 이동하기 ▶ 수식을 값으로 복사하기 ▶ 빈 행 일괄 삭제하기 ▶ 서식 설정하기

01 행/열 바꿈으로 머리글 편집하기 G열의 세부내역에는 사용목적, 사업자등록번호, 품명, 수량, 단가가 모두 입력되어 있습니다. 이 표를 수정하여 G열에는 사용목적, H열에는 사업자등록번호, I열에는 품명, J열에는 수량, K열에는 단가가 표시되도록 정리해보겠습니다. ❶[G5:G9] 범위를 지정한 후 ❷Ctrl+C를 눌러 복사합니다. ❸[G4] 셀을 마우스 오른쪽 버튼으로 클릭한 후 ❹[붙여넣기 옵션]-[행/열 바꿈]을 클릭합니다. ❺Esc를 눌러서 복사 모드를 해제합니다.

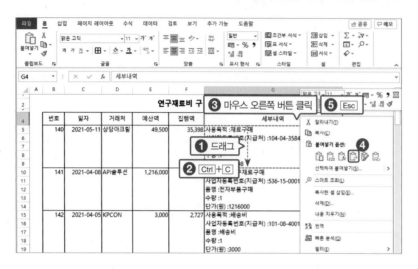

02 4행에 복사된 행에서 콜론(:)을 기준으로 뒤쪽 문자를 삭제해보겠습니다. ❶[G4:K4] 범위를 지정한 후 ❷[홈] 탭-[편집] 그룹-[찾기 및 선택]-[바꾸기]를 클릭합니다. ❸[바꾸기] 대화상자의 [찾을 내용]에 **:*** 를 입력하고 [바꿀 내용]은 입력하지 않습니다. ❹[모두 바꾸기]를 클릭합니다. ❺ '5개의 항목이 바뀌었습니다'라는 메시지가 나타나면 [확인]을 클릭합니다. ❻[찾기 및 바꾸기] 대화상자에서 [닫기]를 클릭합니다.

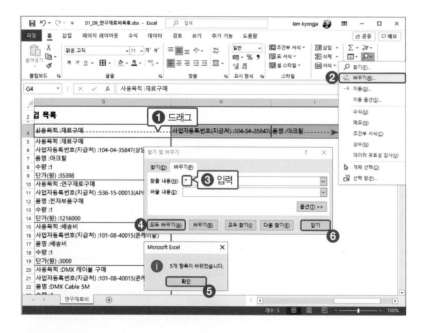

🔊 실력향상

별표(*)는 와일드카드로 ':*'를 입력하면 콜론(:)을 기준으로 뒤쪽 문자를 뜻합니다. 그리고 [바꿀 내용]을 입력하지 않으면 [찾을 내용]이 삭제됩니다. 와일드카드 문자로는 별표(*) 이외에 물음표(?)를 이용하기도 합니다. 별표(*)는 모든 데이터를, 물음표(?)는 한 글자를 찾아줍니다. 예를 들어 '서*'를 입력하면 '서'로 시작되는 모든 데이터를 찾고, '서?'를 입력하면 '서'로 시작되는 데이터 중 뒤에 한 글자가 더 있는 데이터만 찾습니다.

03 반복되는 문자 일괄 삭제하기 G열의 각 항목을 [H:K] 열로 이동하기 전에 콜론(:)을 기준으로 앞부분의 문자를 삭제해보겠습니다. ❶ G열을 범위로 지정한 후 ❷ [홈] 탭–[편집] 그룹–[찾기 및 선택]–[바꾸기]를 클릭합니다. ❸ [바꾸기] 대화상자의 [찾을 내용]에 ***:**을 입력하고, [바꿀 내용]은 입력하지 않습니다. ❹ [모두 바꾸기]를 클릭합니다. ❺ '125개의 항목이 바뀌었습니다'라는 메시지가 나타나면 [확인]을 클릭합니다. ❻ [찾기 및 바꾸기] 대화상자에서 [닫기]를 클릭합니다.

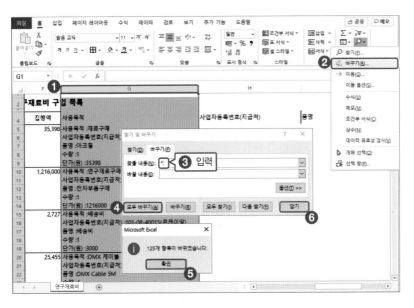

04 수식으로 데이터 이동하기 수식을 적용하여 G열에는 사용목적만 남기고, 사업자등록번호부터 단가까지 순서대로 [H:K] 열로 이동해보겠습니다. ❶ [H5] 셀에 **=G6**, [I5] 셀에는 **=G7**, [J5] 셀에는 **=G8**, [K5] 셀에는 **=G9**를 입력합니다. ❷ [H5:K9] 범위를 지정한 후 ❸ 채우기 핸들을 더블클릭합니다. 수식이 복사되어 사업자등록번호부터 단가까지 모두 표시됩니다.

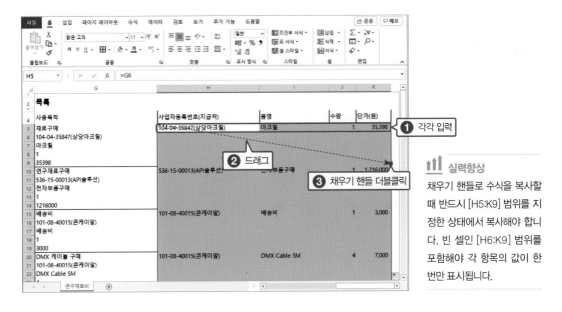

📊 **실력향상**

채우기 핸들로 수식을 복사할 때 반드시 [H5:K9] 범위를 지정한 상태에서 복사해야 합니다. 빈 셀인 [H6:K9] 범위를 포함해야 각 항목의 값이 한 번만 표시됩니다.

수식
핵심
기능

양식
자동화

데이터
관리&
집계

외부
데이터
편집

보고서
만들기

자동화
문서
만들기

데이터
분석&
시각화

05 수식을 값으로 복사하기 [H:K] 열에서 빈 행을 삭제하면 [H:K] 열에서 수식이 입력된 셀이 참조하는 G열의 내용도 삭제되어 오류가 표시됩니다. 행을 삭제해도 오류가 발생하지 않도록 수식을 값으로 변경해보겠습니다. ❶ [H5:K129] 범위를 지정하고 ❷ Ctrl + C 를 눌러 복사합니다. ❸ 지정된 범위에서 마우스 오른쪽 버튼을 클릭하고 ❹ [붙여넣기 옵션]-[값 🗐]을 클릭합니다.

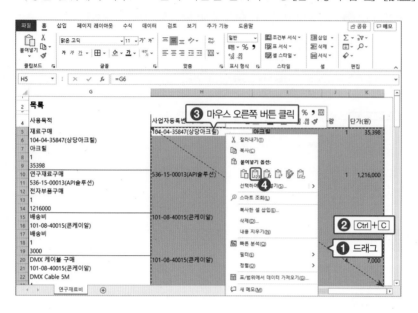

06 빈 행 일괄 삭제하기 ❶ [H4:H129] 범위를 지정한 후 ❷ [홈] 탭-[편집] 그룹-[찾기 및 선택]-[이동 옵션]을 클릭합니다. ❸ [이동 옵션] 대화상자에서 [빈 셀]을 클릭한 후 ❹ [확인]을 클릭합니다.

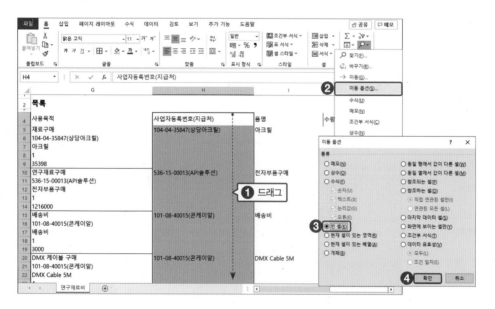

07 ❶ 지정된 범위에서 마우스 오른쪽 버튼을 클릭하고 ❷ [삭제]를 클릭합니다. ❸ [삭제] 대화상자에서 [행 전체]를 클릭한 후 ❹ [확인]을 클릭합니다.

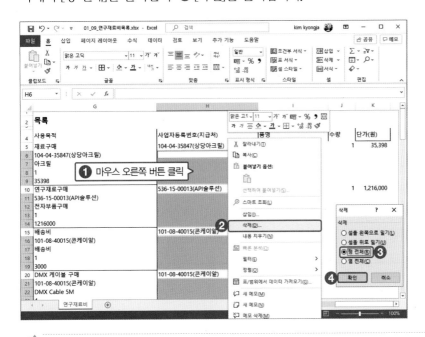

🔺 실력향상 [H4:H129] 범위를 지정한 상태에서 빈 셀을 지정했으므로 [H4:H129] 범위의 빈 셀만 지정됩니다. 마우스 오른쪽 버튼을 클릭할 때는 반드시 지정된 빈 셀 위에서 클릭해야 빈 셀이 지정된 상태가 해제되지 않습니다.

08 서식 설정하기 ❶ 데이터가 있는 임의의 셀을 클릭한 후 ❷ Ctrl + A 를 누릅니다. ❸ 범위가 지정되면 [홈] 탭-[글꼴] 그룹-[테두리]-[모든 테두리]를 클릭합니다. ❹ [B:K] 열을 지정한 후 ❺ 열 머리글의 경계선을 더블클릭하여 열 너비를 자동으로 맞춥니다. ❻ [B2:K2] 범위를 지정한 후 ❼ [홈] 탭-[맞춤] 그룹-[병합하고 가운데 맞춤🔲]을 클릭합니다.

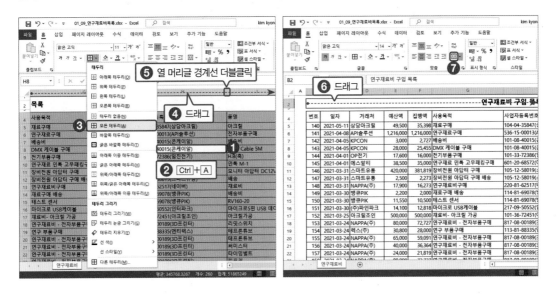

수식
핵심
기능

양식
자동화

데이터
관리&
집계

외부
데이터
편집

보고서
만들기

자동화
문서
만들기

데이터
분석&
시각화

파워 쿼리를 이용하여 수식을 사용할 수 있는 목록으로 변환하기

실습 파일 | Part01/Chapter01/01_10_만족도집계.xlsx
완성 파일 | Part01/Chapter01/01_10_만족도집계(완성).xlsx

2차원 표 형식으로 만들어진 엑셀 집계표를 다른 기준으로 변형하여 다시 집계하려면 데이터베이스 목록으로 변환해야 합니다. 이때 파워 쿼리를 이용하면 빠르고 편리하게 목록으로 변환할 수 있습니다. 파워 쿼리는 엑셀 2016 버전부터 지원되는 기능으로 엑셀 2013 이하 버전일 경우 마이크로소프트 홈페이지를 통해 설치한 후 사용해야 합니다.

미리 보기

분야	구분	과정코드	교육시작일	총인원수	만족도 항목						
					매우만족	만족	보통	불만	매우불만	무응답	기타
경영 마케팅	경영	MPC1	2021-05-02	2,760			15	10	4	1	4
		MPC0	2021-05-03	3,047	2					5	
		MPC1	2021-05-04	2,320	4	5			6	16	11
		FMN1	2021-06-06	850		20	10	7		15	
		FMN1	2021-06-06	4,006	13		12		19		
		FMN2	2021-07-07	18,370			30	1			
		FMN3	2021-08-08	34,104	2		10	5	6		16
	마케팅	HCS270090	2021-05-02	2,432	12					11	13
		HCS234090	2021-05-03	4,580		5			15	8	
		OR234H060	2021-06-04	4,612	40	12	9		6	10	11
		OR270H060	2021-06-05	26,500		25	6	16			6
		OR270H060	2021-07-06	4,529	16					16	15
		OR330H060	2021-08-07	12,305							
		OR400H060	2021-08-08	3,092		12				3	15
연구생산	연구	HCS270090	2021-05-16	3,020	10				10		9
		HCS234090	2021-05-17	4,952	7	8	20	11	4	4	5
		MPC1	2021-06-18	1,010		5			2		11
		MPC1	2021-06-19	1,719	19	4	9	19		7	
		MPC1	2021-07-20	2,340	1		3				
		HCS270088	2021-08-21	1,188	13	11				12	
		HCS270089	2021-09-22	46,000		2				7	6
	생산	HCS270090	2021-05-16	1,379						7	6
		HCS234090	2021-05-17	4,880		11	3	13	19	3	
		OR234H060	2021-06-18	4,005	17						
		OR270H060	2021-06-19	16,460		5	19		19		
		OR270H060	2021-07-20	2,737	17	11			11		11
		OR330H060	2021-08-21	1,680					18	9	
		OR400H060	2021-08-22	8,350	6	8	5	5	1	9	6

분야	구분	과정코드	교육시작일	설문항목	응답수
경영 마케팅	경영	MPC1	2021-05-02	보통	15
경영 마케팅	경영	MPC1	2021-05-02	불만	10
경영 마케팅	경영	MPC1	2021-05-02	매우불만	4
경영 마케팅	경영	MPC1	2021-05-02	무응답	1
경영 마케팅	경영	MPC1	2021-05-02	기타	4
경영 마케팅	경영	MPC0	2021-05-03	매우만족	2
경영 마케팅	경영	MPC0	2021-05-03	무응답	5
경영 마케팅	경영	MPC1	2021-06-04	매우만족	4
경영 마케팅	경영	MPC1	2021-06-04	만족	5
경영 마케팅	경영	MPC1	2021-06-04	매우불만	6
경영 마케팅	경영	MPC1	2021-06-04	무응답	16
경영 마케팅	경영	MPC1	2021-06-04	기타	11
경영 마케팅	경영	FMN1	2021-06-06	만족	20
경영 마케팅	경영	FMN1	2021-06-06	보통	10
경영 마케팅	경영	FMN1	2021-06-06	불만	7
경영 마케팅	경영	FMN1	2021-06-06	무응답	15
경영 마케팅	경영	FMN1	2021-06-06	매우만족	13
경영 마케팅	경영	FMN1	2021-06-06	보통	12
경영 마케팅	경영	FMN1	2021-06-06	매우불만	19
경영 마케팅	경영	FMN2	2021-07-07	불만	30
경영 마케팅	경영	FMN2	2021-07-07	매우불만	1
경영 마케팅	경영	FMN3	2021-08-08	매우만족	2
경영 마케팅	경영	FMN3	2021-08-08	만족	10
경영 마케팅	경영	FMN3	2021-08-08	불만	5
경영 마케팅	경영	FMN3	2021-08-08	불만	6
경영 마케팅	경영	FMN3	2021-08-08	기타	16
경영 마케팅	마케팅	HCS270090	2021-05-02	매우만족	12
경영 마케팅	마케팅	HCS270090	2021-05-02	매우불만	11
경영 마케팅	마케팅	HCS270090	2021-05-02	무응답	13
경영 마케팅	마케팅	HCS234090	2021-06-03	매우만족	5
경영 마케팅	마케팅	HCS234090	2021-06-03	만족	8
경영 마케팅	마케팅	HCS234090	2021-06-03	매우불만	15
경영 마케팅	마케팅	HCS234090	2021-06-03	무응답	8

회사에서 바로 통하는 **키워드 :** 파워 쿼리, 표 서식, 목록으로 변환, 아래로 채우기, 열 피벗 해제

한눈에 보는 작업순서

머리글 편집하고 표 등록하기 ▶ [Power Query 편집기] 시작하기 ▶ 빈 셀에 데이터 채우기 ▶ 열 형식 변경하기 ▶

열 피벗 해제하기 ▶ 불필요한 열 제거하고 열 이름 변경하기 ▶ 표로 로드하기 ▶ 일반 범위로 변환하기

01 머리글 편집하고 표 등록하기 설문만족도 집계표에는 머리글이 두 개의 행으로 작성되어 있습니다. 파워 쿼리에 사용되는 표는 머리글이 병합되지 않은 한 개의 행으로 되어 있어야 합니다. ❶ [A1:E2] 범위를 지정한 후 ❷ [홈] 탭—[맞춤] 그룹—[병합하고 가운데 맞춤圖]을 클릭하여 셀 병합을 해제합니다. ❸ [A1:E1] 범위를 지정한 후 ❹ 채우기 핸들을 [E2] 셀까지 드래그하여 복사합니다. ❺ 1행을 마우스 오른쪽 버튼으로 클릭한 후 ❻ [삭제]를 클릭합니다.

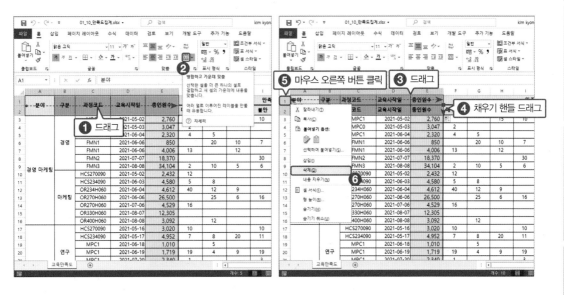

02 시트에 작성된 표를 [Power Query 편집기]에서 편집하려면 먼저 표로 등록되어 있어야 합니다. ❶ 데이터가 있는 임의의 셀을 클릭한 후 ❷ [홈] 탭—[스타일] 그룹—[표 서식]—[연한 파랑, 표 스타일 밝게 2]를 클릭합니다. ❸ [표 서식] 대화상자가 나타나면 입력된 셀 범위를 그대로 유지하고, [머리글 포함]에 체크되어 있는지 확인한 후 ❹ [확인]을 클릭합니다. 표로 등록되었습니다.

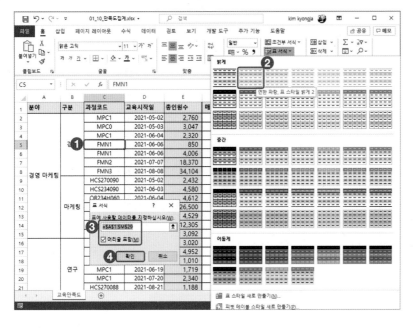

📊 **실력향상**

표로 등록되면 [표 디자인] 탭이 표시됩니다. 표에 적용된 서식을 없애고 싶다면 [표 디자인] 탭—[표 스타일] 그룹—[없음]을 클릭합니다. 표 이름은 표1, 표2, 표3, … 등으로 자동 부여되는데 [표 디자인] 탭—[속성] 그룹—[표 이름]에서 변경할 수 있습니다. 표 등록을 해제하려면 [표 디자인] 탭—[도구] 그룹—[범위로 변환]을 클릭합니다.

수식
핵심
기능

양식
자동화

데이터
관리&
집계

외부
데이터
편집

보고서
만들기

자동화
문서
만들기

데이터
분석&
시각화

03 [Power Query 편집기] 시작하기 ❶ 데이터가 있는 임의의 셀을 클릭한 후 ❷ [데이터]
탭-[데이터 가져오기 및 변환] 그룹-[테이블/범위에서圖]를 클릭합니다. [Power Query 편집기]
가 표시됩니다.

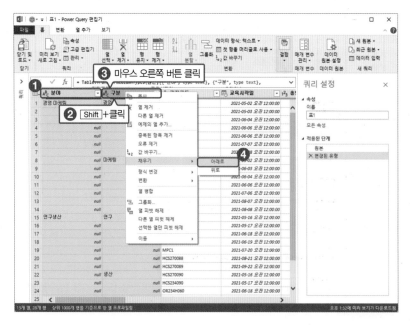

실력향상

엑셀 2016 버전에서는 [데이
터] 탭-[가져오기 및 변환] 그
룹-[테이블에서]를 클릭하
고, 엑셀 2013 이하 버전에
서는 파워 쿼리를 추가 설치
한 후 [파워 쿼리] 탭-[Excel
데이터] 그룹-[테이블/범위
에서]를 클릭합니다. [Power
Query 편집기]가 표시된 상태
에서는 [워크시트] 화면이 클
릭되지 않고 편집되는 쿼리는
현재 작업 중인 통합 문서에
저장됩니다.

04 빈 셀에 데이터 채우기 [분야]와 [구분] 열은 병합된 셀이었는데 표로 등록되면서 병합이 해
제되고 빈 셀이 생겼습니다. 빈 셀에 위쪽 데이터를 채워보겠습니다. ❶ [분야] 열을 클릭한 후 ❷
Shift 를 누른 상태에서 [구분] 열을 클릭합니다. ❸ 지정된 열 머리글을 마우스 오른쪽 버튼으로
클릭하고 ❹ [채우기]-[아래로]를 클릭합니다. [분야]와 [구분] 열에 모두 데이터가 입력됩니다.

실력향상

[Power Query 편집기]에서
두 개 이상의 열을 지정할 때
는 Shift 나 Ctrl 을 이용합니
다. 만약 워크시트에서 열을
지정하는 것처럼 [분야] 열에
서부터 [구분] 열까지 드래그
로 지정하면 열이 지정되지 않
고 열 순서가 변경됩니다.

05 열 형식 변경하기 ❶ [교육시작일] 열의 형식📧을 클릭한 후 **❷** [날짜]를 클릭합니다. 데이터 형식이 날짜로 변경되었습니다.

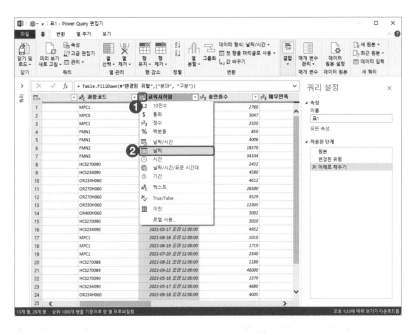

실력향상 파워 쿼리에는 실행 취소 기능이 없습니다. 이전에 작업한 내용을 취소하려면 [적용된 단계]에서 해당 항목을 클릭한 후 취소☒를 클릭합니다.

06 열 피벗 해제하기 만족도 항목의 데이터를 행 목록으로 변환해보겠습니다. **❶** [매우만족] 열 머리글을 클릭한 후 **❷** Shift 를 누른 상태에서 [기타] 열 머리글을 클릭합니다. **❸** 지정된 열 머리글을 마우스 오른쪽 버튼으로 클릭하고 **❹** [열 피벗 해제]를 클릭합니다.

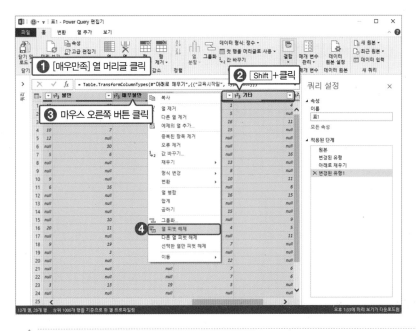

실력향상 [열 피벗 해제]는 피벗 테이블을 해제하는 기능과 같은 의미로, 열로 나열된 데이터가 행 목록으로 변환됩니다. [열 피벗 해제]를 클릭하면 28개였던 행이 99개로 늘어납니다.

수식 핵심 기능

양식 자동화

데이터 관리& 집계

외부 데이터 편집

보고서 만들기

자동화 문서 만들기

데이터 분석& 시각화

07 불필요한 열 제거하고 열 이름 변경하기 ❶ [총인원수] 열 머리글을 클릭한 후 ❷ Shift 를 누른 상태에서 [합계] 열 머리글을 클릭합니다. ❸ 지정된 열 머리글을 마우스 오른쪽 버튼으로 클릭하고 ❹ [열 제거]를 클릭합니다. ❺ [특성] 열 머리글을 더블클릭하여 **설문항목**으로 변경하고 [값] 열 머리글을 더블클릭하여 **응답수**로 변경합니다.

08 표로 로드하기 편집 완료된 쿼리를 워크시트로 내보내겠습니다. [홈] 탭–[닫기] 그룹–[닫기 및 로드]–[닫기 및 로드]를 클릭합니다.

09 새로운 시트가 추가되고 편집된 쿼리의 결과가 표시됩니다.

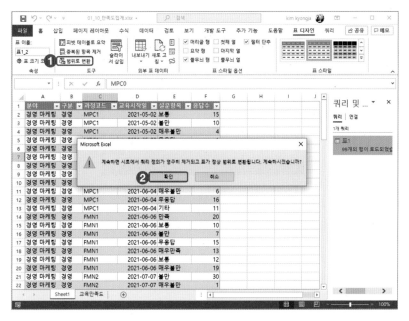

실력향상
쿼리 편집을 수정할 경우 [쿼리 및 연결] 작업 창에서 [표1]을 더블클릭합니다.

10 일반 범위로 변환하기 로드된 쿼리의 결과는 표로 등록되어 있습니다. 표로 등록된 데이터 목록으로 수식이나 함수를 사용하면 셀 주소가 구조적 참조 형식인 '=표1[@설문항목]', '=표1[@응답수]' 등으로 입력됩니다. 'A1', 'B2' 형식의 주소로 사용하려면 일반 범위로 변환해야 합니다. ❶ [표 디자인] 탭-[도구] 그룹-[범위로 변환]을 클릭합니다. ❷ '계속하면 시트에서 쿼리 정의가 영구히 제거되고 표가 정상 범위로 변환됩니다. 계속하시겠습니까?'라는 메시지가 나타나면 [확인]을 클릭합니다.

실력향상
로드된 쿼리의 결과를 일반 범위로 변환하면 쿼리 연결도 해제되어 [쿼리 및 연결] 작업 창에서 [표1]이 '연결 전용입니다'로 표시됩니다. 다시 쿼리와 연결된 표 목록을 만들려면 [쿼리 및 연결] 작업 창의 [표1]에서 마우스 오른쪽을 클릭하고 [다음으로 로드]를 클릭한 후 [데이터 가져오기]에서 [표]를 클릭합니다.

엑셀 2013 이하 버전에서 파워 쿼리 추가 설치하기

파워 쿼리는 엑셀 2016 버전부터 지원하는 기능으로 엑셀 2013 이하 버전에서는 마이크로소프트 홈페이지를 통해 엑셀 버전에 맞는 파워 쿼리를 추가 설치한 후 사용해야 합니다.

01 설치되어 있는 엑셀 버전을 확인합니다. [파일]-[도움말] 또는 [파일]-[계정]을 클릭하여 엑셀 버전에 있는 비트수를 확인합니다.

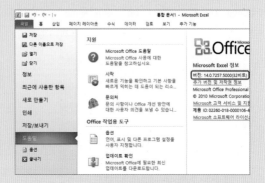

02 ❶ 인터넷 브라우저에서 'http://www.microsoft.com'으로 이동합니다. ❷ **파워 쿼리 설치**를 검색합니다. ❸ 검색된 내용 중 [Download Microsoft Excel용 파워 쿼리]를 클릭합니다.

03 ❶ [한국어]를 선택한 후 ❷ [다운로드]를 클릭합니다. ❸ 확인한 엑셀 비트수와 같은 버전을 클릭한 후 ❹ [다음]을 클릭하면 파워 쿼리 설치 파일이 다운로드됩니다.

04 다운로드된 설치 파일을 실행하여 설치가 완료되면 엑셀에 [파워 쿼리] 탭이 표시됩니다.

CHAPTER

02

함수를 이용하여
양식 자동화하고
집계표 만들기

엑셀의 막강한 계산 기능 중 으뜸이 되는 것이 바로 함수입니다. 엑셀에서 지원하는 모든 함수를 알 필요는 없지만 실무에 꼭 필요한 핵심 함수를 익혀두어 적재적소에 활용한다면 많은 시간과 에너지가 필요한 일도 자동화하여 간단하게 해결할 수 있습니다. 이번 CHAPTER에서는 실무에서 가장 많이 사용하는 핵심 함수를 중심으로 업무에 활용하는 방법과 복잡한 업무를 자동화하여 보기 좋은 집계표를 완성하는 방법에 대해 알아보겠습니다.

시간 데이터 삭제하고
날짜별로 입출금 집계하기

실습 파일 | Part01/Chapter02/02_01_금융거래내역.xlsx
완성 파일 | Part01/Chapter01/02_01_금융거래내역(완성).xlsx

법인 통장에서 거래한 내역을 표시한 데이터에서 시간 데이터를 삭제하고 입금과 출금의 합계를 날짜별로 구해보겠습니다. 시간 데이터는 텍스트 나누기 기능으로 삭제하고 날짜별 입출금의 합계는 SUMIF 함수를 사용해 구해보겠습니다.

미리 보기

법인 통장 거래 내역

No	거래일시	구분	항목	입금금액	출금금액	거래후잔액	거래지점
1	2021-01-04	입금	전자금융	8,355,950	350,000	8,005,950	815270
2	2021-01-04	출금	모바일뱅킹	-	1,025,000	6,980,950	동탄역
3	2021-01-04	출금	모바일뱅킹	354,000	1,189,000	6,145,950	삼산
4	2021-01-07	출금	모바일뱅킹	214,500	3,025,000	3,335,450	동탄동
5	2021-01-07	출금	모바일뱅킹	-	825,000	2,510,450	동탄동
6	2021-01-17	입금	PC뱅킹	1,525,000	245,100	3,790,350	동탄동
7	2021-01-18	입금	PC뱅킹	-	4,100,000	309,650	159310
8	2021-01-18	출금	ATM출금	1,500,000	125,000	1,065,350	대치동
9	2021-01-18	출금	대출이자	1,000,000	54,076	2,011,274	동탄동
10	2021-01-18	입금	현금입금	4,025,000	2,485,110	3,551,164	동탄동
11	2021-01-18	입금	현금입금	825,000	2,543,000	1,833,164	동탄동
12	2021-01-20	입금	PC뱅킹	1,475,000	150,000	3,158,164	강남
13	2021-01-20	입금	ATM이체	350,000	365,000	3,143,164	동탄역
14	2021-01-21	출금	CMS공동	254,000	630,592	2,766,572	동탄동
15	2021-01-21	출금	CMS공동	-	295,238	2,471,334	동탄동

[일자별 입출금 합계]

일자	입금 합계	출금 합계
2021-01-04	8,709,950	2,564,000
2021-01-07	214,500	3,850,000
2021-01-17	1,525,000	245,100
2021-01-18	7,350,000	9,307,186
2021-01-20	1,825,000	515,000
2021-01-21	3,829,000	2,024,157
2021-01-22	34,073,500	32,386,814
2021-01-23	4,208,000	7,745,000
2021-01-24	7,519,000	7,049,170
2021-01-26	7,755,600	2,009,227
2021-01-27	1,802,000	254,000
총합계	78,811,550	67,949,654

회사에서 바로 통하는 **키워드** : 텍스트 나누기, 날짜 형식 변환, SUMIF 함수

한눈에 보는 작업순서	텍스트 나누기 기능으로 시간 데이터 삭제하기 ▶ SUMIF 함수로 입출금 합계 계산하기

01 텍스트 나누기 기능으로 시간 데이터 삭제하기 ❶ [B5:B61] 범위를 지정한 후 ❷ [데이터] 탭-[데이터 도구] 그룹-[텍스트 나누기]를 클릭합니다. ❸ [텍스트 마법사 – 3단계 중 1단계] 대화상자에서 [너비가 일정함]을 클릭합니다. ❹ [다음]을 클릭합니다. ❺ [텍스트 마법사 – 3단계 중 2단계] 대화상자의 [데이터 미리 보기]에서 일자 뒷부분을 클릭합니다. 구분 화살표가 표시됩니다. ❻ [다음]을 클릭합니다.

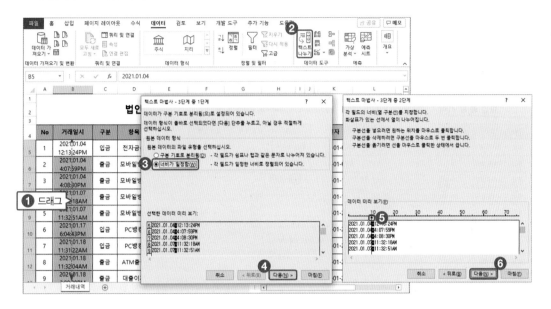

02 ❶ [텍스트 마법사 3단계 중 –3단계] 대화상자에서 첫 번째 열 데이터를 지정하고 ❷ [열 데이터 서식]에서 [날짜]를 클릭합니다. ❸ 두 번째 열 데이터를 지정하고 ❹ 서식으로 [열 가져오지 않음(건너뜀)]을 클릭합니다. ❺ [마침]을 클릭합니다. 시간 데이터가 삭제되고 남아 있는 데이터는 날짜 형식으로 변환되었습니다.

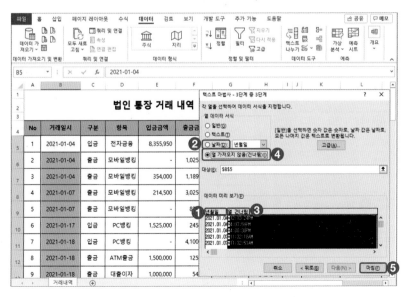

🔼 **실력향상**

첫 번째 열 데이터 서식을 [날짜]로 지정하지 않고 [일반]으로 지정하면 K열의 일자와 일치하지 않기 때문에 SUMIF 함수로 입출금 합계를 구할 수 없습니다.

수식
핵심
기능

양식
자동화

데이터
관리&
집계

외부
데이터
편집

보고서
만들기

자동화
문서
만들기

데이터
분석&
시각화

03 SUMIF 함수로 입출금 합계 계산하기 ❶ [L5] 셀을 클릭합니다. ❷ [수식] 탭–[함수 라이브러리] 그룹–[수학/삼각]–[SUMIF]를 클릭합니다. ❸ [함수 인수] 대화상자에서 [Range]에는 거래일시에 해당하는 **$B$5:$B$61**을 입력하고 [Criteria]에는 합을 구할 일자에 해당하는 **$K5**를 입력합니다. [Sum_range]에는 합을 구할 입금금액에 해당하는 **E$5:E$61**을 입력합니다. ❹ [확인]을 클릭합니다.

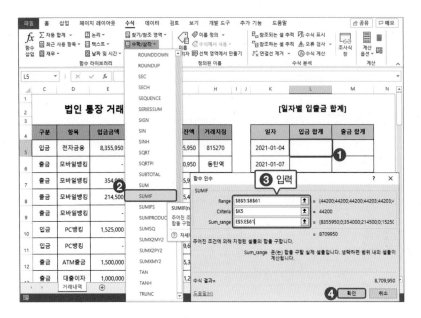

실력향상 입력한 수식을 오른쪽 셀과 아래쪽 셀에 모두 복사해야 하므로 [Range] 인수는 절대 참조로, 나머지 인수는 혼합 참조로 입력합니다.

04 ❶ [L5] 셀의 채우기 핸들을 [M5] 셀로 드래그하여 수식을 복사합니다. ❷ [L5:M5] 범위가 지정된 상태에서 채우기 핸들을 [M15] 셀까지 드래그합니다. ❸ [L5:M16] 범위를 지정한 후 ❹ [수식] 탭–[함수 라이브러리] 그룹–[자동 합계∑]를 클릭합니다. [L16:M16] 범위에 합계가 표시됩니다.

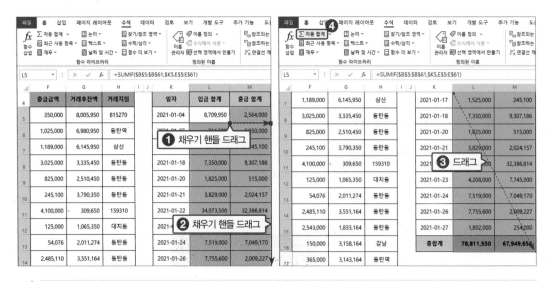

실력향상 채우기 핸들을 더블클릭을 하면 [M16] 셀까지 복사되므로 [M15] 셀까지만 드래그하여 복사합니다. [자동 합계]로 합계를 구할 때 지정한 범위의 마지막 행과 마지막 열이 비어 있어야 해당 셀에 합계가 표시됩니다.

수식 핵심 기능

양식 자동화

데이터 관리& 집계

외부 데이터 편집

보고서 만들기

자동화 문서 만들기

데이터 분석& 시각화

SUMIF, SUMIFS 함수 알아보기

SUMIF 함수는 SUM 함수 뒤에 조건을 뜻하는 'IF'가 붙어 전체 합계가 아니라 조건에 맞는 데이터만 찾아서 합계를 구할 때 사용합니다. 또한 조건이 두 개 이상일 경우에는 복수형을 의미하는 'S'가 붙은 SUMIFS 함수를 사용합니다. SUMIF 함수는 합을 구할 범위가 마지막 인수에 입력되지만, SUMIFS 함수는 합을 구할 범위를 첫 번째 인수로 입력합니다.

함수 형식	=SUMIF(range, criteria, [sum_range]) =SUMIF(조건 범위, 조건, [합을 구할 범위])
	=SUMIFS(sum_range, criteria_range1, criteria1, [criteria_range2, criteria2], …) =SUMIF(합을 구할 범위, 조건 범위1, 조건1, 조건 범위2, 조건2, …)
인수	• range : 조건을 비교할 범위입니다. • criteria : 합계를 구할 조건입니다. • sum_range : 실제 합을 구할 범위로 조건을 비교할 범위와 합을 구할 범위가 같다면 생략할 수 있습니다.

텍스트 나누기 기능으로 데이터 나누기

텍스트 나누기 기능을 사용하면 한 셀에 입력된 데이터를 일정한 규칙을 기준으로 두 개 이상의 열로 나눌 수 있습니다. 다음 예제 파일의 B열에는 식품명과 상세식품명이 함께 입력되어 있습니다. 슬래시(/)를 기준으로 식품명과 상세식품명을 서로 다른 열로 분리할 수 있습니다. 단, 텍스트를 나누기 전에 나눈 열 데이터를 입력할 빈 열이 준비되어 있어야 합니다. 한 개의 열만 지정하여 나누기를 할 수도 있습니다.

실습 파일 | Part01/Chapter02/02_01_텍스트나누기.xlsm
완성 파일 | Part01/Chapter02/02_01_텍스트나누기(완성).xlsm

01 ❶ B열을 범위로 지정한 후 ❷ [데이터] 탭–[데이터 도구] 그룹–[텍스트 나누기]를 클릭합니다.

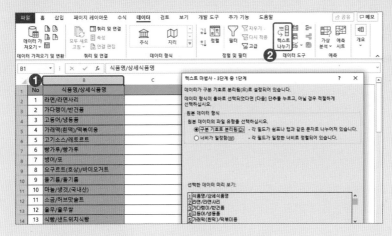

02 ❶[텍스트 마법사 – 3단계 중 1단계]에서 [구분 기호로 분리됨]을 클릭합니다. ❷[다음]을 클릭합니다. ❸[텍스트 마법사 – 3단계 중 2단계]의 [구분 기호]에서 [기타]에 체크한 후 입력란에 /를 입력합니다. ❹[다음]을 클릭합니다.

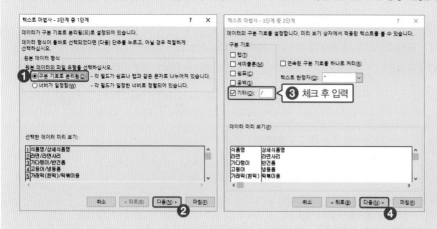

03 ❶❷❸❹[텍스트 마법사 – 3단계 중 3단계]에서 [열 데이터 서식]은 두 개의 열 모두 [일반]을 클릭한 후 ❺[마침]을 클릭합니다. ❻'해당 영역에 이미 데이터가 있습니다. 기존 데이터를 바꾸시겠습니까?'라는 메시지가 나타나면 [확인]을 클릭합니다. 데이터가 분리되고 상세식품명이 C열에 입력됩니다.

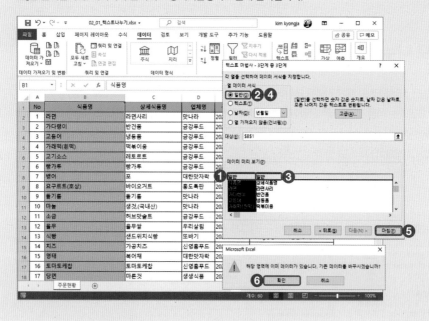

수식
핵심
기능

양식
자동화

데이터
관리&
집계

외부
데이터
편집

보고서
만들기

자동화
문서
만들기

데이터
분석&
시각화

핵심기능 02

사업부와 품목별 물량관리 현황 집계하기

실습 파일 | Part01/Chapter02/02_02_품목별물량관리.xlsx
완성 파일 | Part01/Chapter02/02_02_품목별물량관리(완성).xlsx

시스템에서 다운로드한 사업장별/품목별 입출고 수량 데이터를 이용하여 월별 물량관리 집계표를 작성해보겠습니다. SUMIFS 함수를 이용하여 [입고] 시트와 [출고] 시트에 있는 수량의 합계를 구하고, 조건부 서식에 COUNTIF 함수를 적용하여 [물량관리] 시트의 A열과 B열에 중복된 사업장 및 품목명이 표시되지 않도록 설정해보겠습니다.

미리 보기

회사에서 바로 통하는 **키워드** : SUMIFS 함수, COUNTIF 함수, 선택 영역에서 이름 만들기, 이름 관리자, 조건부 서식, 사용자 지정 표시 형식

한눈에 보는 작업순서	입고 데이터 이름 정의하기	▶	출고 데이터 이름 정의하기	▶	SUMIFS 함수로 입고 합계 구하기	▶	수식 복사하여 출고 합계 구하기	▶	재고 구하기	▶	사업장명과 품목명 한 번만 표시하기

01 입고 데이터 이름 정의하기 [입고]와 [출고] 시트의 사업장명과 품목명 데이터가 SUMIFS 함수에서 절대 참조로 사용되므로 이름으로 정의해보겠습니다. ❶ [입고] 시트 탭을 클릭합니다. ❷ [A1:B84] 범위를 지정한 후 ❸ [수식] 탭–[정의된 이름] 그룹–[선택 영역에서 만들기]를 클릭합니다. ❹ [선택 영역에서 이름 만들기] 대화상자에서 [첫 행]에만 체크한 후 ❺ [확인]을 클릭합니다.

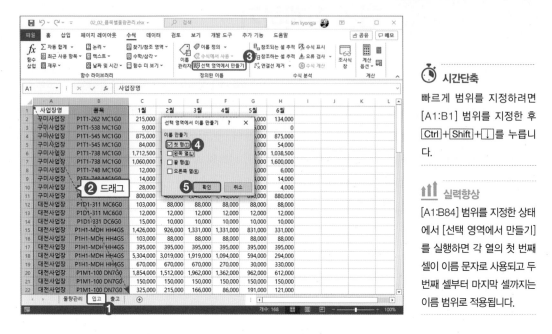

⏱️ **시간단축**

빠르게 범위를 지정하려면 [A1:B1] 범위를 지정한 후 Ctrl + Shift + ↓를 누릅니다.

📊 **실력향상**

[A1:B84] 범위를 지정한 상태에서 [선택 영역에서 만들기]를 실행하면 각 열의 첫 번째 셀이 이름 문자로 사용되고 두 번째 셀부터 마지막 셀까지는 이름 범위로 적용됩니다.

02 입고 데이터와 출고 데이터를 구분하기 위해 정의된 이름을 수정해보겠습니다. ❶ [수식] 탭–[정의된 이름] 그룹–[이름 관리자]를 클릭합니다. ❷ [이름 관리자] 대화상자에서 [사업장명]을 더블클릭합니다. ❸ [이름 편집] 대화상자의 [이름]을 **입고사업장**으로 변경합니다. ❹ [확인]을 클릭합니다. ❺ 같은 방법으로 [품목]을 **입고품목**으로 변경합니다.

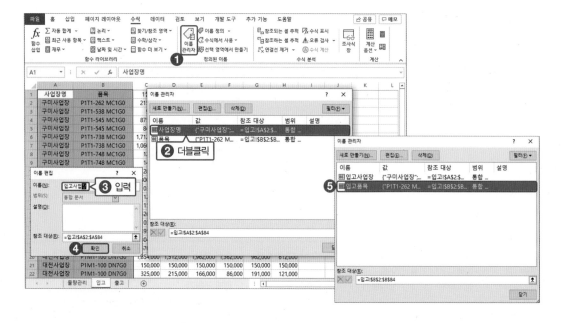

03 출고 데이터 이름 정의하기 ❶ [출고] 시트 탭을 클릭합니다. ❷ [A1:B84] 범위를 지정한 후 ❸
[수식] 탭-[정의된 이름] 그룹-[선택 영역에서 만들기]를 클릭합니다. ❹ [선택 영역에서 이름 만들
기] 대화상자에서 [첫 행]에만 체크한 후 ❺ [확인]을 클릭합니다.

04 ❶ [수식] 탭-[정의된 이름] 그룹-[이름 관리자]를 클릭합니다. ❷ [이름 관리자] 대화상자에서
[사업장명] 이름을 **출고사업장**, [품목] 이름을 **출고품목**으로 변경합니다.

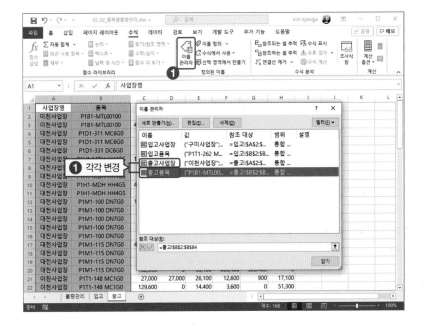

수식
핵심
기능

양식
자동화

데이터
관리&
집계

외부
데이터
편집

보고서
만들기

자동화
문서
만들기

데이터
분석&
시각화

05 SUMIFS 함수로 입고 합계 구하기 ❶ [물량관리] 시트 탭을 클릭합니다. ❷ [E4] 셀을 클릭합니다. ❸ [수식] 탭-[함수 라이브러리] 그룹-[수학/삼각]-[SUMIFS]를 클릭합니다. ❹ [함수 인수] 대화상자에서 [Sum_range]에는 합을 구할 [입고] 시트의 1월 범위인 **입고!C$2:C$84**를 입력합니다. [Criteria_range1]에는 첫 번째 조건 범위로 **입고사업장**, [Criteria1]에는 첫 번째 조건으로 **$A4**를 입력합니다. [Criteria_range2]에는 두 번째 조건 범위로 **입고품목**, [Criteria2]에는 두 번째 조건으로 **$B4**를 입력합니다. ❺ [확인]을 클릭합니다.

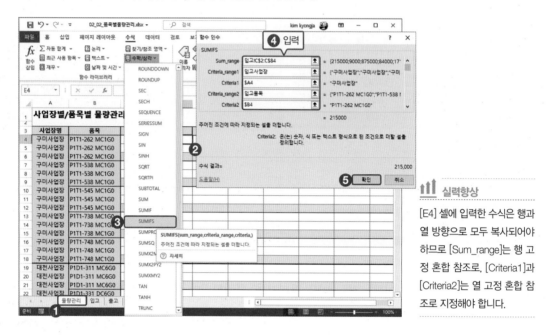

📊 **실력향상**

[E4] 셀에 입력한 수식은 행과 열 방향으로 모두 복사되어야 하므로 [Sum_range]는 행 고정 혼합 참조로, [Criteria1]과 [Criteria2]는 열 고정 혼합 참조로 지정해야 합니다.

06 수식 복사하여 출고 합계 구하기 출고 합계는 SUMIFS 함수를 직접 입력하지 않고 입고 합계 수식을 복사하여 수정해보겠습니다. ❶ [E5] 셀을 클릭한 후 ❷ Ctrl + D를 누릅니다. 위쪽 셀 수식이 그대로 복사됩니다. ❸ 수식 입력줄의 수식을 **=SUMIFS(출고!C$2:C$84, 출고사업장, $A5, 출고품목, $B5)**로 변경합니다.

07 재고 구하기 '=전월 재고+입고−출고' 수식을 입력하여 재고를 구해보겠습니다. ❶ [E6] 셀을 클릭한 후 ❷ **=D6+E4−E5**를 입력합니다. ❸ [E4:E6] 범위를 지정한 후 ❹ 채우기 핸들을 [J6] 셀까지 드래그하여 수식을 복사합니다.

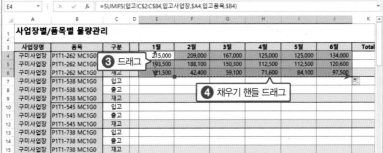

실력향상

1월은 전월재고가 없으므로 비어 있는 [D6] 셀을 더하는 수식을 입력하면 2월은 1월 재고를 더하고, 3월은 2월 재고를 더하는 수식이 적용됩니다. 집계가 완료된 후 D열은 숨길 예정입니다.

08 ❶ [E4:K5] 범위를 지정한 후 ❷ [수식] 탭−[함수 라이브러리] 그룹−[자동 합계 Σ]를 클릭합니다. K열에 합계가 계산됩니다.

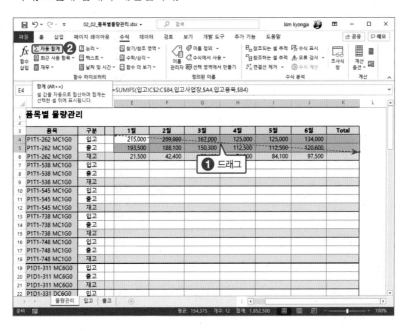

09 ❶ [E4:K6] 범위를 지정한 후 ❷ 채우기 핸들을 [K84] 셀까지 드래그합니다. ❸ [자동 채우기 옵션 █▾]을 클릭하여 [서식 없이 채우기]를 클릭합니다. ❹ D열을 마우스 오른쪽 버튼으로 클릭한 후 ❺ [숨기기]를 클릭합니다.

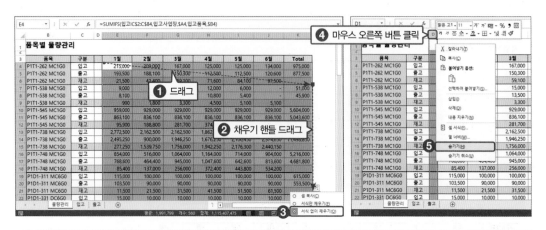

실력향상 [E4:K6] 범위를 지정한 후 채우기 핸들을 더블클릭하면 수식이 복사되지 않습니다. 지정된 범위의 왼쪽 열인 D열과 오른쪽 열인 L열이 모두 비어 있기 때문입니다.

10 사업장명과 품목명 한 번만 표시하기 [A:B] 열의 사업장명과 품목명은 SUMIFS 함수에 사용되고 있어 삭제할 수 없는 데이터입니다. 데이터를 삭제하지 않으면서도 같은 사업장명과 품목명이 한 번만 표시되도록 조건부 서식에 COUNTIF 함수를 적용해보겠습니다. ❶ [A4:B87] 범위를 지정합니다. ❷ [홈] 탭-[스타일] 그룹-[조건부 서식]-[새 규칙]을 클릭합니다. ❸ [새 서식 규칙] 대화상자의 [규칙 유형 선택]에서 [수식을 사용하여 서식을 지정할 셀 결정]을 클릭하고 ❹ 수식 입력란에 **=COUNTIF(A$4:A4, A4)>1**을 입력합니다. ❺ [서식]을 클릭합니다.

실력향상 'COUNTIF(A$4:A4, A4)'는 범위의 값을 누적하여 사업장별 개수를 구하는 함수식입니다. 첫 번째 사업장은 'COUNTIF(A4:A4, A4)'가 적용되어 결과가 1이 되고, 두 번째 사업장은 'COUNTIF(A4:A5, A5)'가 적용되어 결과가 2가 됩니다. 즉, COUNTIF 함수의 결과가 1보다 크면 조건과 일치하여 표시 형식으로 적용할 세미콜론 세 개(;;;)가 적용됩니다. 세미콜론(;)은 두 개 이상의 표시 형식을 지정할 때 사용하는 기호입니다. '양수;음수;0;문자' 순서로 표시 형식을 지정하는데 각 조건별 표시 형식 없이 세미콜론(;)만 입력하면 화면에 아무것도 표시되지 않습니다.

11 ❶ [셀 서식] 대화상자의 [표시 형식] 탭을 클릭한 후 ❷ [사용자 지정]을 클릭합니다. ❸ 형식 입력란에 ;;;을 입력합니다. ❹ [확인]을 클릭합니다. ❺ [새 서식 규칙] 대화상자의 [미리 보기]에 아무것도 표시되지 않습니다. ❻ [확인]을 클릭합니다. ❼ 사업자명과 품목명이 한 번씩만 표시되었습니다.

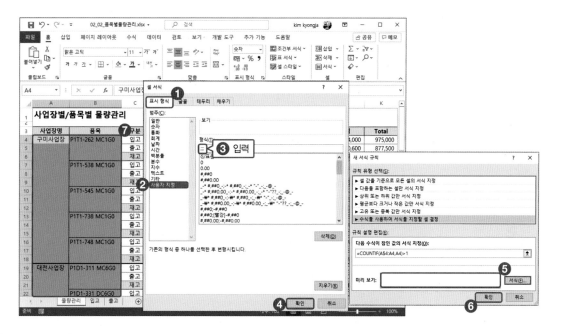

COUNTIF, COUNTIFS 함수 알아보기

COUNTIF 함수는 COUNT 함수 뒤에 조건을 의미하는 'IF'가 붙어 범위에서 한 개의 조건에 맞는 셀 개수를 구합니다.

COUNTIFS 함수는 COUNTIF 함수 뒤에 복수형 'S'가 붙어 범위에서 두 개 이상의 조건에 맞는 셀 개수를 구합니다.

함수 형식	=COUNTIF(range,criteria) =COUNTIF(셀 범위, 조건) =COUNTIFS(criteria_range1, criteria1, [criteria_range2], [criteria2], …) =COUNTIFS(범위1, 조건1, 범위2, 조건2, …)
인수	• range : 조건이 맞는지 비교할 범위 • criteria : 개수를 구할 조건으로 셀 주소, 상수, 비교 연산자 등을 포함한 조건이 입력될 수 있으나 함수식은 이 인수에 입력될 수 없습니다.

수식
핵심
기능

양식
자동화

데이터
관리&
집계

외부
데이터
편집

보고서
만들기

자동화
문서
만들기

데이터
분석&
시각화

데이터 시각화를 위한 조건부 서식 알아보기

1. [조건부 서식 규칙 관리자] 대화상자 살펴보기

조건부 서식은 강조하고자 하는 데이터에만 서식을 지정하여 다른 데이터와 차별화할 때 사용합니다. 특정 구간의 값 또는 평균보다 큰 값이나 평균보다 작은 값, 상위/하위 10% 등의 조건을 부여하여 서식을 적용하고 싶다면 [셀 강조 규칙]과 [상위/하위 규칙]을 적용합니다. 수식이나 함수를 사용하고 싶을 때는 [새 규칙]에서 직접 수식을 입력합니다. 지정한 규칙을 수정하거나 일부 규칙만 삭제할 경우 [규칙 관리]를 사용합니다.

❶ **새 규칙** : 새로운 조건부 서식 규칙을 추가합니다.

❷ **규칙 편집** : 현재 설정되어 있는 조건부 서식의 규칙을 변경합니다. 클릭하면 선택된 조건부 서식의 규칙을 변경할 수 있는 [서식 규칙 편집] 대화상자가 나타납니다.

❸ **규칙 삭제** : 선택된 조건부 서식 규칙을 삭제합니다.

❹ **위로 이동과 아래로 이동** : 조건부 서식 규칙의 우선 적용 순서를 변경합니다. 기본적으로 마지막에 지정된 조건부 서식이 가장 높은 우선순위를 가집니다. 위로 이동과 아래로 이동 버튼을 이용하여 순위를 변경할 수 있습니다.

2. 규칙 지우기

지정한 규칙을 일괄 삭제할 경우 [홈] 탭-[스타일] 그룹-[조건부 서식]-[규칙 지우기]를 사용하여 지정한 셀의 규칙만 삭제하거나 시트 전체의 규칙을 삭제할 수 있습니다.

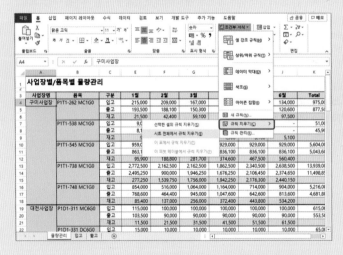

수식
핵심
기능

양식
자동화

데이터
관리&
집계

외부
데이터
편집

보고서
만들기

자동화
문서
만들기

데이터
분석&
시각화

특정 날짜를 기준으로
재직여부 표시하기

실습 파일 | Part01/Chapter02/02_03_재직구분.xlsx
완성 파일 | Part01/Chapter02/02_03_재직구분(완성).xlsx

3월 1일을 기준으로 재직여부에 재직과 퇴직을 구분해 표시하려고 합니다. 기준 날짜는 이름으로 정의하여 사용하고 IF, AND, OR 함수를 사용하여 재직여부를 표시해보겠습니다.

미리 보기

회사에서 바로 통하는 **키워드** : 날짜 형식 변환, 이름 정의, IF 함수, IFS 함수, AND 함수, OR 함수

한눈에 보는 작업순서   날짜 형식으로 변환하기 ▶ 기준일 이름 정의하기 ▶ IF 함수로 재직과 퇴직 표시하기

01 날짜 형식으로 변환하기 C열의 입사일자와 D열의 퇴직일자가 문자 데이터 형식으로 입력되어 있습니다. 수식에서 참조할 수 있도록 C열과 D열의 데이터를 날짜 형식으로 변환해보겠습니다. ❶ [C5:D528] 범위를 지정한 후 ❷ [홈] 탭–[편집] 그룹–[찾기 및 선택]–[바꾸기]를 클릭합니다. ❸ [바꾸기] 대화상자에서 [찾을 내용]에 .을, [바꿀 내용]에 −를 입력한 후 ❹ [모두 바꾸기]를 클릭합니다. ❺ '1672개 항목이 바뀌었습니다'라는 메시지가 나타나면 [확인]을 클릭한 후 ❻ [닫기]를 클릭합니다.

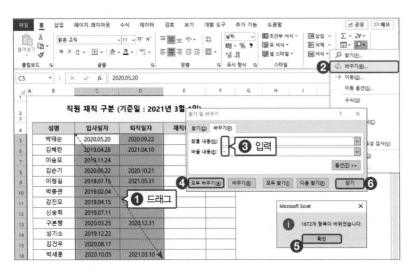

02 기준일 이름 정의하기 제목의 기준일은 문자와 함께 입력되어 있어 수식에서 참조할 수 없습니다. 수식을 간략하게 사용하기 위해 기준일을 이름으로 정의해보겠습니다. ❶ [수식] 탭–[정의된 이름] 그룹–[이름 관리자]를 클릭합니다. ❷ [이름 관리자] 대화상자에서 [새로 만들기]를 클릭합니다. ❸ [새 이름] 대화상자의 [이름]에 **기준일**을 입력하고, ❹ [범위]로 [통합 문서]를 선택합니다. ❺ [참조 대상]에는 **2021-3-1**을 입력합니다. ❻ [확인]을 클릭합니다. [이름 관리자] 대화상자의 이름에 [기준일]이 표시되고 [참조 대상]에는 날짜의 일련번호가 표시됩니다. ❼ [닫기]를 클릭합니다.

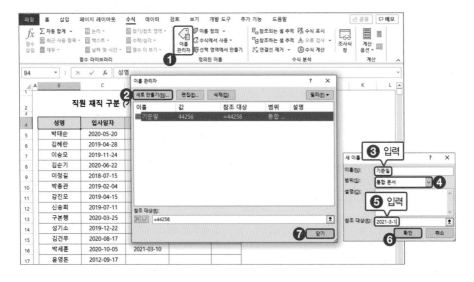

03 IF 함수로 재직과 퇴직 표시하기 ❶ [E5] 셀을 클릭합니다. ❷ [수식] 탭–[함수 라이브러리] 그룹–[논리]–[IF]를 클릭합니다. ❸ [함수 인수] 대화상자에서 [Logical_test]에는 **AND(C5<=기준일, OR(D5>=기준일, D5=""))**, [Value_if_true]에 **"재직"**, [Value_if_false]에 **"퇴직"**를 입력합니다. ❹ [확인]을 클릭합니다. ❺ [E5] 셀의 채우기 핸들을 더블클릭하여 수식을 복사합니다. 2021년 3월 1일을 기준으로 재직과 퇴직 여부가 모두 구해집니다.

수식
핵심
기능

양식
자동화

데이터
관리&
집계

외부
데이터
편집

보고서
만들기

자동화
문서
만들기

데이터
분석&
시각화

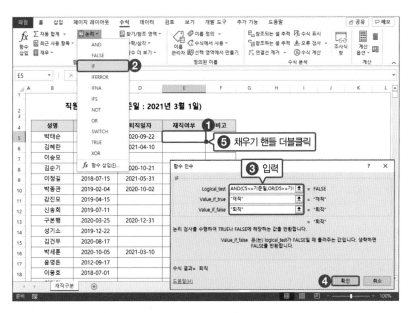

📊 **실력향상** 'AND(C5<=기준일, OR(D5>=기준일, D5=""))' 조건식은 [C5] 셀의 입사일자가 기준일보다 작거나 같고, [D5] 셀의 퇴직일자가 기준일보다 크거나 같은 경우 또는 빈 셀일 경우에 TRUE를 반환합니다. 그렇지 않을 경우 FALSE를 반환합니다.

IF 함수와 IFS 함수 알아보기

조건에 따라 서로 다른 값을 표시하거나 다른 식을 계산하는 함수가 논리 함수입니다. 논리 함수에서 가장 대표적인 함수는 IF 함수이며, IF 함수는 조건을 만족시킬 때 참값을 반환하고, 조건을 만족시키지 못하면 거짓값을 반환합니다. IF 함수에 조건을 두 개 이상 지정해야 할 경우 AND, OR, NOT 함수 등을 중첩하여 사용합니다.

조건에 따라 표시할 값이 여러 개일 경우 IF 함수를 여러 개 중첩하거나 IFS 함수를 이용합니다. IFS 함수는 엑셀 2019 버전과 마이크로소프트 365 버전에서 지원하는 함수입니다.

1. IF 함수

IF 함수는 사용자가 지정한 조건에 맞으면 참값(TRUE)을, 맞지 않으면 거짓값(FALSE)을 반환합니다. 참과 거짓에 해당하는 인수는 숫자, 문자, 수식 등으로 다양하게 지정할 수 있습니다.

함수 형식	=IF(logical_test, [value_if_true], [value_if_false]) =IF(조건식, 참일 때 값, 거짓일 때 값)
인수	• logical_test : 참과 거짓을 판단할 수 있는 값 또는 식으로, 비교연산자(〉, 〉=, 〈=, 〈)를 사용합니다. • value_if_true : 조건식의 결과가 참일 때 셀에 입력할 값이나 계산할 수식으로, 생략하면 TRUE가 입력됩니다. • value_if_false : 조건식의 결과가 거짓일 때 셀에 입력할 값이나 계산할 수식으로, 생략하면 FALSE가 입력됩니다.

2. IFS 함수

IFS 함수는 하나 이상의 조건을 동시에 비교할 수 있는 함수로 IF 함수를 여러 번 중첩해서 사용해야 하는 경우 사용하면 편리합니다. IFS 함수는 엑셀 2013 버전부터 지원됩니다.

함수 형식	=IFS(logical_test1, value_if_true1, logical_test2, value_if_true2, …) =IFS(조건식1, 조건식1이 참일 때 값, 조건식2, 조건식2가 참일 때 값, …)
인수	• logical_test : 참과 거짓을 판단할 수 있는 값 또는 식으로 IF 함수의 조건식과 같습니다. IFS 함수 한 개에 최대 127개까지 조건식을 사용할 수 있습니다. • value_if_true : 조건식의 결과가 참일 때 셀에 입력할 값이나 계산할 수식으로 IF 함수의 참일 때 값과 같습니다.

3. IF 함수와 IFS 함수 비교하기

아래의 예제에서 IFS 함수를 이용하여 평가 결과를 A, B, C, D, F로 구분하여 표시했습니다. 평가 결과를 IF 함수로 구했을 때와 IFS 함수로 구했을 때의 수식을 비교해보면 다음과 같습니다.

실습 파일 | Part01/Chapter02/02_03_IFS함수.xlsm
완성 파일 | Part01/Chapter02/02_03_IFS함수(완성).xlsm

IF 함수를 사용했을 때 : =IF(I4〉=90, "A", IF(I4〉=80, "B", IF(I4〉=70, "C", IF(I4〉=60, "D", "F"))))
IFS 함수를 사용했을 때 : =IFS(I4〉=90, "A", I4〉=80, "B", I4〉=70, "C", I4〉=60, "D", I4〈60, "F")

수식
핵심
기능

양식
자동화

데이터
관리&
집계

외부
데이터
편집

보고서
만들기

자동화
문서
만들기

데이터
분석&
시각화

핵심기능

04

식품명을 기준으로
식자재 주문처 찾아오기

실습 파일 | Part01/Chapter02/02_04_식자재주문.xlsx
완성 파일 | Part01/Chapter02/02_04_식자재주문(완성).xlsm

식자재 주문표에서 식품명과 상세식품명을 기준으로 주문처를 표시하려고 합니다. 식품주문처 목록
을 이름으로 정의한 후 VLOOKUP 함수를 사용하여 주문처를 찾아 표시해보겠습니다.

미리 보기

회사에서 바로 통하는 **키워드** : 이름 정의, VLOOKUP 함수

**한눈에
보는
작업순서**   주문처 이름 정의하기 ▶ VLOOKUP 함수로 식품주문처 찾아오기

01 이름 정의하기 ❶ [식품주문처] 시트 탭을 클릭합니다. ❷ [B4:C293] 범위를 지정하고 ❸ [이름 상자]에 **주문처목록**을 입력한 후 Enter를 누릅니다.

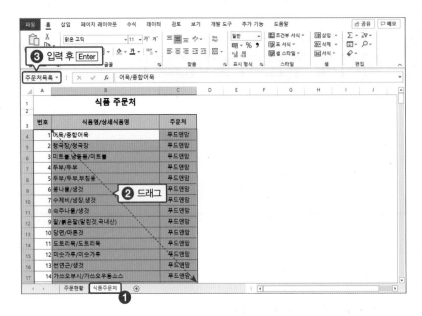

📊 실력향상

범위를 지정할 때 번호가 입력된 A열이 포함되지 않도록 주의해야 합니다. VLOOKUP 함수의 기준 범위로 사용하는 셀 범위의 첫 열에는 식품명과 상세식품명이 있어야 하는데, A열의 번호 범위가 이름에 포함되면 VLOOKUP 함수를 사용할 때 오류가 발생합니다.

02 VLOOKUP 함수로 식품주문처 찾아오기 ❶ [주문현황] 시트 탭을 클릭합니다. 이름으로 정의한 [주문처목록] 이름의 첫 번째 열에 식품명과 상세식품명이 함께 입력되어 있으므로 & 연산자를 이용하여 A열의 식품명과 B열의 상세식품명을 합쳐서 VLOOKUP 함수에 사용해보겠습니다. ❷ [C5] 셀을 클릭합니다. ❸ [수식] 탭-[함수 라이브러리] 그룹-[찾기/참조 영역]-[VLOOKUP]을 클릭합니다. ❹ [함수 인수] 대화상자에서 [Lookup_value]에 **A5&"/"&B5**, [Table_array]에 **주문처목록**, [Col_index_num]에 **2**, [Range_lookup]에 **0**을 입력합니다. ❺ [확인]을 클릭합니다.

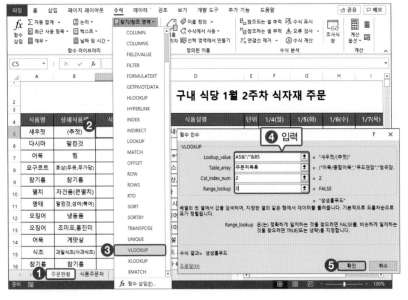

📊 실력향상

[Range_lookup] 인수에 '0'을 입력하면 찾을 기준값이 기준 범위 첫 열에 없을 경우 #N/A 오류가 표시됩니다. '1'을 입력하거나 생략하면 찾을 값이 없을 경우 한 단계 낮은 값(문자는 ㄱ, ㄴ, ㄷ, …순)의 식품주문처가 표시됩니다. 단, '1'을 입력하거나 생략할 경우에는 기준 범위 첫 열이 항상 오름차순으로 정렬되어 있어야 합니다.

03 [C5] 셀에 식품주문처가 표시되었습니다. ❶ [C5] 셀을 클릭하고 ❷ 채우기 핸들을 더블클릭하여 수식을 복사합니다.

VLOOKUP 함수 알아보기

데이터 목록에서 지정한 데이터와 일치하거나 조건에 맞는 데이터를 찾아와 그 값에 따라 계산해야 할 경우 찾기/참조 영역의 함수를 사용합니다. 데이터 목록의 첫 열에서 찾고자 하는 기준값을 검색한 후 세로(Vertical) 방향으로 원하는 항목을 찾아 셀에 표시해야 할 때 VLOOKUP 함수를 사용합니다. 만약 기준값을 검색한 후 가로(Horizontal) 방향으로 원하는 항목을 찾아 셀에 표시해야 한다면 HLOOKUP 함수를 사용합니다.

편집 방법	=VLOOKUP(lookup_value, table_array, col_index_num, [range_lookup]) =VLOOKUP(찾을 기준값, 기준 범위, 가져올 열 번호, 찾는 방법)
속성 설정	• lookup_value : 데이터 목록의 첫 열에 있는 값 중에서 찾을 기준값을 지정합니다. • table_array : 찾고자 하는 데이터가 있는 목록입니다. 찾을 기준값과 셀에 표시할 값이 모두 포함되어 있는 데이터 목록입니다. 수식을 복사할 경우 이 인수는 주로 절대 참조로 사용하므로 범위를 이름으로 정의해서 사용하는 것이 좋습니다. • col_index_num : 셀에 표시할 항목이 있는 열 번호를 지정하는 인수로 [table_array] 인수에 지정된 데이터 목록 중 몇 번째 열의 값을 셀에 표시할 것인지 숫자로 지정합니다. • range_lookup : 찾을 방법을 지정하는 인수로 FALSE 또는 0을 입력하면 정확하게 일치하는 값을 찾고, TRUE 또는 1을 입력하거나 생략하면 한 단계 낮은 근삿값을 찾습니다.

수식
핵심
기능

양식
자동화

데이터
관리&
집계

외부
데이터
편집

보고서
만들기

자동화
문서
만들기

데이터
분석&
시각화

거래처 정보를 찾아 각 열에 입력하기

실습 파일 | Part01/Chapter02/02_05_거래처정보찾기.xlsx
완성 파일 | Part01/Chapter02/02_05_거래처정보찾기(완성).xlsx

사업자등록번호를 기준으로 거래처의 상호명, 계좌번호, 대표자명, 연락처를 VLOOKUP 함수로 찾아오려고 합니다. 각 열에 VLOOKUP 함수를 일일이 입력하지 않고 수식을 복사하여 원하는 정보를 찾아올 수 있도록 수식에 MATCH 함수를 추가하고, 원하는 정보가 없을 경우 오류 대신 빈 셀이 표시되도록 IFERROR 함수도 추가해보겠습니다.

미리 보기

회사에서 바로 통하는 **키워드** : VLOOKUP 함수, XLOOKUP 함수, MATCH 함수, IFERROR 함수, 조건부 서식

한눈에 보는 작업순서	열 순서 변경하기	이름 정의하기	VLOOKUP과 MATCH 함수로 거래처 정보 찾아오기	IFERROR 함수로 오류 처리하기	조건부 서식으로 0 표시하지 않기

01 열 순서 변경하기 ❶ [거래처] 시트 탭을 클릭합니다. 사업자등록번호를 기준으로 VLOOKUP 함수를 사용하려면 기준 범위로 사용할 거래처 정보 목록 첫 열에 사업자등록번호가 입력되어 있어야 합니다. [사업자등록번호] 열을 A열로 이동해보겠습니다. ❷ D열을 범위로 지정합니다. ❸ Shift 를 누른 상태에서 D열의 아래쪽 테두리를 A열 앞으로 드래그합니다. A열로 [사업자등록번호] 열이 이동되고 [등록일:구분] 열 범위가 오른쪽으로 한 칸씩 이동되었습니다.

실력향상 Shift 를 누른 상태에서 지정된 셀이나 범위를 드래그하면 [잘라내기]한 후 [잘라낸 셀 삽입]을 실행한 것과 같습니다. Shift 를 누르지 않은 상태에서 D열을 드래그하면 [잘라내기]한 후 [붙여넣기]가 실행되어 '해당 영역에 이미 데이터가 있습니다. 기존 데이터를 바꾸시겠습니까?'라는 메시지가 표시됩니다.

02 이름 정의하기 ❶ [A1:I203] 범위를 지정하고 ❷ [이름 상자]에 **거래처정보**를 입력한 후 Enter 를 누릅니다. ❸ [A1:I1] 범위를 지정하고 ❹ [이름 상자]에 **열제목**을 입력한 후 Enter 를 누릅니다.

시간단축 [A1] 셀을 클릭한 후 Ctrl + A 를 누르면 빠르게 전체 범위를 지정할 수 있습니다.

실력향상 [거래처정보] 이름은 VLOOKUP 함수의 기준 범위로 사용할 범위이고, [열제목] 이름은 MATCH 함수에서 찾을 범위로 사용할 범위입니다.

수식
핵심
기능

양식
자동화

데이터
관리&
집계

외부
데이터
편집

보고서
만들기

자동화
문서
만들기

데이터
분석&
시각화

03 VLOOKUP과 MATCH 함수로 거래처 정보 찾아오기 ❶ [거래내역] 시트 탭을 클릭합니다.

❷ [C4] 셀을 클릭합니다. ❸ [수식] 탭–[함수 라이브러리] 그룹–[찾기/참조 영역]–[VLOOKUP]을 클릭합니다. ❹ [함수 인수] 대화상자에서 [Lookup_value]에 **$B4**, [Table_array]에 **거래처정보**, [Col_index_num]에 **MATCH(C$3, 열제목, 0)**, [Range_lookup]에 **0**을 입력합니다. ❺ [확인] 을 클릭합니다.

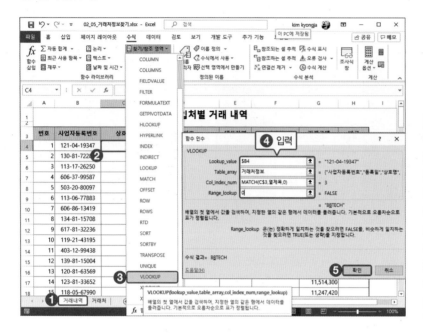

📊 실력향상

VLOOKUP 함수의 [Col_index_num] 인수에 상호명은 '3', 계좌번호는 '8', 대표자명은 '5', 연락처는 '6'으로 각각 입력하는 대신 이 인수에 MATCH 함수를 사용하면 [거래처정보] 시트의 [열제목] 이름으로 정의된 범위에서 일치하는 문자가 몇 번째 있는지 찾아 위치 번호를 구해줍니다.

04 ❶ [C4] 셀의 채우기 핸들을 [F4] 셀까지 드래그하여 수식을 복사합니다. ❷ [C4:F4] 범위가 지정된 상태에서 바로 [F4] 셀의 채우기 핸들을 더블클릭합니다.

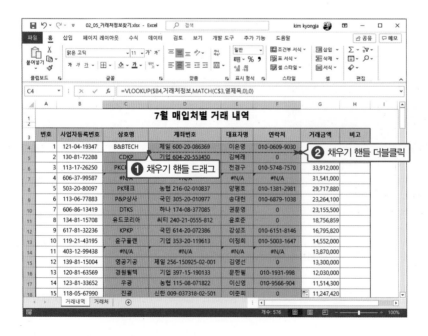

05 IFERROR 함수로 오류 처리하기 [거래처] 시트에 없는 사업자등록번호가 있어 오류가 표시된 셀이 있습니다. IFERROR 함수를 추가하여 수정해보겠습니다. ❶ [C4:F147] 범위를 지정한 후 ❷ 수식 입력줄의 수식을 **=IFERROR(VLOOKUP($B4, 거래처정보, MATCH(C$3, 열제목, 0), 0), "")**로 수정합니다. ❸ Ctrl + Enter를 누릅니다.

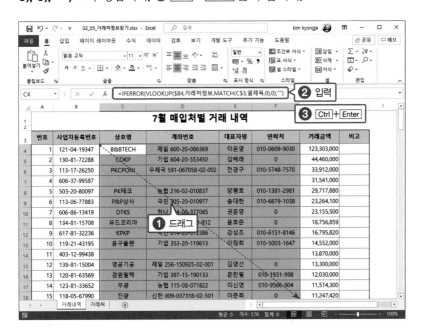

06 조건부 서식으로 0 표시하지 않기 연락처가 없는 셀에는 0이 표시되었습니다. 조건부 서식을 이용하여 0이 화면에 표시되지 않도록 해보겠습니다. ❶ F열을 범위로 지정하고 ❷ [홈] 탭-[스타일] 그룹-[조건부 서식]-[셀 강조 규칙]-[같음]을 클릭합니다. ❸ [같음] 대화상자의 조건 입력란에 **0**을 입력한 후 ❹ [적용할 서식]의 목록 단추▼를 클릭하여 ❺ [사용자 지정 서식]을 클릭합니다.

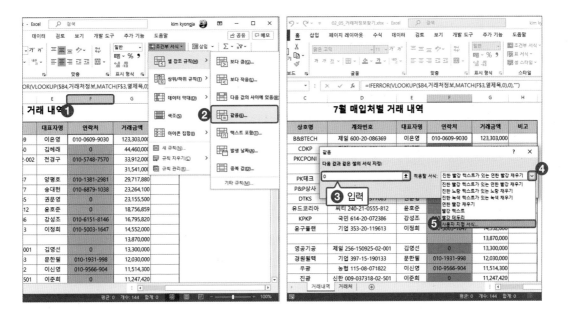

수식
핵심
기능

양식
자동화

데이터
관리&
집계

외부
데이터
편집

보고서
만들기

자동화
문서
만들기

데이터
분석&
시각화

07 ❶ [셀 서식] 대화상자의 [표시 형식] 탭에서 [사용자 지정]을 클릭합니다. ❷ [형식] 입력란에 ;;; 을 입력합니다. ❸ [확인]을 클릭합니다. ❹ [같음] 대화상자에서도 [확인]을 클릭합니다. ❺ 연락처 에 0이 표시되지 않습니다.

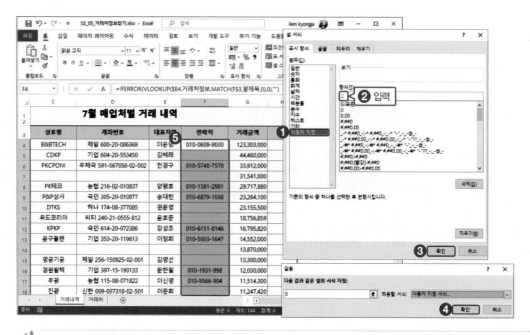

실력향상 세미콜론(;)은 두 개 이상의 표시 형식을 지정할 때 사용하는 기호로 '양수;음수;0;문자' 순서로 표시 형식을 지정합니다. 각 조건별 표시 형식 없이 세미콜론(;)만 입력할 경우에는 화면에 아무것도 표시되지 않습니다.

MATCH 함수 알아보기

MATCH 함수는 지정된 범위 내에서 찾는 값이 몇 번째에 위치하는지 찾아 위치 번호를 반환합니다. 범위는 행 또는 열 중에서 한쪽 방향으로만 지정할 수 있습니다.

함수형식	=MATCH(lookup_value, lookup_array, [match_type]) =MATCH(찾을 값, 찾는 범위, 찾는 방법)	
인수	• lookup_value : 찾고자 하는 데이터를 지정합니다. • lookup_array : 찾을 데이터가 있는 셀 범위로 행이 두 개 이상이면 열이 한 개여야만 하고, 열이 두 개 이상이면 행이 한 개여야만 합니다. • match_type : 찾는 방법을 세 가지 중에서 선택할 수 있습니다.	
	0	정확하게 일치하는 값을 찾습니다.
	1 또는 생략	찾을 값이 없는 경우 찾을 값보다 한 단계 낮은 근삿값을 찾습니다. 범위는 오름차순으로 정렬되어 있어야 합니다.
	−1	찾을 값이 없는 경우 찾을 값보다 한 단계 높은 근삿값을 찾습니다. 범위는 내림차순으로 정렬되어 있어야 합니다.

수식
핵심
기능

양식
자동화

데이터
관리&
집계

외부
데이터
편집

보고서
만들기

자동화
문서
만들기

데이터
분석&
시각화

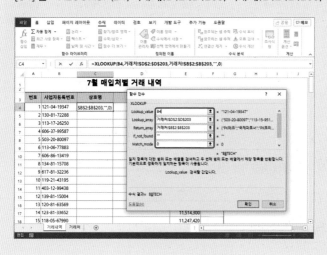

비법노트 ★★★ XLOOKUP 함수 알아보기

1. XLOOKUP 함수

사업자등록번호를 기준으로 거래처 정보를 찾아올 때 XLOOKUP 함수를 사용하면 VLOOKUP 함수를 사용할 때처럼 사업자등록번호 열을 목록 맨 앞쪽으로 이동하지 않아도 됩니다. 또한 MTACH 함수와 IFERROR 함수를 조합하여 사용하지 않고도 문제를 해결할 수 있습니다. XLOOKUP 함수는 검색 범위에서 첫 번째로 일치하는 항목을 찾아오는데 찾을 범위와 반환할 범위를 별도로 지정할 수 있어 MATCH 함수와 함께 사용하지 않아도 되고, 일치하는 항목이 없을 경우 다른 값을 대체할 수 있는 인수가 있어 IFERROR 함수가 없어도 됩니다. 이 함수는 마이크로소프트 365 버전에서만 지원되는 함수입니다.

함수형식	=XLOOKUP(lookup_value, lookup_array, return_array, [if_not_found], [match_mode], [search_mode]) =XLOOKUP(찾을 값, 찾을 범위, 가져올 범위, 찾지 못할 경우 대체 값, 찾는 방법, 찾는 모드)
인수	• lookup_value : 찾을 기준값을 지정합니다. • lookup_array : 찾고자 하는 데이터가 있는 목록입니다. • return_array : 셀에 가져와 표시할 데이터가 있는 목록입니다. • if_not_found : 일치하는 값을 찾을 수 없는 경우 대체할 값이나 텍스트를 지정하는 인수로, 생략하면 일치하는 값이 없을 경우 #N/A 오류가 표시됩니다. • match_mode : 찾는 방법을 지정하는 인수로 0은 정확히 일치하는 값을 찾습니다. −1은 일치하는 값이 없을 경우 한 단계 낮은 근삿값을 찾고, 1은 일치하는 값이 없을 경우 한 단계 높은 근삿값을 찾습니다. 2는 와일드카드(*, ?, ~)를 포함하여 찾습니다. • search_mode : 찾는 모드를 지정하는 인수입니다. 1은 첫 번째 항목부터 찾고, −1은 마지막 항목부터 역방향으로 찾습니다. 2는 이진 검색으로 오름차순으로 정렬되어 있어야 하고, −2도 이진 검색으로 내림차순으로 정렬되어 있어야 합니다.

2. XLOOKUP 함수로 거래처 정보 찾아오기

실습 파일 | Part01/Chapter02/02_05_XLOOKUP함수.xlsm
완성 파일 | Part01/Chapter02/02_05_XLOOKUP함수(완성).xlsm

아래는 사업자등록번호를 기준으로 상호명을 가져오는 XLOOKUP 함수입니다.

[C4] 셀 : =XLOOKUP(B4, 거래처!$D$2:$D$203, 거래처!$B$2:$B$203, "", 0)

보수공사 작업 시간 및 작업 수당 계산하기

실습 파일 | Part01/Chapter02/02_06_보수공사작업시간.xlsx
완성 파일 | Part01/Chapter02/02_06_보수공사작업시간(완성).xlsx

셀에 날짜와 시간 형식으로 데이터를 입력하면 날짜는 정수로, 시간은 소수로 입력됩니다. 날짜는 1900년 1월 1일을 숫자 1로 설정하여 환산하고 시간은 하루의 시작인 0시 0분 0초부터 다음날 0시 0분 0초까지 하루 24시간을 0.0~1.0까지의 소수로 환산합니다. 날짜와 시간은 셀에 표시되는 값과 계산할 때 환산되는 값이 다르므로 각각의 상황에 맞게 수식을 사용해야 합니다.

미리 보기

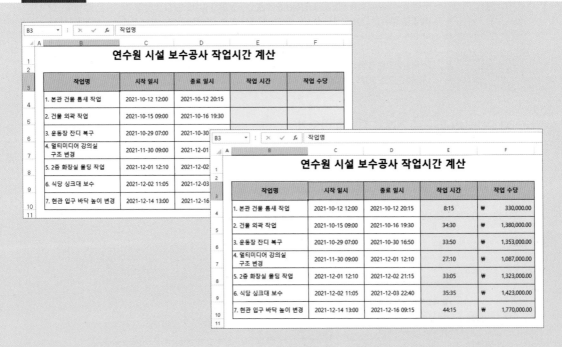

회사에서 바로 통하는 **키워드** : 시간 표시 형식, 시간 계산, ROUND 함수

한눈에 보는 작업순서

작업 시간 구하기 ▶ 시간 표시 형식 변경하기 ▶ 작업 수당 구하기

01 작업 시간 구하기 공사 시작 일시와 종료 일시를 기준으로 작업 시간을 구해보겠습니다. ❶ [E4] 셀을 클릭하고 ❷ **=D4−C4**를 입력합니다. 수식의 결과로 소수로 환산한 값이 표시됩니다.

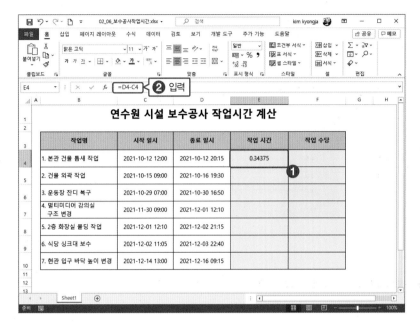

실력향상
시간이 입력된 셀의 표시 형식이 [일반]으로 설정되어 있을 경우 하루 24시간을 소수로 환산한 결과가 표시됩니다.

02 시간 표시 형식 변경하기 계산된 작업 시간이 '시간:분' 형식으로 표시되도록 표시 형식을 변경해보겠습니다. ❶ [E4] 셀을 마우스 오른쪽 버튼으로 클릭한 한 후 ❷ [셀 서식]을 클릭합니다. ❸ [셀 서식] 대화상자의 [표시 형식] 탭에서 [사용자 지정]을 클릭합니다. ❹ [형식] 입력란에 **[H]:MM**을 입력합니다. ❺ [확인]을 클릭합니다.

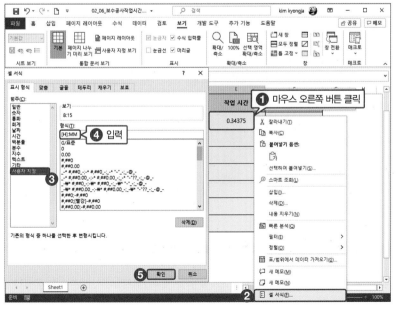

실력향상
시간 표시 형식을 [H]와 같이 대괄호로 묶어서 지정하면 24시 이상이 되더라도 1일이 증가하지 않고 모든 시간을 시 단위로 표시합니다. 시간 표시 형식에서 'H'와 'M'은 대소문자를 구별하지 않습니다.

03 [E4] 셀의 채우기 핸들을 더블클릭하여 수식을 복사합니다.

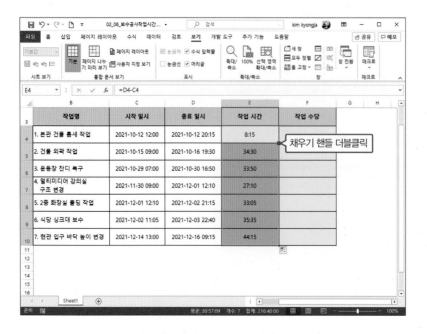

04 작업 수당 구하기 시간당 작업수당을 40,000원이라고 했을 때 각각의 작업 수당을 구해보겠습니다. ❶ [F4] 셀을 클릭하고 ❷ **=(D4−C4)*24*40000**을 입력합니다. ❸ [F4] 셀의 채우기 핸들을 더블클릭하여 수식을 복사합니다.

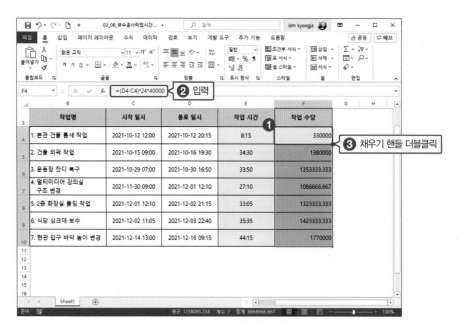

실력향상 종료 일시에서 시작 일시를 빼면 하루 24시간을 소수로 환산한 형식으로 결과가 표시됩니다. 한 시간을 1로 표시하기 위해 24를 곱하고, 총 작업 수당을 구하기 위해 40000을 곱합니다.

05 작업 수당이 천 단위까지만 표시되도록 ROUND 함수를 추가해보겠습니다. ❶ [F4:F10] 범위를 지정하고 ❷ 수식 입력줄의 수식을 **=ROUND((D4-C4)*24*40000, -3)**로 수정합니다. ❸ Ctrl + Enter 를 누릅니다. ❹ [홈] 탭-[표시 형식] 그룹-[회계 표시 형식 🔽]-[₩ 한국어]를 클릭합니다.

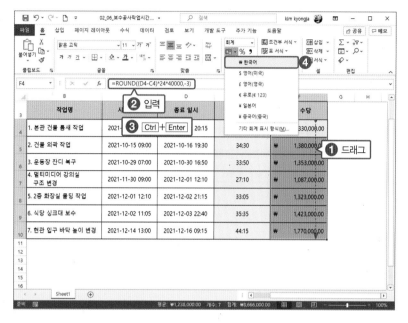

 실력향상

ROUND 함수는 반올림하는 함수입니다. 두 번째 인수를 '-3'으로 지정하면 백의 자리에서 반올림하여 천 단위로 계산됩니다.

★★★ 비법노트 : ROUND, ROUNDUP, ROUNDDOWN 함수 알아보기

ROUND 함수는 셀에 입력된 숫자 데이터나 수식의 결과를 반올림하여 지정한 자릿수 값이 4 이하면 버리고, 5 이상이면 올립니다. ROUNDUP 함수는 값에 상관없이 올림한 값을 표시하고 ROUNDDOWN 함수는 내림한 값을 표시합니다.

함수 형식	=ROUND(number, num_digits)　　　　=ROUND(반올림할 수식이나 숫자, 자릿수) =ROUNDUP(number, num_digits)　　　=ROUNDUP(올림할 수식이나 숫자, 자릿수) =ROUNDDOWN(number, num_digits)　=ROUNDDOWN(내림할 수식이나 숫자, 자릿수)
인수	• number : 반올림할 숫자로 숫자가 입력된 셀 주소, 결과가 숫자로 표시되는 수식 등이 입력됩니다. • num_digits : 반올림할 자릿수입니다. 0을 기준으로 양의 정수 또는 음의 정수를 입력합니다.

자릿수를 지정하는 [Num_digits] 인수에 0을 기준으로 1, 2, 3과 같이 양의 정수를 지정하면 해당하는 숫자만큼의 소수 자릿수가 표시됩니다. 인수로 -1, -2, -3과 같이 음의 정수를 지정하면 양수에서 한 자리씩 높아지면서 일의 단위, 십의 단위, 백의 단위로 반올림됩니다.

수식
핵심
기능

양식
자동화

데이터
관리&
집계

외부
데이터
편집

보고서
만들기

자동화
문서
만들기

데이터
분석&
시각화

교육일자 기준으로 재직자 교육 관리현황표 정리하기

실습 파일 | Part01/Chapter02/02_07_재직자교육관리.xlsx
완성 파일 | Part01/Chapter02/02_07_재직자교육관리(완성).xlsx

재직자 평생교육 관리현황표에서 교육시작일과 교육종료일을 기준으로 교육시작 2주 전과 교육종료 3 개월 전, 교육종료월의 말일을 구해보겠습니다. 그리고 교육과정별로 방문날짜 기한이 지났음에도 방문 날짜가 채워지지 않은 셀을 조건부 서식으로 강조해보겠습니다.

미리 보기

회사에서 바로 통하는 **키워드** : EDATE 함수, EOMONTH 함수, AND 함수, 조건부 서식

한눈에 보는 작업순서 교육시작 2주 전 날짜 구하기 ▶ 교육종료 3개월 전 날짜 구하기 ▶ 교육종료월의 말일 구하기 ▶ 방문날짜에 조건부 서식 설정하기

01 교육시작 2주 전 날짜 구하기 [D6] 셀에 **=B6-14**를 입력합니다. 교육시작일 기준으로 2주 전 날짜가 구해집니다.

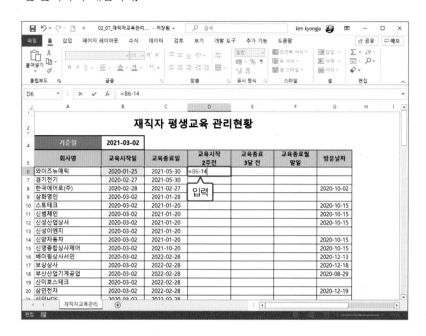

02 교육종료 3개월 전 날짜 구하기 특정 날짜를 기준으로 몇 개월 전후를 구할 때는 단순하게 30일, 60일, 90일 등을 빼거나 더하면 정확한 날짜를 구할 수 없습니다. EDATE 함수를 사용해보겠습니다. ❶ [E6] 셀을 클릭합니다. ❷ [수식] 탭-[함수 라이브러리] 그룹-[날짜 및 시간]-[EDATE]를 클릭합니다. ❸ [함수 인수] 대화상자에서 [Start_date]에 **C6**, [Months]에 **-3**을 입력합니다. ❹ [확인]을 클릭합니다.

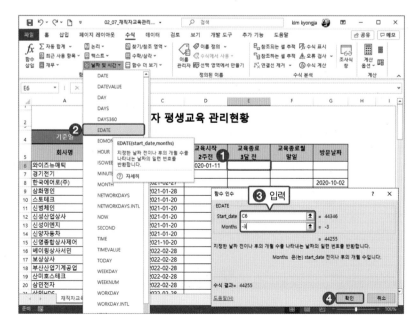

> 📊 **실력향상**
>
> EDATE 함수는 특정 날짜를 기준으로 몇 개월 전이나 후의 날짜를 구하는 함수로 [Months]에 양수를 입력하면 이후의 날짜를, 음수를 입력하면 이전 날짜를 구합니다.

수식 핵심 기능

양식 자동화

데이터 관리& 집계

외부 데이터 편집

보고서 만들기

자동화 문서 만들기

데이터 분석& 시각화

03 교육종료일을 기준으로 3개월 전 날짜가 일련번호로 표시되었습니다. **❶** [홈] 탭–[표시 형식] 그룹–[표시 형식]의 목록 단추 ✓를 클릭하여 **❷** [간단한 날짜]를 클릭합니다.

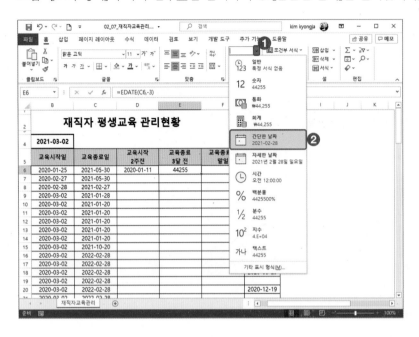

04 교육종료월의 말일 구하기 F열에 교육이 종료되는 월의 말일 날짜를 EOMONTH 함수로 구해보겠습니다. **❶** [F6] 셀을 클릭합니다. **❷** [수식] 탭–[함수 라이브러리] 그룹–[날짜 및 시간]– [EOMONTH]를 클릭합니다. **❸** [함수 인수] 대화상자에서 [Start_date]에 **C6**, [Months]에 **0**을 입력합니다. **❹** [확인]을 클릭합니다.

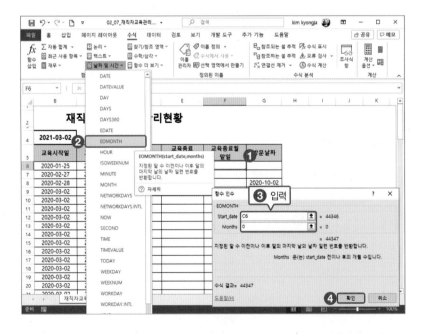

실력향상

EOMONTH 함수는 특정 날짜를 기준으로 몇 개월 전이나 후의 날짜가 속해 있는 월의 말일을 구하는 함수입니다. [Months] 인수에 '0'을 입력하면 지정한 날짜와 같은 달의 마지막 날짜를 표시합니다.

05 교육종료일에 해당하는 월의 마지막 날짜가 일련번호로 표시되었습니다. ❶ [홈] 탭—[표시 형식] 그룹—[표시 형식]의 목록 단추☑를 클릭하여 ❷ [간단한 날짜]를 클릭합니다. ❸ [D6:F6] 범위를 지정한 후 ❹ 채우기 핸들을 더블클릭하여 수식을 복사합니다.

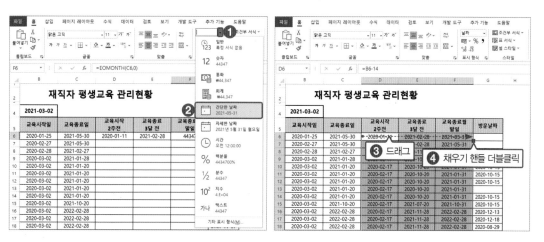

06 방문날짜에 조건부 서식 설정하기 교육 확인을 위해 교육종료 3개월 이내에 회사 방문을 실시해야 합니다. G열의 방문날짜가 비어 있거나 교육종료월 말일 날짜가 [B4] 셀의 기준일을 이미 지났다면 채우기 색이 표시되도록 조건부 서식을 적용해보겠습니다. ❶ [G6:G113] 범위를 지정합니다. ❷ [홈] 탭—[스타일] 그룹—[조건부 서식]—[새 규칙]을 클릭합니다. ❸ [새 서식 규칙] 대화상자의 [규칙 유형 선택]에서 [수식을 사용하여 서식을 지정할 셀 결정]을 클릭하고 ❹ 수식 입력란에 **=AND(G6="", F6⟨$B$4)**를 입력합니다. ❺ [서식]을 클릭합니다.

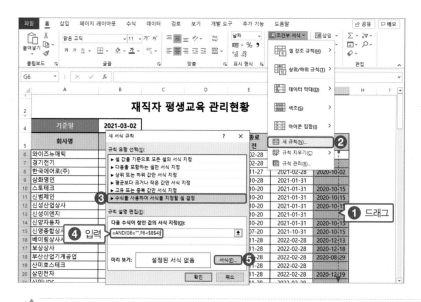

📊 실력향상 AND 함수는 여러 조건을 모두 만족할 때 참값을 반환하는 함수로, 조건부 서식에서는 AND 함수의 결과가 TRUE면 지정한 서식으로 표시됩니다. 'G6=""'는 G열의 방문날짜가 비어 있는지 확인하는 조건식이고, 'F6⟨$B$4'는 교육종료월의 말일이 기준일을 경과했는지 확인하는 조건식입니다.

07 ❶ [셀 서식] 대화상자의 [채우기] 탭을 클릭한 후 ❷ [배경색]에서 [주황]을 클릭합니다. ❸ [확인]을 클릭합니다. ❹ [새 서식 규칙] 대화상자의 [미리 보기]에 적용된 채우기 색이 표시됩니다. ❺ [확인]을 클릭합니다. 조건에 맞는 방문날짜에 채우기 색이 표시되었습니다.

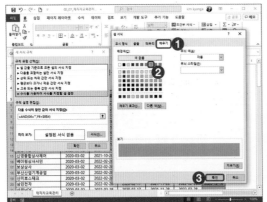
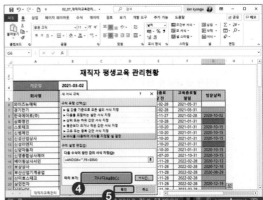

EDATE, EOMONTH 함수 알아보기

EDATE 함수와 EOMONTH 함수는 지정한 날짜에서부터 몇 개월 전의 날짜와 몇 개월 후의 날짜를 구하는 함수입니다. EDATE 함수는 지정한 날짜보다 몇 개월 전이나 후의 날짜를 구하고, EOMONTH 함수는 몇 개월 전이나 후의 날짜에 해당하는 월의 마지막 날짜를 구합니다.

함수 형식	=EDATE(start_date, months) =EDATE(시작 날짜, 더하거나 뺄 개월 수) =EOMONTH(start_date, months) =EOMONTH(시작 날짜, 더하거나 뺄 개월 수)
인수	• start_date : 시작 날짜를 지정합니다. • months : 시작 날짜에서 구하고자 하는 이전 개월 수나 이후 개월 수를 지정합니다.

수식
핵심
기능

양식
자동화

데이터
관리&
집계

외부
데이터
편집

보고서
만들기

자동화
문서
만들기

데이터
분석&
시각화

핵심기능

08

그룹별 자동 번호 입력하고 서식 설정하기

실습 파일 | Part01/Chapter02/02_08_매출채권번호.xlsx
완성 파일 | Part01/Chapter02/02_08_매출채권번호(완성).xlsm

고유번호를 기준으로 순차적인 번호가 자동 표시되도록 IF와 COUNT 함수를 사용해보고, 고유번호 그룹별로 테두리 서식이 자동 설정되도록 조건부 서식을 지정해보겠습니다.

미리 보기

회사에서 바로 통하는 **키워드 :** IF 함수, COUNT 함수, 조건부 서식, 이동 옵션

한눈에 보는 작업순서

첫 번째 고유번호에만 번호 매기기 ▶ 고유번호별 테두리 설정하기 ▶ 고유번호 그룹별 번호 매기기

01 첫 번째 고유번호에만 번호 매기기

[매출채권_1] 시트의 데이터는 고유번호를 기준으로 정렬되어 있습니다. 고유번호가 같으면 번호를 표시하지 않고 고유번호가 달라지면 다음 번호를 표시하여 고유번호의 각 첫 번째 행에만 순차적으로 번호가 표시되도록 해보겠습니다. ❶ [B4] 셀에 **1**을 입력합니다. ❷ [B5] 셀을 클릭한 후 ❸ [수식] 탭-[함수 라이브러리] 그룹-[논리]-[IF]를 클릭합니다. ❹ [함수 인수] 대화상자에서 [Logical_test]에 **C5=C4**, [Value_if_true]에 **""**, [Value_if_false]에 **COUNT($B$4:B4)+1**을 입력합니다. ❺ [확인]을 클릭합니다.

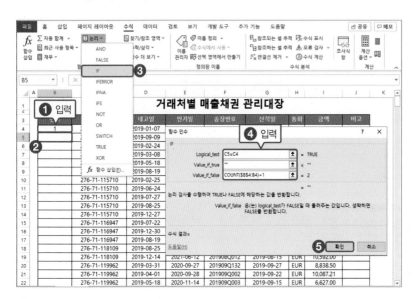

💪 **실력향상**
'COUNT($B$4:B4)+1' 수식은 [B4] 셀부터 현재 셀의 위쪽 셀까지 표시된 번호의 누적 개수를 구하는 수식입니다. 만약 2까지 번호가 표시되었다면 'COUNT($B$4:B4)'의 결과는 2가 되므로 '+1'을 입력하여 다음 번호인 3을 표시합니다.

⏱ **시간단축** '$B$4:B4'의 셀 범위를 입력할 때는 [B4] 셀을 클릭한 후 ':'을 직접 입력하면 자동으로 'B4:B4'를 입력할 수 있습니다. 앞쪽에 입력된 'B4'를 클릭한 후 F4를 눌러 절대 참조를 적용하여 간편하게 수식을 완성할 수 있습니다.

02 [B5] 셀의 채우기 핸들을 더블클릭하여 수식을 복사합니다.

03 고유번호별 테두리 설정하기 각 셀마다 셀 테두리가 모두 설정되어 있습니다. 번호가 빈 셀일 때는 위쪽 테두리가 표시되지 않도록 조건부 서식을 설정하면 고유번호가 바뀔 때만 가로 테두리를 표시할 수 있습니다. ❶ [B4:J371] 범위를 지정합니다. ❷ [홈] 탭-[스타일] 그룹-[조건부 서식]-[새 규칙]을 클릭합니다. ❸ [새 서식 규칙] 대화상자의 [규칙 유형 선택]에서 [수식을 사용하여 서식을 지정할 셀 결정]을 클릭하고, ❹ 수식 입력란에 **=$B4=""**를 입력합니다. ❺ [서식]을 클릭합니다.

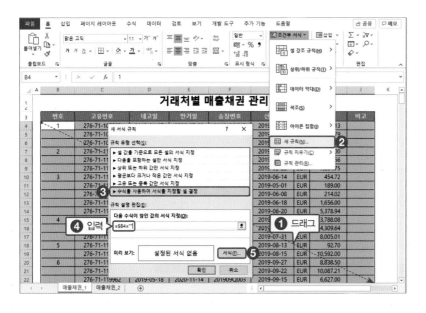

04 ❶ [셀 서식] 대화상자의 [테두리] 탭을 클릭합니다. ❷ [스타일]에서 [없음]을 클릭한 후 ❸ 위쪽 테두리를 클릭합니다. ❹ [확인]을 클릭합니다. ❺ [새 서식 규칙] 대화상자에서도 [확인]을 클릭합니다. ❻ 고유번호별로 테두리가 설정되었습니다.

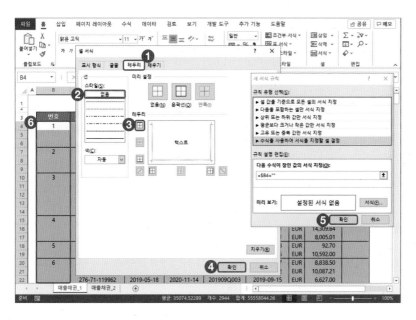

📊 **실력향상**
'$B4=""' 수식은 B열의 번호가 비어 있을 경우 위쪽 테두리를 [없음]으로 설정합니다. 따라서 고유번호가 같으면 행을 구분하는 가로 테두리를 표시하지 않습니다.

수식
핵심
기능

양식
자동화

데이터
관리&
집계

외부
데이터
편집

보고서
만들기

자동화
문서
만들기

데이터
분석&
시각화

05 고유번호 그룹별 번호 매기기 ❶ [매출채권_2] 시트 탭을 클릭합니다. 고유번호의 소계가 표시되는 행을 제외하고 각 고유번호별 번호를 IF 함수로 입력해보겠습니다. ❷ [B4] 셀에 **1**을 입력합니다. ❸ [B5:B85] 범위를 지정합니다. ❹ [홈] 탭-[편집] 그룹-[찾기 및 선택]-[이동 옵션]을 클릭합니다. ❺ [이동 옵션] 대화상자에서 [빈 셀]을 클릭한 후 ❻ [확인]을 클릭합니다. 번호가 입력될 빈 셀만 지정되었습니다.

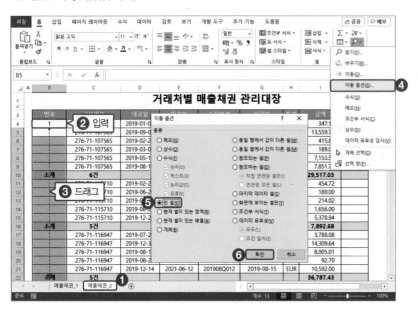

06 B열의 빈 셀만 지정된 상태에서 **=IF(C5=C4, B4+1, 1)**를 입력한 후 Ctrl + Enter 를 누릅니다.

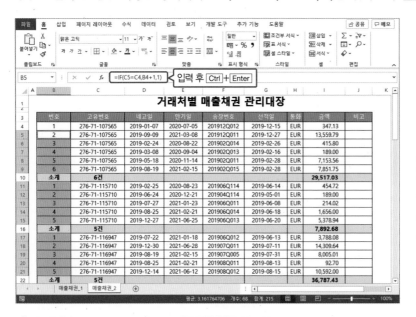

📊 **실력향상**
'IF(C5=C4, B4+1, 1)' 수식은 현재 셀의 고유번호와 바로 위쪽 셀의 고유번호가 같을 경우 위쪽 셀 번호에 1을 더하고, 다를 경우 고유번호가 바뀌는 것이므로 다시 1로 시작합니다.

⏱️ **시간단축** 빈 셀만 지정된 상태에서 Ctrl + Enter 로 동시에 입력하려면 [수식] 탭에서 함수를 선택하는 것보다 셀에 직접 입력하는 것이 더 편리합니다.

수식
핵심
기능

양식
자동화

데이터
관리&
집계

외부
데이터
편집

보고서
만들기

자동화
문서
만들기

데이터
분석&
시각화

09

병합된 셀 개수가 다른 표에 자동으로 번호 매기기

실습 파일 | Part01/Chapter02/02_09_업체별수주계획.xlsx
완성 파일 | Part01/Chapter02/02_09_업체별수주계획(완성).xlsm

자동 채우기 기능은 병합된 셀 개수가 같은 경우에만 사용할 수 있어 병합된 셀 개수가 제각각 다른 표에서는 자동 채우기 기능으로 번호를 입력할 수 없습니다. COUNTA 함수를 사용하여 누적 개수를 구하는 방법으로 번호를 입력하면 행 목록이 추가되거나 삭제되더라도 번호를 자동으로 업데이트할 수 있습니다.

미리 보기

회사에서 바로 통하는 키워드 : COUNTA 함수, 병합된 셀 수식 복사

한눈에 보는 작업순서	병합된 셀에 번호 매기기 ▶ 행 추가하고 수식 복사하기

01 병합된 셀에 번호 매기기 업체별 수주 계획에는 업체명을 기준으로 셀이 병합되어 있습니다. 병합된 셀의 개수가 제각각이므로 COUNTA 함수를 사용하여 B열의 번호를 입력해보겠습니다. ❶ [B5:B41] 범위를 지정하고 ❷ **=COUNTA($C$5:C5)**를 입력한 후 Ctrl + Enter 를 누릅니다. 병합된 셀 개수가 모두 다를 때는 채우기 핸들로 수식을 복사할 수 없으므로 수식을 입력하기 전에 미리 범위를 지정한 후 Ctrl + Enter 를 눌러야 수식을 모두 입력할 수 있습니다. [B5:B41] 범위에 모두 번호가 순서대로 입력되었습니다.

실력향상 'COUNTA($C$5:C5)' 수식은 C열에 입력된 업체명의 누적 개수를 구하는 수식으로 Ctrl + Enter 로 입력하면 첫 번째 번호에는 'COUNTA($C$5:C5)'로, 두 번째 번호에는 'COUNTA($C$5:C8)'로, 세 번째 번호에는 'COUNTA($C$5:C10)'로 범위가 점점 확장됩니다. COUNTA 함수는 데이터가 있는 셀의 개수를 구하는 함수로 병합된 셀 범위가 포함되면 그 범위는 한 개의 셀로 카운트합니다. 'COUNTA($C$5:C8)' 수식은 실제 데이터가 있는 셀 개수가 두 개이므로 결과가 2로 표시되고, 'COUNTA($C$5:C10)' 수식은 데이터가 있는 셀 개수가 세 개이므로 3이 표시됩니다.

02 행 추가하고 수식 복사하기 ❶ 10행을 마우스 오른쪽 버튼으로 클릭하고 ❷ [삽입]을 클릭합니다. ❸ 삽입된 [C10] 셀에 **HANBIT**을 입력합니다. 기존 세 번째 업체명부터 1씩 증가한 번호로 업데이트됩니다.

실력향상 B열의 번호는 C열에 입력된 업체명의 누적 개수를 계산하여 번호를 표시하므로 [C10] 셀이 비어 있으면 다음 번호가 업데이트되지 않습니다.

03 [B10] 셀에 번호를 입력해야 하는데 병합된 셀의 크기가 달라 복사할 수 없습니다. ❶ [B8:B10] 범위를 지정합니다. ❷ 수식 입력줄을 클릭한 후 Ctrl + Enter 를 누릅니다. 추가 삽입한 [C10] 셀에 번호가 표시됩니다.

수식
핵심
기능

양식
자동화

데이터
관리&
집계

외부
데이터
편집

보고서
만들기

자동화
문서
만들기

데이터
분석&
시각화

★★★ 비법 노트 : 범위의 셀 개수를 세는 COUNT 계열 함수 알아보기

COUNT 계열 함수는 셀의 개수를 세는 함수입니다. 숫자가 입력된 셀의 개수를 셀 때는 COUNT 함수, 비어 있지 않은 셀의 개수를 셀 때는 COUNTA 함수, 빈 셀의 개수를 셀 때는 COUNTBLANK 함수를 사용합니다. 숫자로 인식되는 데이터는 숫자로만 구성된 데이터, 날짜 데이터, 수식의 결과로 숫자나 날짜로 표시되는 데이터가 포함됩니다.

함수 형식	=COUNT(value1, [value2], …) =COUNT(범위) =COUNTA(value1, [value2], …) =COUNTA(범위) =COUNTBLANK(range) =COUNTBLANK(범위)
인수	• value : 개수를 구할 값이나 셀 범위입니다. [value1] 인수는 꼭 지정해야 하고, [value2] 인수부터는 필요한 경우에만 사용합니다. • range : 셀 범위입니다.

거래명세표에 도서명 중복 입력 방지하기

실습 파일 | Part01/Chapter02/02_10_도서거래명세표.xlsx
완성 파일 | Part01/Chapter02/02_10_도서거래명세표(완성).xlsm

거래명세표에 도서명을 입력할 때 이미 입력한 중복된 도서명은 입력되지 않도록 하고, 수량과 단가에는 숫자만 입력 가능하도록 함수를 사용하여 유효성 검사를 설정해보겠습니다.

미리 보기

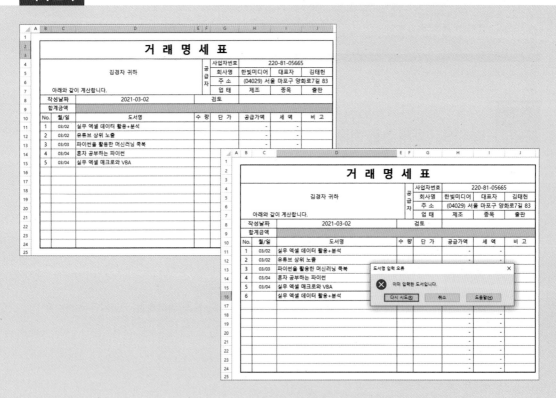

회사에서 바로 통하는 **키워드** : IF 함수, ROW 함수, COUNTIF 함수, TYPE 함수, 데이터 유효성 검사

한눈에 보는 작업순서	도서명을 기준으로 번호 매기기	▶	중복되는 도서 입력 제한하기	▶	수량과 단가에 숫자만 입력되도록 설정하기

01 도서명을 기준으로 번호 매기기 도서명이 입력되면 [B11:B24] 범위에 자동으로 번호가 표시되도록 IF와 ROW 함수를 사용해보겠습니다. ❶ [B11] 셀을 클릭한 후 ❷ [수식] 탭-[함수 라이브러리] 그룹-[논리]-[IF]를 클릭합니다. ❸ [함수 인수] 대화상자에서 [Logical_test]에 **D11=""**, [Value_if_true]에 **""**, [Value_if_false]에 **ROW()-10**을 입력합니다. ❹ [확인]을 클릭합니다.

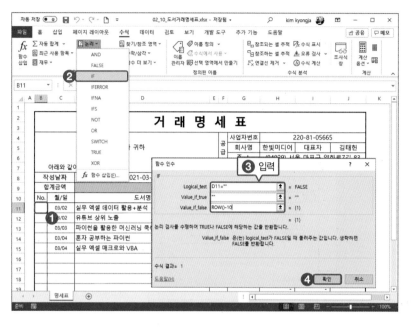

실력향상

'D11=""' 조건식은 도서명 셀이 빈 셀인지 비교하는 식입니다. 만약 [D11] 셀이 빈 셀이면 [B11] 셀을 빈 셀로 표시하고, 도서명이 입력되어 있으면 ROW 함수로 번호를 표시합니다. ROW 함수는 인수 없이 '=ROW()'로 사용할 경우 현재 셀의 행 번호를 셀에 표시합니다. [B11] 셀에 'ROW()'를 사용하면 11이 반환되므로 번호 1을 만들기 위해 10을 뺍니다.

02 ❶ [B11] 셀의 채우기 핸들을 [B24] 셀까지 드래그합니다. ❷ [자동 채우기 옵션]을 클릭하여 [서식 없이 채우기]를 클릭합니다.

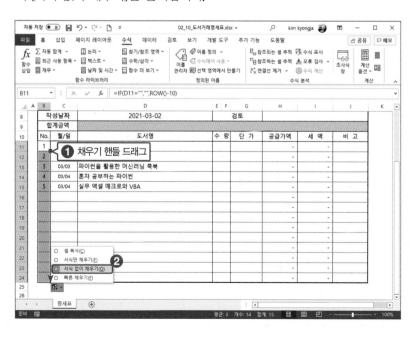

03 중복되는 도서 입력 제한하기 ❶ [D11:D24] 범위를 지정하고 ❷ [데이터] 탭–[데이터 도구] 그룹–[데이터 유효성 검사📋]를 클릭합니다. ❸ [데이터 유효성] 대화상자의 [설정] 탭을 클릭하고 ❹ [제한 대상]을 [사용자 지정]으로 선택합니다. ❺ [수식]에는 **=COUNTIF($D$11:$D$24, D11)<2**를 입력합니다.

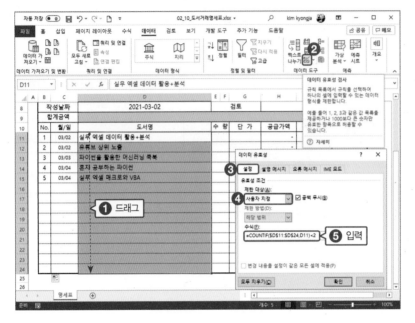

실력향상

COUNTIF 함수는 지정한 범위에서 조건에 맞는 셀의 개수를 구하는 함수로, 형식은 'COUNTIF(범위, 조건)'입니다. 도서명이 입력될 [D11:D24] 범위에 현재 입력한 도서명과 같은 도서명을 두 개 미만으로 제한합니다.

04 ❶ [데이터 유효성] 대화상자의 [오류 메시지] 탭을 클릭합니다. ❷ [스타일]을 [중지]로 선택합니다. ❸ [제목]에 **도서명 입력 오류**, [오류 메시지]에 **이미 입력한 도서입니다.**를 입력합니다. ❹ [확인]을 클릭합니다. ❺ D열에 이미 입력된 도서명과 같은 도서명을 입력합니다. 오류 메시지가 표시됩니다.

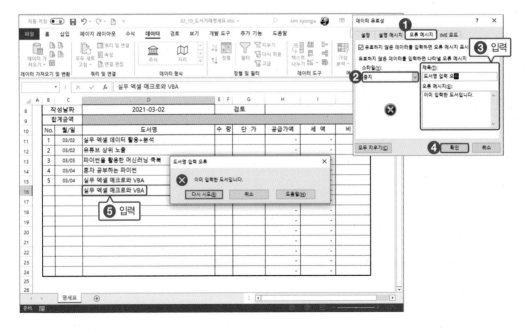

05 수량과 단가에 숫자만 입력되도록 설정하기 ❶ [E11:G24] 범위를 지정하고 ❷ [데이터] 탭–[데이터 도구] 그룹–[데이터 유효성 검사 🔲]를 클릭합니다. ❸ [데이터 유효성] 대화상자의 [설정] 탭을 클릭하고 ❹ [제한 대상]을 [사용자 지정]으로 선택합니다. ❺ [수식]에는 **=TYPE(E11)=1**을 입력합니다.

수식
핵심
기능

양식
자동화

데이터
관리&
집계

외부
데이터
편집

보고서
만들기

자동화
문서
만들기

데이터
분석&
시각화

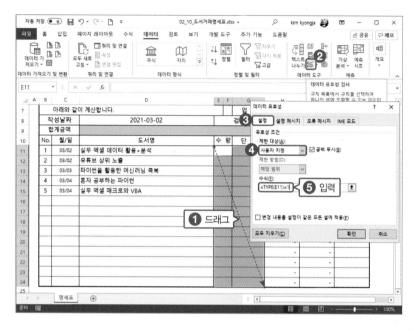

📊 실력향상

TYPE 함수는 데이터 형식을 반환하는 함수로 [E11] 셀이 숫자면 1, 문자면 2, 논릿값이면 4가 반환됩니다. 'TYPE(E11)=1' 수식은 입력되는 데이터 형식을 숫자로 제한합니다.

06 ❶ [데이터 유효성] 대화상자의 [오류 메시지] 탭을 클릭합니다. ❷ [스타일]을 [중지]로 선택합니다. ❸ [제목]에 **입력 오류**, [오류 메시지]에 **형식이 일치하지 않습니다. 숫자로 입력하세요.**를 입력합니다. ❹ [확인]을 클릭합니다. ❺ E열에 문자 데이터를 입력하면 오류 메시지가 표시됩니다.

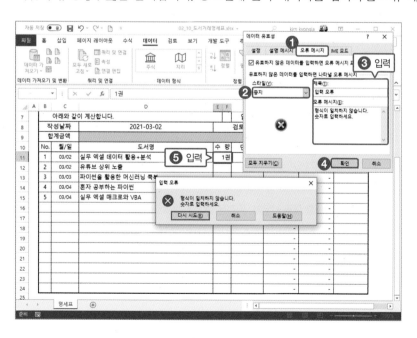

TYPE 함수 알아보기

TYPE 함수는 지정한 값이나 수식의 형식을 확인할 수 있는 함수입니다. 인수로 지정한 데이터가 숫자면 1, 텍스트면 2, 논릿값이면 4를 반환합니다.

함수 형식	=TYPE(value) =TYPE(수식 또는 셀 주소)
인수	• value : 데이터 형식을 확인할 값이나 수식, 셀 주소입니다. TYPE 함수에 의해 반환되는 결과는 다음과 같습니다. 표 아래 참조

value	TYPE 결과
숫자	1
텍스트	2
논릿값	4
오룻값	16
배열	64

데이터 유효성 검사 알아보기

셀에 데이터를 입력할 때 입력 가능한 데이터의 유형이나 값을 제한하는 것을 유효성 검사라고 합니다. 데이터 유효성 검사를 사용하면 셀에 잘못된 데이터가 입력되는 것을 방지하고 목록에서 값을 선택하여 데이터를 입력할 수 있습니다. 데이터 유효성 검사를 설정한 셀 범위를 지정한 후 [데이터] 탭-[데이터 도구] 그룹-[데이터 유효성 검사]를 클릭하여 원하는 제한 조건을 설정합니다. [데이터 유효성 검사] 대화상자에 대해 살펴보겠습니다.

❶ **[설정] 탭** : 지정한 범위에 입력될 데이터의 값을 설정합니다.

❷ **[설명 메시지] 탭** : 셀을 클릭할 때 해당 셀에 나타낼 데이터의 설명을 입력합니다.

❸ **[오류 메시지] 탭** : 설정한 조건에 맞지 않는 데이터를 입력했을 때 나타나는 오류 메시지 내용을 입력합니다.

❹ **[IME] 탭** : 입력할 데이터 언어를 미리 지정합니다. 한/영 을 누르지 않아도 [한글]로 지정하면 한글로 입력되고, [영문]으로 지정하면 영문으로 입력됩니다.

❺ **모두 지우기** : 지정된 셀이나 범위에 설정된 유효성 검사를 모두 삭제합니다. [모두 지우기]를 클릭하면 [설정] 탭의 제한 대상이 [모든 값]으로 변경됩니다.

수식
핵심
기능

양식
자동화

데이터
관리&
집계

외부
데이터
편집

보고서
만들기

자동화
문서
만들기

데이터
분석&
시각화

핵심기능

11

두 개의 데이터 목록 비교하여 건강검진 미실시 대상자 표시하기

실습 파일 | Part01/Chapter02/02_11_건강검진결과.xlsx
완성 파일 | Part01/Chapter02/02_11_건강검진결과(완성).xlsx

예전 데이터와 최신 데이터를 비교해 어떠한 항목이 추가되고 어떠한 항목이 누락되었는지 점검할 때 주로 COUNTIF 함수를 사용합니다. 건강검진 결과 데이터와 건강검진 대상자 데이터를 비교하여 미 검진자를 표시하도록 함수를 사용해보겠습니다.

미리 보기

회사에서 바로 통하는 **키워드** : IF 함수, COUNTIF 함수, 조건부 서식

**한눈에
보는
작업순서**   COUNTIF 함수로 검진 여부 표시하기 ▶ 조건부 서식으로 미검진자 강조하기

01 COUNTIF 함수로 검진 여부 표시하기 [대상자] 시트에는 건강검진을 받아야 하는 대상자가 입력되어 있고, [건강검진결과] 시트에는 건강검진을 받은 결과가 입력되어 있습니다. 두 시트의 주민등록번호를 비교하여 [대상자] 시트의 H열에 건강검진 확인 여부를 O, X로 표시해보겠습니다. ❶ [건강검진결과] 시트 탭을 클릭합니다. ❷ [D4:D194] 범위를 지정합니다. ❸ [이름 상자]에 **검진자주민번호**를 입력한 후 Enter를 누릅니다. ❹ [대상자] 시트 탭을 클릭하고 ❺ [H4] 셀을 클릭합니다. ❻ [수식] 탭-[함수 라이브러리] 그룹-[논리]-[IF]를 클릭합니다.

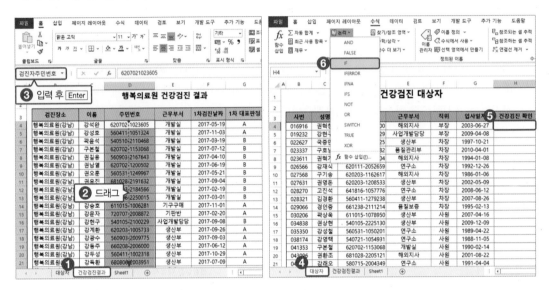

02 ❶ [함수 인수] 대화상자에서 [Logical_test]에 **COUNTIF(검진자주민번호, D4)>0**, [Value_if_true]에 **"O"**, [Value_if_false]에 **"X"**를 입력합니다. ❷ [확인]을 클릭합니다. ❸ [H4] 셀의 채우기 핸들을 더블클릭하여 수식을 복사합니다. ❹ [자동 채우기 옵션圖▾]을 클릭한 후 [서식 없이 채우기]를 클릭합니다.

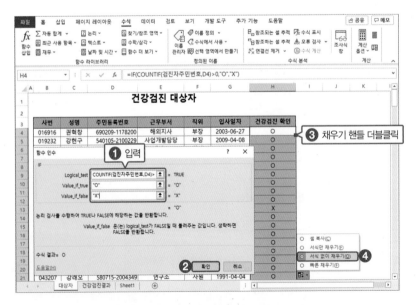

실력향상
[D4] 셀의 주민등록번호가 [건강검진결과] 시트의 주민번호에 하나 이상 존재하는지 COUNTIF 함수로 계산합니다. 결과가 0보다 크면 존재하는 것이므로 O를 표시하고, 0보다 크지 않으면 [건강검진결과] 시트에 주민등록번호가 존재하지 않는 것이므로 X를 표시합니다.

03 조건부 서식으로 미검진자 강조하기 건강검진 확인이 X로 표시된 대상자의 성명에 채우기 색을 설정해보겠습니다. ❶ [대상자] 시트에서 [C4:C235] 범위를 지정합니다. ❷ [홈] 탭-[스타일] 그룹-[조건부 서식]-[새 규칙]을 클릭합니다. ❸ [새 서식 규칙] 대화상자의 [규칙 유형 선택]에서 [수식을 사용하여 서식을 지정할 셀 결정]을 클릭하고 ❹ 수식 입력란에 **=H4="X"**를 입력합니다. ❺ [서식]을 클릭합니다.

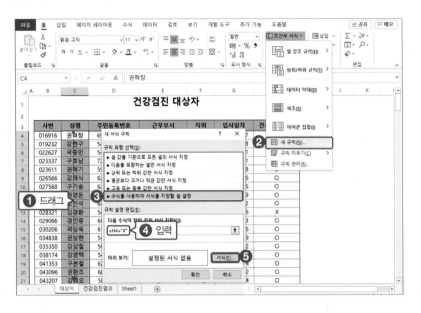

04 ❶ [셀 서식] 대화상자에서 [채우기] 탭을 클릭한 후 ❷ [배경색]에서 [주황]을 클릭합니다. ❸ [확인]을 클릭합니다. ❹ [새 서식 규칙] 대화상자의 [미리 보기]에서 설정된 서식을 확인합니다. ❺ [확인]을 클릭합니다. ❻ 미검진자 성명에만 채우기 색이 표시됩니다.

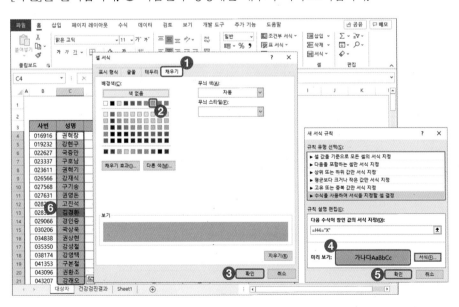

피벗 테이블 데이터를 이용하여 매출 분석표 만들기

실습 파일 | Part01/Chapter02/02_12_지역별매출분석.xlsx
완성 파일 | Part01/Chapter02/02_12_지역별매출분석(완성).xlsm

전체 매출실적을 사용하여 지역별, 분기별 매출을 분석하려고 합니다. 날짜 데이터를 분기별로 그룹화하여 집계할 때는 피벗 테이블을 사용하면 되는데, 피벗 테이블로 작성한 표는 형태를 변형할 수 없습니다. 이때는 피벗 테이블로 집계표를 만든 후 GETPIVOTDATA 함수로 원하는 표에 연결하여 깔끔한 분석표를 만들 수 있습니다.

미리 보기

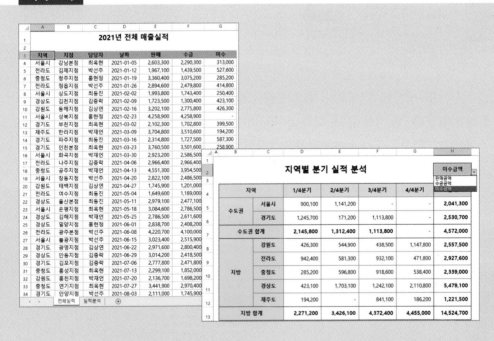

회사에서 바로 통하는 **키워드** : 피벗 테이블, GETPIVOTDATA 함수

한눈에 보는 작업순서

피벗 테이블 작성하기 ▶ 분기별 그룹 설정하기 ▶ 피벗 테이블 데이터를 수식으로 연결하기 ▶ 피벗 테이블 시트 숨기기

01 피벗 테이블 작성하기 ❶ [전체실적] 시트 탭을 클릭하고 ❷ [A3] 셀을 클릭합니다. ❸ [삽입] 탭-[표] 그룹-[피벗 테이블]을 클릭합니다. ❹ [피벗 테이블 만들기] 대화상자에서 [표 또는 범위 선택]의 [표/범위]에 지정한 셀을 기준으로 자동 범위가 표시되고 ❺ 피벗 테이블 보고서를 넣을 위치에는 [새 워크시트]가 선택되어 있습니다. ❻ [확인]을 클릭합니다.

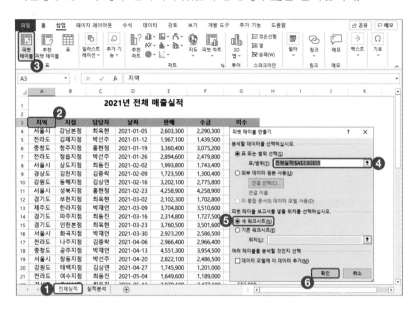

02 새로운 시트에 피벗 테이블 보고서 작업 영역이 표시됩니다. ❶ [피벗 테이블 필드] 작업 창에서 [지역] 필드는 [행], [날짜] 필드는 [열], [판매], [수금], [미수] 필드는 [값] 영역으로 각각 드래그합니다. ❷ [열]에 있는 [Σ값]은 [행]으로 드래그합니다. ❸ 행 레이블을 **판매금액, 수금금액, 미수금액**으로 변경합니다.

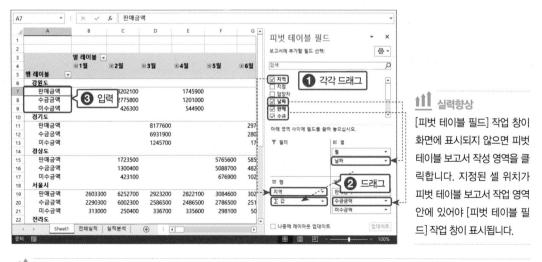

실력향상 [피벗 테이블 필드] 작업 창이 화면에 표시되지 않으면 피벗 테이블 보고서 작성 영역을 클릭합니다. 지정된 셀 위치가 피벗 테이블 보고서 작업 영역 안에 있어야 [피벗 테이블 필드] 작업 창이 표시됩니다.

실력향상 엑셀 2016 버전부터는 피벗 테이블 필드 설정 시 날짜 필드를 행이나 열로 드래그하면 자동으로 월 단위 그룹이 설정되어 [월]과 [날짜] 필드가 함께 표시됩니다. 엑셀 2016 이전 버전에서는 [날짜]만 표시됩니다.

수식
핵심
기능

양식
자동화

데이터
관리&
집계

외부
데이터
편집

보고서
만들기

자동화
문서
만들기

데이터
분석&
시각화

03 분기별 그룹 설정하기 ❶ [C4] 셀을 마우스 오른쪽 버튼으로 클릭하여 ❷ [그룹]을 클릭합니다. ❸ [그룹화] 대화상자의 [단위]에서 [분기]만 선택합니다. ❹ [확인]을 클릭합니다. ❺ 피벗 테이블의 열 레이블에 있는 날짜가 분기 단위로 그룹화되었습니다.

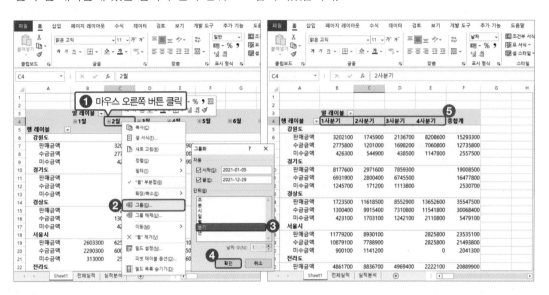

04 피벗 테이블 데이터를 수식으로 연결하기 [Sheet1] 시트에 작성된 피벗 테이블 데이터를 [실적분석] 시트로 연결해보겠습니다. ❶ [실적분석] 시트 탭을 클릭합니다. ❷ [D5] 셀에 =를 입력합니다. ❸ [Sheet1] 시트 탭을 클릭하여 ❹ [B6] 셀을 클릭한 후 Enter 를 누릅니다. [실적분석] 시트의 [D5] 셀에 GETPIVOTDATA 함수가 입력됩니다.

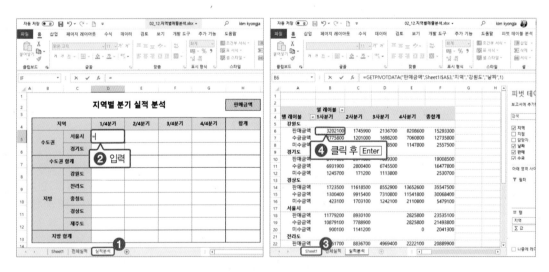

05 [D5] 셀의 수식을 복사하려면 GETPIVOTDATA 함수를 수정해야 합니다. ❶ [D5] 셀을 클릭한 후 ❷ 수식 입력줄에서 **"판매금액"**를 **""&$H$2**, **"강원도"**를 **$C5**, **1**을 **D$4**로 변경합니다. ❸ [D5] 셀의 채우기 핸들을 [G5] 셀까지 드래그한 후 ❹ [D5:G5] 범위가 지정된 상태에서 채우기 핸들을 [G12] 셀까지 드래그하여 수식을 복사합니다. ❺ [자동 채우기 옵션 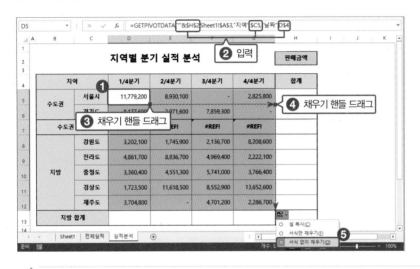]을 클릭하여 [서식 없이 채우기]를 클릭합니다.

🔼 **실력향상** GETPIVOTDATA 함수는 피벗 테이블 보고서에 있는 데이터를 찾아오는 함수입니다. 첫 번째 [Datd_field] 인수에는 문자 형식만 사용할 수 있어 피벗 테이블의 [값]에 있는 필드 중 [H2] 셀 데이터와 일치하는 값을 가져올 때 ""&를 함께 입력합니다. [지역] 필드의 조건으로 [C5] 셀을 사용하고, [날짜] 필드의 조건으로 [D4] 셀을 사용하도록 수식을 수정했습니다.

• 입력된 수식 =GETPIVOTDATA("판매금액", Sheet1!$A$3, "지역", "강원도", "날짜", 1)
• 수정한 수식 =GETPIVOTDATA(""&$H$2, Sheet1!$A$3, "지역", $C5, "날짜", D$4)

06 [D7:G7] 범위에는 수식이 복사되면서 지역명이 '수도권 합계'로 적용되어 오류가 표시됩니다. ❶ 이 셀 범위에는 SUM 함수를 입력해야 하므로 오류가 표시된 [D7:G7] 범위를 지정한 후 Delete 를 눌러 삭제합니다. ❷ [D5:H7] 범위를 지정한 후 ❸ Ctrl 을 누른 상태로 [D8:H13] 범위를 지정합니다. ❹ [홈] 탭-[편집] 그룹-[합계 Σ]를 클릭합니다.

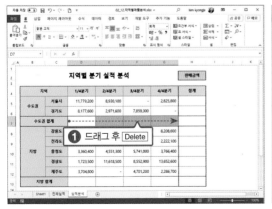
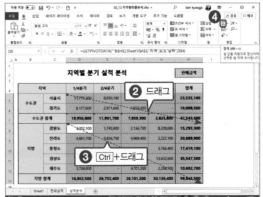

07 [H2] 셀의 목록 단추 ▾ 를 클릭하여 표시할 금액을 변경하면 지역별, 분기별 실적 데이터가 변경됩니다.

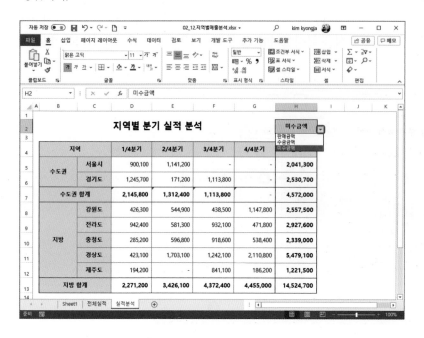

08 피벗 테이블 시트 숨기기 피벗 테이블 보고서가 작성된 [Sheet1] 시트는 화면에 표시되지 않도록 하겠습니다. ❶ [Sheet1] 시트 탭을 마우스 오른쪽 버튼으로 클릭하고 ❷ [숨기기]를 클릭합니다.

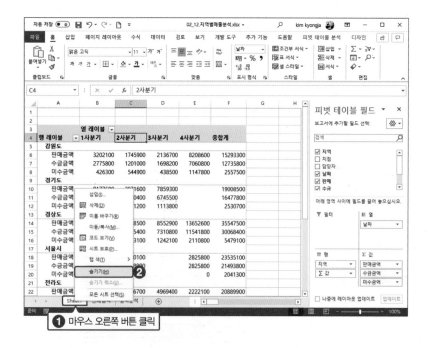

GETPIVOTDATA 함수 알아보기

비법
노트
★★★

1. 피벗 테이블 보고서 작성 시 유용한 GETPIVOTDATA 함수

GETPIVOTDATA 함수는 피벗 테이블 보고서 내의 조건에 맞는 값을 참조할 때 사용하는 함수입니다. 등호(=)를 입력한 후 참조할 데이터가 있는 피벗 테이블 보고서의 셀을 클릭하면 GETPIVOTDATA 함수의 수식을 빠르게 입력할 수 있습니다.

함수형식	=GETPIVOTDATA(data_field, pivot_table, [field1, item1, field2, item2], …) =GETPIVOTDATA(값 영역의 필드명, 피벗 테이블 위치, [필드명1, 조건1, 필드명2, 조건2], …)
인수	• data_field : 참조할 피벗 테이블에서 [값] 영역에 추가한 필드 중 가져올 필드명입니다. 이 인수에는 문자 형식만 사용할 수 있기 때문에 셀 주소를 사용할 때는 ""&'를 함께 입력합니다. • pivot_table : 참조할 피벗 테이블이 작성된 시트명과 셀 주소를 지정합니다. • field1, Item1 : 참조할 데이터의 필드 이름과 항목 이름을 한 쌍으로 구성하여 총 126개까지 지정할 수 있습니다.

=GETPIVOTDATA("판매금액", Sheet1!$A$3, "지역", "강원도", "날짜", 1)
　　　　　　　　❶　　　　　❷　　　　❸　　　❹　　　❺　　❻

❶ [값]에 추가된 [판매금액] 필드의 값을 참조합니다.

❷ [Sheet1] 시트의 [A3] 셀에 작성된 피벗 테이블을 참조합니다.

❸~❹ ❸과 ❹는 한 묶음입니다. [지역] 필드 중에 [강원도] 조건의 레코드를 참조합니다.

❺~❻ ❺와 ❻도 한 묶음입니다. [날짜] 필드 중에 [1분기] 조건의 레코드를 참조합니다.

2. GETPIVOTDATA 함수 사용하지 않기

수식을 입력할 때 피벗 테이블 보고서에서 [값] 필드의 셀을 클릭하면 GETPIVOTDATA 함수가 자동으로 입력됩니다. GETPIVOTDATA 함수가 입력되지 않고 일반적인 셀 주소(C4, D5 등)가 입력되도록 할 수 있습니다. [파일] 탭-[옵션]을 클릭하고 [Excel 옵션] 대화상자에서 [수식] 탭-[수식 작업]-[피벗 테이블 참조에 GetPivotData 함수 사용]의 체크를 해제합니다.

함수를 이용하여 단일 셀 데이터를 병합된 셀로 복사하기

실습 파일 | Part01/Chapter02/02_13_실적비교양식.xlsx
완성 파일 | Part01/Chapter02/02_13_실적비교양식(완성).xlsx

제품코드 목록을 보고서 양식에 맞게 입력하려고 하는데, 실적분석 보고서 양식에는 제품코드가 입력된 셀이 세 개 또는 네 개의 셀로 병합되어 있습니다. 병합된 셀 개수가 서로 다른 셀에는 원하는 대로 복사할 수 없으므로 함수를 이용하여 제품코드를 입력해보겠습니다.

미리 보기

회사에서 바로 통하는 **키워드** : INDIRCET 함수, ROW 함수, 이동 옵션

한눈에 보는 작업순서

세 칸씩 병합된 셀에 제품코드 입력하기 ▶ 합계와 비율 구하기 ▶ 네 칸씩 병합된 셀에 제품코드 입력하기 ▶ 차이와 비율 구하기

01 세 칸씩 병합된 셀에 제품코드 입력하기 [제품코드] 시트의 [제품코드] 목록을 [실적분석(1)] 시트의 [제품코드] 열에 입력해보겠습니다. 병합된 셀의 개수가 달라 바로 복사해올 수 없으므로 함수를 사용하여 입력합니다. ❶ [실적분석(1)] 시트 탭을 클릭합니다. ❷ [B6] 셀을 클릭하고 ❸ **=INDIRECT("제품코드!A"&(ROW()−3)/3+1)**를 입력합니다. ❹ [B6] 셀의 채우기 핸들을 더블클릭하여 수식을 복사합니다.

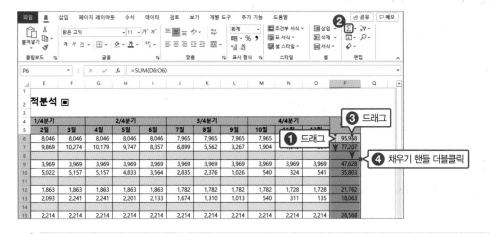

📊 **실력향상** INDIRECT 함수는 문자열 형태로 지정된 셀 주소 또는 이름을 실제 셀 주소나 이름으로 만드는 함수입니다. '"제품코드!A"'는 [제품코드] 시트의 A열을 뜻하고, 'ROW()−3)/3+1'은 2, 3, 4, …로 행 번호를 계산하기 위한 식입니다. ROW 함수를 인수 없이 'ROW()'로 사용하면 현재 셀의 행 번호를 구하여 [B6] 셀의 수식은 '제품코드!A(6−3)/3+1'이므로 [제품코드] 시트의 [A2] 셀을 참조합니다. [B9] 셀의 수식은 '제품코드!A(9−3)/3+1'이므로 [제품코드] 시트의 [A3] 셀을 참조합니다.

02 합계와 비율 구하기 ❶ [P6:P7] 범위를 지정합니다. ❷ [홈] 탭−[편집] 그룹−[합계∑]를 클릭합니다. 계획과 실적의 합계가 계산됩니다. ❸ [P6:P8] 범위를 지정하고 ❹ 채우기 핸들을 더블클릭하여 수식을 복사합니다.

📊 **실력향상** 합계를 행 방향으로 복사할 때 비율이 입력될 [P8] 셀까지 범위를 지정하고 채우기 핸들을 더블클릭하여 복사해야 합니다.

수식
핵심
기능

양식
자동화

데이터
관리&
집계

외부
데이터
편집

보고서
만들기

자동화
문서
만들기

데이터
분석&
시각화

03 ❶ [D6:P59] 범위를 지정합니다. ❷ [홈] 탭–[편집] 그룹–[찾기 및 선택]–[이동 옵션]을 클릭합니다. ❸ [이동 옵션] 대화상자에서 [빈 셀]을 클릭한 후 ❹ [확인]을 클릭합니다.

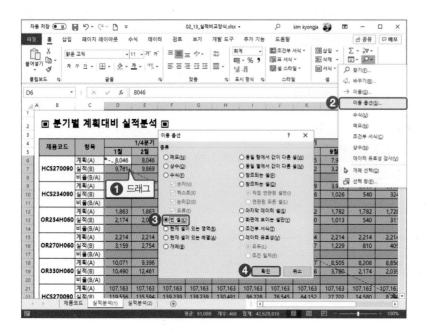

04 빈 셀이 지정된 상태에서 **=D7/D6**을 입력한 후 Ctrl + Enter를 누릅니다. 빈 셀에 비율이 모두 구해졌습니다.

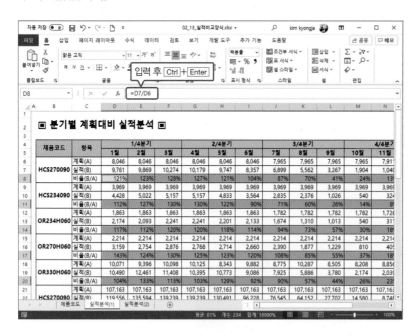

05 네 칸씩 병합된 셀에 제품코드 입력하기 ① [실적분석(2)] 시트 탭을 클릭합니다. [제품코드] 열이 네 개씩 병합되어 있습니다. [제품코드] 시트의 제품코드가 입력되도록 함수를 사용해보겠습니다. ② [B6] 셀을 클릭하고 ③ **=INDIRECT("제품코드!A"&(ROW()−2)/4+1)**를 입력합니다. ④ [B6] 셀의 채우기 핸들을 더블클릭하여 수식을 복사합니다.

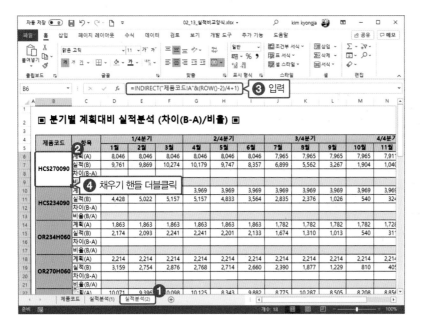

실력향상

[제품코드] 열이 네 개씩 병합되어 있습니다. INDIRECT 함수에서 행 번호를 계산하는 수식으로 '(ROW()−2)/4+1)'를 입력하면 [B6] 셀은 '제품코드!A(6−2)/4+1'이므로 [제품코드] 시트의 [A2] 셀을 참조하고, [B10] 셀은 '제품코드!A(10−2)/4+1'이므로 [제품코드] 시트의 [A3] 셀을 참조합니다.

06 차이와 비율 구하기 ① [D8] 셀에 **=D7−D6**을 입력합니다. ② [D9] 셀에 **=D7/D6**을 입력합니다. ③ [D8:D9] 범위를 지정하고 ④ 채우기 핸들을 [P9] 셀까지 드래그하여 수식을 복사합니다.

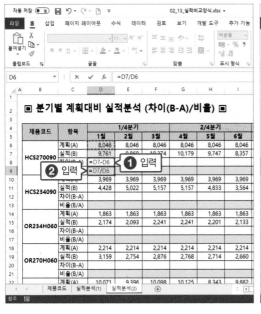

07 ❶ [D8:P9] 범위를 지정한 후 ❷ Ctrl + C 로 복사합니다. ❸ [D12:P77] 범위를 지정합니다. ❹ [홈] 탭–[편집] 그룹–[찾기 및 선택]–[이동 옵션]을 클릭합니다. ❺ [이동 옵션] 대화상자에서 [빈 셀]을 클릭한 후 ❻ [확인]을 클릭합니다.

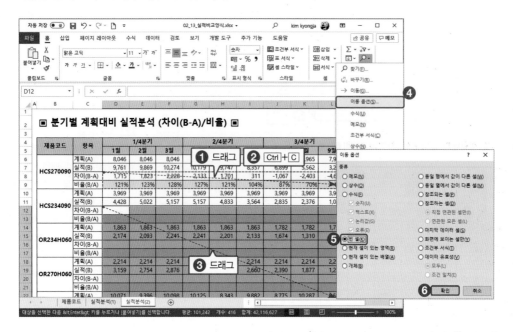

08 빈 셀이 모두 지정된 상태에서 Ctrl + V 를 눌러 복사합니다. 빈 셀에 차이와 비율이 모두 복사되었습니다.

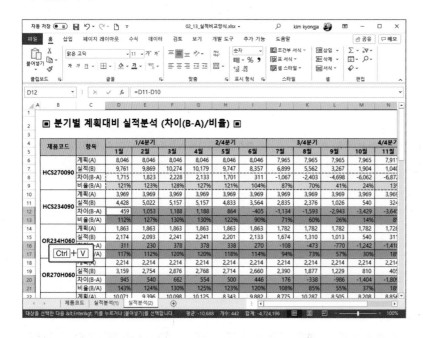

수식
핵심
기능

양식
자동화

데이터
관리&
집계

외부
데이터
편집

보고서
만들기

자동화
문서
만들기

데이터
분석&
시각화

핵심기능

14

인사DB에서 선택한
직원 사진 찾아오기

실습 파일 | Part01/Chapter02/02_14_급여지급명세서.xlsx
완성 파일 | Part01/Chapter02/02_14_급여지급명세서(완성).xlsx

급여지급명세서에서 사번을 선택하면 급여DB 목록에 있는 해당 임직원의 사진을 찾아 표시해주는 함수식을 사용해보겠습니다. 함수가 적용되어야 하는 그림 파일에는 함수를 직접 입력할 수 없어 사진을 찾아오는 함수식을 이름 관리자에서 이름으로 정의한 후 그림 파일에 연결해보겠습니다.

미리 보기

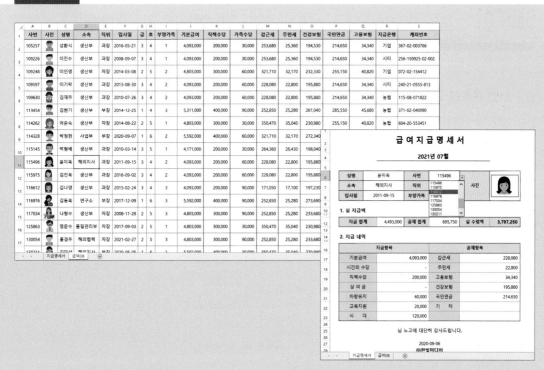

회사에서 바로 통하는 **키워드** : 수식 이름 정의, INDEX 함수, MATCH 함수, 그림 수식 연결

**한눈에
보는
작업순서**

사번과 성명
이름 정의하기 ▶ 사번 유효성 검사
설정하기 ▶ 사진 찾는 함수식
이름 정의하기 ▶ 그림에 수식
연결하기

01 사번과 성명 이름 정의하기 ❶ [급여DB] 시트 탭을 클릭합니다. ❷ [A1:B19] 범위를 지정합니다. ❸ [수식] 탭-[정의된 이름]-[선택 영역에서 만들기]를 클릭합니다. ❹ [선택 영역에서 이름 만들기] 대화상자에서 [첫 행]에만 체크한 후 ❺ [확인]을 클릭합니다.

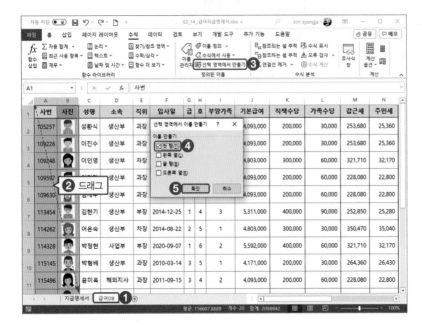

실력향상

[급여DB] 시트에 삽입된 사진 그림은 모두 셀 안쪽에 위치하고 셀 크기보다 작아야 합니다. 만약 그림이 셀 크기보다 크거나 다른 셀에 걸쳐 있으면 [지급명세서] 시트에서 사진이 잘려서 표시됩니다.

02 사번 유효성 검사 설정하기 ❶ [지급명세서] 시트 탭을 클릭합니다. ❷ [F6] 셀을 클릭한 후 ❸ [데이터] 탭-[데이터 도구] 그룹-[데이터 유효성 검사🔲]를 클릭합니다. ❹ [데이터 유효성] 대화상자의 [설정] 탭에서 [제한 대상]을 [목록]으로 선택하고 ❺ [원본] 입력란에 **=사번**을 입력합니다. ❻ [확인]을 클릭합니다.

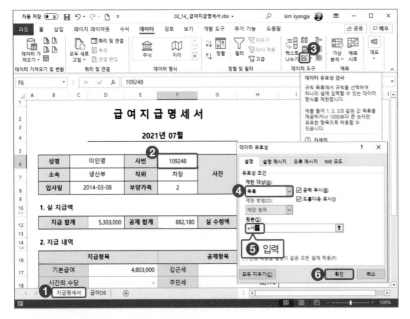

실력향상

이름으로 정의된 셀 범위를 유효성 검사 원본으로 사용할 때는 등호(=)와 함께 정의한 이름을 입력합니다.

03 [F6] 셀에 표시된 목록 단추▼를 클릭하여 사번을 선택할 수 있습니다.

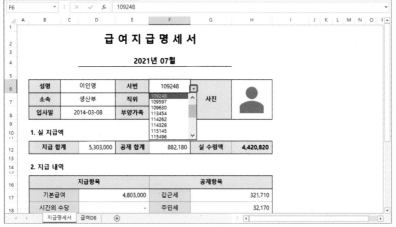

04 사진 찾는 함수식 이름 정의하기 선택한 사번에 해당하는 사진을 찾아오는 함수를 사진 그림 파일에 직접 입력할 수 없으므로 이름으로 정의하여 그림 파일에 연결해보겠습니다. ❶ [수식] 탭-[정의된 이름] 그룹에서 [이름 관리자]를 클릭합니다. ❷ [이름 관리자] 대화상자에서 [새로 만들기]를 클릭합니다. ❸ [새 이름] 대화상자의 [이름]에 **사진찾기**를 입력하고, ❹ [참조 대상]에 **=INDEX(사진, MATCH(지급명세서!$F$6, 사번, 0))**를 입력합니다. ❺ [확인]을 클릭합니다. ❻ [이름 관리자] 대화상자에 [사진찾기] 이름이 추가되었습니다. ❼ [닫기]를 클릭합니다.

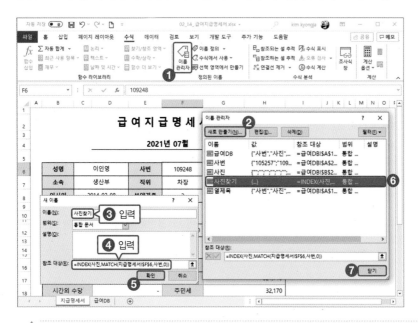

📊 실력향상 INDEX 함수는 데이터 목록에서 지정된 위치 번호의 데이터를 찾아오는 함수입니다. [사진]으로 정의된 이름 범위에서 MATCH 함수가 반환하는 위치 번호의 사진을 찾아옵니다. MATCH 함수는 지정된 범위 내에서 찾는 값이 몇 번째에 위치하는지 찾아 위치 번호를 반환하는 함수로, [사번]으로 정의된 이름 범위에서 [F6] 셀의 위치 번호를 반환합니다. 만약 [F6] 셀에 사번이 [사번] 범위에서 다섯 번째에 있다면 MATCH 함수의 결과는 5가 되고, INDEX 함수가 [사진] 범위 중 다섯 번째 사진을 찾아옵니다.

05 그림에 수식 연결하기 ❶ [H6] 셀에 있는 그림 파일을 클릭합니다. ❷ 수식 입력줄을 클릭하고 **=사진찾기**를 입력한 후 Enter를 누릅니다. ❸ 사진의 크기와 위치를 적절하게 변경합니다. ❹ 사번의 목록 단추▼를 클릭하여 다른 사번을 클릭하면 사진이 변경됩니다.

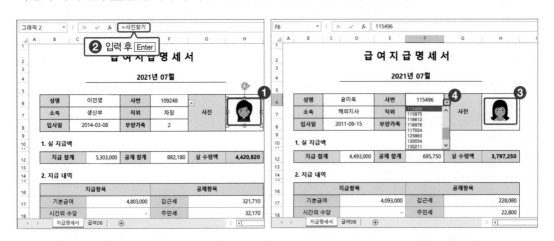

실력향상 그림이나 도형 등의 개체 파일에 연결하는 수식에는 연산자(=, −, x, /, & 등) 또는 함수를 사용할 수 없습니다. 여러 가지 수식이나 함수를 사용할 경우 다른 셀에 수식을 입력하거나 이름 정의로 수식을 입력한 후 '=셀 주소', '=이름'과 같은 형식으로 수식 입력줄에 입력합니다.

INDEX 함수 알아보기

INDEX 함수는 데이터 목록에서 지정한 행 번호와 열 번호의 데이터를 찾아오는 함수입니다. 데이터 목록의 행 또는 열이 한 개일 경우 행 번호 또는 열 번호 중 하나를 생략할 수 있습니다.

함수 형식	=INDEX(array, row_num, [column_num]) =INDEX(범위, 행 번호, 열 번호)
인수	• array : 데이터 목록의 셀 범위를 지정합니다. • row_num : 데이터 목록에서 찾아올 데이터의 행 번호입니다. 행이 하나인 목록이면 생략할 수 있습니다. • column_num : 데이터 목록에서 찾아올 데이터의 열 번호입니다. 열이 하나인 목록이면 생략할 수 있습니다. INDEX 함수의 데이터 목록이 행과 열 모두 두 개 이상이라면 행 번호와 열 번호를 모두 지정하고, 행 또는 열 중 한 방향 목록이라면 행 번호나 열 번호 중 하나만 지정할 수 있습니다.

수식
핵심
기능

양식
자동화

데이터
관리&
집계

외부
데이터
편집

보고서
만들기

자동화
문서
만들기

데이터
분석&
시각화

핵심기능 15

산출 내역에서 계산식만 추출하고 문자로 된 식 계산하기

실습 파일 | Part01/Chapter02/02_15_교육비내역.xlsx
완성 파일 | Part01/Chapter02/02_15_교육비내역(완성).xlsx

수식이나 함수의 계산식을 셀에 문자로 직접 표시할 때는 FORMULATEXT 함수를 사용하고, 반대로 문자로 입력된 수식을 계산하여 결과를 셀에 표시할 때는 EVALUATE 함수를 사용합니다. EVALUATE 함수는 매크로 함수이므로 이름으로 정의한 후 사용해야 합니다.

미리 보기

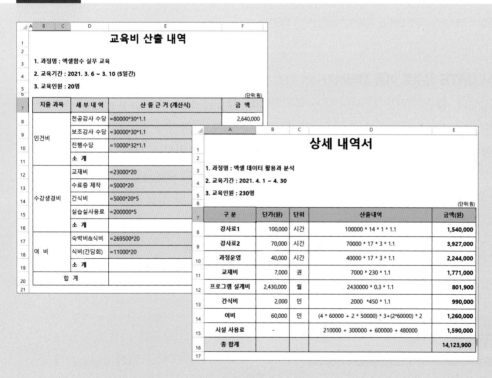

회사에서 바로 통하는 키워드 : FORMULATEXT 함수, EVALUATE 함수, 매크로 함수

한눈에 보는 작업순서

금액 산출 내역 만들기 ▶ EVALUATE 함수로 이름 정의하기 ▶ 정의된 이름을 수식으로 입력하기 ▶ 매크로 문서로 저장하기

01 금액 산출 내역 만들기 ❶ [엑셀함수] 시트 탭을 클릭합니다. 금액에 입력된 계산식을 산출근거 열에 텍스트로 입력해보겠습니다. ❷ [E8] 셀에 **=FORMULATEXT(F8)**를 입력합니다. ❸ [E8] 셀을 클릭하고 Ctrl + C 를 눌러 복사합니다. ❹ [E9:E10] 범위를 지정한 후 ❺ Ctrl 을 누른 상태에서 [E12:E15], [E17:E18] 범위를 지정합니다. ❻ Ctrl + V 를 눌러 붙여 넣습니다.

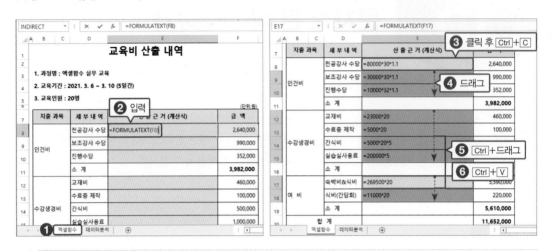

111 **실력향상** FORMULATEXT 함수는 엑셀 2013 버전부터 지원되는 함수입니다.

02 EVALUATE 함수로 이름 정의하기 EVALUATE 함수는 매크로 함수로 이름 정의해야 사용할 수 있습니다. ❶ [데이터분석] 시트 탭을 클릭합니다. ❷ [E8] 셀을 클릭합니다. ❸ [수식] 탭-[정의된 이름] 그룹-[이름 관리자]를 클릭합니다. ❹ [이름 관리자] 대화상자에서 [새로 만들기]를 클릭합니다. ❺ [새 이름] 대화상자에서 [이름]에 **금액계산**을 입력하고 [범위]는 [통합 문서]를 선택한 후 [참조 대상]에는 **=EVALUATE(데이터분석!D8)**를 입력합니다. ❻ [확인]을 클릭합니다. ❼ [이름 관리자] 대화상자의 [이름]에 [금액계산]이 추가된 것을 확인한 후 [닫기]를 클릭합니다.

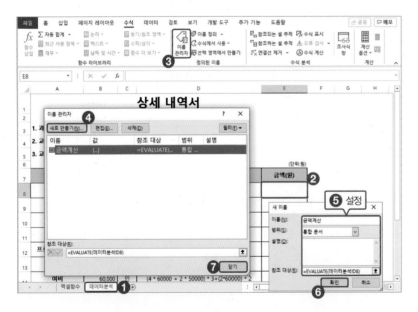

111 **실력향상**
이름을 정의할 때는 첫 번째 수식이 입력될 [E8] 셀을 반드시 클릭한 후 이름 정의를 시작해야 합니다. EVALUATE 함수가 현재 셀을 기준으로 왼쪽 셀의 값을 상대 참조로 사용하기 때문입니다.

03 정의된 이름을 수식으로 입력하기 ❶ [E8] 셀을 클릭하고 ❷ **=금액계산**을 입력합니다. [D8] 셀에 입력된 문자가 수식으로 계산된 결과로 표시됩니다. ❸ [E8] 셀의 채우기 핸들을 [E15] 셀까지 드래그하여 복사합니다.

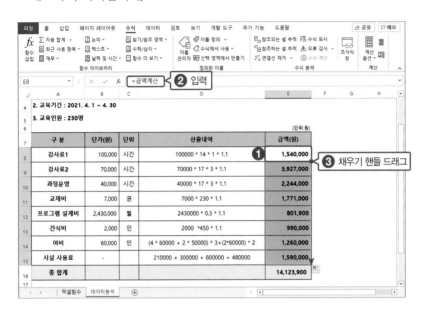

04 매크로 문서로 저장하기 매크로 함수가 입력된 문서는 [매크로 사용 통합 문서] 형식으로 저장해야 합니다. ❶ [파일] 탭–[다른 이름으로 저장]을 클릭합니다. ❷ [다른 이름으로 저장]의 [파일 형식]에 [Excel 매크로 사용 통합 문서 (*.xlsm)]를 선택합니다. ❸ [저장]을 클릭합니다.

📊 **실력향상** [Excel 매크로 사용 통합 문서 (*.xlsm)]로 저장된 문서를 열면 화면 상단의 메시지 표시줄에 [보안 경고]가 표시됩니다. [콘텐츠 사용]을 클릭해야 EVALUATE 함수를 사용할 수 있습니다.

비법노트 FORMULATEXT 함수와 EVALUATE 함수 알아보기

1. FORMULATEXT 함수

FORMULATEXT 함수는 참조하는 셀에 입력된 수식을 문자 형식으로 표시해주는 함수입니다. 수식이나 함수로 계산된 결과의 계산식을 셀에 표시할 경우에 주로 사용합니다. FORMULATEXT 함수는 엑셀 2013 버전부터 지원됩니다.

함수형식	=FORMULATEXT(reference) =FORMULATEXT(셀 주소)
인수	• reference : 수식이 입력된 셀 주소입니다. 다른 통합 문서의 셀 주소일 경우 해당 통합 문서가 열려 있지 않으면 #N/A 오류가 표시됩니다. 셀에 수식이 포함되어 있지 않거나 워크시트가 보호되어 있어 수식 입력줄에 수식이 표시되지 않아도 오류가 발생합니다.

2. EVALUATE 함수

EVALUATE 함수는 문자 형식으로 입력된 수식을 계산하여 계산한 결과를 셀에 표시해주는 함수입니다. 이 함수는 매크로 함수이므로 일반 함수처럼 함수 마법사 기능을 이용하거나 셀에 직접 입력할 수 없고 이름으로 정의한 후 사용해야 합니다.

함수형식	=EVALUATE(text) =EVALUATE(셀 주소 또는 수식)
인수	• text : 수식이나 함수가 입력된 셀 주소입니다. 수식으로 구성된 문자열도 사용할 수 있지만 계산이 불가능한 데이터일 경우 #VALUE! 오류가 발생합니다.

CHAPTER

03

데이터 관리
도구와 수식으로
집계하기

엑셀에서 제공하는 다양한 데이터베이스 기능과 수식 그리고 배열 수식을 사용하면 다양한 방법으로 데이터를 집계 및 요약할 수 있습니다. 특히 데이터베이스 기능을 정확하게 사용하는 것이 중요합니다. 이번 CHAPTER에서는 데이터베이스 도구와 수식으로 데이터를 집계하는 방법, 수식으로 해결할 수 없는 경우에 배열 수식을 이용하여 해결하는 방법, 데이터 정리 후 차트로 표현하는 방법에 대해 알아보겠습니다.

거래국가에 맞는 통화 유형과 표시 형식 적용하기

실습 파일 | Part01/Chapter03/03_01_거래국가별체결금액표.xlsx
완성 파일 | Part01/Chapter01/03_01_거래국가별체결금액표(완성).xlsx

국가별 거래 데이터에 웹사이트의 실시간 환율 정보를 크롤링하여 체결금액을 계산해보겠습니다. 인터넷의 환율 정보를 파워 쿼리로 가져와 정리하고, 국가에 맞는 통화 표시는 조건부 서식으로 표현해보겠습니다. 또 실시간 환율 정보표를 참조하여 VLOOKUP 함수로 체결금액을 계산해보겠습니다.

미리 보기

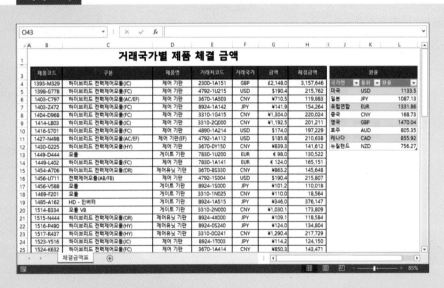

회사에서 바로 통하는 키워드 : 웹 크롤링, 파워 쿼리, 조건부 서식, 통화 표시 형식, VLOOKUP 함수

한눈에 보는 작업순서

웹 환율 정보 크롤링하기 ▶ 파워 쿼리 편집기에서 데이터 정리하기 ▶ 조건부 서식으로 국가별 통화 표시하기 ▶ 국가 환율에 맞춰 체결금액 계산하기

01 웹 환율 정보 크롤링하기 ❶ 네이버 사이트에서 검색 창에 **환율**을 입력하여 검색합니다. 검색된 환율 정보 중 아래쪽의 표 데이터를 가져오겠습니다. **❷** 검색 페이지의 URL을 클릭하고 **❸** Ctrl + C 를 눌러 복사합니다.

📶 **실력향상** 실시간 환율 정보를 연결하기 위해 URL을 가져옵니다. 환율 정보를 한 번만 사용하고자 하는 경우에는 표를 드래그하여 복사한 후 붙여 넣어 사용합니다.

02 ❶ [데이터] 탭-[데이터 가져오기 및 변환] 그룹-[웹 📄]을 클릭합니다. **❷** [웹에서] 대화상자가 나타나면 [URL]에 웹에서 복사한 URL을 Ctrl + V 를 눌러 붙여 넣습니다. **❸** [확인]을 클릭합니다.

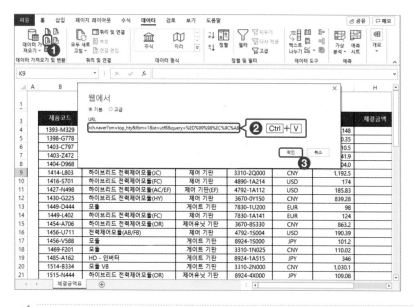

📶 **실력향상**

엑셀 2010, 2013 버전은 파워 쿼리를 따로 설치해야 웹 크롤링 기능을 사용할 수 있습니다. 파워 쿼리 설치 후 [파워 쿼리] 탭-[외부 데이터 가져오기] 그룹-[웹에서]를 클릭합니다. 엑셀 2016 버전은 [데이터] 탭-[가져오기 및 변환] 그룹-[새 쿼리]-[기타 원본에서]를 클릭한 후 [웹]을 클릭하여 웹 크롤링 기능을 사용합니다.

📶 **실력향상** [데이터] 탭-[데이터 가져오기 및 변환] 그룹에는 엑셀 범위, 웹, CSV 등 다양한 데이터를 엑셀로 가져오는 방법 및 데이터 결합, 병합 등의 쿼리 기능이 포함되어 있습니다.

수식
핵심
기능

양식
자동화

데이터
관리&
집계

외부
데이터
편집

보고서
만들기

자동화
문서
만들기

데이터
분석&
시각화

03 파워 쿼리 편집기에서 데이터 정리하기 [탐색 창] 대화상자의 왼쪽 탭을 보면 연결된 웹 페이지에서 가져올 수 있는 테이블 목록이 보입니다. ❶ [국가별 환율차트]를 클릭하고 ❷ [데이터 변환]을 클릭합니다. [Power Query 편집기]에 국가별 환율 정보가 표시됩니다. ❸ [통화명] 열을 범위로 지정한 후 ❹ [홈] 탭-[변환] 그룹-[열 분할]-[구분 기호 기준]을 클릭합니다.

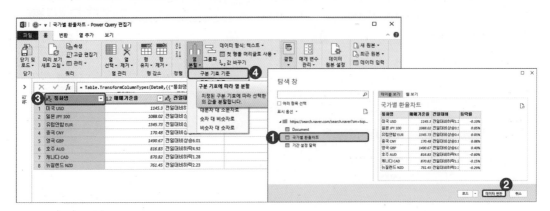

🔺 **실력향상** [데이터 변환]을 클릭하면 [Power Query 편집기]에서 데이터 편집이 가능합니다. 편집 없이 바로 엑셀로 가져올 때는 [로드]를 클릭합니다.

04 ❶ [구분 기호에 따라 열 분할] 대화상자에서 [구분 기호 선택 또는 입력]에 [공백]을 선택한 후 ❷ [확인]을 클릭합니다. ❸ [통화명.3] 열을 범위로 지정한 후 ❹ Ctrl 을 누르고 [전일대비], [등락률] 열 머리글을 추가로 클릭하여 범위로 지정합니다. ❺ [홈] 탭-[열 관리] 그룹-[열 제거]를 클릭하여 삭제합니다. ❻ [홈] 탭-[닫기] 그룹-[닫기 및 다음으로 로드]를 클릭합니다.

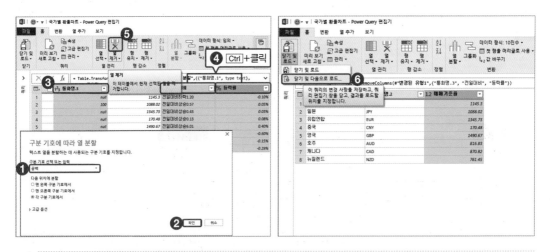

🔺 **실력향상** 오른쪽 [쿼리 설정] 작업 창의 [속성]에서 쿼리의 이름을 변경할 수 있고, [적용된 단계]에서 작업 내역을 확인할 수 있으며 작업한 내용을 취소할 수도 있습니다.

🔺 **실력향상** [홈] 탭-[닫기] 그룹-[닫기 및 로드]를 클릭하면 새로운 시트에 데이터를 가져옵니다. 특정 시트나 특정 셀에 데이터를 가져오려면 [홈] 탭-[닫기] 그룹-[닫기 및 다음으로 로드]를 클릭합니다.

05 ❶ [데이터 가져오기] 대화상자에서 데이터를 표시할 방법으로 [표]를 클릭하고 ❷ 데이터가 들어갈 위치는 [기존 워크시트]를 클릭합니다. ❸ [체결금액표] 시트의 [J4] 셀을 클릭하고 ❹ [확인]을 클릭합니다.

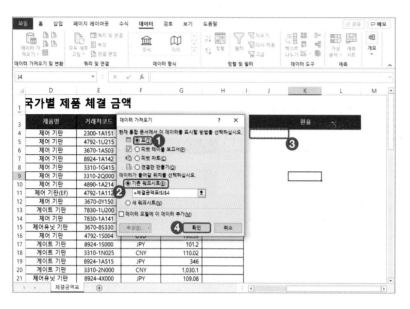

06 ❶ [J4] 셀에 **국가명**, [K4] 셀에는 **통화**, [L4] 셀에는 **환율**을 머리글로 각각 입력합니다. [쿼리 및 연결] 작업 창에 로드된 데이터의 개수가 표시됩니다. ❷ [국가별 환율차트]에 마우스 포인터를 올려놓으면 ❸ 마지막 새로 고침 시간을 확인할 수 있습니다. ❹ [닫기☒]를 클릭하여 [쿼리 및 연결] 작업 창을 닫습니다.

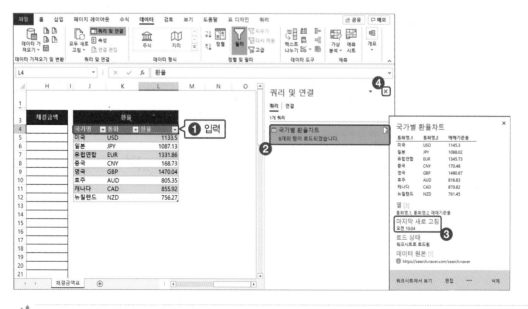

📶 **실력향상** [쿼리 및 연결] 작업 창의 [새로 고침]을 클릭하면 실시간 환율 정보를 확인할 수 있습니다. 작업 창을 닫은 경우에는 가져온 데이터를 클릭한 후 [데이터] 탭-[쿼리 및 연결] 그룹-[새로 고침]을 클릭하여 실시간 환율 정보를 확인합니다.

수식
핵심
기능

양식
자동화

데이터
관리&
집계

외부
데이터
편집

보고서
만들기

자동화
문서
만들기

데이터
분석&
시각화

07 조건부 서식으로 국가별 통화 표시 하기 먼저 영국의 통화 표시 형식을 설정하겠습니다. ❶ [G4:G72] 범위를 지정한 후 ❷ [홈] 탭-[스타일] 그룹-[조건부 서식]-[새 규칙]을 클릭합니다. ❸ [새 서식 규칙] 대화상자에서 [수식을 사용하여 서식을 지정할 셀 결정]을 클릭하고 ❹ 수식 입력란에 **=$F4="GBP"**를 입력합니다. ❺ [서식]을 클릭합니다.

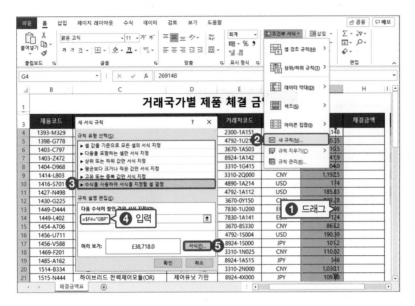

실력향상

수식 입력란에 등호(=)를 입력한 후 [F4] 셀을 클릭하면 절대 참조 형식으로 입력됩니다. [F4]를 두 번 눌러 열 고정 혼합 참조로 변경합니다.

실력향상

[F4] 셀부터 [F72] 셀까지 F열에 입력된 거래국가가 GBP이면 영국화폐 서식을 적용하기 위해 '=$F4="GBP"'를 입력합니다.

08 ❶ [셀 서식] 대화상자의 [표시 형식] 탭-[범주]에서 [통화]를 클릭합니다. ❷ [기호]로 [£영어(영국)]을 선택하고 ❸ [소수 자릿수]는 [1]로 설정합니다. ❹ [확인]을 클릭합니다. ❺ [새 서식 규칙] 대화상자의 [미리 보기]에서 설정된 서식을 확인한 후 ❻ [확인]을 클릭합니다.

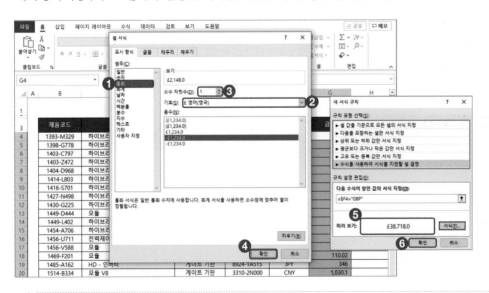

실력향상 적용된 조건부 서식을 수정하려면 [홈] 탭-[스타일] 그룹-[조건부 서식]-[규칙 관리]를 클릭합니다. [규칙 관리] 대화상자에서 [서식 규칙 표시]를 [현재 워크시트]로 클릭하면 현재 시트의 조건 목록을 확인할 수 있습니다. 목록 중 수정할 규칙을 클릭하고 [규칙 편집]을 클릭하여 규칙 조건 및 서식을 수정합니다.

09 미국의 통화 표시 형식을 설정하겠습니다. ❶ [G4:G72] 범위를 지정하고 ❷ [홈] 탭-[스타일] 그룹-[조건부 서식]-[새 규칙]을 클릭합니다. ❸ [새 서식 규칙] 대화상자에서 [수식을 사용하여 서식을 지정할 셀 결정]을 클릭하고 ❹ 수식 입력란에 **=$F4="USD"**를 입력합니다. ❺ [서식]을 클릭합니다.

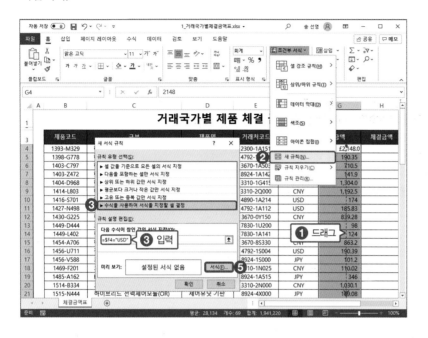

10 ❶ [셀 서식] 대화상자의 [표시 형식] 탭-[범주]에서 [통화]를 클릭합니다. ❷ [기호]로 [$]를 선택하고 ❸ [소수 자릿수]는 [1]로 설정합니다. ❹ [확인]을 클릭합니다. ❺ [새 서식 규칙] 대화상자의 [미리 보기]에서 설정된 서식을 확인한 후 ❻ [확인]을 클릭합니다.

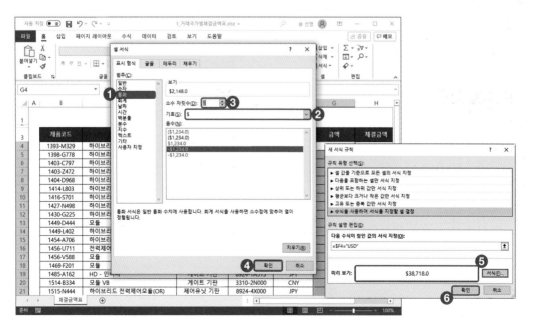

수식
핵심
기능

양식
자동화

데이터
관리&
집계

외부
데이터
편집

보고서
만들기

자동화
문서
만들기

데이터
분석&
시각화

11 유럽연합의 통화 표시 형식을 설정하겠습니다. ❶ [G4:G72] 범위를 지정하고 ❷ [홈] 탭–[스타일] 그룹–[조건부 서식]–[새 규칙]을 클릭합니다. ❸ [새 서식 규칙] 대화상자에서 [수식을 사용하여 서식을 지정할 셀 결정]을 클릭하고 ❹ 수식 입력란에 **=$F4="EUR"**를 입력합니다. ❺ [서식]을 클릭합니다.

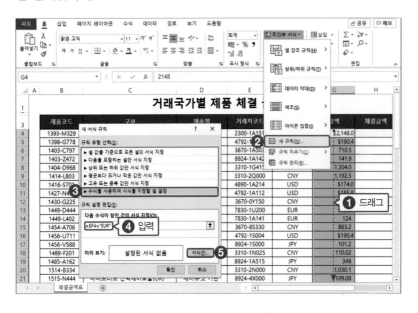

12 ❶ [셀 서식] 대화상자의 [표시 형식] 탭에서 [통화]를 클릭한 후 ❷ [기호]로 [€ 유로(€ 123)]를 선택합니다. ❸ [소수 자릿수]는 [1]로 설정하고 ❹ [확인]을 클릭합니다. ❺ [새 서식 규칙] 대화상자의 [미리 보기]에서 설정된 서식을 확인한 후 ❻ [확인]을 클릭합니다.

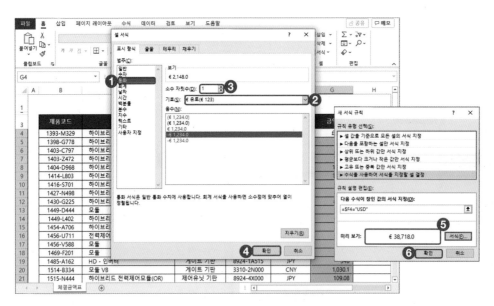

13 중국과 일본의 통화 표시 형식을 설정하겠습니다. ❶ [G4:G72] 범위를 지정하고 ❷ [홈] 탭–[스타일] 그룹–[조건부 서식]–[새 규칙]을 클릭합니다. ❸ [새 서식 규칙] 대화상자에서 [수식을 사용하여 서식을 지정할 셀 결정]을 클릭하고 ❹ 수식 입력란에 **=OR($F4="CNY", $F4="JPY")** 를 입력합니다. ❺ [서식]을 클릭합니다.

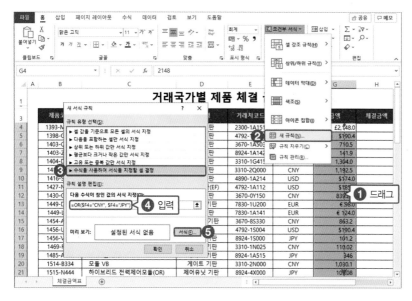

수식
핵심
기능

양식
자동화

데이터
관리&
집계

외부
데이터
편집

보고서
만들기

자동화
문서
만들기

데이터
분석&
시각화

📊 실력향상

거래국가가 CNY 또는 JPY이면 ¥ 통화 표시 형식을 설정하기 위해 OR 함수를 사용합니다. OR 함수는 'OR(조건식, 조건식2, …)'의 형식으로 사용하며 입력한 조건식 중 하나라도 TRUE면 결과로 TRUE가 반환되는 함수입니다. 따라서 거래국가가 'CNY' 또는 'JPY' 둘 중 한 국가라면 '¥' 통화 표시 형식이 적용됩니다.

14 ❶ [셀 서식] 대화상자의 [표시 형식] 탭–[범주]에서 [통화]를 클릭합니다. ❷ [기호]로 [¥ 중국어(중국)]을 선택하고 ❸ [소수 자릿수]는 [1]로 설정합니다. ❹ [확인]을 클릭합니다. ❺ [새 서식 규칙] 대화상자의 [미리 보기]에서 설정된 서식을 확인한 후 ❻ [확인]을 클릭합니다.

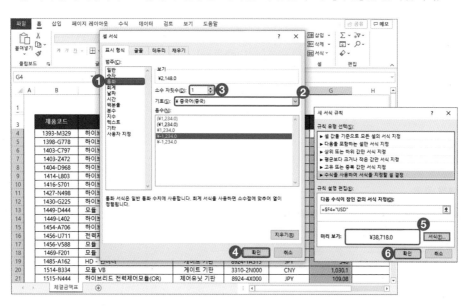

15 국가 환율에 맞춰 체결금액 계산하기 ❶ [H4] 셀을 클릭합니다. ❷ [수식] 탭−[함수 라이브러리] 그룹−[찾기/참조 영역]−[VLOOKUP]을 클릭합니다. ❸ [함수 인수] 대화상자에서 [Lookup_value]에 **F4**, [Table_array]에 **$K$5:$L$12**, [Col_index_num]에 **2**, [Range_lookup]에 **0**을 입력합니다. ❹ [확인]을 클릭합니다.

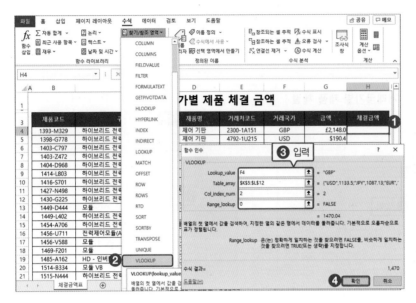

실력향상
Vlookup 함수의 [Table_array] 인수에 표가 적용된 환율 범위를 드래그하여 지정하면 '국가별_환율차트[[통화]:[환율]]'로 자동 입력됩니다. 해당 표의 [표 이름]을 범위로 사용하거나 표 범위인 '$K$5:$L$12'를 직접 입력합니다.

실력향상 환율표에서 거래국가의 환율 정보를 가져와 금액과 계산하기 위해 VLOOKUP 함수를 사용합니다. 'VLOOKUP(찾을 값, 참조 범위, 열 번호, 찾는 방법)'이 함수 형식으로, 찾을 값은 'F4'(거래국가로 참조 범위의 왼쪽 열에서 찾을 값), 참조 범위는 '$K$5:$L$12'(거래국가를 검색하고 환율 정보를 추출할 참조 범위), 열 번호는 '2'(참조 범위에서 가져올 데이터, 환율 정보가 위치한 열 번호), 찾는 방법으로 '0'(정확하게 일치하는 거래국가 찾기)을 입력합니다.

16 ❶ [H4] 셀을 더블클릭하고 ❷ 환율을 찾아오는 수식 '=VLOOKUP(F4,$K$5:$L$12,2,0)' 뒤에 ***G4**를 입력한 후 Enter 를 눌러 금액을 곱해줍니다. ❸ [H4] 셀의 채우기 핸들을 더블클릭하여 수식을 복사합니다. 각 나라의 환율과 거래금액이 곱해져 체결금액이 원화로 계산됩니다.

수식
핵심
기능

양식
자동화

데이터
관리&
집계

외부
데이터
편집

보고서
만들기

자동화
문서
만들기

데이터
분석&
시각화

핵심기능

02

데이터에 표 서식 적용하고
표 이름으로 수식 작성하기

실습 파일 | Part01/Chapter03/03_03_급여명세서.xlsx
완성 파일 | Part01/Chapter01/03_03_급여명세서(완성).xlsx

데이터에 표 서식을 적용하고 표 서식에 적용된 이름으로 계산식을 작성해보겠습니다. 표 서식에서
제공되는 스타일을 선택하여 자동으로 서식을 적용하고 서식 안의 데이터로 지급액 합계와 공제액,
실지급액을 계산하겠습니다. 표 서식 외부에서 서식 안의 데이터를 사용해 계산하는 방법도 알아보
겠습니다.

미리 보기

회사에서 바로 통하는 **키워드** : 표 서식, 표 자동 계산, 중복된 항목 제거, 서식 복사, SUMIF 함수

| 한눈에
보는
작업순서 | 급여 명세서에
표 서식 적용하기 | ▶ | 지급액, 공제액,
실지급액 계산하기 | ▶ | 부서 목록
정리하기 | ▶ | SUMIF 함수로 부서별
실지급액 합계 계산하기 |

01 급여 명세서에 표 서식 적용하기 ❶ [A3] 셀을 클릭합니다. ❷ [홈] 탭–[스타일] 그룹–[표 서식]–[주황, 표 스타일 밝게 10]을 클릭합니다. ❸ [표 서식] 대화상자에서 [머리글 포함]에 체크되어 있는지 확인한 후 ❹ [확인]을 클릭합니다.

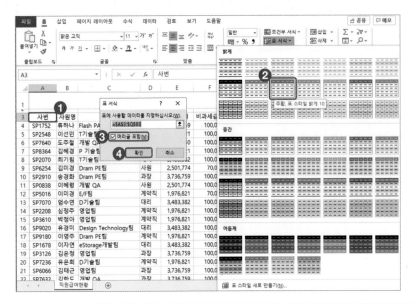

실력향상 [표 서식] 대화상자의 [머리글 포함]은 자동으로 체크되어 있습니다. 체크를 해제하면 범위 위쪽에 열1, 열2, …순으로 제목행이 삽입됩니다. 그러므로 지정한 범위의 첫 번째 행이 제목 행일 경우에만 체크합니다.

실력향상 [삽입] 탭–[표] 그룹–[표]를 클릭하여 표 서식을 적용하면 기본 서식으로 설정됩니다. 서식을 직접 골라 적용시키려면 [홈] 탭–[스타일] 그룹–[표 서식]을 클릭합니다.

02 지급액, 공제액, 실지급액 계산하기 ❶ [표 디자인] 탭–[속성] 그룹–[표 이름]에서 [표 이름]을 **급여명세서**로 입력하고 Enter를 누릅니다. ❷ [I4] 셀을 클릭합니다. ❸ [수식] 탭–[함수 라이브러리] 그룹–[자동 합계]를 클릭합니다.

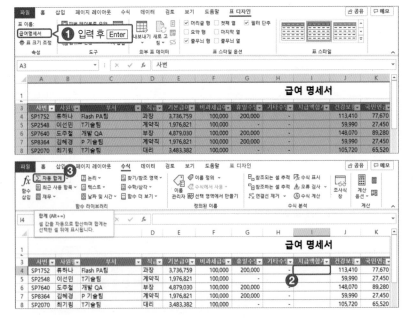

실력향상 표 서식을 적용하면 [표 이름]이 자동으로 설정됩니다. 작업 환경에 따라 표 이름은 다를 수 있지만 대체로 '표1'과 같은 형식으로 설정됩니다. [표 디자인] 탭–[속성] 그룹–[표 이름]에서 기억하기 쉬운 이름으로 수정하여 사용할 수 있습니다.

실력향상 [표 디자인] 탭–[도구] 그룹–[범위로 변환]을 클릭하면 일반 데이터 범위로 변환할 수 있습니다.

03 합계 수식에 [급여명세서]의 [기본급여]부터 [기타수당]까지의 범위가 자동으로 지정됩니다. ❶ Enter 를 눌러 계산을 완료합니다. ❷ [P4] 셀을 클릭합니다. ❸ [수식] 탭-[함수 라이브러리] 그룹-[자동 합계]를 클릭합니다. ❹ 건강보험부터 기타공제까지 [J4:O4] 범위를 드래그하여 범위를 수정한 후 Enter 를 눌러 계산 완료합니다.

수식
핵심
기능

양식
자동화

데이터
관리&
집계

외부
데이터
편집

보고서
만들기

자동화
문서
만들기

데이터
분석&
시각화

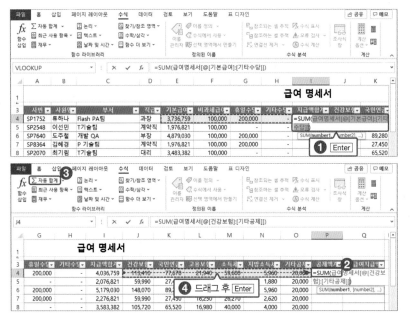

실력향상
표 서식이 적용되어 있는 셀을 클릭하면 셀 주소가 아닌 '표 이름[@열머리글]' 형식으로 계산식이 입력됩니다. '표 이름[@열머리글]'는 해당 열머리글을 사용하는 범위에서 같은 행의 셀 하나를 의미합니다. '급여명세서[@[기본급여]:[기타수당]]'는 같은 행의 [기본급여]부터 [기타수당] 사이의 범위를 의미합니다.

실력향상 표 서식이 적용된 상태에서 Enter 를 누르면 표의 마지막 행까지 계산됩니다. 첫 번째 셀에서 계산된 수식이 같은 열에 자동으로 적용되는 표 서식의 계산 기능입니다. 만약 수식이 자동으로 채워지지 않는다면 [파일] 탭-[옵션]을 클릭하고 [Excel 옵션] 대화상자에서 [언어 교정] 탭-[자동 고침 옵션]을 클릭합니다. [자동 고침] 대화상자가 나타나면 [입력할 때 자동 서식] 탭에서 [표에 수식을 채워 계산된 열 만들기]에 체크합니다.

04 ❶ [Q4] 셀을 클릭합니다. ❷ 등호(=)를 입력한 후 ❸ [I4] 셀을 클릭합니다. ❹ −를 입력한 후 ❺ [P4] 셀을 클릭합니다. ❻ Enter 를 눌러 계산 완료합니다.

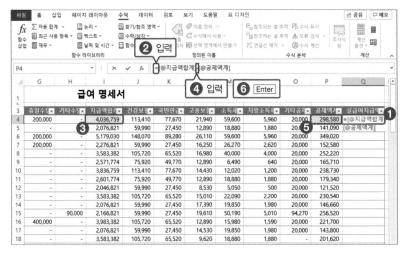

실력향상
각 셀을 클릭하면 'I4'와 같은 셀 주소 형식이 아닌 '[@지급액합계]'와 같은 형식으로 입력됩니다. 같은 행의 지급액합계, 같은 행의 공제액계 데이터로 자동 계산됩니다.

05 부서 목록 정리하기 ❶ C열을 마우스 오른쪽 버튼으로 클릭한 후 ❷ [복사]를 클릭합니다. ❸ S열을 범위로 지정하고 Enter를 눌러 붙여 넣습니다.

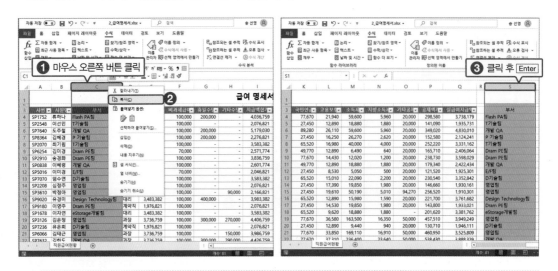

📊 실력향상 Enter를 눌러 붙여넣기하면 한 번만 붙여 넣을 수 있으며, [붙여넣기 옵션]은 표시되지 않습니다.

06 ❶ [S3] 셀을 클릭한 후 ❷ [데이터] 탭-[데이터 도구] 그룹-[중복된 항목 제거🗙]를 클릭합니다. ❸ [중복 값 제거] 대화상자에서 [확인]을 클릭합니다. 중복되어 제거되는 개수와 유지되는 개수를 알려주는 메시지가 표시됩니다. ❹ [확인]을 클릭합니다.

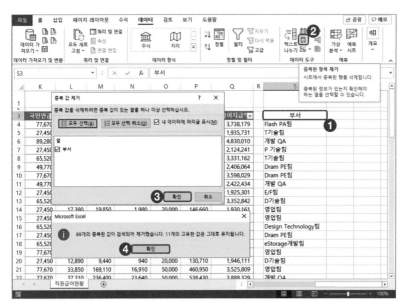

📊 실력향상 [중복된 항목 제거]는 범위를 지정하지 않아도 클릭한 셀 주변의 영역을 자동으로 지정합니다.

07 ❶ [T3] 셀을 클릭한 후 ❷ **급여 실지급액 합계**를 입력합니다. ❸ [홈] 탭-[셀] 그룹-[서식]-[열 너비 자동 맞춤]을 클릭합니다.

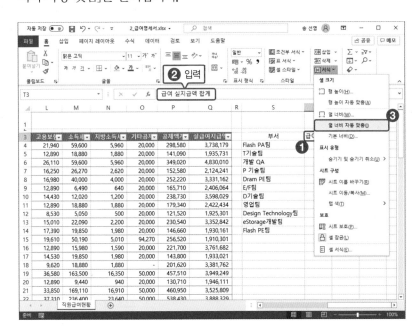

08 ❶ [P3:Q14] 범위를 지정합니다. ❷ [홈] 탭-[클립보드] 그룹-[서식 복사☑]를 클릭합니다. ❸ [S3:T14] 범위를 드래그하여 복사한 서식을 붙여 넣습니다.

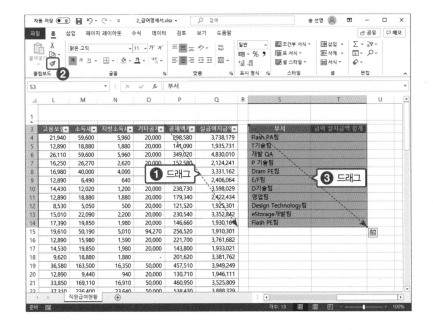

09 SUMIF 함수로 부서별 실지급액 합계 계산하기 ❶ [T4] 셀을 클릭합니다. ❷ [수식] 탭–[함수 라이브러리] 그룹–[수학/삼각]–[SUMIF]를 클릭합니다. ❸ [함수 인수] 대화상자에서 [Range]에 **급여명세서[부서]**, [Criteria]에 **S4**, [Sum_range]에 **급여명세서[실급여지급액]**를 입력합니다. ❹ [확인]을 클릭합니다.

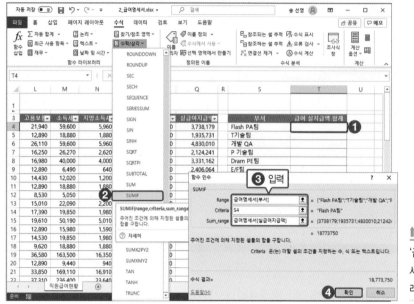

실력향상 '급여명세서[부서]'는 급여명세서표의 [부서] 열 머리글 아래 전체 범위를 의미합니다.

실력향상 수식을 직접 입력할 때 '=SUMIF(급여명세서['까지 입력하면 급여명세서 표의 머리글 목록이 표시됩니다.

10 [T4] 셀의 채우기 핸들을 더블클릭하여 수식을 복사합니다.

채우기 핸들 더블클릭

비법 노트 ★★★ 표 서식의 유용한 기능 알아보기

데이터에 표 서식을 적용하면 표 안의 데이터가 추가/삭제될 때 자동으로 범위가 변경되고 서식도 자동으로 적용됩니다. 수식이 작성되어 있을 때 범위가 변경되면 수식 안의 범위도 자동으로 변경되어 수정할 필요가 없고 따로 틀 고정을 하지 않아도 머리글이 고정됩니다.

1. 표 서식 기능

❶ **자동 필터와 정렬** : 각 머리글 오른쪽에 필터 단추가 표시됩니다. 필터 단추▼를 클릭하여 정렬과 데이터 필터 작업을 할 수 있습니다. 엑셀 2019 버전부터는 [표 디자인] 탭-[표 스타일 옵션] 그룹-[필터 단추]의 체크를 해제하여 정렬 및 필터 기능을 해제할 수 있습니다.

❷ **자동 서식/자동 범위** : 데이터를 추가로 입력 시 자동으로 서식이 적용되고 범위 안에 포함됩니다.

❸ **자동 계산** : 첫 번째 데이터의 계산식을 입력한 후 Enter 를 누르면 마지막 데이터까지 자동으로 계산식이 입력됩니다. 데이터가 추가될 때도 자동으로 계산식이 추가 입력됩니다.

❹ **머리글 고정** : 아래쪽 데이터 확인 시 기존의 알파벳 머리글 대신 표의 머리글이 고정되어 표시됩니다.

2. 표의 구조적 참조

표 안의 데이터는 구조적 참조 방식으로 되어 있습니다. 수식을 작성할 때 표 안의 데이터를 클릭하면 표 이름과 열 머리글, 대괄호 형식으로 표현됩니다.

표 이름	표 기능이 적용된 전체 범위를 참조합니다.
표 이름[열 머리글]	표 안의 특정 열 범위 전체를 참조합니다.
표 이름[@열 머리글]	표 안의 열 머리글 범위에서 같은 행에 위치한 셀 하나를 참조합니다. 엑셀 2007 버전에서는 '표 이름[#이행], [열머리글]' 형식으로 표현됩니다.

3. 표의 구조적 참조 계산

	A	B	C	D	E
1					
2	제철과일	판매 수량	단가	매출	
3	사과	48	25,000	1,200,000	
4	감	37	3,000	111,000	
5	귤	25	15,000	375,000	
6	딸기	29	8,600	249,400	
7					
8					

	일반 셀 참조 계산	표 구조적 참조 계산
사과 매출	=B3*C3	=[@판매수량]*[@단가] =표 이름[@판매수량]*표 이름[@단가]
매출 금액 합	=SUM(D3:D6)	=SUM(표 이름[매출])

양식
자동화

데이터
관리&
집계

외부
데이터
편집

보고서
만들기

자동화
문서
만들기

데이터
분석&
시각화

유효성 검사로 조건 작성하고
데이터베이스 함수로 집계하기

실습 파일 | Part01/Chapter03/03_03_제품단가계산표.xlsx
완성 파일 | Part01/Chapter03/03_03_제품단가계산표(완성).xlsx

제품 단가계산표에서 구분과 제품명은 유효성 검사 기능과 함수를 사용해 목록 형태로 정리한 후 선택한 구분과 제품명의 개수, 원가의 평균, 재고 수량의 합계는 데이터베이스 함수를 사용하여 구해보겠습니다.

미리 보기

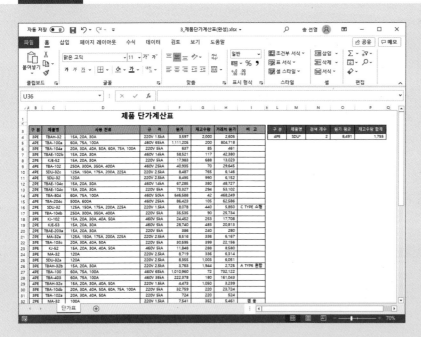

회사에서 바로 통하는 **키워드** : 데이터 유효성 검사, REPLACE 함수, FIND 함수, 이름 정의, DCOUNTA 함수,
DAVERAGE 함수, DSUM 함수

| 한눈에
보는
작업순서 | 유효성 검사
기능으로 구분
목록 표시하기 | ▶ | 제품명에 와일드
카드 연결하여
목록 정리하기 | ▶ | 유효성 검사
기능으로 제품명
목록 표시하기 | ▶ | 선택한 구분과 제품에
해당하는 데이터 개수,
평균 등 집계 구하기 | ▶ | 오류
수정
하기 |

01 유효성 검사 기능으로 구분 목록 표시하기 ❶ [K4] 셀을 클릭합니다. ❷ [데이터] 탭–[데이터 도구] 그룹–[데이터 유효성 검사▦]를 클릭합니다. ❸ [데이터 유효성] 대화상자의 [설정] 탭에서 [제한 대상]으로 [목록]을 선택합니다. ❹ [원본]에 **2PE, 3PE, 4PE**를 입력합니다. ❺ [확인]을 클릭합니다. 클릭한 셀에 목록 단추가 표시됩니다. ❻ 목록 단추▼를 클릭하여 [2PE]를 클릭합니다.

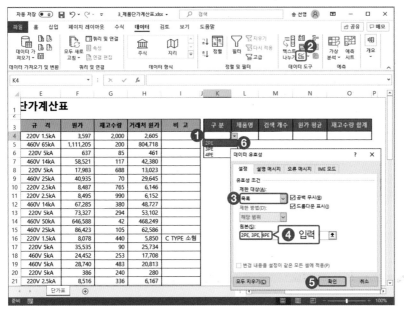

실력향상

목록으로 표시할 각 데이터는 쉼표(,)로 구분하여 입력합니다.

02 제품명에 와일드카드 연결하여 목록 정리하기 ❶ J열을 마우스 오른쪽 버튼으로 클릭하고 ❷ [삽입]을 클릭합니다. ❸ [J4] 셀을 클릭합니다. ❹ [수식] 탭–[함수 라이브러리] 그룹–[텍스트]– [REPLACE]를 클릭합니다.

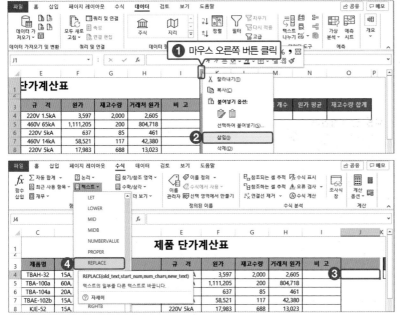

실력향상

제품명에서 하이픈(-) 앞의 공통적인 텍스트만 남겨두고 나머지는 '*'로 변경하기 위해 일부 텍스트를 바꿔주는 REPLACE 함수를 사용합니다.

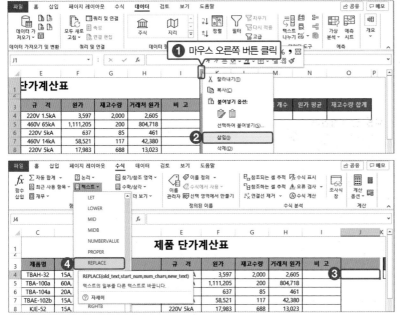

수식
핵심
기능

양식
자동화

데이터
관리&
집계

외부
데이터
편집

보고서
만들기

자동화
문서
만들기

데이터
분석&
시각화

03 ❶ [함수 인수] 대화상자에서 [Old_text]에 **C4**, [Start_num]에 **FIND("–", C4)**, [Num_chars]에 **99**, [New_text]에 **"*"**를 입력합니다. ❷ [확인]을 클릭합니다. ❸ [J4] 셀의 채우기 핸들을 더블클릭하여 수식을 복사합니다.

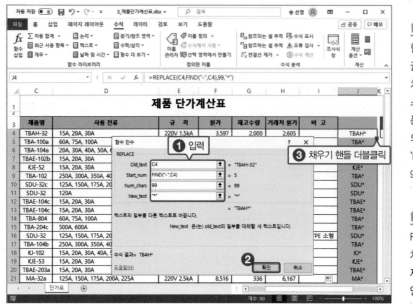

실력향상 함수 형식은 'REPLACE(바꿀 텍스트, 바꾸기 시작할 위치, 바꿀 문자 개수, 대체할 텍스트)'입니다. 제품명의 하이픈(–) 위치부터 99번째까지의 문자를 '*'로 변경하기 위해 'REPLACE(C4, FIND("–", C4), 99, "*")'를 입력합니다.

실력향상 FIND 함수는 특정 문자의 위치를 알려주는 함수입니다. 각 제품명의 하이픈(–) 위치를 확인하기 위해 사용합니다.

실력향상 제품명에서 하이픈(–) 앞의 문자를 기준으로 집계 결과를 확인하기 위해 와일드카드를 사용하여 제품명을 정리합니다. '*' 와일드카드는 텍스트 개수에 상관없이 모든 문자를 대표하는 기호입니다. 'TBA*'면 'TBA'로 시작하는 모든 제품명을 포함합니다.

04 ❶ [J4:J63] 범위를 지정하고 ❷ 지정한 범위에서 마우스 오른쪽 버튼을 클릭한 후 ❸ [복사]를 클릭합니다. ❹ 지정한 범위에서 다시 마우스 오른쪽 버튼을 클릭한 후 ❺ [붙여넣기 옵션]에서 [값 📋]을 클릭합니다. 수식은 제거되고 실제 보이는 값만 붙여 넣어집니다.

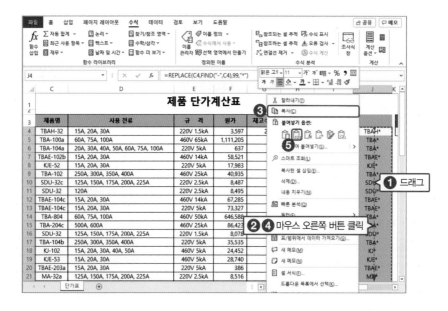

05 ❶ [J4:J63] 범위가 지정된 상태에서 [데이터] 탭-[데이터 도구] 그룹-[중복된 항목 제거📄]를 클릭합니다. ❷ [중복된 항목 제거 경고] 대화상자에서 [현재 선택 영역으로 정렬]을 클릭하고 ❸ [중복된 항목 제거]를 클릭합니다. ❹ [중복 값 제거] 대화상자에서 [확인]을 클릭하여 중복된 항목 을 제거합니다. 중복된 항목 제거 개수와 유지되는 항목 개수를 알려주는 메시지가 표시됩니다. ❺ [확인]을 클릭합니다.

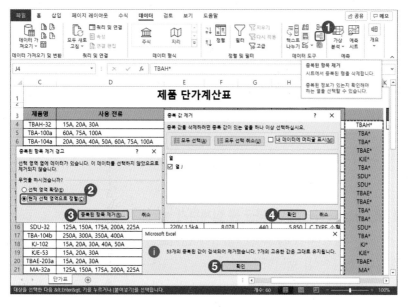

📊 **실력향상**

[중복된 항목 제거 경고] 대화 상자에서 [선택 영역 확장]을 클릭하면 왼쪽의 표 전체 영 역이 모두 범위로 지정됩니 다. [현재 선택 영역으로 정렬] 을 클릭하여 현재 지정된 범위 안의 중복된 데이터를 제거합 니다.

06 유효성 검사 기능으로 제품명 목록 표시하기 ❶ [M4] 셀을 클릭합니다. ❷ [데이터] 탭-[데이 터 도구] 그룹-[데이터 유효성 검사📄]를 클릭합니다. ❸ [데이터 유효성] 대화상자의 [설정] 탭-[제 한 대상]-[목록]을 선택합니다. ❹ [원본]에 **=$J$4:$J$10**을 입력합니다. ❺ [확인]을 클릭합니다.

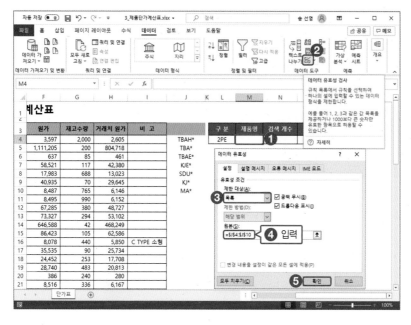

📊 **실력향상**

[원본] 입력란에 커서를 위치 시킨 후 [J4:J10] 범위를 드래 그하면 절대 참조 형식으로 자 동 입력됩니다.

수식 핵심 기능

양식 자동화

데이터 관리& 집계

외부 데이터 편집

보고서 만들기

자동화 문서 만들기

데이터 분석& 시각화

07 클릭한 셀에 목록 단추⬇가 표시됩니다. ❶ 목록 단추⬇를 클릭하여 **KJE***를 클릭합니다. ❷ J열을 마우스 오른쪽 버튼으로 클릭하고 ❸ [숨기기]를 클릭하여 해당 열을 숨김 처리합니다.

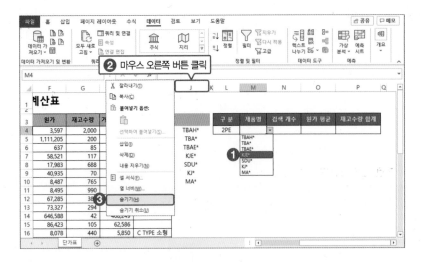

08 선택한 구분과 제품에 해당하는 데이터 개수, 평균 등 집계하기 ❶ [B3] 셀을 클릭하고 Ctrl +A를 눌러 표 전체를 범위로 지정합니다. ❷ [이름 상자]에 **단가표**를 입력하고 Enter를 누릅니다. ❸ [N4] 셀을 클릭합니다. ❹ [수식] 탭-[함수 라이브러리] 그룹-[함수 삽입]을 클릭합니다. ❺ [함수 마법사] 대화상자의 [범주 선택]에서 [데이터베이스]를 선택하고 ❻ [함수 선택]에서 [DCOUNTA]를 클릭합니다. ❼ [확인]을 클릭합니다.

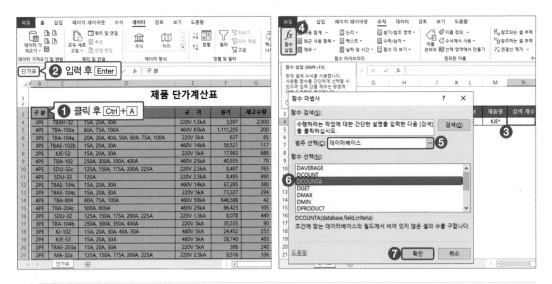

📊 **실력향상** 정의된 이름은 [이름 상자]의 목록 단추를 클릭하거나 [수식] 탭-[정의된 이름] 그룹-[이름 관리자]에서 확인할 수 있습니다.

📊 **실력향상** DCOUNTA 함수는 숫자, 문자 구분 없이 데이터가 입력된 셀의 개수를 세는 함수입니다. 구분 열이나 제품명 열을 이용하여 개수를 세기 위해 DOUNTA 함수를 사용합니다.

09 ① [함수 인수] 대화상자에서 [Database]에 **단가표**를 입력하고 [Field]에는 **B3**, [Criteria]에는 **L3:M4**를 입력합니다. ② [확인]을 클릭합니다.

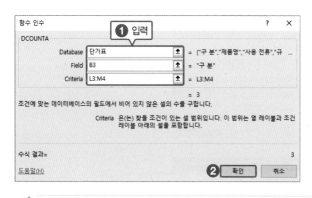

수식
핵심
기능

양식
자동화

데이터
관리&
집계

외부
데이터
편집

보고서
만들기

자동화
문서
만들기

데이터
분석&
시각화

📊 실력향상
함수 형식은 'DCOUNTA(연관 데이터 목록, 개수를 구할 열 머리글, 조건 범위)'입니다. 데이터 전체 목록인 [단가표] 범위에서 [L3:M4] 범위의 조건에 해당하는 데이터의 개수를 [B3] 셀의 구분 데이터를 기준으로 집계합니다. 구분이 '2PE'이면서 제품명이 'KJE'로 시작하는 조건이 만족되는 경우 같은 행의 구분 데이터를 확인하여 데이터가 입력되어 있으면 개수를 세는 수식입니다.

📊 실력향상 [수식] 탭-[정의된 이름] 그룹-[수식에서 사용]을 클릭하면 이름 목록이 표시됩니다. 이름 목록에서 [단가표]를 클릭하면 쉽게 이름을 입력할 수 있습니다.

10 ① [O4] 셀을 클릭한 후 ② [수식] 탭-[함수 라이브러리] 그룹-[함수 삽입]을 클릭합니다. ③ [함수 마법사] 대화상자의 [함수 선택]에서 [DAVERAGE]를 클릭합니다. ④ [확인]을 클릭합니다. ⑤ [함수 인수] 대화상자에서 [Database]에 **단가표**를 입력합니다. [Field]에는 **F3**, [Criteria]에는 **L3:M4**를 입력합니다. ⑥ [확인]을 클릭합니다.

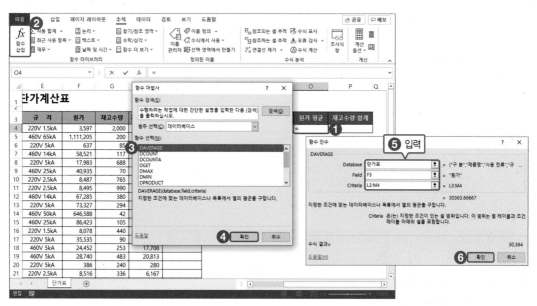

📊 실력향상 DAVERAGE 함수는 지정된 조건의 평균을 구하는 함수로 형식은 'DAVERAGE(연관된 데이터 목록, 평균을 구할 열 머리글, 조건 범위)'입니다. 데이터 전체 목록인 [단가표] 범위에서 [L3:M4] 범위 조건에 해당하는 데이터의 평균을 [F3] 셀의 원가 데이터를 기준으로 구합니다. 구분이 '2PE'면서 제품명이 'KJE'로 시작하는 조건이 만족되는 경우 같은 행의 원가 데이터 평균을 구합니다.

11 ❶ [P4] 셀을 클릭한 후 ❷ [수식] 탭–[함수 라이브러리] 그룹–[함수 삽입]을 클릭합니다. ❸ [함수 마법사] 대화상자의 [함수 선택]에서 [DSUM]을 클릭합니다. ❹ [확인]을 클릭합니다. ❺ [함수 인수] 대화상자에서 [Database]에 **단가표**를 입력합니다. [Field]에는 **G3**, [Criteria]에는 **L3:M4**를 입력합니다. ❻ [확인]을 클릭합니다.

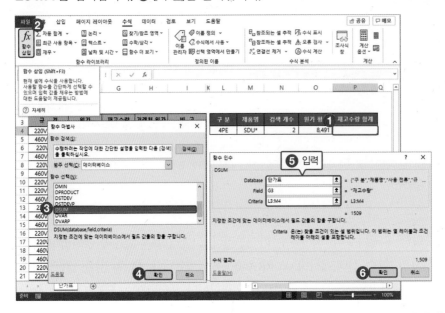

실력향상 함수 형식은 'DSUM(연관된 데이터 목록, 합계를 구할 열 머리글, 조건 범위)'입니다. 데이터 전체 목록인 [단가표] 범위에서 [L3:M4] 범위의 조건에 해당하는 데이터의 합계를 [G3] 셀의 재고수량 데이터를 기준으로 계산합니다.

12 [L4] 셀의 구분은 [4PE], [M4] 셀의 제품명은 [SDU*]로 선택하면 해당 조건의 결과를 확인할 수 있습니다.

13 오류 수정하기 ❶ [L4] 셀의 구분은 [4PE], [M4] 셀의 제품명은 [KJ*]로 선택합니다. ❷ 선택한 구분과 제품명에 해당하는 데이터가 없어 평균값이 오류로 표시됩니다. ❸ [O4] 셀을 더블클릭한 후 ❹ 수식을 **=IFERROR(DAVERAGE(단가표, F3, L3:M4), 0)**로 수정합니다.

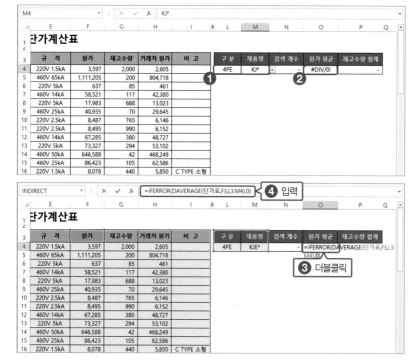

🏛 **실력향상**

선택한 구분과 제품명에 해당하는 데이터가 없으면 개수의 합계는 0이므로, 평균은 #DIV/0! 오류로 표시됩니다. 조건에 맞는 합계를 조건에 맞는 개수로 나누어 평균을 구하는데 조건에 맞는 개수가 0일 때 생기는 오류입니다.

🏛 **실력향상**

함수 형식은 'IFERROR(계산식, 셀에 오류가 발생할 때 표시할 값)'입니다. 계산식의 결과가 오류일 때 따로 표시할 값을 지정할 수 있습니다.

14 오류가 수정되어 조건에 맞는 개수가 없을 때도 결과로 0이 표시됩니다.

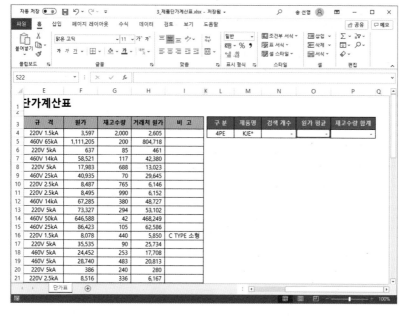

🏛 **실력향상**

[N4:P4] 범위의 표시 형식이 [회계]로 설정되어 있어 '0'이 '–'로 표시됩니다. 0으로 표시되도록 하려면 [홈] 탭–[표시 형식] 그룹–[표시 형식]을 [일반]으로 변경합니다.

수식
핵심
기능

양식
자동화

데이터
관리&
집계

외부
데이터
편집

보고서
만들기

자동화
문서
만들기

데이터
분석&
시각화

빠른 채우기 기능으로 제품명 목록 만들기

빠른 채우기는 엑셀 2013 버전부터 제공되는 기능으로 입력된 첫 번째 데이터를 파악하여 주변 데이터를 분석하고 다음 셀의 값을 자동으로 입력하는 기능입니다.

01 제품명 오른쪽 열에 와일드카드가 적용된 제품명을 입력하겠습니다. **①** [D4] 셀에 **TBAH***를 입력하고 [D5] 셀에 **TBA***를 입력합니다. **②** [D6] 셀에 첫 글자 **T**를 입력하면 빠른 채우기가 실행되어 나머지 제품명이 표시됩니다. **③** Enter 를 누릅니다. 모든 제품명에 와일드카드가 적용되어 입력됩니다.

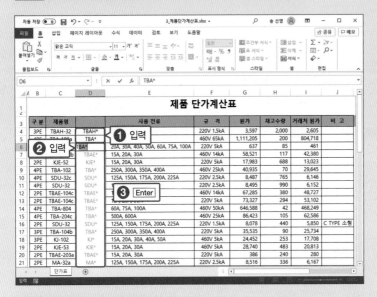

02 채우기 핸들로 자동 채우기 기능을 적용한 후 옵션 메뉴로 빠른 채우기 작업을 해보겠습니다. **①** [J4] 셀에 **TBAH***를 입력합니다. **②** 채우기 핸들을 더블클릭하여 수식을 복사한 후 **③** [자동 채우기 옵션]을 클릭하여 [빠른 채우기]를 클릭합니다.

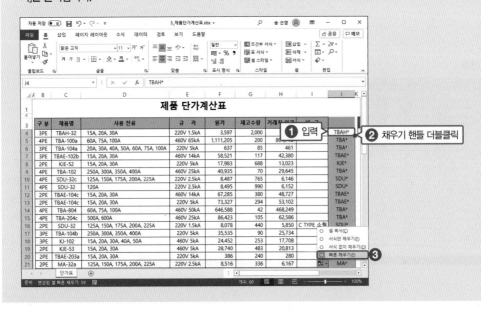

데이터베이스 함수 알아보기

1. 데이터베이스 함수

데이터베이스 함수는 데이터베이스 목록에서 각 필드의 조건을 검색한 후 해당 필드의 합계, 평균, 개수, 최댓값, 최솟값 등의 집계를 구해주는 함수입니다.

함수 형식	=데이터베이스 함수명(database, field, criteria)
함수 인수	• database : 연관 데이터 표 목록입니다. 머리글과 데이터를 모두 지정합니다. • field : 계산할 필드의 열 머리글을 지정합니다. 머리글이 입력된 셀을 클릭하거나 표 안의 머리글 위치를 숫자로 입력합니다. • criteria : 조건 범위를 지정합니다. 조건을 찾을 필드명과 조건 데이터를 포함하여 지정합니다.
함수 종류	• DAVERAGE : 지정된 조건에 맞는 평균값을 구하는 함수입니다. • DCOUNT : 지정된 조건에 맞는 셀의 개수(숫자 데이터 기준)를 구하는 함수입니다. • DCOUNTA : 지정된 조건에 맞고 비어 있지 않은 셀의 개수를 구하는 함수입니다. • DGET : 지정된 조건에 맞는 데이터를 추출하는 함수입니다. • DMAX : 지정된 조건에 맞는 최댓값을 구하는 함수입니다. • DMIN : 지정된 조건에 맞는 최솟값을 구하는 함수입니다. • DPRODUCT : 지정된 조건에 맞는 곱을 구하는 함수입니다. • DSTDEV : 지정된 조건에 맞는 표본집단의 표준편차를 구하는 함수입니다. • DSTDEVP : 지정된 조건에 맞는 전체 모집단의 표준편차를 구하는 함수입니다. • DSUM : 지정된 조건에 맞는 합계를 구하는 함수입니다. • DVAR : 지정된 조건에 맞는 표본집단의 분산을 구하는 함수입니다. • DVARP : 지정된 조건에 맞는 전체 모집단의 분산을 구하는 함수입니다.

2. 데이터베이스 함수의 조건

데이터베이스 함수는 검색하는 데 필요한 필드명과 조건을 입력해야 합니다. 필드명(열 머리글)은 관련 데이터베이스 목록에서 사용하는 열 머리글을 입력하고 조건은 텍스트, 숫자, 식 등으로 다양하게 입력합니다. 조건은 두 가지 방법으로 구분하여 입력할 수 있습니다. 모든 조건에 맞는 결과를 구하는 AND 조건과 조건 중 하나 이상의 조건에 맞는 결과를 구하는 OR 조건입니다.

AND 조건 : 구분이 [2PE]면서 원가가 2만 원 이상인 데이터

구분	원가
2PE	>=20000

OR 조건 : 구분이 [2PE]인 데이터와 원가가 2만 원 이상인 모든 데이터

구분	원가
2PE	
	>=20000

수식 핵심 기능

양식 자동화

데이터 관리& 집계

외부 데이터 편집

보고서 만들기

자동화 문서 만들기

데이터 분석& 시각화

거래처 데이터 자료에서
담당자 이메일 추출하기

실습 파일 | Part01/Chapter03/03_04_거래업체목록.xlsx
완성 파일 | Part01/Chapter01/03_04_거래업체목록(완성).xlsx

엑셀에 저장된 거래처 데이터에서 이메일 주소만 추출하여 메일 작성 화면의 [받는 사람]에 입력해보
겠습니다. 각 이메일 사이에 표시될 구분 기호를 입력하고 이메일과 구분 기호가 연결되어 표시되도
록 PHONETIC 함수를 사용해보겠습니다.

미리 보기

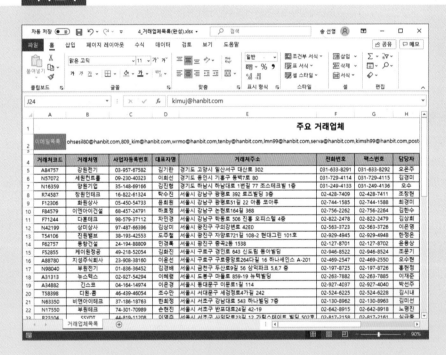

회사에서 바로 통하는 **키워드 : 셀 스타일, PHONETIC 함수**

| 한눈에 보는 작업순서 | 쉼표 입력하기 | ▶ | 거래처 이메일을 표시할 행 추가하기 | ▶ | 함수로 이메일 목록을 하나의 셀에 표시하기 | ▶ | 이메일 목록을 [받는 사람]에 표시하기 |

01 쉼표 입력하기 ❶ 담당자 이메일 오른쪽의 K열을 마우스 오른쪽 버튼으로 클릭하고 ❷ [삽입]을 클릭합니다. ❸ [K4] 셀에 쉼표(,)를 입력합니다. ❹ [K4] 셀의 채우기 핸들을 더블클릭하여 수식을 복사합니다.

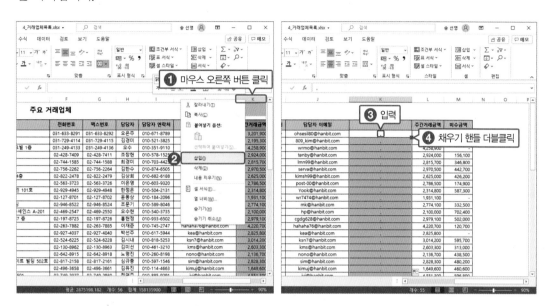

실력향상 이메일 작성 시 메일을 발송할 주소가 여러 개면 쉼표(,)를 구분 기호로 입력하여 사용합니다.

02 거래처 이메일을 표시할 행 추가하기 ❶ 수식이 복사된 범위가 지정된 상태에서 [홈] 탭–[셀] 그룹–[서식]–[열 너비 자동 맞춤]을 클릭합니다. ❷ 2행을 마우스 오른쪽 버튼으로 클릭하여 ❸ [삽입]을 클릭합니다.

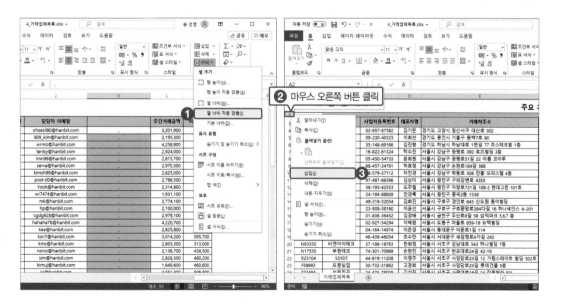

수식
핵심
기능

양식
자동화

데이터
관리&
집계

외부
데이터
편집

보고서
만들기

자동화
문서
만들기

데이터
분석&
시각화

03 ❶ [삽입 옵션 ☑]을 클릭한 후 [서식 지우기]를 클릭합니다. ❷ [A2] 셀에 **이메일목록**을 입력합니다. ❸ [홈] 탭-[스타일] 그룹-[셀 스타일]-[테마 셀 스타일]-[녹색, 강조색6]을 클릭합니다.

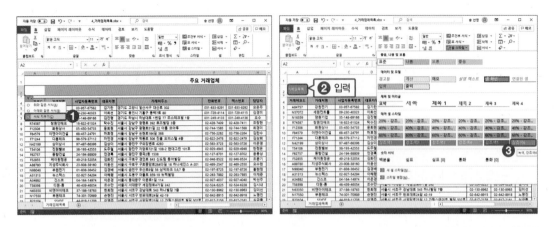

실력향상 행 삽입 시 위쪽 행의 서식이 그대로 적용됩니다. 위쪽 제목 행의 텍스트 서식을 사용하지 않기 위해 [서식 지우기]를 클릭합니다.

04 함수로 이메일 목록을 하나의 셀에 표시하기 ❶ [B2] 셀을 클릭합니다. ❷ [수식] 탭-[함수 라이브러리] 그룹-[함수 더 보기]-[정보]-[PHONETIC]을 클릭합니다. ❸ [함수 인수] 대화상자의 [Reference]에 **J5:K59**를 입력합니다. ❹ [확인]을 클릭합니다.

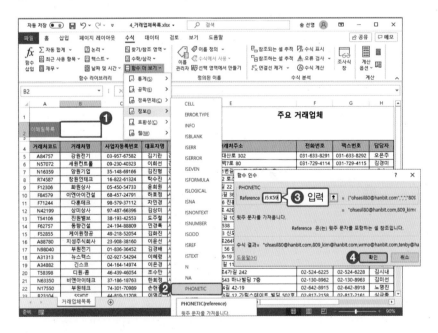

05 이메일 목록을 [받는사람]에 표시하기 담당자 이메일이 쉼표로 구분되어 한 셀에 표시됩니다. ❶ [B2] 셀을 마우스 오른쪽 버튼으로 클릭합니다. ❷ [복사]를 클릭합니다. ❸ 메일 작성 화면의 [받는 사람]에 Ctrl+V를 눌러 붙여 넣습니다. 담당자 이메일 목록이 한번에 삽입된 것을 확인할 수 있습니다.

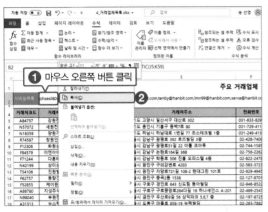 

PHONETIC 함수 알아보기

PHONETIC 함수는 텍스트 문자열에서 윗주 문자를 추출하거나 여러 셀에 입력되어 있는 텍스트를 하나의 셀에 모아주는 함수입니다.

함수 형식	=PHONETIC(reference)
함수 인수	• reference : 윗주를 추출할 셀 또는 텍스트를 모을 범위를 지정합니다.

▲	A	B	C	D	E
2		윗주 추출	회사에서 바로 통하는 엑셀 데이터 활용 + 분석	회사에서 바로 통하는	=PHONETIC(C2)
3		데이터 모음	회사에서 바로 통하는	회사에서 바로 통하는 엑셀 데이터 활용 + 분석	=PHONETIC(C3:C4)
4			엑셀 데이터 활용 + 분석		

수식
핵심
기능

양식
자동화

데이터
관리&
집계

외부
데이터
편집

보고서
만들기

자동화
문서
만들기

데이터
분석&
시각화

TEXTJOIN 함수 알아보기

1. TEXTJOIN 함수

TEXTJOIN 함수는 구분 기호를 사용하여 텍스트 문자열의 목록(범위)을 연결하는 함수로 엑셀 2016 버전부터 제공됩니다.

함수 형식	=TEXTJOIN(delimiter, ignore_empty, text1, text2, …)
함수 인수	• delimiter : 각 텍스트 항목 사이에 삽입할 문자 또는 문자열을 지정합니다. • ignore_empty : TRUE가 기본값이며, 기본값으로 설정 시 빈 셀은 무시합니다. • text : 텍스트 문자열 범위로 최대 252개까지 지정이 가능합니다.

2. 이메일 목록 만들기

TEXTJOIN 함수로 이메일 목록을 만들어보겠습니다.

❶ [B2] 셀을 클릭하고 ❷ [수식] 탭–[함수 라이브러리] 그룹–[텍스트]–[TEXTJOIN]을 클릭합니다. ❸ [함수 인수] 대화상자에서 [Delimiter]에는 이메일 사이에 쉼표를 삽입하기 위해 “,”를 입력하고 [Ignore_empty]는 빈칸으로 둡니다. [Text1]에는 이메일 주소가 입력된 D5:D59를 입력하여 범위를 지정합니다. ❹ [확인]을 클릭합니다. ❺ 메일 목록이 한 셀에 표시됩니다.

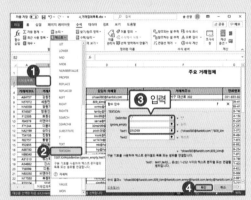
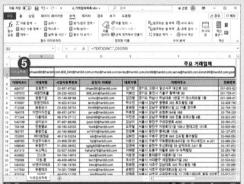

3. 빈 셀이 있는 경우 TEXTJOIN 함수

빈 셀이 포함되어 있는 경우 [Ignore_empty] 인수란을 비워 두거나 TRUE를 입력하면 빈 셀을 제외하여 표시합니다. FALSE를 입력하면 빈 셀도 체크하여 목록을 만들어줍니다.

빈 셀 제외한 경우 수식

=TEXTJOIN(",", , D5:D59)

이메일 목록	ohsesil80@hanbit	com,wrmo@hanbit.com,tenby@hanbit.com	lmn99
거래처코드	거래처명	사업자등록번호	담당자 이메일
A84757	강원전기	03-957-67582	ohsesil80@hanbit.com
N57072	세원컨트롤	09-230-40323	

빈 셀 포함한 경우 수식

=TEXTJOIN(",", , FALSE, D6:D60)

이메일 목록	ohsesil80@hanbit	com,,wrmo@hanbit.com,tenby@hanbit.com	lmn9
거래처코드	거래처명	사업자등록번호	담당자 이메일
A84757	강원전기	03-957-67582	ohsesil80@hanbit.com
N57072	세원컨트롤	09-230-40323	

수식
핵심
기능

양식
자동화

데이터
관리&
집계

외부
데이터
편집

보고서
만들기

자동화
문서
만들기

데이터
분석&
시각화

핵심기능 05

사업부별 매출액의
평균값과 중간값 구하기

실습 파일 | Part01/Chapter03/03_05_사업부연간매출실적.xlsx
완성 파일 | Part01/Chapter03/03_05_사업부연간매출실적(완성).xlsx

연간 매출 실적 데이터로 사업부별 체결금액 집계를 구해보겠습니다. 피벗 테이블로 고유 사업부 목록을 표시하고 체결금액의 합계와 평균값을 구해보겠습니다. 금액의 편차가 큰 경우도 고려하여 중간값을 확인하고 사업부의 순위도 구해보겠습니다. 중간값은 MEDIAN과 IF 함수를 이용한 배열 수식으로 작성하고 순위는 RANK.EQ 함수를 사용하겠습니다.

미리 보기

회사에서 바로 통하는 **키워드** : 피벗 테이블, 선택 영역에서 만들기, 중간값, IF 함수, MEDIAN 함수, 배열 수식, RANK.EQ 함수

| 한눈에 보는 작업순서 | 피벗 테이블 만들고 레이아웃 설정하기 | ▶ | 피벗 테이블 디자인 및 서식 설정하기 | ▶ | 매출 실적 데이터 이름 정의하기 | ▶ | 체결금액의 중간값 계산하기 | ▶ | 체결금액으로 사업부 순위 구하기 |

01 피벗 테이블 만들고 레이아웃 설정하기 ❶ [B3] 셀을 클릭합니다. ❷ [삽입] 탭–[표] 그룹–[피벗 테이블]을 클릭합니다. ❸ [피벗 테이블 만들기] 대화상자의 [표 또는 범위 선택]에 자동으로 데이터 범위가 설정됩니다. ❹ 보고서를 넣을 위치도 기본으로 지정되는 [새 워크시트]로 설정되어 있는지 확인한 후 ❺ [확인]을 클릭합니다.

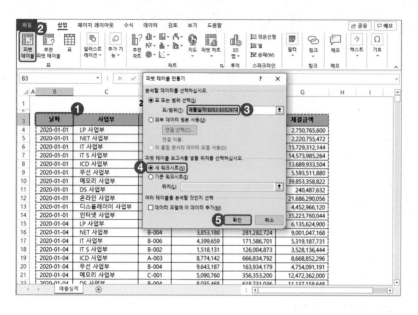

02 새로운 시트에 피벗 테이블 보고서 작업 영역이 표시됩니다. ❶ [피벗 테이블 필드] 작업 창에서 [사업부] 필드를 [행] 영역으로 드래그합니다. ❷ [체결금액] 필드는 [값] 영역으로 드래그한 후 한 번 더 [값] 영역으로 드래그합니다. ❸ [C3] 셀을 마우스 오른쪽 버튼으로 클릭한 후 ❹ [값 요약 기준]–[평균]을 클릭합니다.

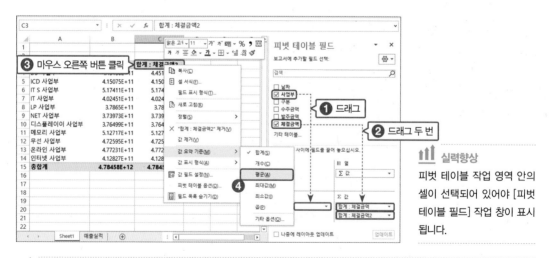

📊 실력향상

피벗 테이블 작업 영역 안의 셀이 선택되어 있어야 [피벗 테이블 필드] 작업 창이 표시됩니다.

📊 실력향상 [피벗 테이블 필드] 작업 창의 각 필드 목록을 체크하여 영역에 추가하는 경우 해당 필드의 데이터가 문자 데이터이면 [행] 영역에, 숫자 데이터이면 [값] 영역에 자동으로 추가됩니다. 하나의 필드로 합계, 평균 등 여러 집계를 구하는 경우에는 필드를 드래그하여 값 영역에 추가합니다. 각 영역에 있는 필드를 제거하려면 필드를 클릭하고 메뉴에서 [필드 제거]를 클릭합니다.

03 피벗 테이블 디자인 및 서식 설정하기 ❶ [디자인] 탭-[피벗 테이블 스타일] 그룹에서 [자세히 ▽]를 클릭하고 ❷ [흰색, 피벗 스타일 보통 4]를 클릭합니다. ❸ [디자인] 탭-[레이아웃] 그룹-[총합계]-[행 및 열의 총합계 해제]를 클릭합니다.

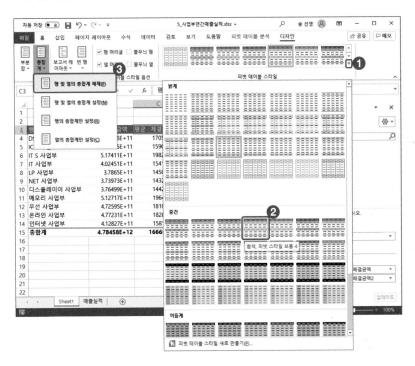

04 ❶ [A3] 셀에 **사업부**, [B3] 셀에 **체결금액 합계**, [C3] 셀에 **체결금액 평균**을 각각 입력합니다. ❷ [A3:C3] 범위를 지정하고 ❸ [홈] 탭-[맞춤] 그룹-[가운데 맞춤]을 클릭합니다. ❹ [B4:C14] 범위를 지정합니다. ❺ [홈] 탭-[표시 형식] 그룹-[쉼표 스타일]을 클릭합니다.

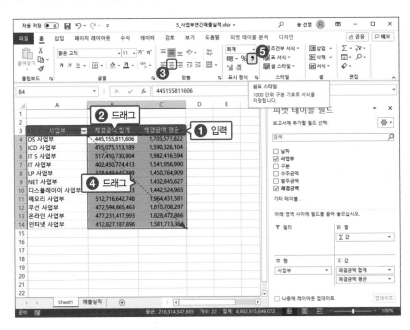

05 매출 실적 데이터 이름 정의하기 배열 수식과 함수를 이름 범위로 작성하기 위해 이름을 설정하겠습니다. ❶ [매출 실적] 시트 탭을 클릭합니다. ❷ [B3] 셀을 클릭하고 Ctrl + A 를 눌러 표 전체를 범위로 지정합니다. ❸ [수식] 탭-[정의된 이름] 그룹-[선택 영역에서 만들기]를 클릭합니다. ❹ [선택 영역에서 이름 만들기] 대화상자에서 [첫 행]에만 체크한 후 ❺ [확인]을 클릭합니다.

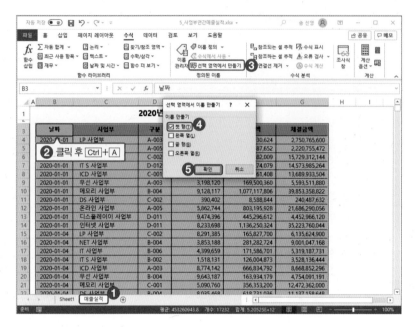

실력향상

[선택 영역에서 만들기]로 이름을 정의하면 각 열의 첫 번째 셀은 이름으로, 두 번째 셀부터 마지막 셀까지는 이름 범위로 적용됩니다.

06 체결금액의 중간값 계산하기 ❶ 피벗 테이블이 있는 [Sheet1] 시트 탭을 클릭합니다. ❷ [D3] 셀에 **체결금액 중간값**을 입력합니다. ❸ [C3:C14] 범위를 지정하고 ❹ [홈] 탭-[클립보드] 그룹-[서식 복사] 를 클릭합니다. ❺ [D3:D14] 범위를 드래그하여 서식을 붙여 넣습니다. ❻ [홈] 탭-[셀] 그룹-[서식]-[열 너비 자동 맞춤]을 클릭합니다.

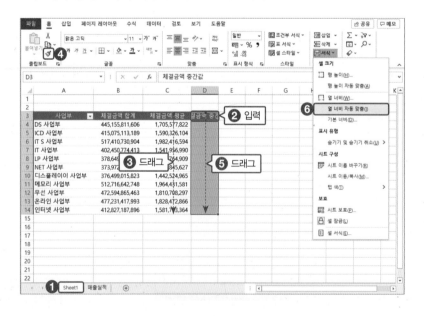

07 ❶ [D4] 셀을 클릭하고 ❷ **=MEDIAN(IF(사업부=A4, 체결금액))**를 입력한 후 ❸ Ctrl +Shift +Enter 를 눌러 배열 수식으로 입력합니다. ❹ [D4] 셀의 채우기 핸들을 더블클릭하여 수식을 복사합니다.

실력향상 MEDIAN 함수와 IF 함수로 배열 수식을 작성하려면 'MEDIAN(IF(조건을 찾을 범위=찾을 조건, 중간값을 계산할 범위))' 형식으로 입력합니다. [사업부] 범위에서 [A4] 셀에 입력된 'DS 사업부' 데이터를 찾은 후 [체결금액] 범위에서 중간값을 찾아줍니다.

실력향상 수식을 작성한 후 Ctrl +Shift +Enter 를 눌러야 배열 수식으로 입력됩니다. 마이크로소프트 365 버전은 Enter 만 눌러도 배열 수식으로 계산됩니다.

08 체결금액으로 사업부 순위 구하기 ❶ [E3] 셀에 **순위**를 입력합니다. ❷ [D3:D14] 범위를 지정하고 ❸ [홈] 탭-[클립보드] 그룹-[서식 복사📋]를 클릭합니다. ❹ [E3:E14] 범위를 드래그하여 서식을 붙여 넣습니다.

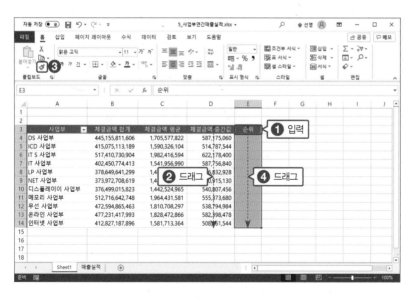

09 ❶ [E4] 셀을 클릭합니다. ❷ [수식] 탭-[함수 라이브러리] 그룹-[함수 더 보기]-[통계]-[RANK.EQ]를 클릭합니다. ❸ [함수 인수] 대화상자에서 [Number]에 **B4**, [Ref]에 **$B$4:$B$14**, [Order]에 **0**을 입력합니다. ❹ [확인]을 클릭합니다. ❺ [E4] 셀의 채우기 핸들을 더블클릭하여 수식을 복사합니다.

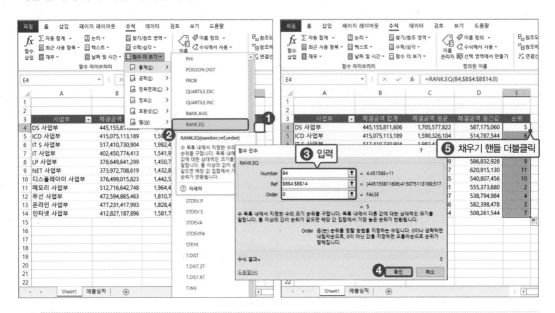

 실력향상 [Number]에 셀 주소를 입력할 때 [B4] 셀을 마우스로 클릭하면 피벗 테이블의 값을 가져오는 GETPIVOTDATA 함수가 자동으로 입력됩니다. 따라서 셀 주소(B4)를 직접 입력하거나 [피벗 테이블 분석] 탭-[피벗 테이블] 그룹-[옵션]의 목록 단추를 클릭하고 [GetPivotData 생성]의 체크를 해제한 후 사용합니다.

★★★ 비법노트 평균값과 중간값 구하기

평균값을 구하는 AVERAGE 함수는 지정한 범위에서 자료들의 합을 자료의 개수로 나눠 계산합니다. 그러나 지정된 범위의 자료값들이 서로 편차가 큰 경우에는 평균값의 신뢰도가 떨어집니다. 예를 들어 아래와 같이 직원들의 급여 차이가 클 경우에는 급여가 높은 직원들로 인해 의미 없는 평균값이 구해집니다.

직원	직원1	직원2	직원3	직원4	직원5	직원6	직원7	직원8	직원9	직원10
지급급여	20,000,000	15,000,000	3,000,000	3,300,000	2,800,000	2,500,000	2,000,000	1,800,000	2,300,000	1,980,000

직원 급여 현황
기본급 평균 | 5,468,000 | =AVERAGE(C5:J5)

값 사이의 편차가 큰 경우에는 MEDIAN 함수로 구한 중간값이 더 나은 결과를 보여줍니다. MEDIAN 함수는 숫잣값을 오름차순으로 정렬한 후 '자료개수/2=N' 번째의 숫잣값을 구해 중간에 가까운 값을 찾아줍니다.

직원	직원1	직원2	직원3	직원4	직원5	직원6	직원7	직원8	직원9	직원10
지급급여	1,800,000	1,980,000	2,000,000	2,300,000	2,500,000	2,800,000	3,000,000	3,300,000	15,000,000	20,000,000

직원 급여 현황
기본급 평균 | 2,650,000 | =MEDIAN(B5:K5)

배열 수식 알아보기

1. 배열 수식

배열 수식은 식을 작성할 때 지정한 범위의 셀을 하나씩 연산하지 않고 범위 전체를 한번에 연산합니다. 메모리에 값을 배열로 나열해놓고 대응되는 값끼리 계산한 후 중간값 또는 결괏값을 배열에 따로 저장해놓는 계산 방식입니다. 여러 조건을 체크하여 결괏값을 확인할 때 주로 사용합니다. COUNTIF, COUNTIFS, SUMIF 등의 함수와 같이 조건을 지정하는 함수가 따로 있기도 하지만 MAX, MIN, MEDIAN 함수처럼 조건을 지정하는 함수가 따로 없을 경우 IF 함수와 함께 배열 수식으로 사용합니다.

2. IF 조건과 함께 사용되는 배열 수식

조건 범위에서 입력한 조건에 해당하는 값을 찾고 집계 범위에서 같은 위치의 값들로 집계를 구해줍니다.

함수 형식	=함수(IF(조건 범위=조건, 집계 범위))

사과의 매출액이 가장 큰 값을 찾을 때 '=MAX(IF(A3:A13="사과", E3:E13))'로 입력하면 [A3:A13] 범위에서 사과 데이터에 대응되는 매출값을 배열에 저장합니다. MAX 함수로 저장된 데이터를 정렬한 후 가장 큰 값을 가져옵니다.

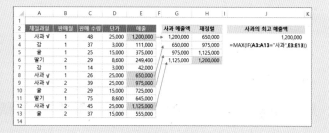

RANK.EQ와 RANK.AVE 함수 알아보기

RANK.EQ 함수와 RANK.AVE 함수 모두 순위를 구하는 함수입니다. RANK.EQ 함수는 동점자가 있을 때 모두 같은 순위로 표시합니다. 2등이 두 명이면 두 명 모두 2등으로 표시하고 그다음 등수는 4등으로 표시됩니다. RANK.AVG 함수는 동점자가 있을 때 해당 순위의 평균을 구해 표시합니다. 2등이 두 명이면 두 명 모두 2.5등으로 표시됩니다.

함수 형식	=RANK.EQ(number, ref, order) =RANK.AVG(number, ref, order)
함수 인수	• number : 순위를 구할 숫자 데이터입니다. 숫자를 직접 입력하거나 숫자가 입력되어 있는 셀 주소를 범위로 지정합니다. • ref : 순위를 구하기 위해 비교할 숫자 데이터 범위입니다. • order : 순위 방식을 결정하는 옵션입니다. 0을 입력하거나 생략하면 내림차순(가장 큰 값이 1위)으로 순위가 구해지고 0이 아닌 다른 값을 입력하면 오름차순(가장 작은 값이 1위)으로 순위가 구해집니다.

수식
핵심
기능

양식
자동화

데이터
관리&
집계

외부
데이터
편집

보고서
만들기

자동화
문서
만들기

데이터
분석&
시각화

추출된 데이터에 일련번호 매기고 요약값 확인하기

실습 파일 | Part01/Chapter03/03_06_사무용품신청목록.xlsx
완성 파일 | Part01/Chapter01/03/03_06_사무용품신청목록(완성).xlsx

매번 다르게 필터되는 데이터의 번호를 실시간으로 재설정하고 집계 결과를 확인해보겠습니다. SUBTOTAL 함수를 이용하여 필터된 데이터의 번호를 재설정하고 검색된 데이터의 개수, 수량, 판매가의 총합을 구해보겠습니다.

미리 보기

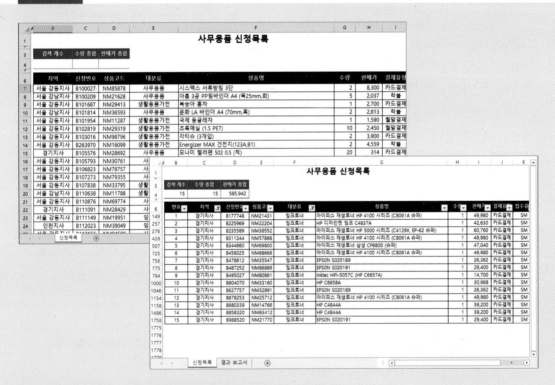

회사에서 바로 통하는 **키워드** : SUBTOTAL 함수, 자동 필터

| 한눈에 보는 작업순서 | SUBTOTAL 함수로 번호 매기기 | ▶ | 데이터 추출하여 번호 확인하고 오류 수정하기 | ▶ | SUBTOTAL 함수로 검색 데이터 개수, 판매 수량 및 판매가의 합계 구하기 | ▶ | 필터된 데이터의 집계 확인하기 |

01 SUBTOTAL 함수로 번호 매기기 ❶ [B6] 셀을 클릭하고 ❷ Ctrl + Shift + ↓를 눌러 [B6:B1773] 범위를 지정합니다. ❸ 지정한 범위에서 마우스 오른쪽 버튼을 클릭한 후 ❹ [삽입]을 클릭합니다. ❺ [삽입] 대화상자에서 [셀을 오른쪽으로 밀기]를 클릭하고 ❻ 확인을 클릭합니다.

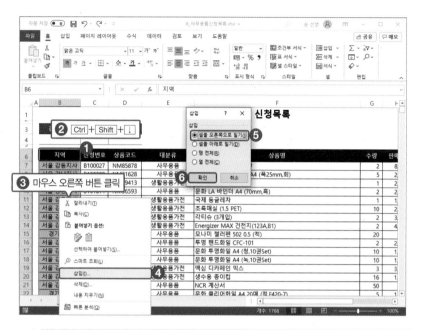

📊 **실력향상** [B6] 셀을 클릭한 후 Ctrl + Shift + ↓를 누르면 B열의 마지막 행까지 한번에 범위로 지정할 수 있습니다.

02 ❶ [삽입 옵션]을 클릭하여 [오른쪽과 같은 서식]을 클릭합니다. ❷ [B:K] 열을 범위로 지정합니다. ❸ [홈] 탭–[셀] 그룹–[서식]–[열 너비 자동 맞춤]을 클릭합니다.

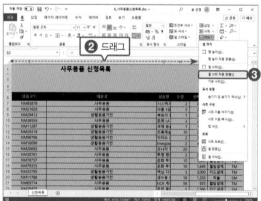

수식
핵심
기능

양식
자동화

데이터
관리&
집계

외부
데이터
편집

보고서
만들기

자동화
문서
만들기

데이터
분석&
시각화

03 ❶ [B6] 셀에 **번호**를 입력합니다. ❷ [B7] 셀을 클릭합니다. ❸ [수식] 탭-[함수 라이브러리] 그룹-[수학/삼각]-[SUBTOTAL]을 클릭합니다. ❹ [함수 인수] 대화상자에서 [Function_num]에 **3**, [Ref1]에 **$C$7:C7**을 입력합니다. ❺ [확인]을 클릭합니다.

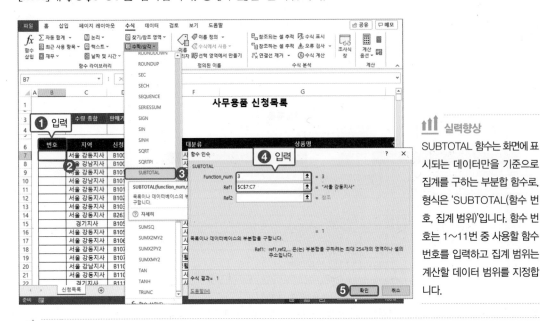

실력향상 SUBTOTAL 함수는 화면에 표시되는 데이터만을 기준으로 집계를 구하는 부분합 함수로, 형식은 'SUBTOTAL(함수 번호, 집계 범위)'입니다. 함수 번호는 1~11번 중 사용할 함수 번호를 입력하고 집계 범위는 계산할 데이터 범위를 지정합니다.

실력향상 지역 데이터 범위의 표시 형식이 [텍스트]이므로 비어 있지 않은 셀의 개수를 세는 COUNTA 함수를 사용합니다. 함수 번호에 '3'을 입력하고 집계 범위는 고정된 [C7] 셀부터 현재 셀까지의 누적된 데이터의 개수를 구하기 위해 '$C$7:C7'을 입력합니다.

04 데이터 추출하여 번호 확인하고 오류 수정하기 ❶ [B7] 셀을 클릭하고 ❷ [B7] 셀의 채우기 핸들을 더블클릭하여 수식을 복사합니다. ❸ [B6] 셀을 클릭합니다. ❹ [데이터] 탭-[정렬 및 필터] 그룹-[필터]를 클릭합니다.

05 ❶ [대분류] 필드의 필터 단추▼를 클릭합니다. ❷ [(모두 선택)]의 체크를 해제한 후 ❸ [금고가구인테리어]에 체크합니다. ❹ [확인]을 클릭합니다. 금고가구인테리어와 관련 없는 항목까지 추출됩니다. ❺ [데이터] 탭-[정렬 및 필터] 그룹-[지우기]를 클릭하여 필터를 해제합니다.

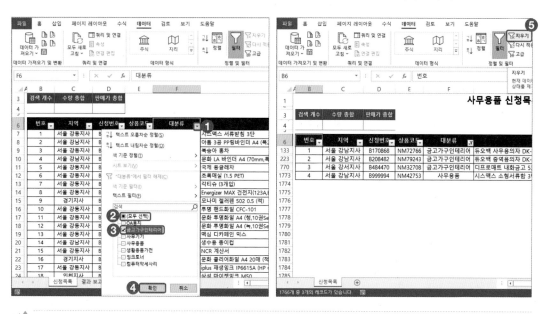

실력향상 SUBTOTAL 함수로 번호를 매긴 후 [필터]로 데이터를 필터링하면 마지막 행을 요약 행으로 인식하여 필터 조건에 상관없이 마지막 행의 데이터가 항상 표시됩니다.

06 ❶ [B6] 셀을 클릭하고 ❷ Ctrl + ↓를 눌러 마지막 데이터로 이동합니다. ❸ [B1774] 셀을 클릭합니다. ❹ Spacebar를 눌러 공백을 입력한 후 Enter를 누릅니다. ❺ Ctrl + ↑를 눌러 위쪽 데이터로 이동합니다.

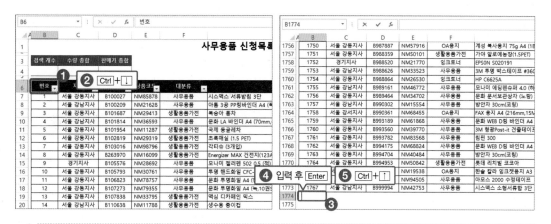

실력향상 첫 번째 열에서 데이터가 입력된 마지막 행 바로 아래에 공백을 입력합니다. 공백이 입력된 마지막 행이 요약 행으로 인식되고 매번 필터될 때마다 공백이 입력되어 화면에 표시되지 않습니다. 마지막 행 바로 아래 행에 수식을 추가한 후 숨기기 기능을 사용하여 해결할 수도 있습니다.

수식
핵심
기능

양식
자동화

데이터
관리&
집계

외부
데이터
편집

보고서
만들기

자동화
문서
만들기

데이터
분석&
시각화

07 SUBTOTAL 함수로 검색 데이터 개수, 판매 수량 및 판매가의 합계 구하기 ❶ [B4] 셀을 클릭합니다. ❷ [수식] 탭-[함수 라이브러리] 그룹-[수학/삼각]-[SUBTOTAL]을 클릭합니다. ❸ [함수 인수] 대화상자에서 [Function_num]에 **2**, [Ref1]에 **H7:H1773**을 입력합니다. ❹ [확인]을 클릭합니다.

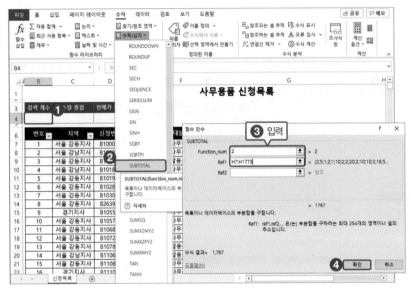

🏳 **실력향상**
수량 데이터가 숫자이므로 숫자 형식의 데이터 개수를 세는 COUNT 함수를 사용합니다. SUBTOTAL 함수의 함수 번호로 '2'를 입력합니다.

08 ❶ [C4] 셀을 클릭합니다. ❷ [수식] 탭-[함수 라이브러리] 그룹-[수학/삼각]-[SUBTOTAL]을 클릭합니다. ❸ [함수 인수] 대화상자에서 [Function_num]에 **9**, [Ref1]에 **H7:H1773**을 입력합니다. ❹ [확인]을 클릭합니다 ❺ [C4] 셀을 클릭하고 ❻ 채우기 핸들을 [D4] 셀까지 드래그하여 수식을 복사합니다.

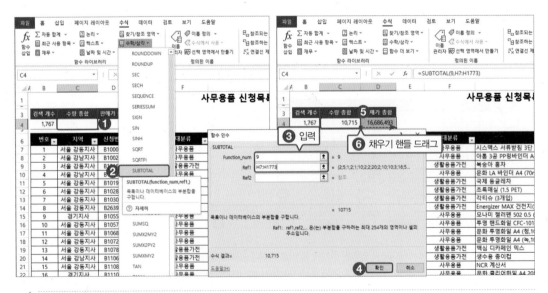

🏳 **실력향상** 수량 데이터가 입력된 [H7:H1773] 범위의 바로 오른쪽 열에 판매가 데이터가 입력된 [I7:I1773] 범위가 있으므로 오른쪽으로 수식을 복사하여 집계를 구합니다.

09 필터된 데이터의 집계 확인하기 ❶ [지역] 필드의 필터 단추▽를 클릭합니다. ❷ [(모두 선택)]의 체크를 해제한 후 ❸ [경기지사]에 체크합니다. ❹ [확인]을 클릭합니다. ❺ [대분류] 필드의 필터 단추▽를 클릭합니다. ❻ [(모두 선택)]의 체크를 해제한 후 ❼ [잉크토너]에 체크합니다. ❽ [확인]을 클릭합니다.

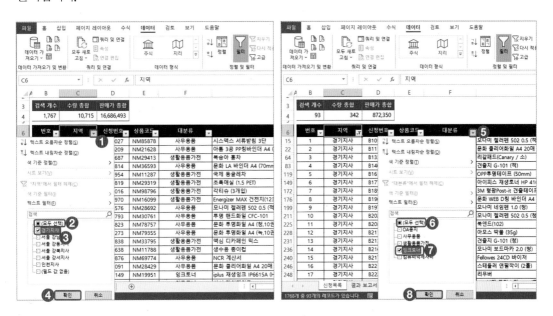

10 경기지사 지역에서 신청한 잉크토너 데이터와 검색된 데이터의 개수, 수량 총합, 판매가의 합계를 확인할 수 있습니다.

수식
핵심
기능

양식
자동화

데이터
관리&
집계

외부
데이터
편집

보고서
만들기

자동화
문서
만들기

데이터
분석&
시각화

부분합을 구하는 SUBTOTAL 함수 알아보기

SUBTOTAL 함수는 화면에 표시된 데이터의 집계를 구해주는 부분합 함수로 숨겨진 셀이 있을 때나 자동 필터 도구와 함께 활용하기 위해 사용합니다.

함수 형식	=SUBTOTAL(function_num, ref1, ref2, …)
함수 인수	• function_num : 계산할 함수 번호를 입력합니다. 함수 번호 1~11 : 자동 필터로 추출된 데이터의 집계 구할 때 사용합니다. 함수 번호 101~111 : 숨겨진 셀을 제외하고 데이터의 집계 구할 때 사용합니다.

function_num 자동 필터와 사용	function_num 숨겨진 셀 제외	함수
1	101	AVERAGE(평균)
2	102	COUNT(숫자 개수)
3	103	COUNTA(개수)
4	104	MAX(최댓값)
5	105	MIN(최솟값)
6	106	PRODUCT(곱)
7	107	STDEV(표본집단 표준편차)
8	108	STDEVP(모집단 표준편차)
9	109	SUM(합계)
10	110	VAR(표본집단 분산)
11	111	VARP(모집단 분산)

• ref : 집계할 범위를 지정합니다.

수식
핵심
기능

양식
자동화

데이터
관리&
집계

외부
데이터
편집

보고서
만들기

자동화
문서
만들기

데이터
분석&
시각화

추출된 제품의 누적된 입출고 현황으로 현재 재고량 파악하기

실습 파일 | Part01/Chapter03/03_07_품목별재고량.xlsx
완성 파일 | Part01/Chapter03/03_07_품목별재고량(완성).xlsx

품목별 현황 데이터에서 각 품명의 입고량, 출고량, 재고량을 알아보겠습니다. SUMIF 함수를 이용하여 필터로 추출한 품목의 입고량, 출고량, 현재 재고량을 파악하고 SUBTOTAL 함수와 조건부 서식을 이용하여 최대 입고량과 최대 출고량을 색상으로 구분해보겠습니다.

미리 보기

회사에서 바로 통하는 키워드 : SUMIF 함수, 자동 필터, 조건부 서식, SUBTOTAL 함수

한눈에 보는 작업순서	SUMIF 함수로 현재 재고량 계산하기	▶	품명 필터하여 입/출고 재고량 확인하기	▶	조건부 서식으로 최대 입고량만 서식 설정하기	▶
	조건부 서식으로 최대 출고량만 서식 설정하기	▶	최대 입고량과 최대 출고량이 같은 경우 조건부 서식으로 서식 설정하기	▶	필터된 품명의 입/출고 재고량과 최대 입고량, 최대 출고량 확인하기	

01 SUMIF 함수로 현재 재고량 계산하기 ❶ [F4] 셀을 클릭합니다. ❷ [수식] 탭–[함수 라이브러리] 그룹–[수학/삼각]–[SUMIF]를 클릭합니다. ❸ [함수 인수] 대화상자에서 [Range]에 **$B$4:B4**, [Criteria]에 **B4**, [Sum_range]에 **$D$4:D4**를 입력합니다. ❹ [확인]을 클릭합니다.

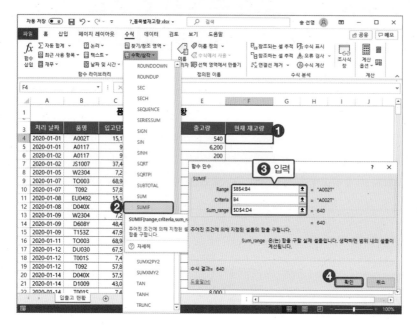

📊 **실력향상**

함수 형식은 'SUMIF(조건을 찾을 범위, 조건, 합계를 구할 범위)'입니다. [$B$4:B4] 범위에서 [B4] 셀의 품명과 같은 품명을 찾고 [$D$4:D4] 범위에서 같은 행에 위치한 입고량의 합을 구하는 수식입니다. 누적된 데이터의 입고 합계를 구하기 위해 첫 품명과 입고 데이터는 절대 참조로 설정합니다.

02 ❶ [F4] 셀을 더블클릭한 후 ❷ 입력되어 있는 수식 뒤에 −를 입력합니다. ❸ [수식] 탭–[함수 라이브러리] 그룹–[수학/삼각]–[SUMIF]를 클릭합니다. ❹ [함수 인수] 대화상자에서 [Range]에 **$B$4:B4**, [Criteria]에 **B4**, [Sum_range]에 **$E$4:E4**를 입력합니다. ❺ [확인]을 클릭합니다.

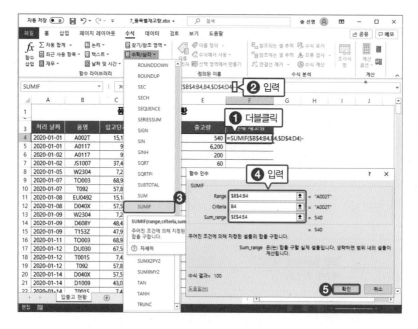

📊 **실력향상**

기존에 구한 입고량에서 출고량을 빼는 수식입니다. 예를 들어 [F10] 셀에서 재고량을 계산한다면 [$B$4:B10] 범위에서 [B10] 셀에 입력된 품명과 같은 품명을 찾아 [$D$4:D10] 범위에서 입고량의 합을 구하고, [$E$4:E10] 범위에서 같은 방식으로 출고량의 합을 구한 후 입고량에서 출고량을 뺀 현재 재고량을 구합니다.

03 품명 필터하여 입고량, 출고량, 재고량 확인하기 ❶ [F4] 셀의 채우기 핸들을 더블클릭하여 수식을 복사합니다. 수식과 서식이 함께 복사되어 서식이 변경됩니다. ❷ [자동 채우기 옵션🔲▼]을 클릭하고 [서식 없이 채우기]를 클릭합니다. ❸ [A3] 셀을 클릭합니다. ❹ [데이터] 탭–[정렬 및 필터] 그룹–[필터]를 클릭합니다.

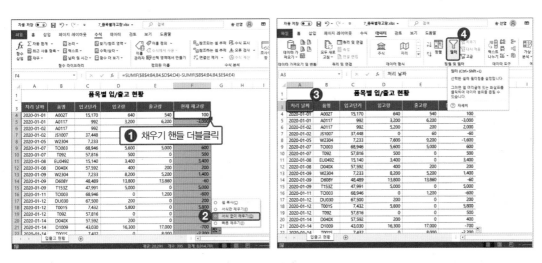

04 ❶ [품명] 필드의 필터 단추▼를 클릭합니다. ❷ [(모두 선택)]의 체크를 해제한 후 ❸ [BI450]에 체크합니다. ❹ [확인]을 클릭합니다. 선택한 품명의 날짜별 재고량이 표시됩니다. ❺ [데이터] 탭–[정렬 및 필터] 그룹–[지우기]를 클릭하여 필터를 해제합니다.

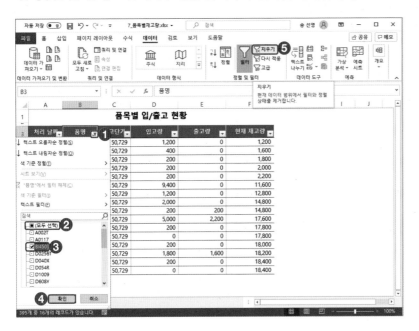

수식
핵심
기능

양식
자동화

데이터
관리&
집계

외부
데이터
편집

보고서
만들기

자동화
문서
만들기

데이터
분석&
시각화

05 조건부 서식으로 최대 입고량 서식 설정하기 조건부 서식은 서식을 설정하기 전 서식이 적용된 범위를 미리 범위로 지정합니다. ❶ [A4] 셀을 클릭하고 ❷ Ctrl + Shift + → 를 누른 후 ❸ Ctrl + Shift + ↓ 를 눌러 [A4:F398] 범위를 지정합니다. ❹ [홈] 탭-[스타일] 그룹-[조건부 서식]-[새 규칙]을 클릭합니다. ❺ [새 서식 규칙] 대화상자에서 [규칙 유형 선택]-[수식을 사용하여 서식을 지정할 셀 결정]을 클릭합니다. ❻ 수식 입력란에 **=$D4>=SUBTOTAL(4, $D$4:$D$398)**를 입력합니다. ❼ [서식]을 클릭합니다.

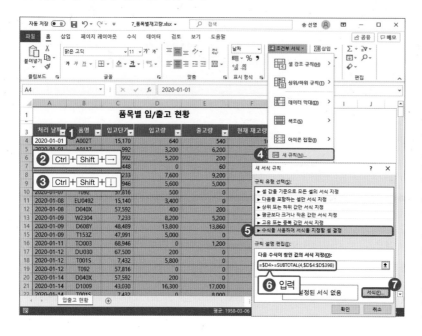

실력향상

SUBTOTAL 함수로 최대 입고량을 찾기 위해 함수 번호는 '4'(MAX 함수)를, 범위는 입고량 전체 범위를 지정합니다. SUBTOTAL 함수로 찾은 최댓값보다 크거나 같으면 색으로 구분하기 위해 서식을 설정합니다.

06 ❶ [셀 서식] 대화상자에서 [채우기] 탭을 클릭합니다. ❷ [배경색]에서 [연한 파랑]을 클릭합니다. ❸ [확인]을 클릭합니다. ❹ [새 서식 규칙] 대화상자의 [미리 보기]에서 설정된 서식을 확인합니다. ❺ [확인]을 클릭합니다.

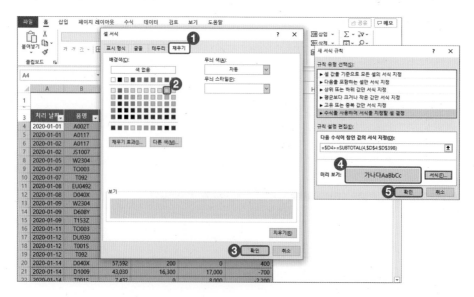

07 조건부 서식으로 최대 출고량 서식 설정하기 ❶ [A4:F398] 범위가 지정된 상태에서 [홈] 탭-[스타일] 그룹-[조건부 서식]-[새 규칙]을 클릭합니다. ❷ [새 서식 규칙] 대화상자에서 [규칙 유형 선택]-[수식을 사용하여 서식을 지정할 셀 결정]을 클릭합니다. ❸ 수식 입력란에 **=$E4>=SUBTOTAL(4, $E$4:$E$398)**를 입력합니다. ❹ [서식]을 클릭합니다. ❺ [셀 서식] 대화상자에서 [채우기] 탭을 클릭한 후 ❻ [배경색]에서 [연한 주황]을 클릭합니다. ❼ [확인]을 클릭합니다. ❽ [새 서식 규칙] 대화상자의 [미리 보기]에서 설정된 서식을 확인한 후 ❾ [확인]을 클릭합니다.

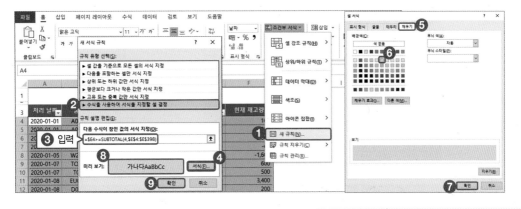

📊 **실력향상** SUBTOTAL 함수로 최대 출고량을 찾은 후 출고량이 최대 출고량보다 크거나 같으면 색을 채워 구분합니다.

08 최대 입고량과 최대 출고량이 같은 경우 조건부 서식으로 서식 설정하기 ❶ [A4:F398] 범위가 지정된 상태에서 [홈] 탭-[스타일] 그룹-[조건부 서식]-[새 규칙]을 클릭합니다. ❷ [새 서식 규칙] 대화상자에서 [규칙 유형 선택]으로 [수식을 사용하여 서식을 지정할 셀 결정]을 클릭합니다. ❸ 수식 입력란에 **=AND($D4>=SUBTOTAL(4, $D$4:$D$398), $E4>=SUBTOTAL(4, $E$4:$E$398))**를 입력하고 ❹ [서식]을 클릭합니다. ❺ [셀 서식] 대화상자에서 [채우기] 탭을 클릭합니다. ❻ [배경색]에서 [연한 초록]을 클릭합니다. ❼ [확인]을 클릭합니다. ❽ [새 서식 규칙] 대화상자의 [미리 보기]에서 설정된 서식을 확인합니다. ❾ [확인]을 클릭합니다.

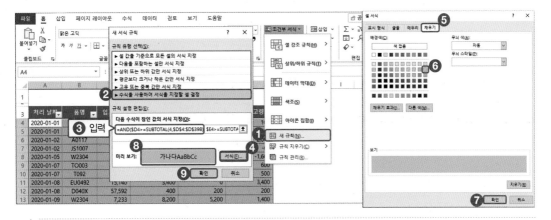

📊 **실력향상** 최대 입고량과 최대 출고량이 같은 행에 위치한 경우 적용할 서식을 설정하기 위해 AND 함수에 각 조건식을 입력합니다. AND 함수의 형식은 'AND(조건식, 조건식2,…)'이며, 모든 조건식이 TRUE인 경우에만 TRUE가 반환됩니다.

수식
핵심
기능

양식
자동화

데이터
관리&
집계

외부
데이터
편집

보고서
만들기

자동화
문서
만들기

데이터
분석&
시각화

09 필터된 품명의 입/출고 재고량과 최대 입고량, 최대 출고량 확인하기 ❶ [품명] 필드의 필터 단추 ▼ 를 클릭합니다. ❷ [(모두 선택)]의 체크를 해제한 후 ❸ [BI450]에 체크합니다. ❹ [확인]을 클릭합니다. 선택한 품명의 날짜별 입고량과 출고량, 재고량이 표시되고 입고량이 가장 많은 날과 출고량이 가장 많은 날은 색상으로 구분되어 표시됩니다.

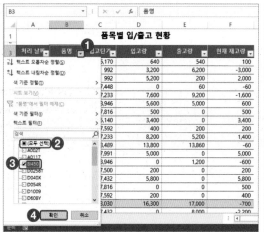
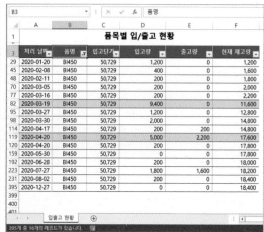

10 ❶ [품명] 필드의 필터 단추 ▼ 를 클릭합니다. ❷ [BI450]의 체크를 해제한 후 ❸ [W2304]에 체크합니다. ❹ [확인]을 클릭합니다. 선택한 품명의 날짜별 입고량, 출고량, 재고량이 표시되고 입고량이 가장 많은 날과 출고량이 가장 많은 날이 같은 날인 경우 하나의 색상으로 구분되어 표시됩니다.

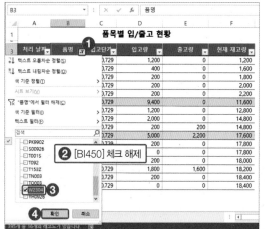

수식
핵심
기능

양식
자동화

데이터
관리&
집계

외부
데이터
편집

보고서
만들기

자동화
문서
만들기

데이터
분석&
시각화

핵심기능

08 상위 매출을 달성한 직원 확인하기

실습 파일 | Part01/Chapter03/03_08_영업부실적현황.xlsx
완성 파일 | Part01/Chapter03/03_08_영업부실적현황(완성).xlsx

실적현황 데이터에서 매출 실적이 높은 직원을 확인해보겠습니다. 가장 실적이 높은 직원부터 2위, 3위 등 각 순위에 해당하는 직원의 이름과 직급 정보를 INDEX, MATCH 함수, 그리고 LARGE 함수로 수식을 작성하여 확인해보겠습니다. 순위를 표시하는 셀에는 스핀 단추를 만들어 확인하려는 순위를 편하게 선택할 수 있도록 작성해보겠습니다.

미리 보기

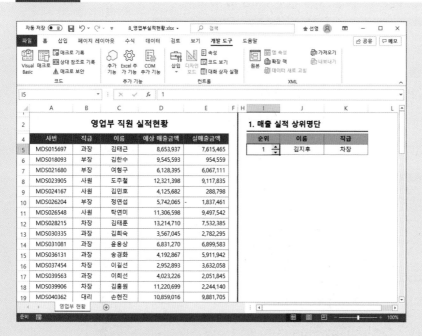

회사에서 바로 통하는 **키워드** : 선택 영역에서 만들기, INDEX 함수, MATCH 함수, LARGE 함수, 스핀 단추(양식 컨트롤)

한눈에 보는 작업순서

실적현황 데이터표에 이름 설정하기 ▶ 매출 실적이 가장 높은 직원의 이름 표시하기 ▶ 매출 실적이 가장 높은 직원의 직급 표시하기 ▶ 스핀 단추 삽입하고 서식 설정하기

01 실적현황 데이터표에 이름 설정하기 ❶ [A4] 셀을 클릭합니다. ❷ Ctrl + A 를 눌러 표 전체를 범위로 지정합니다. ❸ [수식] 탭-[정의된 이름] 그룹-[선택 영역에서 만들기]를 클릭합니다. ❹ [선택 영역에서 이름 만들기] 대화상자에서 [첫 행]에 체크한 후 ❺ [확인]을 클릭합니다.

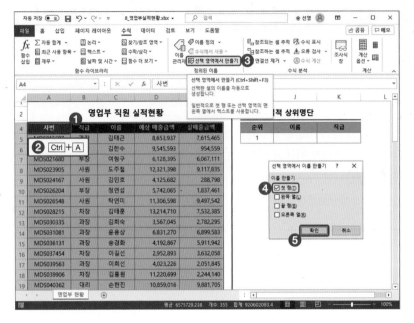

실력향상

이름 상자에서 목록 단추를 클릭하여 정의된 이름을 확인할 수 있습니다.

실력향상

이름은 문자(한글, 영문자), 숫자, 언더바(_)로 정의합니다. 공백이나 특수문자는 사용할 수 없으므로 '예상 매출금액'은 '예상_매출금액'으로 바뀌어 이름 정의됩니다.

02 매출 실적이 가장 높은 직원의 이름 표시하기 ❶ [J5] 셀을 클릭합니다. ❷ [수식] 탭-[함수 라이브러리] 그룹-[찾기/참조 영역]-[INDEX]를 클릭합니다. ❸ [인수 선택] 대화상자에서 [array, row_num, column_num]을 클릭하고 ❹ [확인]을 클릭합니다.

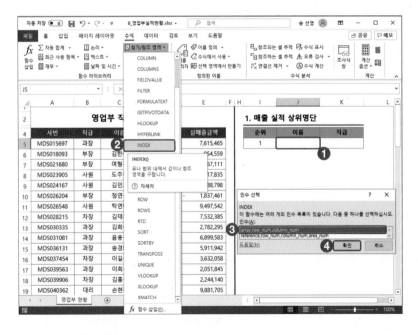

실력향상

[array, row_num, column_num]을 클릭하여 한 개의 범위를 참조합니다. 참조 영역이 여러 개면 [reference, row_num, column_num, area_num]을 클릭합니다.

수식
핵심
기능

양식
자동화

데이터
관리&
집계

외부
데이터
편집

보고서
만들기

자동화
문서
만들기

데이터
분석&
시각화

03 ❶ [함수 인수] 대화상자에서 [Array]에 **이름**, [Row_num]에 **MATCH(LARGE(실매출금액, I5), 실매출금액, 0)**, [Column_num]에 **1**을 입력합니다. ❷ [확인]을 클릭합니다.

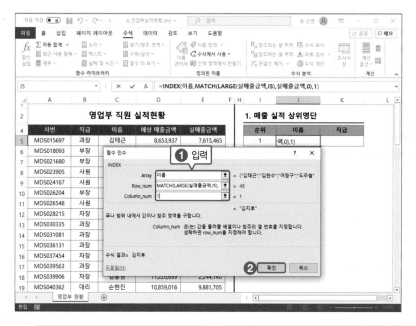

실력향상 INDEX 함수는 특정 위치 데이터를 찾아오는 함수로 형식은 'INDEX(참조 범위, 행 번호, 열 번호)'입니다. [이름] 범위에서 MATCH와 LARGE 함수로 찾은 행 위치의 데이터를 가져옵니다. 참조할 열이 한 개이므로 열 번호는 생략할 수 있습니다.

실력향상 MATCH 함수의 형식은 'MATCH(찾을 값, 찾을 범위, 찾을 옵션)'입니다. LARGE 함수로 [실매출금액] 범위에서 [I5] 셀에 입력된 1순위의 큰 값을 찾고, [실매출금액] 범위에서 1순위의 큰 값과 정확히 일치(찾을 옵션 0)하는 값의 위치를 찾아줍니다.

04 매출 실적이 가장 높은 직원의 직급 표시하기 ❶ [K5] 셀을 클릭합니다. ❷ [수식] 탭-[함수 라이브러리] 그룹-[찾기/참조 영역]-[INDEX]를 클릭합니다. ❸ [인수 선택] 대화상자에서 [array, row_num, column_num]을 클릭하고 ❹ [확인]을 클릭합니다.

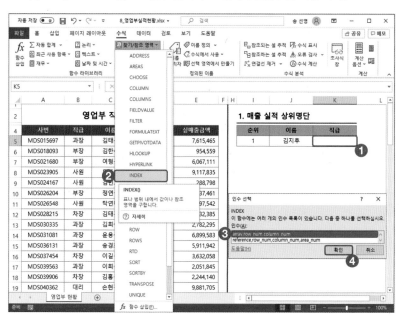

05 ❶ [함수 인수] 대화상자에서 [Array]에 **직급**, [Row_num]에 **MATCH(LARGE(실매출금액, I5), 실매출금액, 0)**, [Column_num]에 **1**을 입력합니다. ❷ [확인]을 클릭합니다. ❸ 매출 실적이 가장 높은 직원의 이름과 직급을 확인할 수 있습니다.

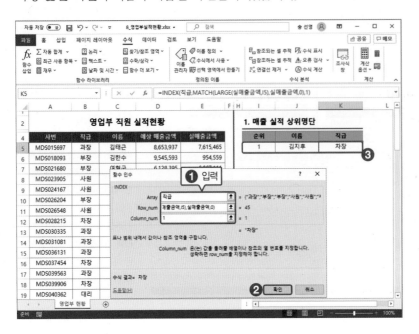

06 스핀 단추 삽입하고 서식 설정하기 ❶ [파일] 탭−[옵션]을 클릭합니다. ❷ [Excel 옵션] 대화상자에서 [리본 사용자 지정] 탭을 클릭합니다. ❸ [리본 메뉴 사용자 지정]−[기본 탭]에서 [개발 도구]에 체크한 후 ❹ [확인]을 클릭합니다.

📊 실력향상

엑셀 2007 버전은 [오피스 단추]−[Excel 옵션]을 클릭하고 [일반]에서 [리본 메뉴에서 개발 도구 탭 표시]에 체크하여 리본 메뉴에 [개발 도구] 탭을 표시합니다.

07 ❶ [개발 도구] 탭-[컨트롤] 그룹-[삽입]-[양식 컨트롤]-[스핀 단추(양식 컨트롤)⬆]를 클릭합니다. ❷ [I5] 셀 오른쪽 공간에 드래그하여 삽입합니다. ❸ 스핀 단추 위에서 마우스 오른쪽 버튼을 클릭하고 ❹ [컨트롤 서식]을 클릭합니다.

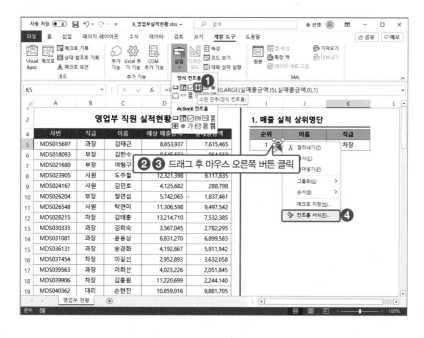

실력향상

[양식 컨트롤]은 워크시트의 셀과 연결하여 사용하고 [ActiveX 컨트롤]은 VBA 코드와 함께 사용합니다.

실력향상

셀을 클릭한 후엔 양식 컨트롤이 선택되지 않습니다. 이런 경우에는 Ctrl 을 누른 상태에서 양식 컨트롤을 클릭합니다.

08 ❶ [컨트롤 서식] 대화상자의 [컨트롤] 탭에서 [현재값]은 **1**, [최소값]은 **1**, [최대값]은 **15**, [증분 변경]은 **1**로 각각 설정하고 ❷ [셀 연결]에 **$I$5**를 입력합니다. ❸ [확인]을 클릭합니다. ❹ 임의의 셀을 클릭하여 스핀 단추 선택을 해제합니다. ❺ 위쪽 스핀 단추를 클릭하여 선택한 순위의 직원 이름과 직급을 확인합니다.

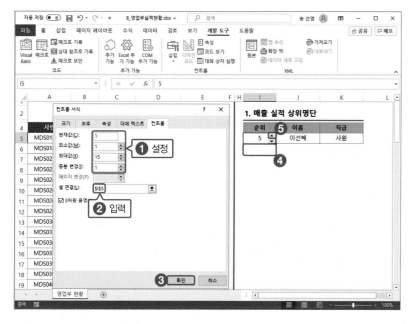

실력향상

스핀 단추의 위쪽, 아래쪽 버튼을 클릭하여 각 순위에 해당하는 직원의 이름과 직급을 확인합니다.

XLOOKUP 함수로 이름과 직급 확인하기

XLOOKUP 함수는 마이크로소프트 365 버전에서 제공되는 함수로 왼쪽 열을 기준으로 데이터를 찾던 VLOOKUP의 단점을 개선한 함수입니다. XLOOKUP 함수로 선택한 매출 실적 순위의 직원 이름을 표시해보겠습니다.

01 ❶ [J5] 셀을 클릭하고 ❷ [수식] 탭-[함수 라이브러리] 그룹-[찾기/참조 영역]-[XLOOKUP]을 클릭합니다.

02 ❶ [인수 선택] 대화상자에서 [Lookup_value]에는 **LARGE(실매출금액, I5)**를 입력하여 [I5] 셀에 입력된 순위의 큰 값을 찾을 값으로 입력합니다. [Lookup_array]에는 값을 찾을 범위로 **실매출금액**을 입력하고, [Return_array]에는 값을 반환할 데이터 범위인 **이름**을 입력합니다. ❷ [확인]을 클릭합니다.

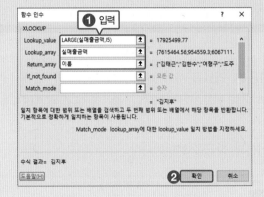

03 순위에 해당하는 직원의 이름이 표시됩니다.

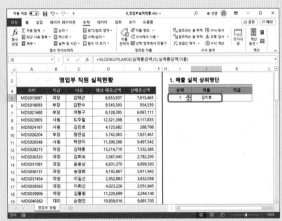

수식
핵심
기능

양식
자동화

데이터
관리&
집계

외부
데이터
편집

보고서
만들기

자동화
문서
만들기

데이터
분석&
시각화

09 판매되지 않는 제품 제외하여 새 제품 명단 만들기

실습 파일 | Part01/Chapter03/03_09_제품판매내역.xlsx
완성 파일 | Part01/Chapter01/Chapter03/03_09_제품판매내역(완성).xlsx

제품목록에서 1년간 한 번도 판매되지 않은 제품을 제외하고 2021년에 판매할 새 제품 목록을 만들어 보겠습니다. COUNTIF 함수로 판매된 제품을 찾는 조건을 입력하고 고급 필터를 이용하여 새 제품목록을 만들겠습니다. 12월에 판매된 제품의 내역도 고급 필터로 추출하겠습니다.

미리 보기

2021년 제품목록

판매된 제품	제품코드	제품	단가
TRUE	MF1-000	C2H2(아세틸렌)	14,000
	MF1-002	구리스	330,000
	MF1-003	LOCATION PIN	790,000
	MF1-004	오일주입기	33,000
	MF1-005	동산마스크	
	MF1-006	HISS PIN	
	MF1-007	AIR CYLIDER 부품	
	MF1-009	INSERT TIP	
	MF1-010	COUNTER DRILL	
	MF1-013	기체질소	
	MF1-014	철물	
	MF1-015	PACKING PARTS	
	MF1-017	스폰지	
	MF1-020	브레이크액	
	MF1-023	액체알곤	
	MF1-025	DIAL GAUGE	
	MF1-028	청소용구A	
	MF1-030	실리콘	
	MF1-033	AIR BOX	

제품목록 | 판매내역 | 2021년 제품목록

12월 판매내역

12월 판매	날짜	제품코드	제품	판매수량	단가	금액	거래처
FALSE	2020-12-01	MF1-121	파일/바인더류	21	2,500	52,500	성남
	2020-12-01	MF1-007	AIR CYLIDER 부품	52	45,000	2,340,000	대구
	2020-12-01	MF1-030	실리콘	29	150,000	4,350,000	대구
	2020-12-01	MF1-092	일반사무용품류	53	2,100	111,300	광주
	2020-12-01	MF1-033	AIR BOX	98	220,000	21,560,000	석수
	2020-12-01	MF1-030	실리콘	44	150,000	6,600,000	천안
	2020-12-01	MF1-017	스폰지	49	55,000	2,695,000	석수
	2020-12-01	MF1-270	철사	1	20,000	20,000	인천
	2020-12-01	MF1-006	HISS PIN	47	97,000	4,559,000	광주
	2020-12-02	MF1-020	브레이크액	28	50,000	1,400,000	석수
	2020-12-02	MF1-100	FLEXIBLE(전선관)	6	57,000	342,000	광주
	2020-12-02	MF1-102	가공유	60	500,000	30,000,000	인천
	2020-12-02	MF1-067	GUIDE PIN	12	35,000	420,000	석수
	2020-12-02	MF1-004	오일주입기	68	33,000	2,244,000	성남
	2020-12-02	MF1-059	Chain	58	34,000	1,972,000	석수
	2020-12-02	MF1-028	청소용구A	19	13,000	247,000	인천
	2020-12-02	MF1-033	AIR BOX	47	220,000	10,340,000	성남
	2020-12-02	MF1-003	LOCATION PIN	77	790,000	60,830,000	대구
	2020-12-02	MF1-114	PAPER	51	39,000	1,989,000	성남

제품목록 | 판매내역 | 2021년 제품목록 | 12월 판매내역

회사에서 바로 통하는 **키워드** : 고급 필터, COUNTIF 함수, MONTH 함수

한눈에 보는 작업순서

표 이름 정의하기 ▶ COUNTIF 함수로 조건 입력하기 ▶ 고급 필터로 조건에 맞는 데이터 추출하기 ▶ 12월 판매내역 조건과 머리글 입력하기 ▶ 고급 필터로 조건에 맞는 데이터 추출하기

01 표 이름 정의하기 ❶ [제품목록] 시트의 [A3] 셀을 클릭합니다. ❷ Ctrl + A 를 눌러 표 전체를 범위로 지정합니다. ❸ [이름 상자]에 **제품목록**을 입력하고 Enter 를 누릅니다. ❹ [판매내역] 시트 탭을 클릭하고 ❺ [A3] 셀을 클릭합니다. ❻ Ctrl + A 를 눌러 표 전체를 범위로 지정합니다. ❼ [이름 상자]에 **판매내역**을 입력하고 Enter 를 누릅니다.

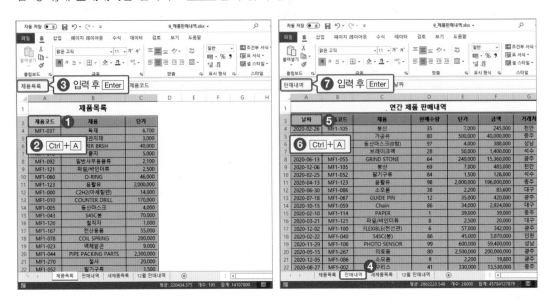

02 COUNTIF 함수로 조건 입력하기 ❶ [새제품목록] 시트 탭을 클릭합니다. ❷ [A3] 셀에 **판매된 제품**을 입력합니다. ❸ [A4] 셀을 클릭하고 ❹ [수식] 탭-[함수 라이브러리] 그룹-[함수 더 보기]-[통계]-[COUNTIF]를 클릭합니다. ❺ [함수 인수] 대화상자에서 [Range]에 **판매내역!$B$4:$B$4002**, [Criteria]에 **제품목록!A4**를 입력합니다. ❻ [확인]을 클릭합니다.

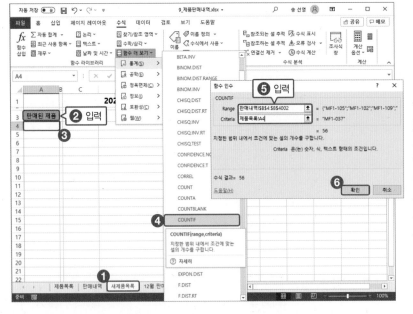

📊 실력향상

고급 필터에서 조건을 설정할 때 조건의 결과가 TRUE나 FALSE면 사용자가 임의로 필드명을 입력할 수 있으므로 '판매된 제품'을 필드명으로 입력합니다. 단, 고급 필터의 범위로 지정할 표에서 이미 사용하고 있는 머리글은 사용할 수 없습니다.

03 ❶ [A4] 셀을 더블클릭하고 ❷ 수식 뒤에 〈〉0을 추가로 입력한 후 Enter를 누릅니다. ❸ [C3] 셀을 클릭합니다. ❹ [데이터] 탭–[정렬 및 필터] 그룹–[고급]을 클릭합니다.

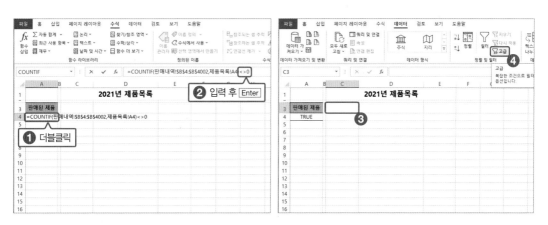

실력향상 '=COUNTIF(판매내역!$B$4:$B$4002, 제품목록!A4)〈〉0' 수식은 [판매내역] 시트의 판매된 제품코드에서 [제품목록] 시트의 첫 번째 제품코드를 찾아 한 번 이상 판매된 제품코드를 찾는 수식입니다.

실력향상 원본 데이터에 검색 결과를 표시할 때는 원본 데이터 범위에서 임의의 셀을 클릭한 후 고급 필터 기능을 사용하고, 다른 장소에 결과를 표시할 때는 결과를 표시할 시트의 임의의 셀을 클릭한 후 고급 필터 기능을 사용합니다.

04 고급 필터로 판매되었던 제품 목록 추출하기 ❶ [고급 필터] 대화상자의 [결과]에서 [다른 장소에 복사]를 클릭합니다. ❷ [목록 범위]에는 **제품목록**, [조건 범위]에는 **새제품목록!$A$3:$A$4**, [복사 위치]에는 **새제품목록!$C$3**을 입력합니다. ❸ [확인]을 클릭합니다. 한 번도 판매되지 않은 제품은 제외되고 판매되었던 제품만 표시됩니다.

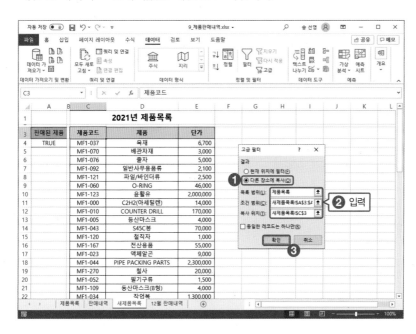

실력향상

제품목록에서 데이터를 추출하기 위해 [목록 범위]에 이름 범위인 '제품목록'을 입력합니다.

수식
핵심
기능

양식
자동화

데이터
관리&
집계

외부
데이터
편집

보고서
만들기

자동화
문서
만들기

데이터
분석&
시각화

05 12월 판매내역 조건과 머리글 입력하기 ❶ [12월 판매내역] 시트 탭을 클릭하고 ❷ [A3] 셀에 **조건**을 입력합니다. ❸ [A4] 셀에 **=MONTH(판매내역!A4)=12**를 입력합니다. ❹ [판매내역] 시트를 클릭합니다. ❺ [A3] 셀을 클릭하고 ❻ Ctrl 을 누른 상태에서 [C3:F3] 범위를 드래그하여 범위를 추가로 지정합니다. ❼ Ctrl + C 를 눌러 복사합니다.

실력향상 ‘MONTH(판매내역!A4)=12’ 수식은 MONTH 함수로 날짜 데이터의 월만 추출하여 12와 비교합니다. [판매내역] 시트의 첫 날짜 데이터인 [A4] 셀을 비교하는 수식을 입력하면 고급 필터에서 지정한 범위에 모두 자동으로 적용되어 12월 데이터를 추출합니다.

06 고급 필터로 조건에 맞는 데이터 추출하기 ❶ [12월 판매내역] 시트 탭을 클릭하고 ❷ [C3] 셀을 클릭한 후 Enter 를 눌러 붙여 넣습니다. ❸ [C5] 셀을 클릭하고 ❹ [데이터] 탭-[정렬 및 필터] 그룹-[고급]을 클릭합니다. ❺ [고급 필터] 대화상자의 [결과]에서 [다른 장소에 복사]를 클릭합니다. ❻ [목록 범위]에는 **판매내역**, [조건 범위]에는 ‘**12월 판매내역’!$A$3:$A$4**, [복사 위치]에는 ‘**12월 판매내역’!$C$3:$G$3**을 입력합니다. ❼ [확인]을 클릭합니다.

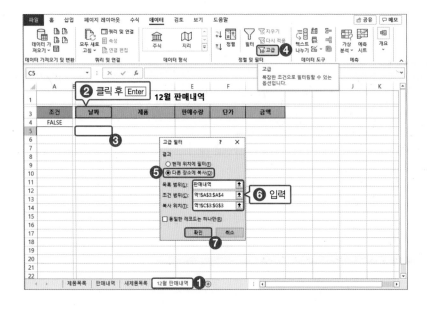

07 ❶ [C4] 셀을 클릭한 후 ❷ [데이터] 탭–[정렬 및 필터] 그룹–[오름차순 정렬⬆]을 클릭하여 이른 날짜순으로 정렬합니다.

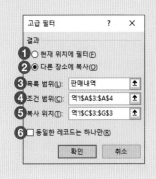

수식
핵심
기능

양식
자동화

데이터
관리&
집계

외부
데이터
편집

보고서
만들기

자동화
문서
만들기

데이터
분석&
시각화

📖 비법노트 ★★★ 고급 필터 알아보기

추출할 데이터의 조건이 많거나 복잡한 경우 또는 수식을 이용하여 조건을 지정하는 경우에 고급 필터를 사용합니다. 고급 필터는 사용자가 원하는 위치에 결과를 따로 표시할 수 있고 자동 필터처럼 원본 데이터 위치에 결과를 표시할 수도 있습니다. 고급 필터는 사용 전 조건을 미리 입력한 후 사용합니다.

1. [고급 필터] 대화상자

❶ **현재 위치에 필터** : 필터 결과가 원본 데이터 위치에 표시됩니다.

❷ **다른 장소에 복사** : 필터 결과가 원본 데이터와 다른 위치에 표시됩니다.

❸ **목록 범위** : 원본 데이터의 전체 범위를 지정합니다.

❹ **조건 범위** : 적용할 조건이 입력된 범위를 지정합니다. 조건 범위는 머리글과 조건으로 이루어진 최소 두 개 이상의 범위를 지정합니다.

❺ **복사 위치** : 결과가 표시될 셀을 지정합니다. [다른 장소에 복사]를 클릭한 경우에만 복사 위치를 지정할 수 있습니다.

❻ **동일한 레코드는 하나만** : 중복 데이터가 있는 경우 하나만 표시됩니다.

2. 고급 필터 조건 지정 방법

조건을 체크할 머리글과 머리글 아래에 조건을 입력합니다. 여러 조건을 입력할 때 조건을 같은 행에 입력하면 AND 조건으로, 각각 다른 행에 입력하면 OR 조건으로 인식합니다.

AND 조건 : 머리글에 해당하는 조건을 같은 행에 입력합니다. 천안 거래처에 판매한 수량이 50개가 넘는 데이터를 추출합니다.

거래처	판매수량
천안	>=50

OR 조건 : 머리글에 해당하는 조건을 다른 행에 입력합니다. 천안 거래처거나 판매수량이 50개가 넘는 모든 데이터를 추출합니다.

거래처	판매수량
천안	
	>=50

AND와 OR 혼합 조건 : 천안 거래처와 1,000,000 이상 10,000,000 미만의 금액으로 거래한 데이터와 성남 거래처에 100개 이상 판매한 데이터를 추출합니다.

거래처	판매수량	금액	금액
천안		>=1000000	<10000000
성남	>=100		

수식을 입력한 조건 : 수식과 비교식을 입력한 조건 결과는 TRUE나 FALSE로 표시됩니다. 원본 데이터에서 사용하는 필드명을 제외하고 사용자 임의대로 필드명을 입력합니다.

판매된 제품
TRUE

FILTER 함수와 SORT 함수 알아보기

FILTER 함수는 고급 필터처럼 지정한 조건에 맞는 데이터를 추출합니다. SORT 함수는 수식으로 결과를 정렬하여 표현합니다. FILTER 함수와 SORT 함수는 마이크로소프트 365 버전에서 제공됩니다.

실습 파일 | Part01/Chapter03/9_FILTER함수와SORT함수.xlsx
완성 파일 | Part01/Chapter03/9_FILTER함수와SORT함수(완성).xlsx

01 ❶ [G4] 셀을 클릭합니다. ❷ [수식] 탭-[함수 라이브러리] 그룹-[찾기/참조 영역]-[FILTER]를 클릭합니다. ❸ [함수 인수] 대화상자에서 [배열]에는 머리글을 제외한 원본 데이터 전체 범위인 A4:E4200을, [포함]에는 찾을 조건인 MONTH(A4:A4002)=12를 입력합니다. ❹ [확인]을 클릭합니다.

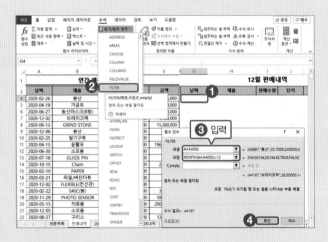

02 날짜 범위에서 월을 추출하여 12월에 해당하는 데이터가 모두 표시됩니다. 날짜 데이터는 일반 숫자 데이터로 표시되어 있습니다. **①** [G4] 셀을 클릭한 후 **②** Ctrl + Shift + ↓ 를 눌러 날짜 데이터를 모두 범위로 지정합니다. **③** [홈]탭-[표시 형식] 그룹-[표시 형식]의 목록 단추 ∨ 를 클릭하고 **④** [간단한 날짜]를 클릭합니다.

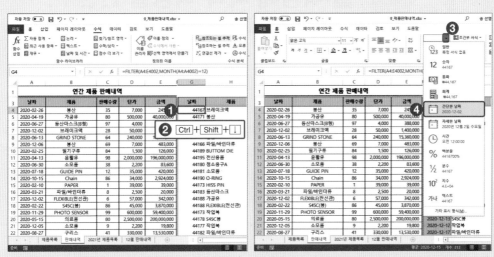

03 SORT 함수를 추가하겠습니다. **①** [G4] 셀을 더블클릭하고 **②** 수식을 **=SORT(FILTER(A4:E4002, MONTH(A4:A4002)=12))**로 수정한 후 Enter 를 누릅니다. **③** 결과를 확인합니다.

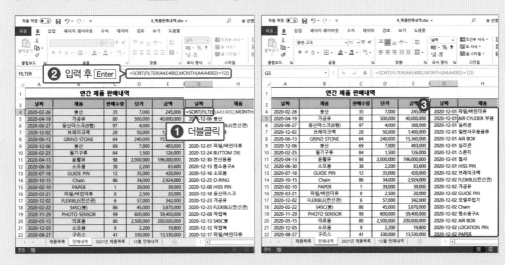

셀 색상에 따라 색상별 인원수, 금액 평균 구하기

실습 파일 | Part01/Chapter03/03_10_회원연회비내역.xlsx
완성 파일 | Part01/Chapter03/03_10_회원연회비내역(완성).xlsx

회원 구분은 내용이 통일되지 않은 상태로 제각각 입력되어 있지만 색상은 구분별로 설정되어 있는 회원 현황 데이터가 있습니다. 잘 정리되어 있는 셀의 배경 색상을 기준으로 구분별 인원수를 확인해 보겠습니다. 셀의 정보를 알려주는 GET.CELL() 매크로 함수로 셀 배경색의 고유번호를 확인한 후 고유번호별 인원수를 COUNTIF 함수로 구해보겠습니다.

미리 보기

O40		fx								

회원 구분내역과 연회비 현황

회원번호	회원명	주민등록번호	성별	연락처	연회비 입금내역	구분		구분	인원수
m-5106	김한희	753774-*******	여	010-464-1760	1,944,100	회원		회원	13
m-3647	이덕영	680301-*******	여	010-849-4555	2,964,800	회원 (A협력)		회원 (A협력)	14
m-5392	이승호	733561-*******	남	010-953-2520		회원가입 가능성 있음		회원가입 가능성 있음	14
m-6409	여선주	736621-*******	여	010-887-7883		회원가입 가능성있음		탈퇴 후 재 가입	12
m-8301	김현성	696848-*******	여	010-409-8730	797,400	탈퇴 후 재 가입		VIP 회원	8
m-4462	권윤경	741449-*******	여	010-149-2530	4,890,100	VIP 회원		비회원	37
m-8615	이슬기	743344-*******	여	010-631-4678		회원가입 가능성 있음		탈퇴 가능성 있음	1
m-7859	김혜영	797592-*******	여	010-899-8302	767,700	탈퇴 후 재 가입			
m-5804	여형구	698536-*******	여	010-256-4290		비회원			
m-5101	김한수	711437-*******	남	010-640-9335	4,053,200	회원			
m-9038	박재홍	763725-*******	남	010-135-5297		비회원			
m-2870	김태근	692725-*******	남	010-334-8771		비 회원			
m-5605	김한도	749418-*******	남	010-154-8706	3,764,300	탈퇴			
m-4304	정연섭	777033-*******	남	010-632-2640	3,344,200	탈퇴함			
m-3882	조용철	685822-*******	남	010-542-8065	2,893,700	탈퇴함			
m-7233	송준영	768787-*******	남	010-344-7338	2,015,200	회원(A 협력사)			
m-9792	장이태	809321-*******	남	010-465-7989	2,000,800	탈퇴 가능성 있음			
m-4161	조창현	755557-*******	남	010-503-5471	1,985,500	회원 (협력사 A)			
m-3144	김시내	791489-*******	여	010-281-4985	1,766,800	회원			
m-8867	심규종	727716-*******	남	010-416-7542	4,007,100	회원임			

연회비 현황

회사에서 바로 통하는 **키워드** : 이름 정의, GET.CELL() 매크로 함수, 중복 데이터 제거, COUNTIF 함수, 매크로 포함 파일

한눈에 보는 작업순서

매크로 함수로 이름 정의하기 ▶ 셀의 배경색, 고유번호 확인하기 ▶ 구분과 셀색 중복 데이터 제거하여 정리하기 ▶ 셀 배경색 기준으로 구분별 인원수 구하기 ▶ 매크로 사용 통합 문서로 저장하기

01 매크로 함수로 이름 정의하기 ❶ [G4] 셀을 클릭합니다. ❷ [수식] 탭-[정의된 이름] 그룹-[이름 관리자]를 클릭합니다. ❸ [이름 관리자] 대화상자에서 [새로 만들기]를 클릭합니다. ❹ [새 이름] 대화상자의 [이름]에 **셀색**을 입력하고 ❺ [참조 대상]에 **=GET.CELL(38, G4)**를 입력합니다. ❻ [확인]을 클릭합니다. ❼ [이름 관리자] 대화상자에서 [닫기]를 클릭합니다.

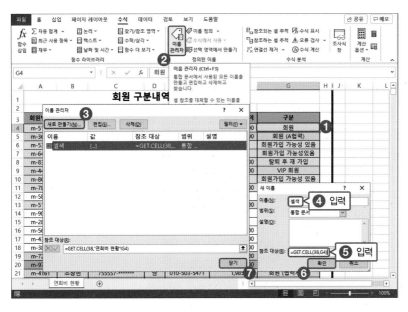

실력향상

GET.CELL() 매크로 함수의 형식은 'GET.CELL(옵션 번호, 셀 주소)'입니다. 셀의 배경색을 알기 위해 옵션 번호로 '38'을 입력하고 [G4] 셀부터 배경색의 번호를 알기 위해 셀 주소는 'G4'로 입력합니다.

실력향상

GET.CELL() 매크로 함수는 VBA나 이름 정의 등을 통해서만 사용할 수 있습니다.

02 셀의 배경색, 고유번호 확인하기 ❶ H열을 마우스 오른쪽 버튼으로 클릭한 후 ❷ [삽입]을 클릭합니다. ❸ G열을 범위로 지정하고 ❹ [홈] 탭-[클립보드] 그룹-[서식 복사🖌]를 클릭합니다.

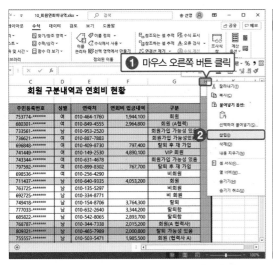

수식
핵심
기능

양식
자동화

데이터
관리&
집계

외부
데이터
편집

보고서
만들기

자동화
문서
만들기

데이터
분석&
시각화

03 ❶ H열을 클릭하여 서식을 붙여 넣습니다. ❷ [H3] 셀에 **셀색**을 입력합니다. ❸ [H4] 셀을 클릭하고 ❹ **=셀색**을 입력합니다. ❺ [H4] 셀의 채우기 핸들을 더블클릭하여 수식을 복사합니다. ❻ [자동 채우기 옵션 ▦▾]을 클릭하고 [서식 없이 채우기]를 클릭합니다.

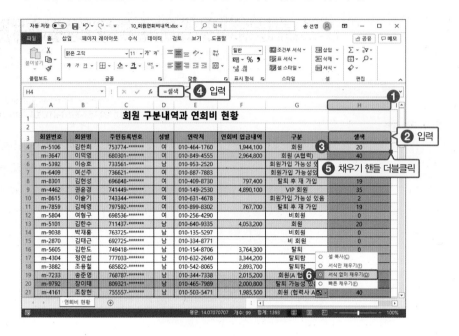

04 구분과 셀색 중복 데이터 제거하여 정리하기 ❶ [G:H] 열을 범위로 지정합니다. ❷ 마우스 오른쪽 버튼을 클릭한 후 ❸ [복사]를 클릭합니다. ❹ L열을 범위로 지정하고 ❺ Enter 를 눌러 한번에 붙여 넣습니다.

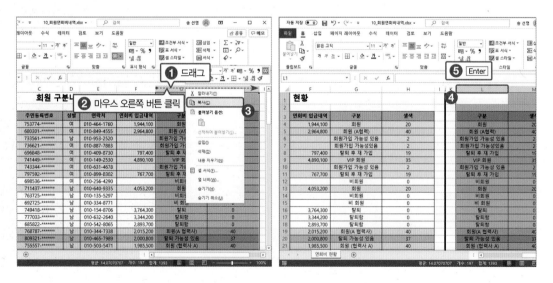

05 ❶ [L3] 셀을 클릭합니다. ❷ [데이터] 탭-[데이터 도구] 그룹-[중복된 항목 제거📋]를 클릭합니다. ❸ [중복 값 제거] 대화상자의 [구분] 열의 체크를 해제합니다. ❹ [확인]을 클릭합니다. ❺ 중복된 항목 제거 개수와 유지되는 항목 개수를 알려주는 메시지가 표시되면 [확인]을 클릭합니다.

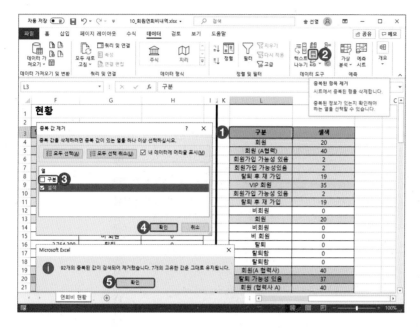

수식
핵심
기능

양식
자동화

데이터
관리&
집계

외부
데이터
편집

보고서
만들기

자동화
문서
만들기

데이터
분석&
시각화

📊 **실력향상**

색상을 기준으로 정리하기 위해 [셀색]에만 체크한 후 중복 데이터를 제거합니다. 중복된 데이터 중 제일 첫 번째 데이터만 남겨집니다.

06 ❶ L열을 범위로 지정하고 ❷ [홈] 탭-[클립보드] 그룹-[서식 복사📋]를 클릭합니다. ❸ N열을 클릭하여 서식을 붙여 넣습니다. ❹ [N3] 셀에 **인원수**를 입력합니다. ❺ [M:N] 열을 범위로 지정하고 ❻ [홈] 탭-[셀] 그룹-[서식]-[열 너비 자동 맞춤]을 클릭합니다.

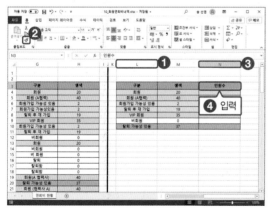

07 셀 배경색 기준으로 구분별 인원수 구하기 ❶ [N4] 셀을 클릭합니다. ❷ [수식] 탭-[함수 라이브러리] 그룹-[함수 더 보기]-[통계]-[COUNTIF]를 클릭합니다. ❸ [함수 인수] 대화상자의 [Range]에 **$H$4:$H$102**, [Criteria]에 **M4**를 입력합니다. ❹ [확인]을 클릭합니다.

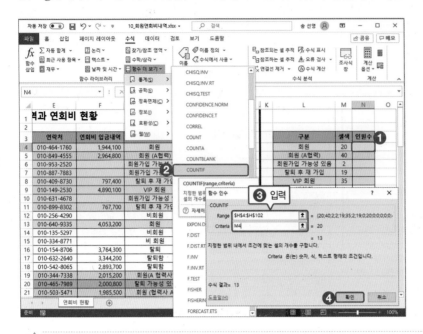

실력향상 COUNTIF 함수의 형식은 'COUNTIF(찾을 범위, 조건)'입니다. [H:H104] 범위에서 [M4] 셀에 입력된 고유번호와 같은 번호의 개수를 구합니다.

08 ❶ [N4] 셀의 채우기 핸들을 더블클릭하여 수식을 복사합니다. ❷ [자동 채우기 옵션]을 클릭하고 [서식 없이 채우기]를 클릭합니다.

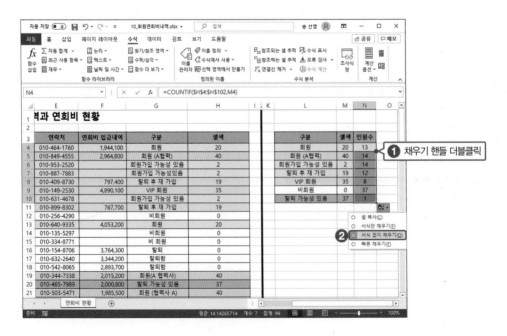

09 ❶ H열을 범위로 지정합니다. ❷ Ctrl 을 누른 상태에서 M열을 추가로 범위를 지정합니다. ❸ 지정한 범위에서 마우스 오른쪽 버튼을 클릭하고 ❹ [숨기기]를 클릭합니다. ❺ 회원 구분별 인원수가 집계되었습니다.

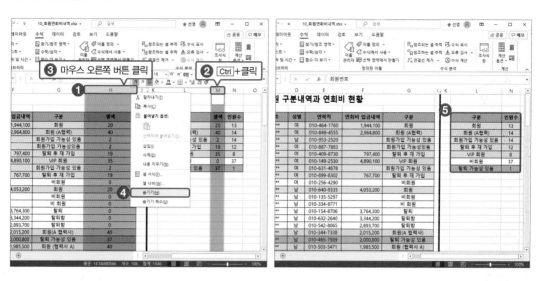

10 매크로 사용 통합 문서로 저장하기 완성 파일을 저장하겠습니다. ❶ Ctrl + S 를 누릅니다. ❷ 저장 오류 메시지가 표시되면 [아니오]를 클릭합니다.

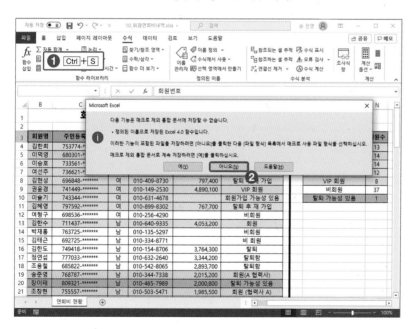

실력향상 오류 메시지가 표시된 대화상자에서 [예]를 클릭하면 매크로 관련 내용은 제외되고 저장됩니다. GET.CELL() 매크로 함수를 포함해서 저장해야 하므로 [아니오]를 클릭하여 매크로 포함 파일로 저장합니다.

수식
핵심
기능

양식
자동화

데이터
관리&
집계

외부
데이터
편집

보고서
만들기

자동화
문서
만들기

데이터
분석&
시각화

11 ❶ [다른 이름으로 저장]에서 [찾아보기]를 클릭합니다. ❷ [다른 이름으로 저장] 대화상자에서 저장할 위치를 선택하고 ❸ 파일 이름을 입력합니다. ❹ [파일 형식]을 [Excel 매크로 사용 통합 문서(*.xlsm)]로 선택합니다. ❺ [확인]을 클릭하여 저장 완료합니다.

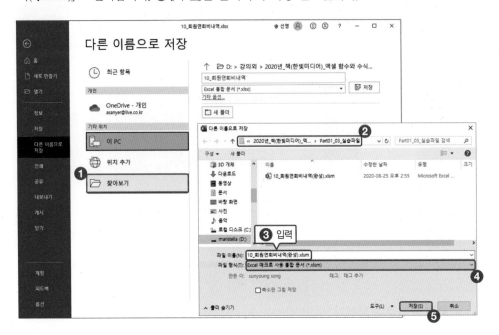

GET.CELL() 매크로 함수 알아보기

GET.CELL()은 셀의 정보를 알아낼 때 사용하는 매크로 함수로 워크시트에서는 직접 사용할 수 없고 VBA나 이름 정의 등에서 사용됩니다.

함수 형식	=GET.CELL(type_num, reference)			
함수 인수	• type_num			
	1	셀 주소를 절댓값으로 설정	2	셀의 행 번호
	3	셀의 열 번호	5	셀에 입력된 값
	6	셀에 입력된 수식	7	셀에 설정된 표시 형식
	16	셀의 열 너비	17	셀의 행 높이
	18	셀에 입력된 텍스트의 글꼴	19	셀에 입력된 텍스트의 크기
	20	셀에 입력된 텍스트의 굵기	24	셀에 입력된 텍스트의 색상
	32	파일명과 시트명	38	셀에 지정된 배경색
	• reference : 정보를 알고 싶은 셀이나 범위를 지정합니다.			

수식
핵심
기능

양식
자동화

데이터
관리&
집계

외부
데이터
편집

보고서
만들기

자동화
문서
만들기

데이터
분석&
시각화

배열 수식으로 업무구분별, 담당부서별 담당자 추출하기

실습 파일 | Part01/Chapter03/03_11_업무구분별담당자목록.xlsx
완성 파일 | Part01/Chapter03/03_11_업무구분별담당자목록(완성).xlsx

업무 담당자 목록에서 업무구분별, 담당부서별 담당자를 확인하려고 합니다. 업무구분은 유효성 검사를 이용해서 목록으로 표시하고, 목록에서 업무를 선택하면 바로 각 부서별 담당자 이름을 확인할 수 있도록 해보겠습니다. INDIRECT 함수와 SMALL, IF, ROW, IFERROR 함수를 이용한 배열 수식을 사용합니다.

미리 보기

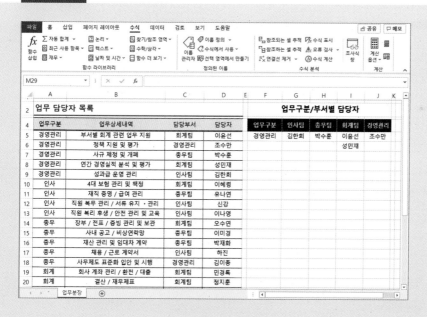

회사에서 바로 통하는 **키워드 :** 유효성 검사, INDIRECT 함수, SMALL 함수, IF 함수, ROW 함수, IFERROR 함수, 배열 수식

한눈에 보는 작업순서

표 머리글로 이름 정의하기 ▶ 유효성 검사로 업무구분 목록 만들기 ▶ 배열 수식으로 부서별 담당자 이름 확인하기 ▶ 오류 수정하기

01 표 머리글로 이름 정의하기 ❶ [A4] 셀을 클릭합니다. ❷ Ctrl+A를 눌러 표 전체를 범위로 지정합니다. ❸ [수식] 탭-[정의된 이름] 그룹-[선택 영역에서 만들기]를 클릭합니다. ❹ [선택 영역에서 이름 만들기] 대화상자에서 [첫 행]에만 체크한 후 ❺ [확인]을 클릭합니다.

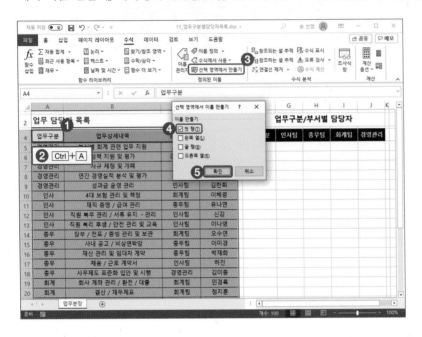

02 유효성 검사로 업무구분 목록 만들기 ❶ [F5] 셀을 클릭하고 ❷ [데이터] 탭-[데이터 도구] 그룹-[데이터 유효성 검사🗒]를 클릭합니다. ❸ [데이터 유효성] 대화상자의 [설정] 탭에서 [제한 대상]으로 [목록]을 선택합니다. ❹ [원본]에 **경영관리, 인사, 총무, 회계**를 입력합니다. ❺ [확인]을 클릭합니다.

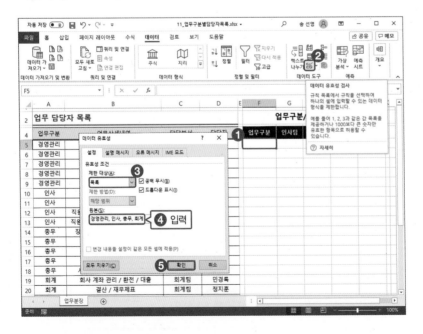

03 배열 수식으로 부서별 담당자 이름 확인하기 [F5] 셀에 목록 단추▼가 표시됩니다. ❶ 목록 단추▼를 클릭하여 [경영관리]를 클릭합니다. ❷ [G5] 셀을 클릭하고 ❸ **=INDIRECT("D"& SMALL(IF((업무구분=$F$5)*(담당부서=G$4), ROW(업무구분)), ROW()−4))**를 입력한 후 ❹ Ctrl + Shift + Enter 를 눌러 배열 수식으로 입력합니다.

📈 **실력향상** ROW() 함수는 행 번호를 알려줍니다. SMALL 함수의 인수로 사용된 'ROW()−4'는 각 셀의 행 번호에서 4를 뺀 1, 2, 3순위의 데이터를 가져옵니다. 'ROW(업무구분)'은 [업무구분] 이름 범위에서 각 조건에 만족되는 데이터의 행 번호를 파악합니다.

📈 **실력향상** 'SMALL(IF((업무구분=$F$5)*(담당부서=G$4), ROW(업무구분)), ROW()−4)' 수식은 조건이 여러 개이므로 SMALL 함수를 배열 수식으로 사용한 수식입니다. 배열 수식의 형식은 'SMALL(IF((조건 범위=조건)*(조건 범위2=조건2), 집계 범위), 순위)'입니다. [업무구분] 범위에서 [F5] 셀에 입력된 '경영관리', 그리고 [담당부서] 범위에서 [G4] 셀에 입력된 '인사팀'에 모두 해당하는 데이터를 찾고 ROW 함수를 이용하여 행 번호를 파악한 후 'SMALL(범위, 순위)' 수식으로 행 번호 중 가장 작은 순위, 즉 가장 앞에 위치한 데이터를 표시합니다. '(담당부서=G$4)' 수식은 4행에 입력된 각 부서의 담당자를 파악하기 위해 행 고정 혼합 참조로 작성합니다.

📈 **실력향상** 'INDIRECT("D"&SMALL(IF((업무구분=$F$5)*(담당부서=G$4), ROW(업무구분)), ROW()−4))' 수식은 INDIRECT 함수를 사용해 입력된 텍스트를 셀 주소로 변환시켜줍니다. 배열 수식에서 SMALL 함수로 입력한 조건에 해당하는 데이터의 행 위치를 파악한 후 D열에서 담당자 이름을 가져옵니다.

CHAPTER 03 데이터 관리 도구와 수식으로 집계하기 **215**

04 ❶ [G5] 셀의 채우기 핸들을 [J5] 셀까지 드래그하여 수식을 복사하고 ❷ [G5:J5] 범위가 지정된 상태에서 [J5] 셀의 채우기 핸들을 아래로 드래그하여 [J8] 셀까지 수식을 복사합니다.

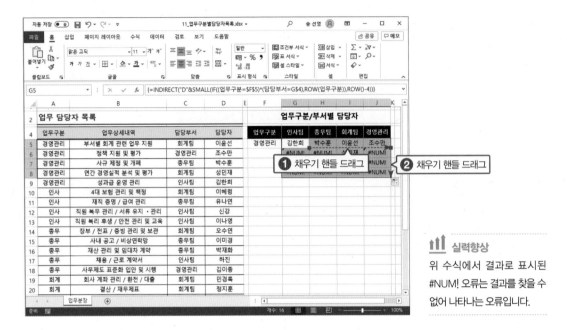

실력향상 위 수식에서 결과로 표시된 #NUM! 오류는 결과를 찾을 수 없어 나타나는 오류입니다.

05 오류 수정하기 ❶ [G5] 셀을 더블클릭하고 수식을 **=IFERROR(INDIRECT("D"&SMALL(IF((업무구분=$F$5)*(담당부서=G$4), ROW(업무구분)), ROW()−4)), "")**로 수정한 후 ❷ Ctrl + Shift + Enter 를 누릅니다. ❸ [G5] 셀의 채우기 핸들을 [J5] 셀까지 드래그하여 수식을 복사하고 ❹ [G5:J5] 범위가 지정된 상태에서 [J5] 셀의 채우기 핸들을 아래로 드래그하여 [J8] 셀까지 수식을 복사합니다.

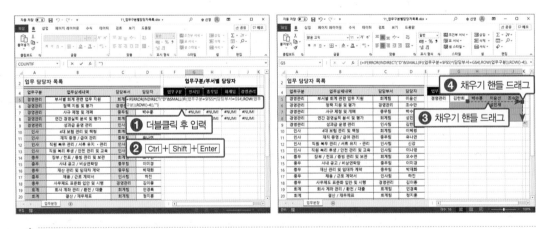

실력향상 IFERROR 함수의 형식은 'IFERROR(오류를 검사할 수식, 수식이 오류일 때 반환할 메시지)'입니다. 각 조건에 해당하는 담당자가 없으면 빈칸으로 표시하기 위해 반환할 메시지에 '""'를 입력합니다.

06 [F5] 셀의 목록 단추▼를 클릭하여 회계를 선택하고 부서별 담당자를 확인합니다.

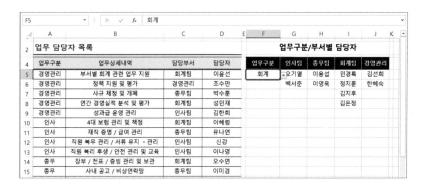

★★★ 비법노트
SMALL 함수 알아보기

숫자 데이터에서 지정한 순위의 작은 숫자를 구하는 함수입니다.

함수 형식	=SMALL(array, k)
함수 인수	• array : 가장 작은 값을 결정하는데 필요한 데이터 범위를 지정합니다. • k : 데이터 범위에서 몇 번째로 작은 값을 구할 것인지 숫잣값을 입력합니다.

★★★ 비법노트
다중 조건 배열 수식 알아보기

기존 SMALL 함수로는 여러 조건에 해당하는 데이터의 행 번호를 순서대로 표현할 수 없습니다. 이런 경우 IF 함수를 배열 수식으로 작성하여 해결합니다. 조건이 여러 개면 * 기호로 각 조건을 연결하여 '=함수(IF((조건 범위=조건)*(조건 범위2=조건2)*…, 집계 데이터 범위))' 형식으로 입력합니다. 함수로는 LARGE, SMALL, MAX, MIN 함수 등 IFS 함수가 제공되지 않는 집계 함수를 사용합니다.

SMALL(IF((업무구분="회계")*(담당부서="인사팀"), ROW(업무구분)), ROW()-4))를 입력하면 각 조건에 해당하는 데이터의 행 번호를 배열로 저장하고 'INDIRECT("D"&행 번호)' 형식으로 정리하여 D 열에 위치한 담당자 이름을 표시합니다.

수식
핵심
기능

양식
자동화

데이터
관리&
집계

외부
데이터
편집

보고서
만들기

자동화
문서
만들기

데이터
분석&
시각화

조건부 서식으로 오류 정리하기

데이터가 많은 경우 #NUM! 오류를 IFERROR 함수로 처리하면 수식을 하나하나 계산하느라 처리 시간이 오래 걸릴 수 있습니다. 이런 경우 조건부 서식을 이용하여 처리할 수 있습니다.

01 ❶ 오류가 표시된 [G5:J8] 범위를 지정하고 ❷ [홈] 탭─[스타일] 그룹─[조건부 서식]─[새 규칙]을 클릭합니다. ❸ [새 서식 규칙] 대화상자에서 [수식을 사용하여 서식을 지정할 셀 결정]을 클릭합니다. ❹ 수식 입력란에 =ISERROR(G5)를 입력합니다. 지정한 범위 안의 셀들을 모두 체크하기 위해 상대 참조 형식으로 셀 주소를 입력합니다. ❺ [서식]을 클릭합니다.

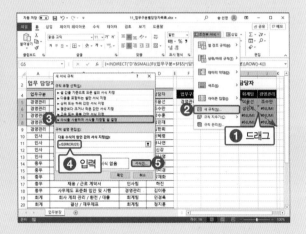

02 ❶ [셀 서식] 대화상자의 [글꼴] 탭에서 [색]의 목록 단추를 클릭하여 [흰색, 배경 1]을 클릭합니다. ❷ [확인]을 클릭합니다. ❸ [새 서식 규칙] 대화상자의 [미리 보기]에서 설정된 서식을 확인한 후 [확인]을 클릭합니다.

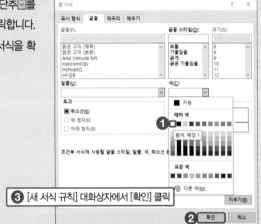

03 조건부 서식이 설정되어 오류가 있는 셀은 내용이 보이지 않습니다.

수식
핵심
기능

양식
자동화

데이터
관리&
집계

외부
데이터
편집

보고서
만들기

자동화
문서
만들기

데이터
분석&
시각화

핵심기능

12

같은 주문번호인 경우 중복 데이터를 제외하고 고객별 주문 건수와 결제금액 확인하기

실습 파일 | Part01/Chapter03/03_12_고객별주문내역.xlsx
완성 파일 | Part01/Chapter03/03_12_고객별주문내역(완성).xlsx

전체 주문 내역에서 고객별 주문횟수와 총 결제금액을 구해보겠습니다. 여러 상품을 한번에 구입한 경우 같은 주문번호가 부여되어 주문번호별 횟수를 구하기가 쉽지 않습니다. SUM, IF, COUNTIF 함수를 배열 수식으로 작성하여 중복 데이터를 제외한 주문횟수를 계산하고 SUMIF 함수로 총 결제금액을 계산해보겠습니다.

미리 보기

회사에서 바로 통하는 **키워드** : 중복된 항목 제거, SUM 함수, IF 함수, COUNTIF 함수, 배열 수식, SUMIF 함수

한눈에 보는 작업순서	표 머리글로 이름 정의하기	▶	중복 데이터 제거하여 고객ID와 고객명 표시하기	▶	중복값 제외하여 주문횟수 계산하기	▶	고객별 총 결제 금액 계산하기

01 표 머리글로 이름 정의하기 ❶ [A4] 셀을 클릭하고 ❷ Ctrl + A 를 눌러 표 전체를 범위로 지정합니다. ❸ [수식] 탭-[정의된 이름] 그룹-[선택 영역에서 만들기]를 클릭합니다. ❹ [선택 영역에서 이름 만들기] 대화상자에서 [첫 행]에만 체크한 후 ❺ [확인]을 클릭합니다.

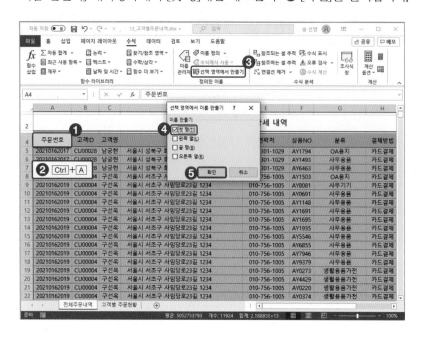

02 중복 데이터 제거하여 고객ID와 고객명 표시하기 ❶ [B5:C5] 범위를 지정한 후 ❷ Ctrl + Shift + ↓ 를 눌러 [B5:C1038] 범위를 지정합니다. ❸ 지정한 범위에서 마우스 오른쪽 버튼을 클릭하고 ❹ [복사]를 클릭합니다. ❺ [고객별 주문현황] 시트 탭을 클릭합니다. ❻ [A4] 셀을 마우스 오른쪽 버튼으로 클릭하고 ❼ [붙여넣기 옵션]에서 [값🔢]을 클릭합니다.

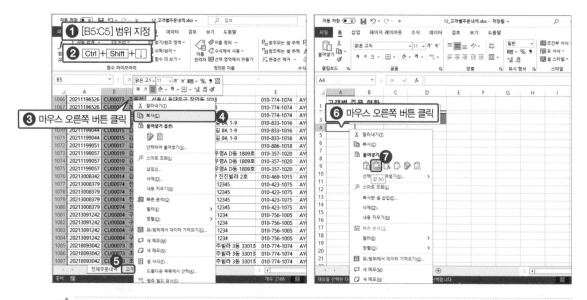

📊 **실력향상** 서식은 적용되지 않도록 값만 붙여 넣습니다.

03 ❶ 붙여 넣은 데이터가 범위로 지정된 상태에서 [데이터] 탭-[데이터 도구] 그룹-[중복된 항목 제거 🗙]를 클릭합니다. ❷ [중복값 제거] 대화상자에서 [확인]을 클릭하여 중복된 항목을 제거합니다. 중복된 항목 제거 개수와 유지되는 항목 개수를 알려주는 메시지가 표시됩니다. ❸ [확인]을 클릭합니다. ❹ [홈] 탭-[맞춤] 그룹-[가운데 맞춤]을 클릭합니다.

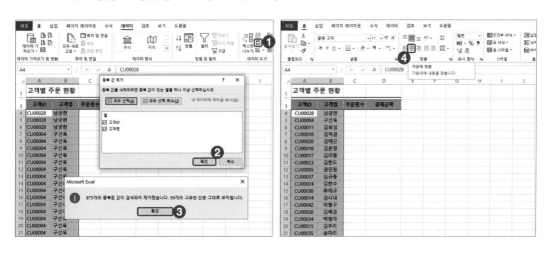

04 중복값 제외하여 주문횟수 계산하기 ❶ [C4] 셀을 클릭하고 ❷ **=SUM(IF((고객ID=A4), 1/COUNTIF(주문번호, 주문번호)))**를 입력합니다. ❸ Ctrl + Shift + Enter 를 눌러 배열 수식으로 입력합니다. ❹ [C4] 셀의 채우기 핸들을 더블클릭하여 수식을 복사합니다.

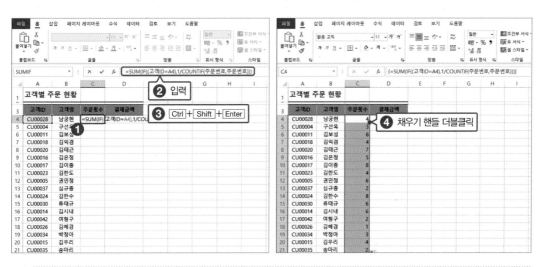

📊 **실력향상** SUM 함수를 배열 수식으로 사용한 수식입니다. 배열 수식의 형식은 'SUM(IF((조건범위=조건), 집계 범위))'입니다. '=SUM(IF(고객ID=A4), 1/COUNTIF(주문번호, 주문번호)))' 수식을 입력하여 [고객ID] 범위에서 [A4] 셀에 입력된 고객ID와 같으면 '1/COUNTIF(주문번호, 주문번호)' 수식을 계산합니다.

📊 **실력향상** 집계 범위에 입력된 '1/COUNTIF(주문번호, 주문번호)' 수식은 [주문번호] 전체 범위에서 같은 주문번호의 개수를 파악한 후 1로 나누고 각각 더하여 같은 주문번호의 결과를 1로 만드는 수식입니다. 20210162017 주문번호가 세 개면 3을 1로 나누어 0.333333이 총 세 개가 나오고 모두 더하여 결과로 1이 나옵니다.

수식
핵심
기능

양식
자동화

데이터
관리&
집계

외부
데이터
편집

보고서
만들기

자동화
문서
만들기

데이터
분석&
시각화

05 고객별 총 결제금액 계산하기 ❶ [D4] 셀을 클릭하고 ❷ [수식] 탭-[함수 라이브러리] 그룹-[수학/삼각]-[SUMIF]를 클릭합니다. ❸ [함수 인수] 대화상자에서 [Range]에 **고객ID**, [Criteria]에 **A4**, [Sum_range]에 **결제금액**을 입력합니다. ❹ [확인]을 클릭합니다. ❺ [D4] 셀의 채우기 핸들을 더블클릭하여 수식을 복사합니다. ❻ 수식을 붙여 넣은 범위가 지정된 상태에서 [홈] 탭-[표시 형식] 그룹-[쉼표 스타일]을 클릭하여 서식을 설정합니다.

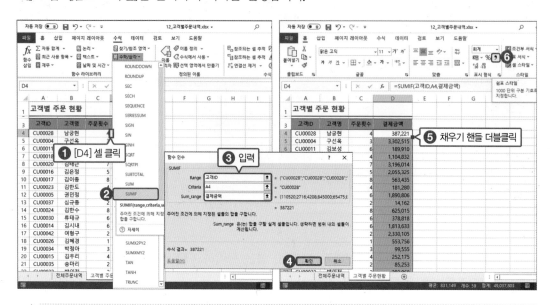

 실력향상 [고객ID] 범위에서 [A4] 셀에 입력된 ID와 같은 위치를 찾아 [결제금액] 범위에서 같은 위치의 금액 합계를 구합니다.

★★★ 비법노트 고유 데이터의 개수를 세는 배열 수식 알아보기

중복값을 제거하여 고유 데이터의 개수를 셀 때는 배열 수식을 사용합니다. 'SUM(IF((고객ID="CU00028"), 1/COUNTIF(주문번호, 주문번호)))' 수식은 [고객ID] 범위에서 CU00028과 같은 고객ID면 '1/COUNTIF(주문번호,주문번호)' 수식을 계산한 후 결과를 더합니다.

'COUNTIF(주문번호,주문번호)' 수식은 [주문번호] 범위에서 같은 주문번호의 총 개수를 구합니다. CU00028 고객ID의 주문번호 중에서 20210162017은 세 개, 20210991003은 일곱 개, 20210991003은 두 개, 20211108084는 네 개입니다. 1을 각 주문번호의 개수로 나눈 후 같은 주문번호별로 더하여 중복된 주문번호의 결과를 1로 만듭니다.

네 개의 주문번호에 대한 결과는 모두 1로, CU00028 고객ID의 총 주문횟수인 4로 결괏값이 표시됩니다.

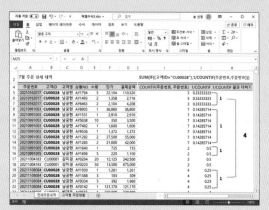

UNIQUE 함수 알아보기

1. UNIQUE 함수

UNIQUE 함수는 마이크로소프트 365 버전에서 제공되는 함수로 범위 안의 중복되는 데이터를 제거하여 고유 데이터만 추출하는 함수입니다.

표 이름	=UNIQUE(array, by_col, exactly_once)
함수 인수	• array : 고유 데이터를 반환할 범위를 지정합니다. • by_col : 지정한 범위의 데이터가 행 기준인지 열 기준인지 설정합니다. FALSE(생략 가능)는 열 기준, TRUE는 행 기준입니다. • exactly_once : FALSE(생략 가능)를 입력하여 중복된 데이터는 하나만 추출할 것인지 TRUE를 입력하여 중복 데이터가 없는 고유 데이터만 추출할 것인지 지정합니다.

2. UNIQUE 함수로 중복값 제거하기

UNIQUE 함수로 [고객ID]와 [고객명] 범위를 지정하겠습니다.

실습 파일 | Part01/Chapter03/12_UNIQUE함수.xlsx
완성 파일 | Part01/Chapter03/12_UNIQUE함수(완성).xlsx

01 ❶ [I5] 셀을 클릭하고 ❷ =UNIQUE(B5:
C1038)를 입력합니다. 두 번째 인수는 데이터가 열 기준이므로 생략하고, 세 번째 인수도 중복데이터 중 하나만 추출하므로 생략합니다. 중복데이터를 제거한 데이터들이 추출됩니다.

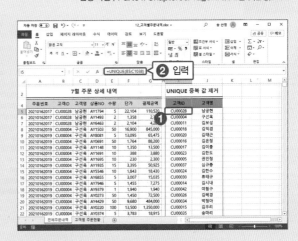

02 고유 데이터만 추출하겠습니다. ❶ [I5]
셀을 클릭하고 ❷ =UNIQUE(B5:C1038, ,
TRUE)를 입력합니다. 중복 데이터가 없는 고유데이터만 추출됩니다.

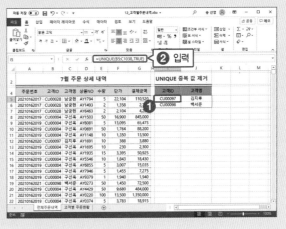

수식
핵심
기능

양식
자동화

데이터
관리&
집계

외부
데이터
편집

보고서
만들기

자동화
문서
만들기

데이터
분석&
시각화

핵심기능

13

선택한 규모의 현황만 파악하는 동적 차트 작성하기

실습 파일 | Part01/Chapter03/03_13_산업별규모별사업장현황.xlsx
완성 파일 | Part01/Chapter03/03_13_산업별규모별사업장현황(완성).xlsx

산업별, 규모별 사업장 현황 데이터에서 선택한 규모의 사업장 현황만 차트로 표현해보겠습니다. 10인 미만 규모의 데이터로 가로 막대 차트를 작성한 후 옵션 단추로 사업장 규모를 선택할 수 있도록 만들고 셀과 연결하겠습니다. 옵션 단추와 연결된 셀을 OFFSET 함수를 이용하여 동적 범위로 작성하고 차트의 데이터 범위에 적용하면 선택한 규모의 사업장 현황만 차트에 표시되도록 시각화할 수 있습니다.

미리 보기

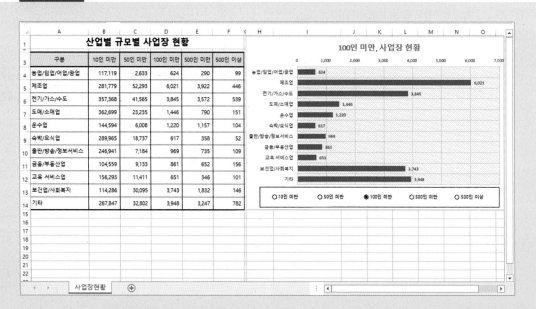

회사에서 바로 통하는 **키워드** : 가로 막대 차트, 동적 이름 범위, 옵션 단추, INDEX 함수, OFFSET 함수

한눈에 보는 작업순서

10인 미만 사업장 현황표를 가로 막대 차트로 작성하기 ▶ 차트 스타일과 계열 서식 변경하기 ▶ 축 서식 항목 위치 변경하고 데이터 레이블 표시하기 ▶

INDEX 함수로 위치에 맞는 규모의 차트 제목 만들기 ▶ 사업장 규모를 옵션 단추로 표현하기 ▶ OFFSET 함수로 동적 이름 범위 지정하기 ▶ 차트 데이터 범위를 이름 범위로 수정하기

01 10인 미만 사업장 현황표를 가로 막대 차트로 작성하기 ❶ [A3:B14] 범위를 지정합니다. ❷ [삽입] 탭-[차트] 그룹-[세로 또는 가로 막대형 차트 삽입▦]-[2차원 가로 막대형]-[묶은 가로 막대형]을 클릭합니다.

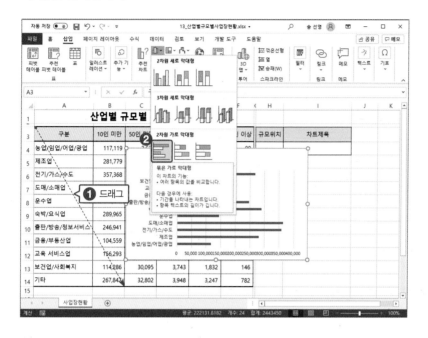

02 차트 스타일과 계열 서식 변경하기 ❶ 삽입된 차트의 윤곽선과 크기 조절점을 적절히 드래그하여 차트를 원하는 위치로 이동하고 크기도 변경합니다. ❷ [차트 스타일▨]을 클릭한 후 ❸ [스타일]에서 [스타일 6]을 클릭합니다.

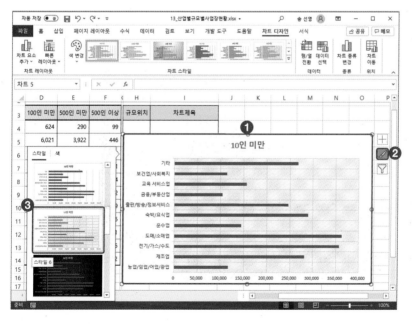

> 🔼 **실력향상**
> [차트 스타일]을 클릭한 후 [색]을 지정하면 차트를 구성하는 색상을 변경할 수 있습니다.

수식
핵심
기능

양식
자동화

데이터
관리&
집계

외부
데이터
편집

보고서
만들기

자동화
문서
만들기

데이터
분석&
시각화

03 ❶ [10인 미만] 계열에서 마우스 오른쪽 버튼을 클릭한 후 ❷ [데이터 계열 서식]을 클릭합니다.
❸ [데이터 계열 서식] 작업 창에서 [계열 옵션]의 [간격 너비]를 **100%**로 변경합니다.

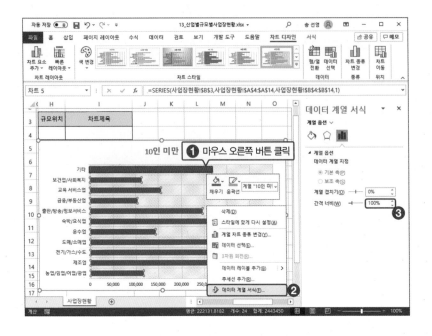

04 축 서식 항목 위치 변경하고 데이터 레이블 표시하기 ❶ [세로축]을 클릭한 후 ❷ [축 서식] 작업 창의 [축 옵션]에서 [항목을 거꾸로]에 체크하여 항목의 위치를 변경합니다. ❸ [닫기☒]를 클릭하여 [축 서식] 작업 창을 닫습니다. ❹ [차트 요소⊞]를 클릭한 후 ❺ [데이터 레이블]에 체크하여 값을 표시합니다.

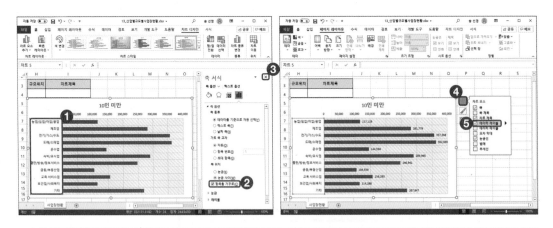

실력향상 [데이터 레이블]에 체크하면 같은 계열의 레이블이 모두 표시됩니다. 계열을 클릭한 후 다시 한번 계열을 클릭하면 요소 단위로 선택되고 이때 [데이터 레이블]에 체크하면 선택한 요소의 값만 표시됩니다. [차트 요소]를 클릭한 후 [데이터 레이블]을 클릭하면 값이 표시될 위치를 선택할 수 있습니다. [기타 옵션]을 클릭하여 데이터 레이블의 내용과 위치를 한번에 수정할 수도 있습니다.

05 INDEX 함수로 위치에 맞는 규모의 차트 제목 만들기 ❶ [H4] 셀에 **1**을 입력합니다. ❷ [I4] 셀을 클릭하고 ❸ [수식] 탭–[함수 라이브러리] 그룹–[찾기/참조 영역]–[INDEX]를 클릭합니다. ❹ [인수 선택] 대화상자에서 [array, row_num, column_num]을 클릭하고 ❺ [확인]을 클릭합니다.

06 ❶ [함수 인수] 대화상자에서 [Array]에 **B3:F3**, [Column_num]에 **H4**를 입력합니다. ❷ [확인]을 클릭합니다. ❸ [I4] 셀을 더블클릭한 후 수식을 **=INDEX(B3:F3,, H4)&", 사업장 현황"**로 수정합니다.

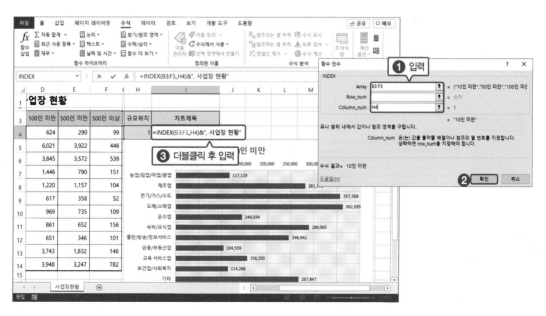

실력향상 INDEX 함수로 [B3:F3] 범위에서 [H4] 셀에 입력된 열의 데이터를 표시합니다. [H4] 셀의 숫자를 변경하면 입력한 열 위치의 산업별 규모가 표시됩니다. 행은 하나이므로 INDEX 함수에서는 생략할 수 있습니다.

수식
핵심
기능

양식
자동화

데이터
관리&
집계

외부
데이터
편집

보고서
만들기

자동화
문서
만들기

데이터
분석&
시각화

07 ① [차트 제목] 클릭합니다. **②** 수식 입력 줄에 **=**를 입력하고 **③** [I4] 셀을 클릭한 후 Enter 를 누릅니다. **④** 차트의 가장자리를 드래그하여 차트의 윗부분이 1행에 오도록 위로 이동시키고 적절한 크기로 변경합니다. **⑤** [그림 영역]의 아래쪽 조절점을 위로 드래그하여 [차트 영역]의 아래쪽 공간을 넓게 수정합니다.

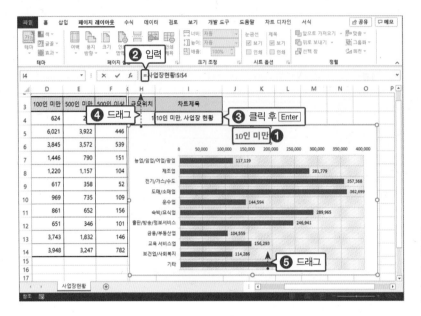

실력향상

차트 제목을 [I4] 셀과 연결하여 [I4] 셀의 제목이 수정되면 같이 변경됩니다.

08 사업장 규모를 옵션 단추로 표현하기 **①** [개발 도구] 탭–[컨트롤] 그룹–[삽입]–[그룹 상자(양식 컨트롤)]를 클릭합니다. **②** 차트 아래쪽에 드래그하여 그룹 상자를 삽입합니다. **③** [그룹 상자] 왼쪽 상단의 텍스트는 클릭한 후 Delete 를 눌러 삭제합니다.

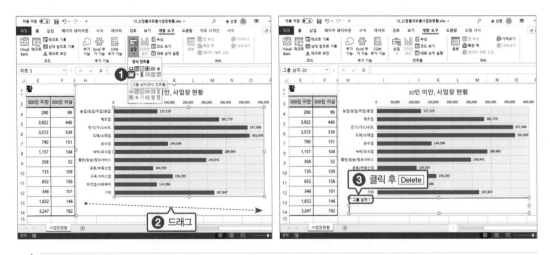

실력향상 리본 메뉴의 [개발 도구] 탭이 보이지 않는다면 [파일] 탭–[옵션]을 클릭한 후 [Excel 옵션] 대화상자에서 [리본 사용자 지정] 탭을 클릭하고 [개발 도구]에 체크합니다.

09 ❶[개발 도구] 탭-[컨트롤] 그룹-[삽입]을 클릭하고 [옵션 단추(양식 컨트롤)◉]를 클릭합니다. ❷그룹 상자 안에 드래그하여 옵션 단추를 삽입합니다.

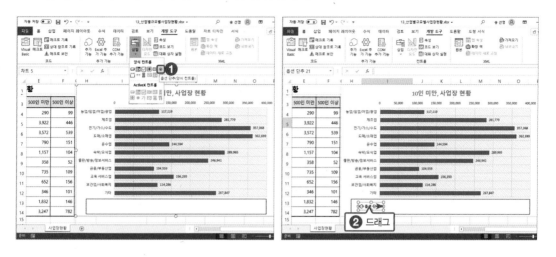

10 ❶옵션 단추의 안쪽을 클릭하여 텍스트를 **10인 미만**으로 수정합니다. ❷ Ctrl + Shift 를 누른 상태에서 옵션 단추를 오른쪽으로 드래그하여 복사합니다. ❸같은 방식으로 옵션 단추를 세 개 더 복사합니다.

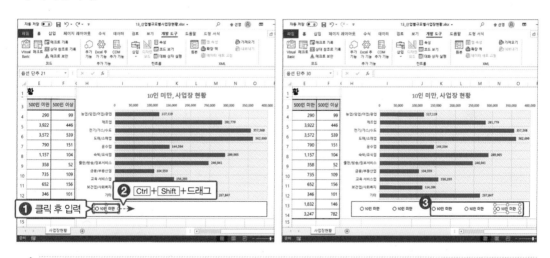

🔼 **실력향상** 임의의 셀을 클릭하면 옵션 단추 선택이 해제됩니다. Ctrl 을 누른 채 옵션 단추를 클릭하면 다시 선택할 수 있습니다.

🔼 **실력향상** Ctrl + Shift 를 누른 상태에서 드래그하면 수평으로 복사할 수 있습니다.

수식
핵심
기능

양식
자동화

데이터
관리&
집계

외부
데이터
편집

보고서
만들기

자동화
문서
만들기

데이터
분석&
시각화

11 ❶ Ctrl 을 누른 상태에서 옵션 단추를 각각 클릭하여 모두 선택합니다. ❷ [페이지 레이아웃] 탭-[정렬] 그룹-[맞춤]-[가로 간격을 동일하게]를 클릭합니다. ❸ 두 번째 옵션 단추 위에서 마우스 오른쪽 버튼을 클릭한 후 ❹ [텍스트 편집]을 클릭합니다.

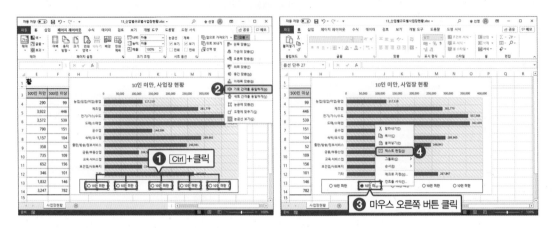

📊 **실력향상** 옵션 단추의 안쪽을 클릭해도 텍스트를 수정할 수 있습니다.

12 ❶ 두 번째 옵션 단추의 텍스트를 **50인 미만**으로 수정하고 같은 방식으로 세 번째 옵션 단추는 **100인 미만**, 네 번째 옵션 단추는 **500인 미만**, 다섯 번째 옵션 단추는 **500인 이상**으로 수정합니다. ❷ 첫 번째 옵션 단추 위에서 마우스 오른쪽 버튼을 클릭하고 ❸ [컨트롤 서식]을 클릭합니다.

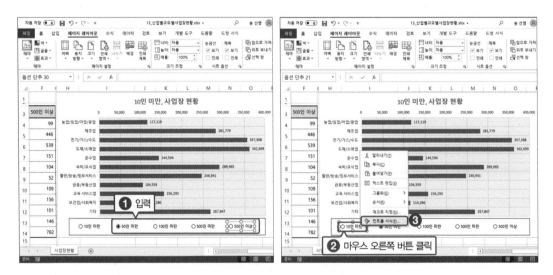

13 ❶[컨트롤 서식] 대화상자의 [컨트롤] 탭에서 [셀 연결]에 **H4**를 입력합니다. ❷[확인]을 클릭합니다. ❸옵션 단추를 클릭하면 클릭한 옵션 단추의 규모가 차트 제목에 표시됩니다.

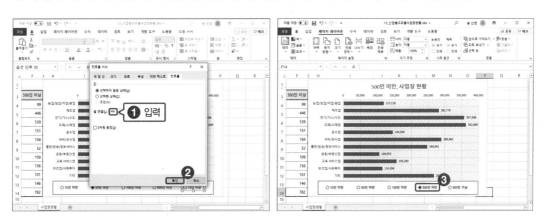

실력향상 같은 그룹 상자 안에 그려진 옵션 단추 또는 복제해서 그린 옵션 단추 중 하나의 옵션 단추만 셀과 연결합니다. 옵션 단추를 [H4] 셀과 연결하여 첫 번째 [10인 미만]을 클릭하면 1, 두 번째 [50인 미만]을 클릭하면 2, 세 번째 [100인 미만]을 클릭하면 3, 네 번째 [500인 미만]을 클릭하면 4, 다섯 번째 [500인 이상]을 클릭하면 5가 [H4] 셀에 표시됩니다.

14 OFFSET 함수로 동적 이름 범위 지정하기 ❶[수식] 탭-[정의된 이름] 그룹-[이름 관리자]를 클릭합니다. ❷[이름 관리자] 대화상자에서 [새로 만들기]를 클릭합니다. ❸[새 이름] 대화상자에서 [이름]에는 **차트범위**, [참조 대상]에는 **=OFFSET($A$4, 0, $H$4, 11, 1)**를 입력합니다. ❹[확인]을 클릭합니다. ❺[이름 관리자] 대화상자에서 이름을 확인한 후 ❻[닫기]를 클릭합니다.

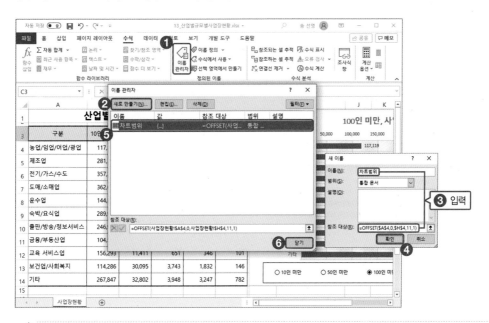

실력향상 OFFSET 함수의 형식은 'OFFSET(기준 셀, 이동할 행, 이동할 열, 높이, 너비)'입니다. 기준 셀은 [A4] 셀, 이동할 행은 '0', 이동할 열은 [H4] 셀로 지정했을 때 [H4] 셀에 입력된 값이 '1'이면 [A4] 셀에서 오른쪽으로 한 칸 이동한 [B4] 셀부터 11개의 행과 한 개의 열에 해당하는 [B4:B14] 범위가 차트 범위로 설정됩니다.

수식
핵심
기능

양식
자동화

데이터
관리&
집계

외부
데이터
편집

보고서
만들기

자동화
문서
만들기

데이터
분석&
시각화

15 차트 데이터 범위를 이름 범위로 수정하기 ❶ 차트를 클릭하고 ❷ [차트 디자인] 탭-[데이터] 그룹-[데이터 선택]을 클릭합니다. ❸ [데이터 원본 선택] 대화상자의 [범례 항목(계열)]에서 [10인 미만]을 클릭하고 ❹ [편집]을 클릭합니다. ❺ [계열 편집] 대화상자의 [계열 값]을 **=사업장현황!차트범위**로 수정하고 ❻ [확인]을 클릭합니다. ❼ [데이터 원본 선택] 대화상자에서 [확인]을 클릭합니다.

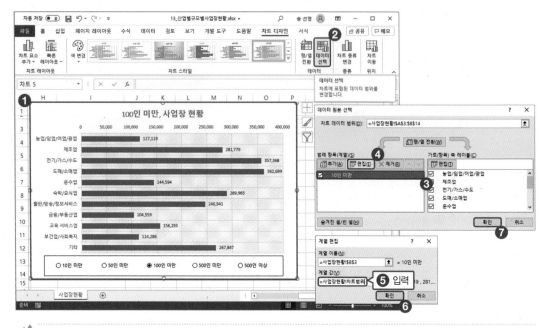

실력향상 [계열 편집] 대화상자의 [계열 이름]은 차트에 범례를 표시하는 경우 함께 수정해야 합니다.

16 옵션 단추에서 규모를 클릭하면 클릭한 규모의 사업장이 차트에 표시됩니다.

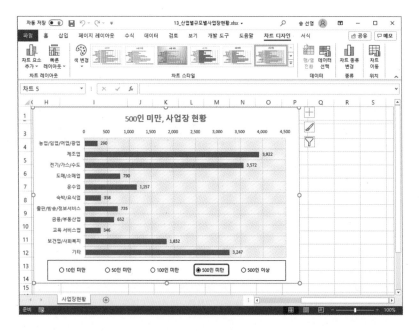

OFFSET 함수 알아보기

OFFSET 함수는 인수를 세 개만 사용하여 입력한 셀을 기준으로 지정한 행과 열만큼 떨어진 데이터를 찾아오거나, 인수 다섯 개를 모두 사용하여 입력한 셀을 기준으로 지정한 행과 열만큼 이동한 후 입력한 높이와 너비에 해당하는 범위를 참조하는 함수입니다. 동적 범위를 참조할 수 있어 자동화된 문서를 만들 때 종종 사용합니다.

함수 형식	=OFFSET(reference, rows, cols, height, width)
함수 인수	• reference : 위치를 찾아 셀 또는 범위를 참조하기 위해 기준으로 사용할 셀을 지정합니다. • rows : [reference] 인수로 지정한 셀에서 이동할 만큼의 행을 입력합니다. 0을 입력하면 이동하지 않고 양수는 아래쪽으로, 음수는 위쪽으로 이동합니다. • cols : [reference] 인수로 지정한 셀에서 이동할 만큼의 열을 입력합니다. 0을 입력하면 이동하지 않고 양수는 오른쪽으로, 음수는 왼쪽으로 이동합니다. • height : [reference] 인수로 지정한 셀에서 입력된 행, 열만큼 이동한 후 참조할 범위의 높이(행 개수)를 지정합니다. [width] 인수와 같이 생략이 가능하며 생략하면 행, 열만큼 이동한 후 해당 위치의 데이터를 가져옵니다. • width : [reference] 인수로 지정한 셀에서 입력된 행, 열만큼 이동한 후 참조할 범위의 너비(열 개수)를 지정합니다. [height] 인수와 같이 생략이 가능하며 생략하면 행, 열만큼 이동한 후 해당 위치의 데이터를 가져옵니다.

수식
핵심
기능

양식
자동화

데이터
관리&
집계

외부
데이터
편집

보고서
만들기

자동화
문서
만들기

데이터
분석&
시각화

동적 범위로 자료를 집계하는 피벗 테이블 작성하기

실습 파일 | Part01/Chapter03/03_14_상반기배송료입금내역.xlsx
완성 파일 | Part01/Chapter03/03_14_상반기배송료입금내역(완성).xlsx

동적 이름 범위로 피벗 테이블 보고서를 작성하면 데이터가 추가/삭제되는 경우에도 원본 데이터의 수정 없이 바로 피벗 테이블에 반영시킬 수 있어 편리합니다. OFFSET과 COUNTA 함수로 동적 이름 범위를 만들고 이름 범위로 담당자별 배송료 현황 보고서를 피벗 테이블로 작성해보겠습니다. 원본 데이터가 수정되면 새로 고침으로 피벗 테이블에 바로 적용해보겠습니다.

미리 보기

	A	B	C	D	E	F	G	H	I
1	담당자별 상반기 배송료								
2									
3		▼			상반기				
4	담당자 ▼	1월	2월	3월	4월	5월	6월	총합계	
5	김선희	93,000	93,000	116,500	118,500	109,000	77,500	607,500	
6	김이종	664,000	588,000	298,000	388,000	354,000	192,000	2,484,000	
7	김지훈	79,500	58,000	73,000	64,500	76,000	54,000	405,000	
8	민지성	144,500	131,000	130,500	140,500	132,000	129,500	808,000	
9	송혜진	113,000	149,500	155,000	127,000	128,500	144,500	817,500	
10	신강	202,000	290,000	468,000	304,000	458,000	428,000	2,150,000	
11	신영욱	45,000	30,000	30,000	45,000	60,000	35,000	245,000	
12	오진열	89,500	116,000	104,000	117,000	121,500	103,000	651,000	
13	유재민	172,000	126,000	187,000	176,000	142,500	205,000	1,008,500	
14	이대형	137,500	134,500	147,000	134,000	122,000	159,000	834,000	
15	이수훈	694,000	748,000	514,000	876,000	732,000	878,000	4,442,000	
16	정미순	45,000	70,000	25,000	65,000	40,000	60,000	305,000	
17	정재훈	286,000	440,000	192,000	228,000	305,000	346,000	1,797,000	
18	하서훈	40,000	40,000	25,000	30,000	35,000	45,000	215,000	
19	총합계	2,805,000	3,014,000	2,465,000	2,813,500	2,815,500	2,856,500	16,769,500	
20									
21									

Sheet1 | 1사분기 배송현황 | 2사분기 배송현황 | ⊕

회사에서 바로 통하는 키워드 : 피벗 테이블, 이름 정의, 동적 이름 범위, OFFSET 함수, COUNTA 함수

한눈에 보는 작업순서	OFFSET과 COUNTA 함수로 동적 이름 정의하기	▶	이름으로 피벗 테이블 만들기	▶	날짜 그룹 설정과 스타일 수정하기	▶	셀 서식 설정과 제목 만들기	▶	데이터 추가하여 피벗 테이블에 반영하기

01 OFFSET과 COUNTA 함수로 동적 이름 정의하기 ❶ [수식] 탭-[정의된 이름] 그룹-[이름 관리자]를 클릭합니다. ❷ [이름 관리자] 대화상자에서 [새로 만들기]를 클릭합니다. ❸ [새 이름] 대화상자에서 [이름]에 **배송데이터**를 입력하고 ❹ [참조 대상]에는 **=OFFSET($A$4, 0, 0, COUNTA($A:$A)-1, 14)**를 입력합니다. ❺ [확인]을 클릭합니다. ❻ [이름 관리자] 대화상자의 [닫기]를 클릭합니다.

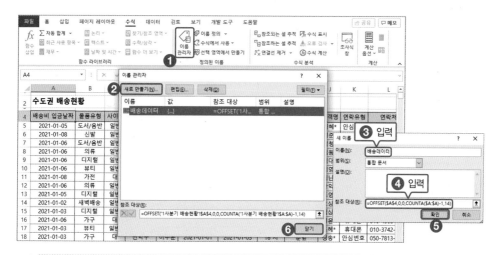

실력향상 'COUNTA($A:$A)-1' 수식은 A열에 입력된 데이터의 전체 개수를 파악한 뒤 제목이 입력된 셀을 빼 데이터의 높이를 확인합니다. A열을 기준으로 데이터를 파악하므로 데이터가 추가 또는 삭제되어도 범위를 자동으로 인식합니다.

실력향상 OFFSET 함수의 형식은 'OFFSET(기준 셀, 이동할 행, 이동할 열, 높이, 너비)'입니다. '=OFFSET($A$4, 0, 0, COUNTA($A:$A)-1, 14)' 수식을 입력하여 [A4] 셀부터 COUNTA 함수로 확인한 데이터의 전체 개수를 높이로, 총 14개의 열을 너비로 참조 범위를 설정합니다.

02 이름으로 피벗 테이블 만들기 ❶ [A4] 셀을 클릭하고 ❷ [삽입] 탭-[표] 그룹-[피벗 테이블]을 클릭합니다. ❸ [피벗 테이블 만들기] 대화상자의 [표 또는 범위 선택]에 **배송데이터**를 입력합니다. ❹ 피벗 테이블 보고서를 넣을 위치로 [새 워크시트]를 클릭하고 ❺ [확인]을 클릭합니다.

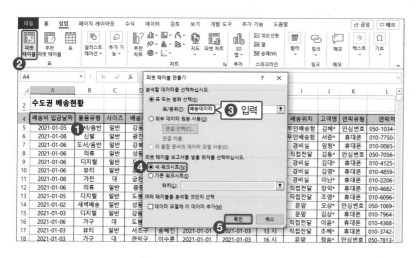

수식 핵심 기능

양식 자동화

데이터 관리& 집계

외부 데이터 편집

보고서 만들기

자동화 문서 만들기

데이터 분석& 시각화

03 날짜 그룹 설정과 스타일 수정하기 새로운 시트에 피벗 테이블 보고서 작업 영역이 표시됩니다. ❶ [피벗 테이블 필드] 작업 창에서 [배송비 입금날짜] 필드는 [열], [담당자] 필드는 [행], [배송비]는 [값] 영역으로 각각 드래그합니다. ❷ [B4] 셀을 마우스 오른쪽으로 버튼을 클릭하여 ❸ [그룹]을 클릭합니다.

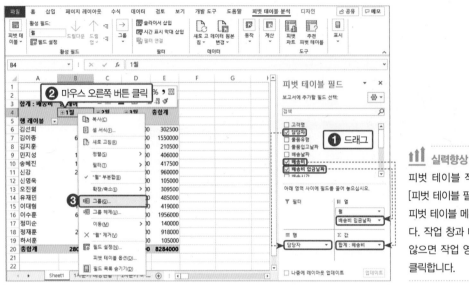

실력향상 피벗 테이블 작업 도중에만 [피벗 테이블 필드] 작업 창과 피벗 테이블 메뉴가 표시됩니다. 작업 창과 메뉴가 보이지 않으면 작업 영역 안의 셀을 클릭합니다.

실력향상 버전에 따라 날짜 그룹 설정이 다릅니다. 임의의 날짜를 클릭한 후 마우스 오른쪽 버튼을 클릭하여 그룹을 동일하게 설정할 수 있습니다.

04 ❶ [그룹화] 대화상자의 [단위]에서 [월] 항목만 클릭합니다. ❷ [확인]을 클릭합니다. ❸ [디자인] 탭-[피벗 테이블 스타일] 그룹에서 [자세히▾]를 클릭하고 ❹ [연한 파랑, 피벗 스타일 보통 9]를 클릭합니다.

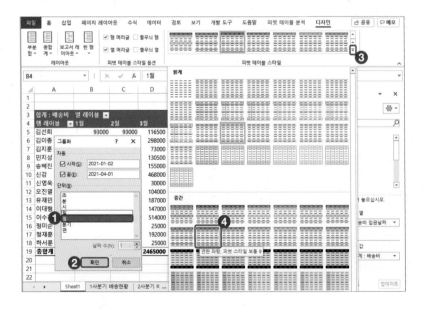

05 셀 서식 설정과 제목 만들기 ❶ [A3] 셀에서 Spacebar를 눌러 공백을 입력하고 [B3] 셀에는 **상반기**를 입력합니다. ❷ [A4] 셀에는 **담당자**를 입력합니다. ❸ [B3:E3] 범위를 지정하고 ❹ 마우스 오른쪽 버튼을 클릭하여 ❺ [셀 서식]을 클릭합니다. ❻ [셀 서식] 대화상자의 [맞춤] 탭을 클릭한 후 ❼ [텍스트 맞춤]–[가로]에서 [선택 영역의 가운데로]를 선택합니다. ❽ [확인]을 클릭합니다.

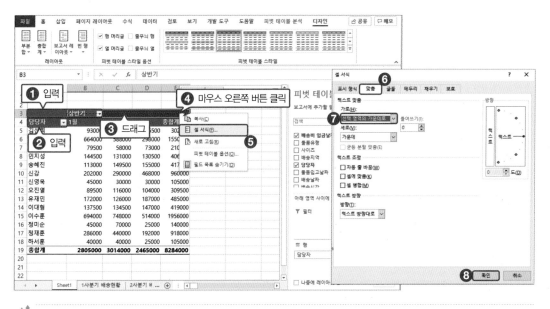

📊 실력향상 피벗 테이블 안의 텍스트는 임의로 삭제할 수 없습니다. 해당 텍스트를 보이지 않게 설정하려면 Spacebar를 눌러 공백을 입력합니다.

06 ❶ [A4:E19] 범위를 지정하고 ❷ [홈] 탭–[맞춤] 그룹–[가운데 맞춤]을 클릭합니다. ❸ [B5:E19] 범위를 지정하고 ❹ [홈] 탭–[표시 형식] 그룹–[쉼표 스타일]을 클릭합니다.

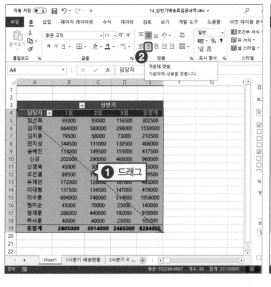 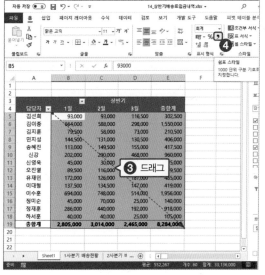

수식
핵심
기능

양식
자동화

데이터
관리&
집계

외부
데이터
편집

보고서
만들기

자동화
문서
만들기

데이터
분석&
시각화

07 ❶ 1행과 2행의 행 경계선을 드래그하여 높이를 적당히 조절합니다. ❷ [A1] 셀에 **담당자별 상반기 배송료**를 입력합니다. ❸ [A1:E1] 범위를 지정하고 ❹ [홈] 탭-[스타일] 그룹-[셀 스타일]-[제목 1]을 클릭합니다.

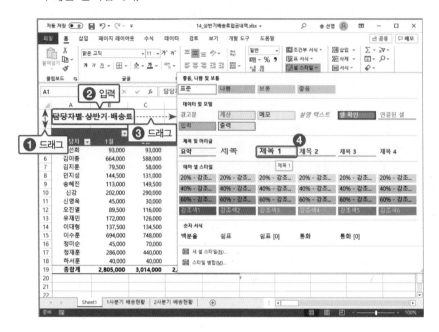

08 데이터 추가하여 피벗 테이블에 반영하기 ❶ [2사분기 배송현황] 시트 탭을 클릭하고 ❷ [A5] 셀을 클릭합니다. ❸ Ctrl + Shift + → 를 누르고 ❹ Ctrl + Shift + ↓ 를 눌러 데이터를 모두 범위로 지정합니다. ❺ Ctrl + C 를 눌러 복사합니다. ❻ [1사분기 배송현황] 시트 탭을 클릭한 후 ❼ [A1304] 셀을 클릭합니다.

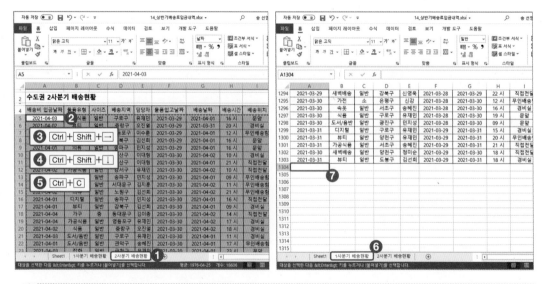

📊 **실력향상** [A4] 셀을 클릭하고 Ctrl + ↓ 를 눌러 마지막 데이터로 한번에 이동하여 [A1303] 셀을 클릭합니다.

09 ❶ Ctrl + V를 눌러 복사한 범위를 붙여 넣습니다. ❷ [Sheet1] 시트 탭을 클릭합니다. ❸ 피벗 테이블 안의 임의의 셀을 클릭한 후 ❹ [피벗 테이블 분석] 탭-[데이터] 그룹-[새로 고침]을 클릭합니다.

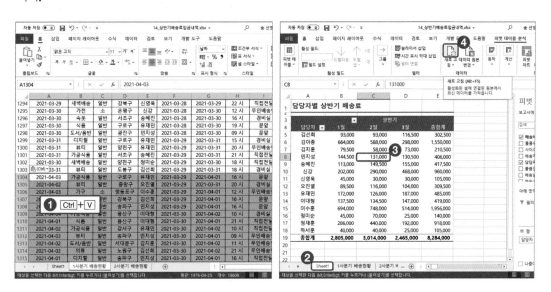

실력향상 피벗 테이블 안의 임의의 셀을 마우스 오른쪽 버튼으로 클릭하고 [새로 고침] 메뉴를 클릭해도 됩니다.

10 추가된 4, 5, 6월 데이터가 피벗 테이블에 표시됩니다. ❶ 서식이 적용되지 않은 [E4:G4] 범위를 지정합니다. ❷ [홈] 탭-[맞춤] 그룹-[가운데 맞춤]을 클릭합니다.

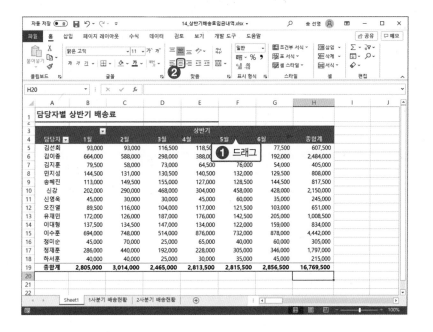

수식
핵심
기능

양식
자동화

데이터
관리&
집계

외부
데이터
편집

보고서
만들기

자동화
문서
만들기

데이터
분석&
시각화

국가별 수출금액 파레토 차트로 표현하여 매출 기여도 분석하기

실습 파일 | Part01/Chapter03/03_15_무역실적현황.xlsx
완성 파일 | Part01/Chapter03/03_15_무역실적현황(완성).xlsx

국가별 수출금액으로 파레토 차트를 작성해 국가별 기여도를 확인해보겠습니다. SUMIF 함수로 국가별 수출액을 구한 후 수출액이 높은 순으로 정렬하겠습니다. SUM 함수로 누계액을 구하고 누계비율을 계산한 후 ABC 패턴을 구분하여 파레토 차트로 표현해보겠습니다.

미리 보기

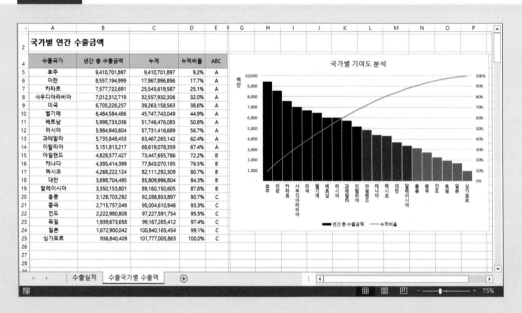

회사에서 바로 통하는 **키워드** : 중복된 항목 제거, 이름 정의, SUMIF 함수, 정렬, SUM 함수, IF 함수, 콤보 차트

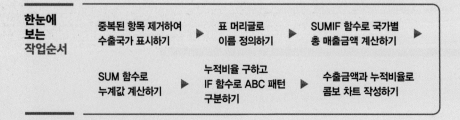

한눈에 보는 작업순서

중복된 항목 제거하여 수출국가 표시하기 ▶ 표 머리글로 이름 정의하기 ▶ SUMIF 함수로 국가별 총 매출금액 계산하기 ▶

SUM 함수로 누계값 계산하기 ▶ 누적비율 구하고 IF 함수로 ABC 패턴 구분하기 ▶ 수출금액과 누적비율로 콤보 차트 작성하기

01 중복된 항목 제거하여 수출국가 표시하기 ❶ [D5:D217] 범위를 지정합니다. ❷ Ctrl + C 를 눌러 복사합니다. ❸ [수출국가별 수출액] 시트 탭을 클릭하고 ❹ [A5] 셀을 클릭한 후 ❺ Ctrl + V 를 눌러 붙여 넣습니다. ❻ [붙여넣기 옵션]-[값 🗔]을 클릭합니다.

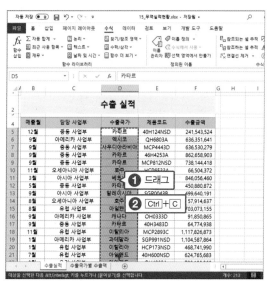
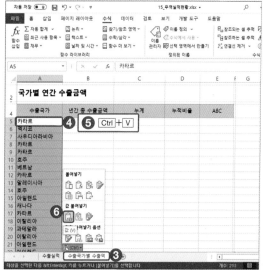

02 ❶ [D5:D217] 범위가 지정된 상태에서 [데이터] 탭-[데이터 도구] 그룹-[중복된 항목 제거 🗙]를 클릭합니다. ❷ [중복된 항목 제거 경고] 대화상자에서 [현재 선택 영역으로 정렬]을 클릭하고 ❸ [중복된 항목 제거]를 클릭합니다. ❹ [중복 값 제거] 대화상자에서 [수출국가]가 체크되어 있는지 확인한 후 ❺ [확인]을 클릭합니다. ❻ 중복된 항목을 제거한 개수와 유지되는 항목의 개수를 알려주는 메시지가 표시되면 [확인]을 클릭합니다. ❼ [홈] 탭-[맞춤] 그룹-[가운데 맞춤]을 클릭합니다.

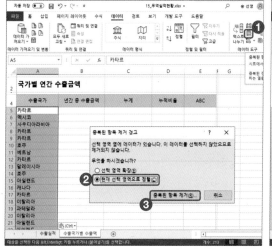
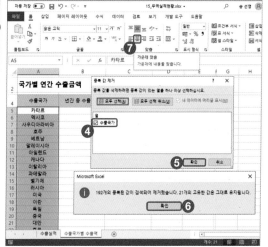

수식
핵심
기능

양식
자동화

데이터
관리&
집계

외부
데이터
편집

보고서
만들기

자동화
문서
만들기

데이터
분석&
시각화

03 표 머리글로 이름 정의하기 ❶ [수출실적] 시트 탭을 클릭합니다. **❷** [B4] 셀을 클릭하고 **❸** Ctrl + A를 눌러 표 전체를 범위로 지정합니다. **❹** [수식] 탭–[정의된 이름] 그룹–[선택 영역에서 만들기]를 클릭합니다. **❺** [선택 영역에서 이름 만들기] 대화상자에서 [첫 행]에만 체크하고 **❻** [확인]을 클릭합니다.

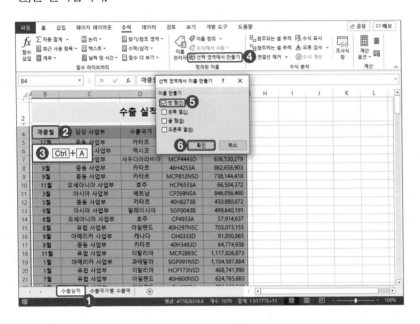

04 SUMIF 함수로 국가별 총 매출금액 계산하기 ❶ [수출국가별 수출액] 시트 탭을 클릭하고 **❷** [B5] 셀을 클릭합니다. **❸** [수식] 탭–[함수 라이브러리] 그룹–[수학/삼각]–[SUMIF]를 클릭합니다. **❹** [함수 인수] 대화상자에서 [Range]에 **수출국가**, [Criteria]에 **A5**, [Sum_range]에 **수출금액**을 입력합니다. **❺** [확인]을 클릭합니다.

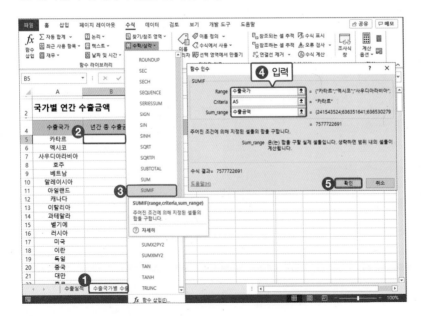

실력향상

SUMIF 함수로 [수출국가] 범위에서 [A5] 셀에 입력된 국가와 같은 위치를 찾고 [수출금액] 범위에서 해당 위치의 금액 합계를 구하는 수식입니다.

05 ❶ [B5] 셀의 채우기 핸들을 더블클릭하여 수식을 복사합니다. ❷ 복사한 범위가 지정된 상태에서 [홈] 탭-[표시 형식] 그룹-[쉼표 스타일]을 클릭합니다. ❸ [B5] 셀을 클릭하고 ❹ [데이터] 탭-[정렬 및 필터] 그룹-[숫자 내림차순 정렬[힣]]을 클릭합니다.

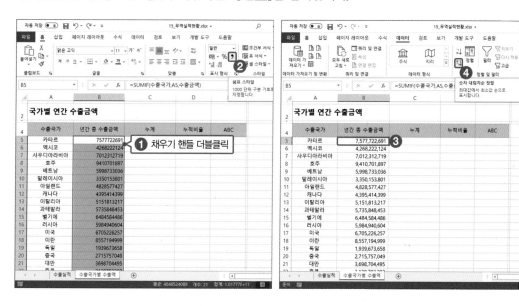

06 SUM 함수로 누계값 계산하기 ❶ [C5] 셀을 클릭하여 ❷ **=SUM($B$5:B5)**를 입력합니다. ❸ [C5] 셀의 채우기 핸들을 더블클릭하여 수식을 복사합니다.

▲ 실력향상

B열 금액의 누계값을 구하기 위해 앞에 위치한 범위는 절대 참조, 뒤쪽은 상대 참조 형식으로 입력합니다.

07 누적비율 구하고 IF 함수로 ABC 패턴 구분하기 ❶ [D5] 셀을 클릭하고 ❷ =C5/$C$25를 입력합니다. ❸ [D5] 셀의 채우기 핸들을 더블클릭하여 수식을 복사합니다. ❹ 복사한 범위가 지정된 상태에서 [홈] 탭-[표시 형식] 그룹-[백분율 스타일]을 클릭하고 ❺ [자릿수 늘림 ⚏]을 클릭하여 백분율을 소수점 첫째 자리까지 표시합니다.

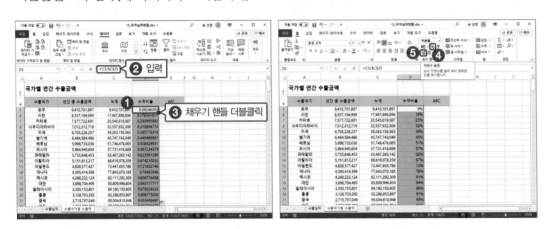

📊 **실력향상** 각 누계값에서 총 누계값을 나누어 누적 비율을 계산합니다.

08 ❶ [E5] 셀을 클릭하고 ❷ [수식] 탭-[함수 라이브러리] 그룹-[논리]-[IF]를 클릭합니다. ❸ [함수 인수] 대화상자의 [Logical_test]에 **D5<=70%**, [Value_if_true]에 **"A"**, [Value_if_false]에 **IF(D5<=90%, "B", "C")**를 입력합니다. ❹ [확인]을 클릭합니다.

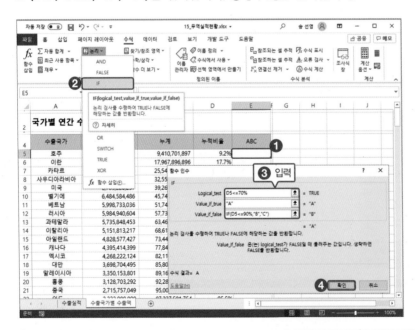

📊 **실력향상**

파레토의 법칙은 80:20의 법칙이라고 불리는 경제학 이론으로 20%의 상품이 총 매출의 80%를 차지하는 것처럼 소수 20%의 효율이 나머지 80%의 효율보다 크다는 의미입니다.

📊 **실력향상** IF 함수의 형식은 'IF(비교식, 참 수식, 거짓 수식)'입니다. 'IF(D5<=70%, "A", IF(D5<=90%, "B", "C"))' 수식은 전체의 70% 이하이면 A 패턴으로, 그렇지 않은 데이터는 IF 함수를 중첩 사용하여 70% 초과, 90% 이하이면 B, 90% 초과이면 C 패턴으로 표시합니다.

09 ❶[E5] 셀을 클릭한 후 ❷ 채우기 핸들을 더블클릭하여 수식을 복사합니다. ❸[홈] 탭-[맞춤] 그룹-[가운데 맞춤]을 클릭합니다.

수식
핵심
기능

양식
자동화

데이터
관리&
집계

외부
데이터
편집

보고서
만들기

자동화
문서
만들기

데이터
분석&
시각화

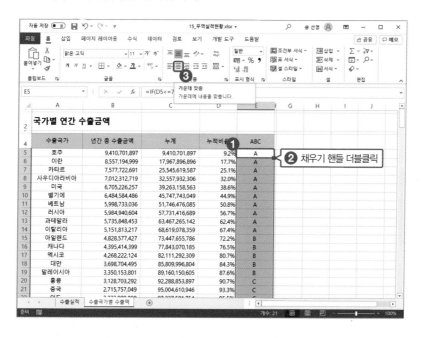

10 수출금액과 누적비율로 콤보 차트 작성하기 ❶[A4:B25] 범위를 지정하고 ❷ Ctrl 을 누른 채로 [D4:D25] 범위를 추가로 지정합니다. ❸[삽입] 탭-[차트] 그룹-[콤보 차트 삽입📊]-[혼합]-[묶은 세로 막대형-꺾은선형, 보조 축]을 클릭합니다.

실력향상 엑셀 2010 이전 버전에서는 콤보 차트가 제공되지 않습니다. 엑셀 2010 이전 버전에서는 묶은 세로 막대형 차트로 작성한 후 [누적 비율] 계열의 [데이터 계열 서식]에서 [보조 축]을 클릭하여 축으로 변경하고 [차트 종류]를 [꺾은선형]으로 변경합니다.

11 ❶ 삽입된 차트의 가장자리를 드래그하여 원하는 위치로 이동한 후 ❷ 크기 조절점을 드래그하여 적절한 크기로 변경합니다. ❸ [차트 제목]을 **국가별 기여도 분석**으로 입력합니다.

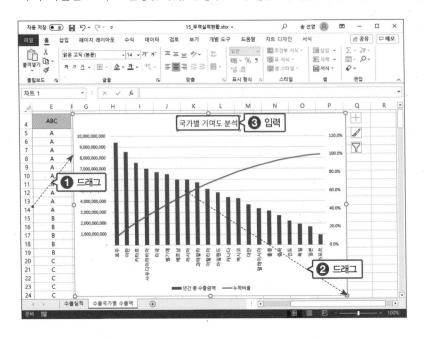

12 ❶ 세로축 위에서 마우스 오른쪽 버튼을 클릭하고 ❷ [축 서식]을 클릭합니다. ❸ [축 서식] 작업 창의 [축 옵션]–[경계]에서 [최대값]에 **10000000000**(백억)을, [최소값]에 **1000000000**(십억)을 입력합니다. ❹ [표시 단위] 목록 단추⏷를 클릭하여 [백만]을 클릭합니다.

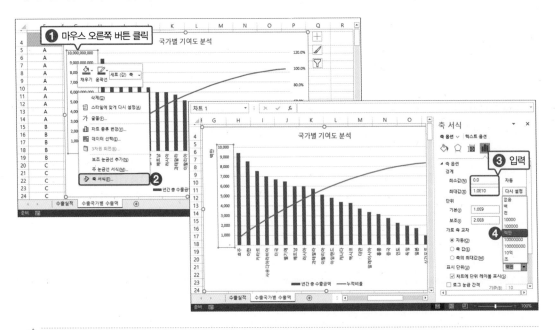

실력향상 숫자 단위가 커서 [최대값]은 '1.0E10', [최소값]은 '1.0E9' 지수 형식으로 자동 변경됩니다.

13 ❶ 표시된 [백만]을 클릭하고 ❷ [표시 단위 레이블 서식] 작업 창의 [맞춤]–[텍스트 방향]의 목록 단추▼를 클릭하여 [세로]를 클릭합니다. ❸ 차트 오른쪽의 보조 세로축을 클릭한 후 ❹ [축 서식] 작업 창의 [축 옵션]–[최대값]에 **1.0**을 입력하고 ❺ [단위]–[기본]에는 **0.1**을 입력합니다.

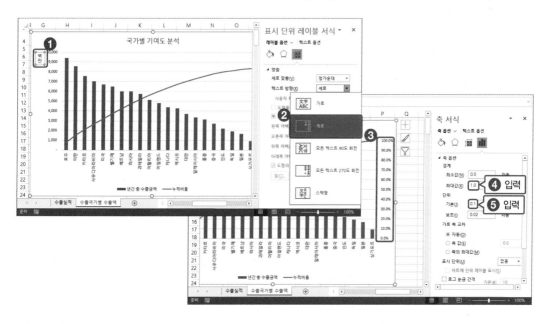

14 ❶ [표시 형식]의 [소수 자릿수]에 **0**을 입력합니다. ❷ [가로축]을 클릭하고 ❸ [축 서식] 작업 창의 [텍스트 옵션▣]에서 [텍스트 상자]–[텍스트 방향]의 목록 단추▼를 클릭하여 [세로]를 클릭합니다.

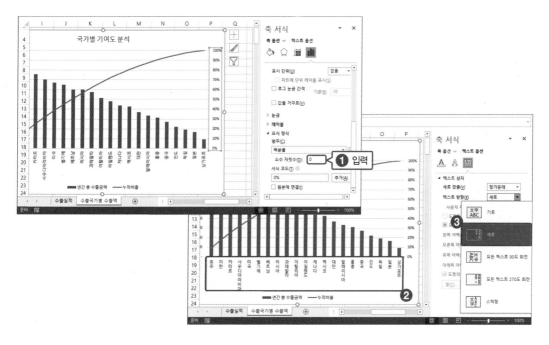

수식
핵심
기능

양식
자동화

데이터
관리&
집계

외부
데이터
편집

보고서
만들기

자동화
문서
만들기

데이터
분석&
시각화

15 ❶[년간 총 수출금액] 계열을 클릭하고 ❷[데이터 계열 서식] 작업 창의 [간격 너비]를 **5%**로 입력합니다. ❸[채우기 및 선📷]을 클릭하고 ❹[채우기]-[채우기 색]을 클릭하여 [진한 파랑]을 클릭합니다.

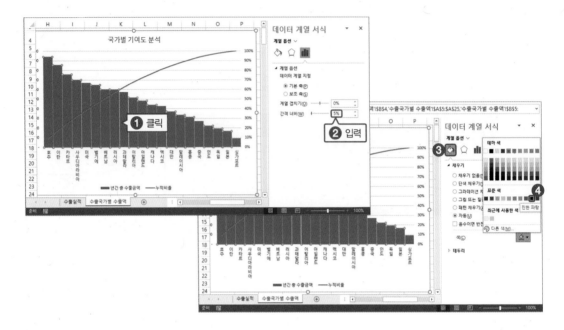

16 ❶[누적 비율] 계열을 클릭하고 ❷[데이터 계열 서식] 작업 창의 [채우기 및 선📷]을 클릭합니다. ❸[선]-[윤곽선 색]을 클릭하여 [주황]을 클릭합니다. ❹[서식] 탭-[도형 삽입] 그룹-[직사각형]을 클릭합니다.

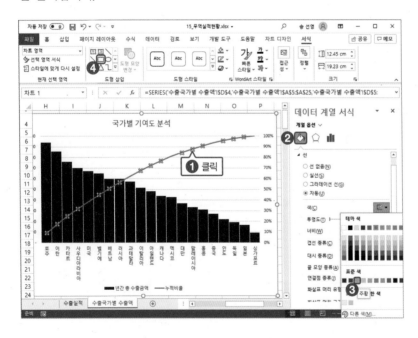

17 ❶ B 패턴 구간인 아일랜드와 말레이시아 영역에 드래그하여 직사각형을 삽입합니다. ❷ 직사각형 위에서 마우스 오른쪽 버튼을 클릭하고 ❸ [개체 서식]을 클릭합니다.

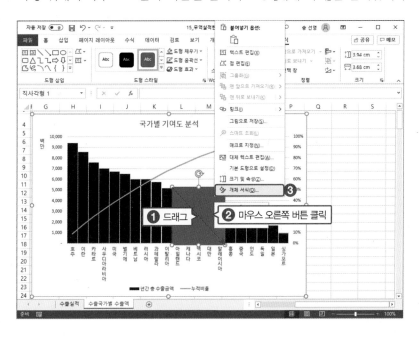

18 ❶ [도형 서식] 작업 창의 [채우기 및 선]에서 [채우기 색]은 [흰색]을 선택하고 ❷ [투명도]에 **75%**를 입력합니다. ❸ [선]은 [선 없음]을 클릭합니다. ❹ 직사각형을 클릭한 후 ❺ Ctrl + Shift 를 누른 채 드래그하여 오른쪽 수평으로 복사합니다. ❻ [도형 서식] 작업 창의 [투명도]를 **55%**로 수정합니다.

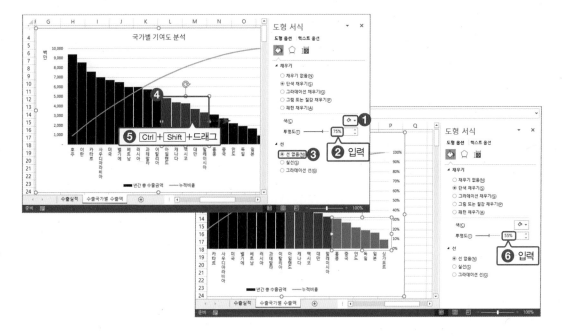

수식
핵심
기능

양식
자동화

데이터
관리&
집계

외부
데이터
편집

보고서
만들기

자동화
문서
만들기

데이터
분석&
시각화

프로젝트로
업그레이드하는
엑셀 수식과
함수 활용

'구슬이 서 말이라도 꿰어야 보배'라는 말처럼 엑셀 함수에 대해 알고 있다 하더라도 실무에 적용할 능력이 없다면 의미가 없습니다. 함수를 실무에서 제대로 사용하려면 먼저 각각의 상황별로 어떠한 함수를 사용해야 하는지 판단할 수 있는 능력이 있어야 합니다. PART 02에서는 실제 업무 현장에서 어떠한 함수를 사용하는지, 그리고 어떻게 응용하는지 등을 익혀 수식과 함수 활용 능력을 빠르게 향상시키겠습니다. PART 01에서 익힌 수식과 함수의 기본기를 바탕으로 집계표를 만들어 보고서를 작성하고, 자동화 문서 작성 및 데이터 시각화를 위한 차트 작성까지 심도 있게 배워보겠습니다.

CHAPTER

01

외부 다운로드 데이터 편집하고 실무 활용도가 높은 집계표 만들기

외부 시스템에서 다운로드한 데이터를 사용하여 집계표를 만들 때는 RAW 데이터를 그대로 사용할 수 없습니다. 함수와 수식을 적용하기에 적합하지 않은 데이터 목록이나 표일 경우에는 대부분 편집과 가공 작업을 거쳐야 합니다. CHAPTER 01에서는 외부 데이터를 편집할 때 업무 처리 시간을 단축할 수 있는 다양한 응용 기법을 알아보고, 편집이 완료된 데이터 목록을 활용하여 집계표 작성에 필요한 함수 사용 방법을 배워보겠습니다.

법인카드 사용 내역 가공하여
부서별 분석표 만들기

실습 파일 | Part02/Chapter01/01_01_법인카드사용분석.xlsx
완성 파일 | Part02/Chapter01/01_01_법인카드사용분석(완성).xlsx

01 프로젝트 시작하기

회사에서 사용하는 모든 법인카드의 1/4 분기 사용 실적을 한눈에 분석할 수 있도록 집계표를 만들려고 합니다. 1/4 분기에 사용한 법인카드 사용 내역을 금융 시스템에서 다운로드한 후 엑셀 파일로 저장했습니다. 그런데 다운로드한 엑셀 파일을 참조하여 함수를 사용하려고 하니 동일한 카드번호는 한 번씩만 입력되어 있고 각 카드번호가 어느 부서에서 사용되고 있는지는 표시하고 있지 않습니다. 카드번호가 없는 행에는 수식으로 카드번호를 일괄적으로 입력하고, 사용부서는 VLOOKUP 함수를 사용하여 표시해보겠습니다. 편집이 완료된 데이터 목록은 SUM 함수와 MONTH 함수를 배열 수식으로 사용하여 월별/부서별 법인카드 사용 실적 집계표로 작성해보겠습니다.

이 프로젝트를 배우면 다른 부서에서 받은 데이터 목록이나 통계 정보, 회계 시스템에서 다운로드한 RAW 데이터를 빠르게 가공하여 그룹별 집계표를 만드는 업무에 유용하게 응용할 수 있습니다.

회사에서 바로 통하는 키워드	VLOOKUP 함수, MONTH 함수, 배열 수식, 이동 옵션, 값 복사, 서식 복사, 소계와 합계

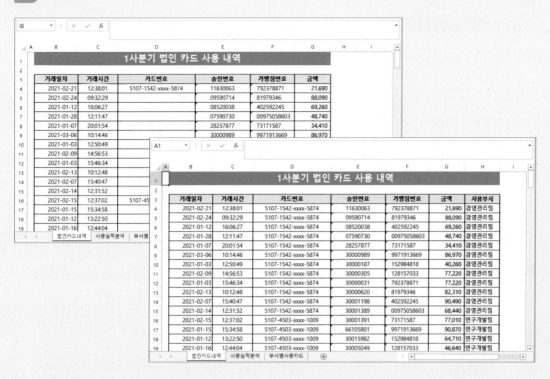

법인카드 부서별 사용 실적(1사분기)

부서명		1월	2월	3월	합계
기획개발	경영관리팀	1,273,720	876,010	534,100	2,683,830
	연구개발팀	1,581,300	440,210	1,027,670	3,049,180
소계		2,855,020	1,316,220	1,561,770	5,733,010
마케팅	마케팅1팀	339,830	94,600	189,200	623,630
	마케팅2팀	515,300	132,870	264,480	912,650
	마케팅3팀	300,950	76,580	577,080	954,610
소계		1,156,080	304,050	1,030,760	2,490,890
그룹임원실		1,293,350	648,560	1,109,810	3,051,720
합계		5,304,450	2,268,830	3,702,340	11,275,620

법인카드내역   사용실적분석   부서별사용카드   ⊕

한눈에 보는 작업순서

표시 형식을 일반으로 변경하기 ▶ 수식으로 카드번호 한번에 입력하기 ▶ VLOOKUP 함수로 사용부서 표시하기 ▶

범위를 이름으로 정의하기 ▶ 배열 함수로 부서별 금액 합계 구하기 ▶ 그룹별 소계와 합계 구하기

STEP 01 카드번호의 표시 형식 변경하고 한번에 입력하기

❶ [법인카드내역] 시트에서 D열의 표시 형
식을 [일반]으로 변경하고 [이동 옵션]을
이용하여 카드번호 열의 빈 셀만 선택한
후 수식으로 위쪽 셀 데이터를 아래로 채
웁니다.

❷ 수식으로 입력된 셀을 [선택하여 붙여넣
기]를 이용하여 [값]으로 변경합니다.

STEP 02 법인카드 사용부서 표시하기

❶ [부서별사용카드] 시트의 목록을 이름
으로 정의한 후 법인카드의 사용부서를
VLOOKUP 함수로 표시합니다.

❷ F열의 서식을 H열로 복사합니다.

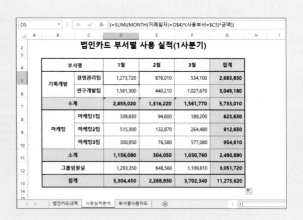

STEP 03 부서별/월별 집계표 작성하기

❶ [법인카드내역] 시트의 거래일자, 사용부
서, 금액의 범위를 [선택 영역에서 이름
만들기]로 이름을 정의합니다.

❷ SUM 함수와 MONTH 함수를 배열 수
식으로 입력하여 부서별/월별 법인카드
사용 금액을 계산합니다.

법인카드 부서별 사용 실적(1사분기)

부서명		1월	2월	3월	합계
기획개발	경영관리팀	1,273,720	876,010	534,100	2,683,830
	연구개발팀	1,581,300	440,210	1,027,670	3,049,180
소계		2,855,020	1,316,220	1,561,770	5,733,010
마케팅	마케팅1팀	339,830	94,600	189,200	623,630
	마케팅2팀	515,300	132,870	264,480	912,650
	마케팅3팀	300,950	76,580	577,080	954,610
소계		1,156,080	304,050	1,030,760	2,490,890
그룹임원실		1,293,350	648,560	1,109,810	3,051,720
합계		5,304,450	2,268,830	3,702,340	11,275,620

수식
핵심
기능

양식
자동화

데이터
관리&
집계

외부
데이터
편집

보고서
만들기

자동화
문서
만들기

데이터
분석&
시각화

STEP 01 카드번호의 표시 형식 변경하고 한번에 입력하기

[법인카드내역] 시트의 카드번호 데이터는 같은 카드번호가 한 번씩만 입력되어 있습니다. 아래쪽 빈 셀에 위쪽 셀의 카드번호가 한번에 채워질 수 있도록 수식을 이용하여 입력한 후 입력된 카드번호가 다른 카드번호로 바뀌지 않도록 값으로 복사해보겠습니다.

01 표시 형식을 [일반]으로 변경하기 ❶ [법인카드내역] 시트 탭을 클릭합니다. ❷ D열을 클릭한 후 ❸ [홈] 탭-[표시 형식] 그룹-[표시 형식]의 목록 단추☑를 클릭하여 [일반]을 클릭합니다.

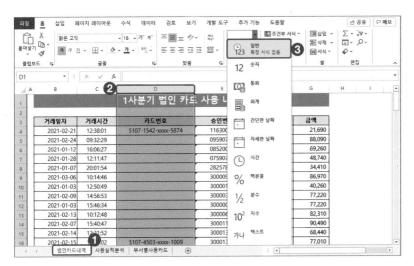

실력향상

D열의 표시 형식이 [텍스트]로 설정되어 있어 표시 형식을 [일반]으로 변경하지 않으면 수식을 입력해도 문자로 입력되어 계산할 수 없습니다.

02 카드번호 범위에서 빈 셀만 선택하기 ❶ [D4:D187] 범위를 지정합니다. ❷ [홈] 탭-[편집] 그룹-[찾기 및 선택]-[이동 옵션]을 클릭합니다. ❸ [이동 옵션] 대화상자에서 [빈 셀]을 클릭한 후 ❹ [확인]을 클릭합니다.

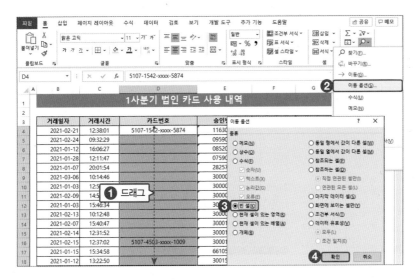

시간단축

빠르게 범위를 지정하려면 [D4] 셀을 클릭한 후 마우스 휠로 화면을 아래로 이동한 후 Shift 를 누른 채 [D187] 셀을 클릭합니다.

03 수식으로 카드번호 한번에 입력하기 ❶ 빈 셀만 선택된 상태에서 셀 포인터가 [D5] 셀에 있으므로 수식 입력줄에 **=D4**를 입력한 후 ❷ Ctrl + Enter 를 누릅니다. 위쪽 데이터가 아래로 채워지면서 입력됩니다.

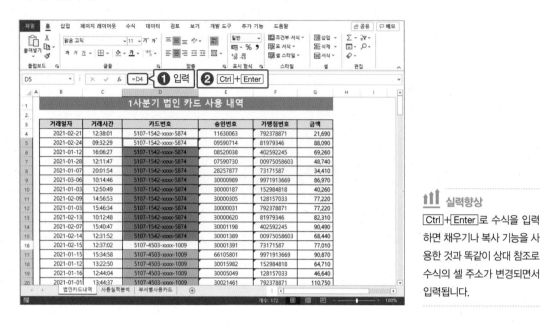

실력향상
Ctrl + Enter 로 수식을 입력하면 채우기나 복사 기능을 사용한 것과 똑같이 상대 참조로 수식의 셀 주소가 변경되면서 입력됩니다.

04 수식을 값으로 복사하기 수식으로 입력한 데이터는 참조하는 셀 데이터가 변경되면 결과가 바뀝니다. 데이터가 바뀌지 않도록 수식을 값으로 변경해보겠습니다. ❶ [D4:D187] 범위를 지정하고 ❷ Ctrl + C 를 눌러 복사합니다. ❸ [D4:D187] 범위가 그대로 지정된 상태에서 마우스 오른쪽 버튼을 클릭하고 ❹ [붙여넣기 옵션]−[값]을 클릭합니다. 수식으로 입력된 데이터가 모두 값으로 변경되었습니다. ❺ Esc 를 눌러 복사 모드를 해제합니다.

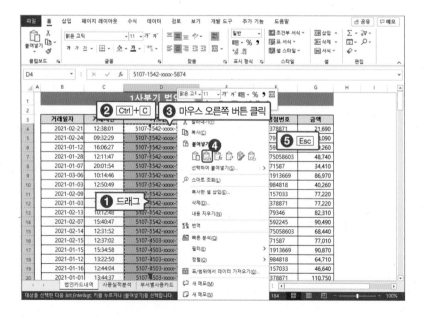

수식
핵심
기능

양식
자동화

데이터
관리&
집계

외부
데이터
편집

보고서
만들기

자동화
문서
만들기

데이터
분석&
시각화

STEP
02

법인카드 사용부서 표시하기

[부서별사용카드] 시트의 법인카드 목록을 참조하여 해당 카드번호를 어느 부서에서 사용하고 있는지 [법인카드내역] 시트에 사용부서를 표시해보겠습니다. [부서별사용카드] 시트의 데이터 목록을 이름으로 정의한 후 [법인카드내역] 시트의 H열에 VLOOKUP 함수를 입력합니다. 사용부서가 모두 구해지면 F열의 서식을 H열에 복사하여 사용부서 열의 서식을 빠르게 변경해보겠습니다.

05 법인카드목록 이름 정의하기 ❶ [부서별사용카드] 시트 탭을 클릭합니다. ❷ [B3:C15] 범위를 지정합니다. ❸ [이름 상자]에 **법인카드목록**을 입력한 후 Enter 를 누릅니다.

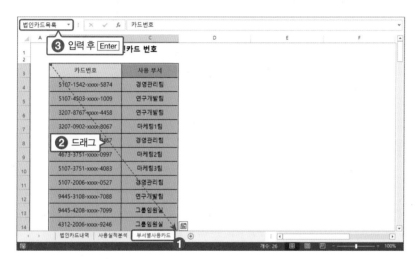

⏱ **시간단축**

빠르게 범위를 지정하려면 [B3] 셀을 클릭한 후 Ctrl +A 를 누릅니다.

06 VLOOKUP 함수로 사용부서 표시하기 ❶ [법인카드내역] 시트 탭을 클릭합니다. ❷ [H3] 셀에 **사용부서**를 입력하고 ❸ [H4] 셀을 클릭한 후 ❹ **=VLOOKUP(D4, 법인카드목록, 2, 0)**를 입력한 후 Enter 를 누릅니다. ❺ [H4] 셀의 채우기 핸들을 더블클릭하여 수식을 복사합니다.

📊 **실력향상**

VLOOKUP 함수의 형식은 'VLOOKUP(찾는 기준 값, 기준 범위, 가져올 열 번호, 찾는 방법)'입니다. '=VLOOKUP(D4, 법인카드목록, 2, 0)' 수식을 사용하면 [법인카드내역] 시트의 카드번호를 기준으로 [법인카드목록] 이름 범위에서 두 번째 열의 데이터를 찾아옵니다.

07 서식 복사하기 ❶ F열을 범위로 지정합니다. ❷ [홈] 탭-[클립보드] 그룹-[서식 복사☑]를 클릭합니다. ❸ H열을 클릭하여 서식을 붙여 넣습니다. F열의 서식이 H열로 복사되었습니다.

📶 **실력향상**

[서식 복사]를 한 번 클릭하면 서식을 한 번 붙여 넣을 수 있고, 더블클릭하면 여러 번 연속으로 서식을 붙여 넣을 수 있습니다.

STEP 03

부서별/월별 집계표 작성하기

[법인카드내역] 시트의 거래일자, 사용부서, 금액의 범위를 이름으로 정의하여 [사용실적분석] 시트에 부서별/월별 금액 합계를 구해보겠습니다. 이름 정의는 [선택 영역에서 만들기]를 사용하여 한번에 정의하고 금액의 합계는 SUM 함수와 MONTH 함수를 배열 수식으로 입력합니다.

08 함수에 사용할 범위 이름으로 정의하기 ❶ [B3:B187] 범위를 지정하고 ❷ Ctrl을 누른 상태에서 [G3:H187] 범위를 지정합니다. ❸ [수식] 탭-[정의된 이름] 그룹-[선택 영역에서 만들기]를 클릭합니다. ❹ [선택 영역에서 이름 만들기] 대화상자에서 [첫 행]에만 체크한 후 ❺ [확인]을 클릭합니다. 세 개의 이름이 정의되었습니다. ❻ 정의된 이름은 [이름 상자]의 목록 단추▼를 클릭하여 확인할 수 있습니다.

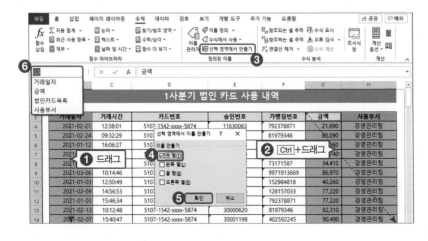

⏱ **시간단축**

빠르게 범위를 지정하려면 [B3] 셀을 클릭한 후 Ctrl + Shift + ↓를 누른 다음 Ctrl을 누른 채 [G3:H3] 범위를 드래그하고 다시 Ctrl + Shift + ↓를 누릅니다.

09 배열 수식으로 부서별 금액 합계 구하기 ❶ [사용실적분석] 시트 탭을 클릭합니다. ❷ [D5] 셀을 클릭하고 ❸ **=SUM((MONTH(거래일자)=D$4)*(사용부서=$C5)*금액)**를 입력한 후 Ctrl + Shift + Enter 를 누릅니다. Ctrl + Shift + Enter 를 누르면 배열 수식으로 입력되어 수식 앞뒤로 중괄호(())가 표시됩니다.

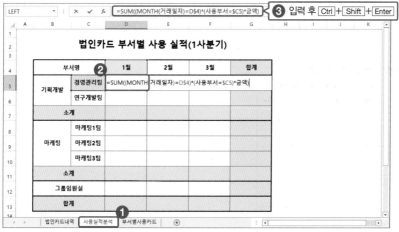

실력향상

마이크로소프트 365 버전에서는 배열 수식을 Enter 로 입력할 수 있으며 중괄호도 표시되지 않습니다. 마이크로소프트 365 버전부터 FILTER, SORTBY, UNIQUE 등의 배열 함수와 함께 동적 배열 기능이 추가되어 자동으로 배열 수식으로 계산됩니다.

실력향상 배열 수식은 지정한 각 범위를 상호 대응하여 계산한 후 최종 결괏값을 셀에 표시해줍니다. 'MONTH(거래일자)=D$4' 수식은 거래일자 184개의 월 데이터가 [D4] 셀과 같은지 비교하여 그 결과를 TRUE 또는 FALSE로 나타냅니다. '사용부서=$C5' 수식도 똑같이 사용부서 184개의 데이터가 [C5] 셀과 같은지 비교하여 그 결과를 TRUE 또는 FALSE로 나타냅니다. 마지막으로 두 수식의 결과와 금액 184개를 상호 대응하여 곱합니다. TRUE는 1이고, FALSE는 0이므로 각각의 수식은 '1*0*금액', '1*1*금액', '0*0*금액', …로 모두 계산되어 결과를 SUM 함수로 구성하면 두 조건에 맞는 금액의 합이 최종적으로 셀에 표시됩니다.

10 ❶ [D5] 셀의 채우기 핸들을 [F5] 셀까지 드래그합니다. ❷ [D5:F5] 범위가 지정된 상태에서 채우기 핸들을 [F12] 셀까지 드래그합니다. ❸ [자동 채우기 옵션 🖩·]을 클릭하여 [서식 없이 채우기]를 클릭합니다.

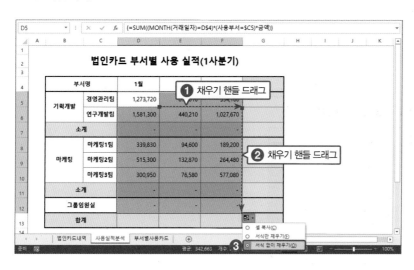

11 소계는 SUM 함수로 계산합니다. ❶ [D7:F7] 범위를 지정한 후 ❷ Ctrl 을 누른 상태에서 [D11:F11] 범위를 지정합니다. ❸ Delete 를 눌러 값을 삭제합니다. 그룹임원실은 병합된 셀에 입력되어 있어 수식을 수정해야 합니다. ❹ [D12] 셀을 클릭하고 ❺ 수식에서 **$C12**를 **$B12**로 변경한 후 Ctrl + Shift + Enter 를 누릅니다. ❻ [D12] 셀의 채우기 핸들을 [F12]셀까지 드래그합니다. ❼ [자동 채우기 옵션 📋▾]을 클릭하여 [서식 없이 채우기]를 클릭합니다.

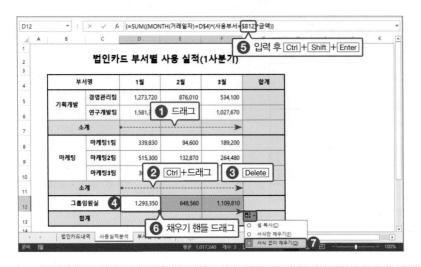

실력향상 병합된 셀에서는 첫 셀만 데이터가 입력되어 있는 것으로 인식합니다. 복사한 수식이 참조하는 [$C12] 셀은 빈 셀이기 때문에 합계가 '-'로 표시됩니다. 배열 수식은 수정한 후에도 반드시 Ctrl + Shift + Enter 를 눌러야 하고, 마이크로소프트 365 버전에서는 Enter 만 누릅니다.

12 소계와 합계 구하기 ❶ [D5:G7] 범위를 지정한 후 ❷ Ctrl 을 누른 상태에서 [D8:G11] 범위를 드래그하고 ❸ [G12] 셀을 클릭하여 추가로 범위를 지정합니다. ❹ [수식] 탭–[함수 라이브러리] 그룹–[자동 합계 Σ]를 클릭합니다. 소계가 구해집니다.

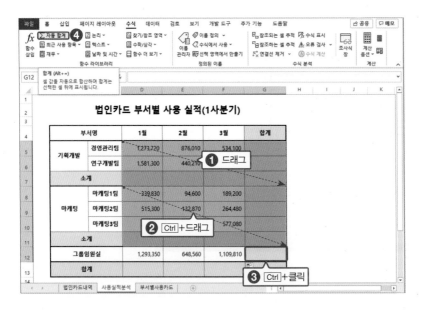

13 ❶ [D13] 셀을 클릭하고 ❷ **=SUM(D7, D11, D12)**를 입력합니다. ❸ [D13] 셀의 채우기 핸들을 [G13] 셀까지 드래그합니다. ❹ [자동 채우기 옵션 📊]을 클릭하여 [서식 없이 채우기]를 클릭합니다.

배열 수식 알아보기

1. 배열 수식으로 가격 계산하기

배열(Arrray)이란 여러 값의 집합을 말하며 엑셀에서는 중괄호({}) 안의 값들이 상호 대응하여 계산된 후 결괏값을 셀 또는 범위에 표시합니다. '=단가*수량'을 계산하는 식을 배열 수식으로 입력해보겠습니다.

실습 파일 | Part02/Chapter01/01_01_배열수식.xlsx
완성 파일 | Part02/Chapter01/01_01_배열수식(완성).xlsx

❶ 먼저 가격이 표시될 [D4:D8] 범위를 지정한 후 ❷ **=B4:B8*C4:C8**을 입력하고 Ctrl + Shift + Enter를 누릅니다. 앞서 지정한 [D4:D8] 범위에 수식이 동시에 입력되고 수식 입력줄에 표시되는 수식 앞뒤로 중괄호가 추가되어 '{=B4:B8*C4:C8}'로 표시됩니다.

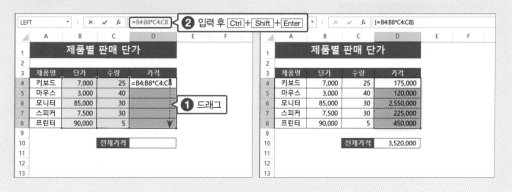

2. 마이크로소프트 365 버전에서 배열 수식 입력 방법

마이크로소프트 365 버전에서는 동적 배열 수식이 지원되어 결과를 표시할 범위를 따로 지정할 필요 없이 셀에 수식을 입력한 후 Enter를 누르면 인접한 셀에 필요한 만큼의 결과를 표시합니다. 배열 수식이 적용된 범위는 자동으로 강조 테두리가 표시되며 수식에 중괄호가 표시되지 않습니다.

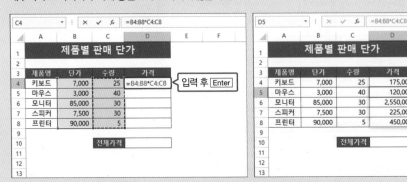

3. 배열 수식 계산 과정

배열 수식은 다음과 같은 과정을 거쳐서 계산됩니다. 이때 배열은 서로 대응되며 계산되야 하므로 단가가 다섯 개면 수량도 다섯 개가 되어야 합니다. 결괏값인 가격을 각 셀에 표시할 경우 다섯 개의 범위가 지정되어 있어야 하지만 결괏값을 한 셀에 표시할 수도 있습니다.

단가(B4:B8)		수량		가격(D4:D8)
7,000	×	25	=	175,000
3,000	×	40	=	120,000
85,000	×	30	=	2,550,000
7,500	×	30	=	225,000
90,000	×	5	=	450,000

만약 가격의 합을 배열 수식으로 한 셀에 표시한다면 {=SUM(B4:B8*C4:C8)}를 입력한 후 Ctrl + Shift + Enter를 누릅니다. 단가와 수량을 서로 곱하여 그 결과의 합을 표시합니다.

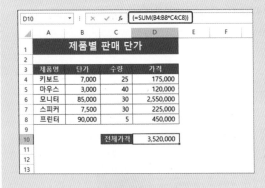

배열 수식의 중간 계산 결과를 확인하고자 할 경우가 있습니다. ① 이럴 때는 배열 수식이 입력된 [D10] 셀을 클릭한 후 ② [수식] 탭-[수식 분석] 그룹-[수식 계산]을 클릭합니다. ③ [수식 계산] 대화상자에서 [계산]을 클릭하면 SUM 함수 안에 계산된 배열 수식의 결과를 확인할 수 있습니다.

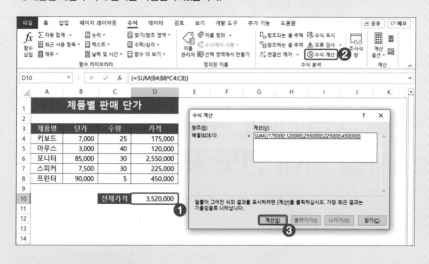

4. 배열 수식 수정과 삭제

배열 수식이 입력되어 있는 범위에서는 일부 셀을 지우거나 수정할 수 없습니다. 배열 수식을 지우거나 수정하고 싶다면 배열 전체 범위를 지정한 후 Delete 를 눌러 전체 수식을 지우거나 수식을 수정하고 Ctrl + Shift + Enter 를 눌러 배열 수식 전체를 수정합니다.

프로젝트

02

링크된 개체 삭제하고
회사별 거래 연도 표시하기

실습 파일 | Part02/Chapter01/01_02_회사별거래표기.xlsx
완성 파일 | Part02/Chapter01/01_02_회사별거래표기(완성).xlsx

01 프로젝트 시작하기

최근 5년 동안 회사에서 거래한 해외 협력 회사의 정보를 사내 정보시스템에서 다운로드하여 엑셀 문서로 저장했습니다. 이 RAW 데이터를 사용하여 각 협력 회사별/연도별 거래 유무를 한눈에 분석할 수 있는 표를 만들려고 합니다. 시스템에서 다운로드한 RAW 데이터에는 불필요하게 링크된 개체가 많이 분포되어 있는데, 이 개체를 이동 옵션 기능으로 일괄 삭제하고 사업명에 설정된 하이퍼링크도 삭제해보겠습니다. 편집이 완료된 목록은 COUNTIFS 함수로 참조하여 협력 회사별, 연도별 거래현황을 분석할 수 있는 집계표를 작성하겠습니다. 함수로 완성된 집계표에 사용자 지정 표시 형식과 조건부 서식을 추가하여 직관적으로 결과를 분석할 수 있도록 시각화 문서로 완성합니다.

이 프로젝트를 배우면 외부 시스템에서 다운로드한 데이터에 불필요한 개체가 있을 때 일괄 삭제함으로써 업무 처리 시간을 단축할 수 있고, 함수로 계산된 결과를 시각화하는 기법을 업무에 응용할 수 있습니다.

회사에서 바로 통하는 키워드	개체 선택, 하이퍼링크 제거, 이름 정의, COUNTIFS 함수, 사용자 지정 표시 형식, 조건부 서식

02 프로젝트 예제 미리 보기

A	B	C	D E
회사명	사업명		거래 연도
ABB Ltd	ABB Annual Report 2019 Sustainability Review		2020
ABB Ltd	ABB Annual Report 2020 Sustainability Review		2021
ABB Ltd	ABB Group Annual Report 2018 Sustainability Review		2019
Abbott Laboratories	2017 Global Citizenship Report - Working Together		
Abbott Laboratories	2019 Global Citizenship Report		
Abbott Laboratories	2020 Global Citizenship Report		
Abengoa SA	Annual Report 2019		
Abertis Infraestructuras SA	2020 Annual Report		
Abertis Infraestructuras SA	Annual Report 2018		
ABSA Group Limited	Annual Report 2018		
ABSA Group Limited	Annual Report 2019		
ABSA Group Limited	Annual Report 2020		
ABSA Group Limited	Annual Report 2021		
ACEA SpA	Bilancio di Sostenibilità 2019 (2019 Sustainability Report)		
ACEA SpA	Bilancio di Sostenibilità 2020 (2020 Sustainability Report)		
ACEGAS-APS Holding srl	Bilancio Integrato 2020		
ACLEDA Bank Plc	Annual Report 2020		
ActewAGL	Annual Report 2020-06 incorporating the sustainability repo		
Advanced Micro Devices Inc	2018 Sustainability Progress Report. Global Accountability		
Advanced Micro Devices Inc	2019 Corporate Responsibility Report. Global Accountability		
Advanced Micro Devices Inc	2020 Corporate Responsibility Report		
AECI Ltd	Annual Report 2017		
Aéroports de Paris	2020 Corporate Responsibility Report		
African Bank	Accountability Report (2020)		
African Bank	Annual Report 2019. The African Bank Experience		
African Bank	Annual Report 2021		
Aga Foodservice Group plc	2020 Corporate Social Responsibility Report		
Ahlstrom Corporation	Annual Report 2019		
Ahlstrom Corporation	Annual Report 2020		
Air France-KLM SA	2020-06 Sustainable Development Report		
Ajinomoto Co Inc	Ajinomoto Group CSR Report 2019		
Ajinomoto Co Inc	Ajinomoto Group CSR Report 2021		
Alcan Inc	Alcan Sustainability Report 2019		

원본 | 분석결과

A	B	C
회사명	사업명	거래 연도
ABB Ltd	ABB Annual Report 2019 Sustainability Review	2020
ABB Ltd	ABB Annual Report 2020 Sustainability Review	2021
ABB Ltd	ABB Group Annual Report 2018 Sustainability Review	2019
Abbott Laboratories	2017 Global Citizenship Report - Working Together	2018
Abbott Laboratories	2019 Global Citizenship Report	2020
Abbott Laboratories	2020 Global Citizenship Report	2021
Abengoa SA	Annual Report 2019	2020
Abertis Infraestructuras SA	2020 Annual Report	2021
Abertis Infraestructuras SA	Annual Report 2018	2019
ABSA Group Limited	Annual Report 2018	2018
ABSA Group Limited	Annual Report 2019	2019
ABSA Group Limited	Annual Report 2020	2020
ABSA Group Limited	Annual Report 2021	2021
ACEA SpA	Bilancio di Sostenibilità 2019 (2019 Sustainability Report)	2020
ACEA SpA	Bilancio di Sostenibilità 2020 (2020 Sustainability Report)	2021
ACEGAS-APS Holding srl	Bilancio Integrato 2020	2021
ACLEDA Bank Plc	Annual Report 2020	2021
ActewAGL	Annual Report 2020-06 incorporating the sustainability report	2021
Advanced Micro Devices Inc	2018 Sustainability Progress Report. Global Accountability	2019
Advanced Micro Devices Inc	2019 Corporate Responsibility Report. Global Accountability	2020
Advanced Micro Devices Inc	2020 Corporate Responsibility Report	2021
AECI Ltd	Annual Report 2017	2018
Aéroports de Paris	2020 Corporate Responsibility Report	2021
African Bank	Accountability Report (2020)	2020
African Bank	Annual Report 2019. The African Bank Experience	2020
African Bank	Annual Report 2021	2021
Aga Foodservice Group plc	2020 Corporate Social Responsibility Report	2021
Ahlstrom Corporation	Annual Report 2019	2020
Ahlstrom Corporation	Annual Report 2020	2021
Air France-KLM SA	2020-06 Sustainable Development Report	2021
Ajinomoto Co Inc	Ajinomoto Group CSR Report 2019	2020
Ajinomoto Co Inc	Ajinomoto Group CSR Report 2021	2021
Alcan Inc	Alcan Sustainability Report 2019	2020

원본 | 분석결과

거래현황 분석

회사명	2017년	2018년	2019년	2020년	2021년	합계
ABB Ltd			●	●	●	3
Abbott Laboratories		●		●	●	3
Abengoa SA				●		1
Abertis Infraestructuras SA			●		●	2
ABSA Group Limited		●	●	●	●	4
ACEA SpA				●	●	2
ACEGAS-APS Holding srl					●	1
ACLEDA Bank Plc					●	1
ActewAGL					●	1
Advanced Micro Devices Inc			●	●	●	3
AECI Ltd		●				1
Aéroports de Paris					●	1
African Bank				●	●	3
Aga Foodservice Group plc					●	1
Ahlstrom Corporation				●	●	2
Air France-KLM SA					●	1
Ajinomoto Co Inc				●	●	2
Alcan Inc				●	●	3
Alcoa Inc		●	●			2
Alko Inc				●	●	2

원본 | 분석결과

한눈에 보는 작업순서

그림 개체 일괄 삭제하기 ▶ 하이퍼링크 제거하기 ▶ 함수에 사용할 이름 정의하기 ▶

COUNTIFS 함수로 거래 횟수 구하기 ▶ 사용자 지정 표시 형식으로 '●' 표시하기 ▶ 조건부 서식으로 강조하기

STEP 01 그림 개체 일괄 삭제하고 텍스트 하이퍼링크 제거하기

❶ [이동 옵션]을 이용하여 하이퍼링크가 설정된 그림 개체를 일괄 선택한 후 삭제합니다.

❷ 사업명에 설정된 하이퍼링크를 [하이퍼링크 제거]를 사용하여 일괄 제거합니다.

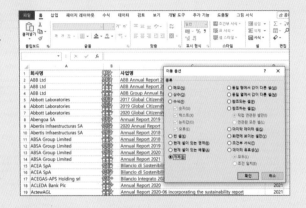

STEP 02 연도별 거래 횟수 구하기

❶ [원본] 시트의 회사명과 거래 연도를 이름으로 정의하고 [분석결과] 시트에서 각 회사별/연도별 거래 횟수를 COUNTIFS 함수를 이용하여 구합니다.

❷ [자동 합계]를 사용하여 거래 횟수의 총 합계를 구합니다.

STEP 03 거래가 있는 연도만 '●'로 표기하고 4년 이상 거래한 회사는 색으로 강조하기

❶ COUNTIFS 함수로 계산된 거래 횟수가 1 이상이면 '●'로, 0이면 빈 셀로 표시되도록 사용자 지정 표시 형식을 설정합니다.

❷ 총 거래 횟수의 합계가 4 이상이면 행 전체 데이터에 채우기 색이 표시되도록 조건부 서식을 설정합니다.

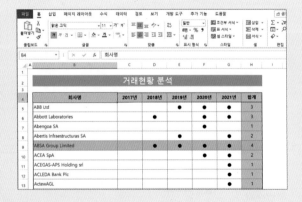

STEP 01 그림 개체 일괄 삭제하고 텍스트 하이퍼링크 제거하기

[원본] 시트 B열 영역에 하이퍼링크가 설정된 그림 개체가 많이 있습니다. 이러한 개체들은 불필요하므로 [이동 옵션]을 이용하여 일괄 선택한 후 삭제하고, C열 사업명 텍스트에 설정된 하이퍼링크도 일괄 제거하겠습니다.

01 그림 개체 일괄 삭제하기 ❶ [원본] 시트 탭을 클릭합니다. ❷ [홈] 탭–[편집] 그룹–[찾기 및 선택]–[이동 옵션]을 클릭합니다. ❸ [이동 옵션] 대화상자에서 [개체]를 클릭합니다. ❹ [확인]을 클릭합니다.

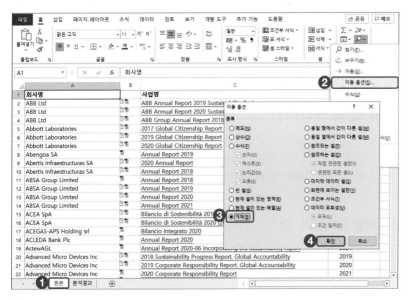

실력향상

[이동 옵션] 대화상자에서 [개체]를 클릭하면 현재 시트에 있는 모든 개체(그림, 도형, 차트 등)가 선택됩니다. 만약 선택된 개체 중에 삭제하지 말아야 하는 개체가 있다면 [Ctrl]을 누른 상태에서 그 개체만 클릭하여 선택을 해제합니다.

02 B열 영역에 있는 모든 그림 개체가 선택되었습니다. ❶ [Delete]를 눌러 삭제합니다. ❷ B열을 범위로 지정한 후 ❸ 지정한 범위에서 마우스 오른쪽 버튼을 클릭합니다. ❹ [삭제]를 클릭합니다.

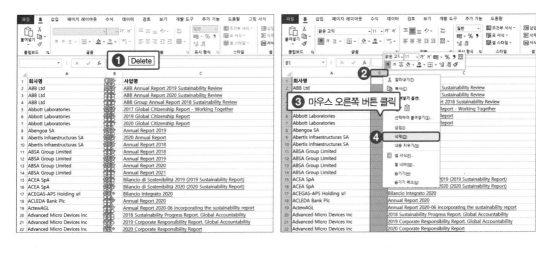

03 텍스트에 설정된 하이퍼링크 제거하기 ❶ B열을 범위로 지정합니다. ❷ 지정한 범위에서 마우스 오른쪽 버튼을 클릭한 후 ❸ [하이퍼링크 제거]를 클릭합니다. 사업명 텍스트에 하이퍼링크가 모두 제거되고 글꼴은 기본 서식으로 변경됩니다.

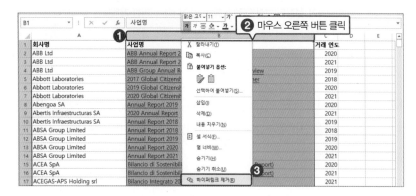

실력향상
[하이퍼링크 제거]는 지정한 범위에서 마우스 오른쪽 버튼을 클릭했을 때 하이퍼링크가 설정된 텍스트가 한 개 이상 있는 경우에만 표시됩니다.

STEP 02 연도별 거래 횟수 구하기

편집이 완료된 [원본] 시트의 회사명과 거래 연도를 이름으로 정의한 후 [분석결과] 시트에서 각 회사별/연도별 거래 횟수를 COUNTIFS 함수를 이용하여 구해보겠습니다.

04 회사명과 거래 연도 범위 이름 정의하기 ❶ [원본] 시트에서 [A1:A509] 범위를 지정한 후 ❷ Ctrl을 누른 상태에서 [C1:C509] 범위를 지정합니다. ❸ [수식] 탭–[정의된 이름] 그룹–[선택 영역에서 만들기]를 클릭합니다. ❹ [선택 영역에서 이름 만들기] 대화상자에서 [첫 행]에만 체크하고 ❺ [확인]을 클릭합니다. ❻ [이름 상자]의 목록 단추▼를 클릭하여 정의된 이름을 확인합니다. [C1] 셀의 데이터에 공백이 있어 거래 연도는 공백 대신 언더바(_)가 추가되어 [거래_연도]로 정의되었습니다.

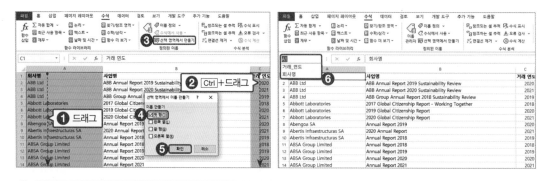

시간단축 빠르게 범위를 지정하려면 [A1] 셀에서 Ctrl+Shift+↓를 누른 후 Ctrl을 누른 상태에서 [C509] 셀을 클릭하고 Ctrl+Shift+↑를 누릅니다.

실력향상 이름의 첫 글자는 문자로 시작해야 하며 특수 문자, 공백은 포함될 수 없습니다. 다만, 언더바(_)는 사용 가능합니다.

05 COUNTIFS 함수로 거래 횟수 구하기 ❶ [분석결과] 시트 탭을 클릭합니다. ❷ [C5] 셀을 클릭하고 ❸ **=COUNTIFS(회사명, \$B5, 거래_연도, C\$4)**를 입력합니다. ❹ [C5] 셀의 채우기 핸들을 [G5] 셀까지 드래그합니다. ❺ [C5:G5] 범위가 지정된 상태에서 채우기 핸들을 더블클릭하여 [G310] 셀까지 수식을 복사합니다.

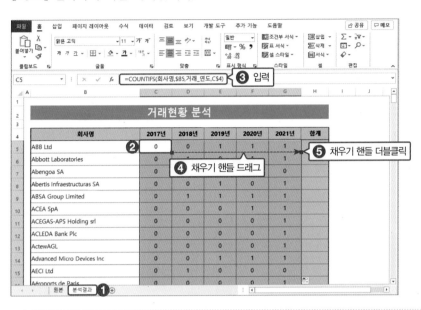

![실력향상] [회사명]과 [거래_연도] 범위에 해당하는 두 조건을 동시에 만족하는 셀의 개수를 구해야 하므로 COUNTIFS 함수를 사용합니다. 함수 형식은 'COUNTIFS(조건 범위1, 조건1, 조건 범위2, 조건2, …)'입니다. '=COUNTIFS(회사명, \$B5, 거래_연도, C\$4)' 수식을 입력하여 [회사명] 범위에서 [B5] 셀 데이터와 같고, [거래_연도] 범위에서 [C4] 셀 데이터와 같은 셀의 총 개수를 구합니다.

06 회사별 합계 구하기 ❶ [C5:H310] 범위를 지정합니다. ❷ [수식] 탭-[함수 라이브러리] 그룹-[자동 합계Σ]를 클릭합니다. H열에 합계가 구해집니다.

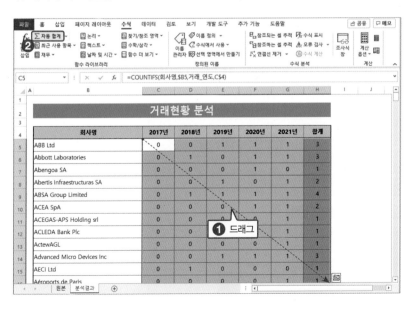

수식
핵심
기능

양식
자동화

데이터
관리&
집계

외부
데이터
편집

보고서
만들기

자동화
문서
만들기

데이터
분석&
시각화

STEP 03

거래가 있는 연도만 '●'로 표기하고
4년 이상 거래한 회사는 색으로 강조하기

COUNTIFS 함수로 계산된 결과는 1 또는 0인데, 1은 '●'로 표시하고 0은 빈 셀로 표시되도록 사용자 지정 표시 형식을 설정하겠습니다. 거래 횟수의 합계가 4 이상이면 행 전체 데이터에 채우기 색이 표시되도록 조건부 서식을 설정합니다.

07 이상이면 '●'로, 나머지는 빈 셀로 표시하기 ❶ [C5:G310] 범위를 지정합니다. ❷ 지정한 범위에서 마우스 오른쪽 버튼을 클릭한 후 ❸ [셀 서식]을 클릭합니다. ❹ [셀 서식] 대화상자의 [표시 형식] 탭에서 [사용자 지정]을 클릭하고 ❺ [형식] 입력란에 ●;;;을 입력합니다. ❻ [확인]을 클릭합니다.

📊 **실력향상** 사용자 지정 표시 형식은 한 셀에 총 네 개까지 지정할 수 있습니다. 각 표시 형식 구분 기호로 세미콜론(;)을 사용하며 순서는 '양수;음수;0;문자'로 지정합니다. '●;;;'로 표시 형식을 지정하면 양숫값일 때는 '●'로 표시하고, 양수가 아닌 다른 값일 때는 셀에 아무것도 표시하지 않습니다. '●'는 자음 'ㅁ'을 입력한 후 [한자]를 눌러 기호 목록에서 선택해 입력할 수 있습니다.

08 조건부 서식으로 4회 이상이면 채우기 색 설정하기 ❶ [B5:H310] 범위를 지정합니다. ❷ [홈] 탭-[스타일] 그룹-[조건부 서식]-[새 규칙]을 클릭합니다.

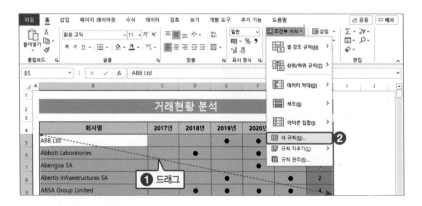

09 ❶ [새 서식 규칙] 대화상자의 [규칙 유형 선택]에서 [수식을 사용하여 서식을 지정할 셀 결정]을 클릭하고 ❷ 수식 입력란에 **=$H5>=4**를 입력합니다. ❸ [서식]을 클릭합니다. ❹ [셀 서식] 대화상자에서 [채우기] 탭을 클릭하고 ❺ [진한 노랑]을 클릭합니다. ❻ [확인]을 클릭합니다.

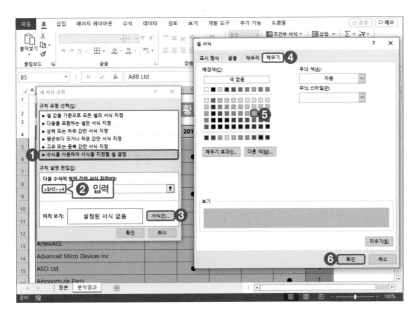

실력향상

조건부 서식의 수식 입력란에서 [H5] 셀을 클릭하면 자동으로 절대 참조가 지정됩니다. F4 를 두 번 눌러 열 고정 혼합 참조로 변경합니다.

10 ❶ [새 서식 규칙] 대화상자의 [미리 보기]에서 설정된 서식을 확인합니다. ❷ [확인]을 클릭합니다. 총 횟수가 4회 이상인 행 데이터에 채우기 색이 설정되었습니다.

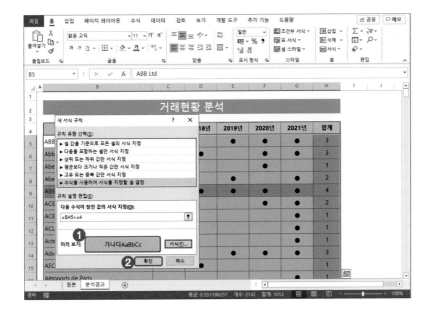

홈택스에서 다운로드한 매입합계표의
형식 변환하여 집계하기

실습 파일 | Part02/Chapter01/01_03_매입합계표.xlsx

완성 파일 | Part02/Chapter01/01_03_매입합계표(완성).xlsx

01 프로젝트 시작하기

홈택스에서 다운로드한 매입합계표 목록을 이용하여 각 항목별 합계를 구하고 상호별 월 합계금액을 분석할 수 있도록 집계표를 작성하려고 합니다. 그런데 다운로드한 표의 데이터를 SUM 함수로 집계하고 피벗 테이블을 작성하면 결과가 모두 0으로 표시되고, 피벗 테이블에서 월별 그룹도 설정되지 않습니다. 데이터 형식이 모두 텍스트로 설정되어 있기 때문입니다. 홈택스를 비롯하여 외부 시스템에서 다운로드한 엑셀 데이터 목록은 대부분 텍스트 형식으로 설정되는 경우가 많은데, 이러한 경우에는 먼저 선택하여 붙여 넣기 기능과 텍스트 나누기 기능을 사용하여 계산이 가능한 숫자와 날짜로 변환해야 합니다. 다운로드한 매입합계표 명세서의 데이터 형식을 계산이 가능한 형식으로 일괄 변환한 후 함수와 피벗 테이블을 사용하여 집계표를 작성해보겠습니다.

이 프로젝트를 배우면 사내 시스템이나 금융 시스템 등에서 엑셀 파일 형식으로 다운로드한 파일을 사용하여 보고서를 만들 때 응용할 수 있습니다.

회사에서 바로 통하는 키워드	선택하여 붙여넣기, 텍스트 나누기, INDIRECT 함수, 피벗 테이블, 천 단위 표시

매입 합계표 명세서(1분기)

일련번호	거래날짜	공급자등록번호	상호(법인명)	매수	공급가액	세액	합계금액	수취구분
1	20210605	160-38-14961	(주)백두화학	1	480,000	48,000	528,000	사업자
10	20210622	461-58-12520	(주)삼진엘앤디	1	1,450,000			
11	20210630	260-68-17304	(주)서복월드	1	40,000,000			
12	20210506	861-78-13822	(주)백두기공	14	8,640,911			
13	20210605	460-68-17454	(주)서복	3	5,806,365			
14	20210516	260-58-15111	(주)아스텍	2	32,870			
15	20210406	561-78-13826	(주)백두텔레롬	1	4,834,000			
16	20210406	160-38-14961	(주)백두화학	8	5,030,000			
17	20210516	460-68-17310	(주)빌더스넷	1	770,000			
18	20210518	260-38-14850	(주)씨제이스포츠	1	1,647,000			
19	20210523	260-28-12488	(주)씨에스리더	1	1,721,864			
2	20210530	260-58-15282	(주)서복상호저축은행	4	97,435,606			
20	20210413	460-68-17310	(주)빌더스넷	30	3,546,145,308			
21	20210523	760-38-14896	(주)아페론	1	2,000,000			
22	20210419	461-58-12520	(주)삼진엘앤디	1	240,000			
23	20210621	260-28-12382	(주)신라건설	3	2,802,100			
24	20210628	260-28-12488	(주)씨에스리더	1	5,721			
25	20210604	160-38-14888	(주)백두경영개발원	1	37,559			
26	20210621	260-58-15111	(주)아스텍	2	633,900			
27	20210406	460-68-17454	(주)서복	4	9,565,000			
28	20210427	260-58-15282	(주)서복상호저축은행	9	1,149,909,744			
29	20210426	260-68-17304	(주)서복월드	2	130,059,015			
3	20210426	260-68-17290	(주)무궁화	1	56,000			
30	20210405	960-38-14838	(주)서울용반	7	950,000			
31	20210505	561-78-13828	(주)백두텔레롬	2	185,400			
32	20210506	660-68-17458	(주)싸이버로지텍	9	3,391,557,436			
33	20210416	960-38-14906	(주)스마트로	10	602,116			
34	20210427	760-38-14896	(주)숭산	9	12,884,240			
35	20210505	160-38-14961	(주)백두화학	6	3,862,000			
36	20210419	260-28-12382	(주)신라건설	8	1,161,162,742			

매입 합계표 명세서(1분기)

일련번호	거래날짜	공급자등록번호	상호(법인명)	매수	공급가액	세액	합계금액	수취구분
1	2021-06-05	160-38-14961	(주)백두화학	1	480000	48000	528000	사업자
10	2021-06-22	461-58-12520	(주)삼진엘앤디	1	1450000	145000	1595000	사업자
11	2021-06-30	260-68-17304	(주)서복월드	1	40000000	4000000	44000000	사업자
12	2021-05-06	861-78-13822	(주)백두기공	14	8640911	864089	9505000	사업자
13	2021-06-05	460-68-17454	(주)서복	3	5806365	580635	6387000	사업자
14	2021-05-16	260-58-15111	(주)아스텍	2	32870	3287	36157	사업자
15	2021-04-06	561-78-13828	(주)백두텔레롬	1	4834000	483400	5317400	사업자
16	2021-04-06	160-38-14961	(주)백두화학	8	5030000	503000	5533000	사업자
17	2021-05-16	460-68-17310	(주)빌더스넷	1	770000	77000	847000	사업자
18	2021-05-18	260-38-14850	(주)씨제이스포츠	1	1647000	164700	1811700	사업자
19	2021-05-23	260-28-12488	(주)씨에스리더	1	1721864	172186	1894050	사업자
2	2021-05-30	260-58-15282	(주)서복상호저축은행	4	97435606	9743559	107179165	사업자
20	2021-04-13	460-68-17310	(주)빌더스넷	30	3546145308	354614380	3900759688	사업자
21	2021-05-23	760-38-14896	(주)아페론	1	2000000	200000	2200000	사업자
22	2021-04-19	461-58-12520	(주)삼진엘앤디	1	240000	24000	264000	사업자
23	2021-06-21	260-28-12382	(주)신라건설	3	2802100	280210	3082310	사업자
24	2021-06-28	260-28-12488	(주)씨에스리더	1	5721	572	6293	사업자
25	2021-06-04	160-38-14888	(주)백두경영개발원	1	37559	3755	41314	사업자
26	2021-06-21	260-58-15111	(주)아스텍	2	633900	63390	697290	사업자
27	2021-04-06	460-68-17454	(주)서복	4	9565000	956500	10521500	사업자
28	2021-04-27	260-58-15282	(주)서복상호저축은행	9	1149909744	114990970	1264900714	사업자
29	2021-04-26	260-68-17304	(주)서복월드	2	130059015	13005901	143064916	사업자
3	2021-04-26	260-68-17290	(주)무궁화	1	56000	5600	61600	사업자
30	2021-04-05	960-38-14838	(주)서울용반	7	950000	95000	1045000	사업자
31	2021-05-05	561-78-13828	(주)백두텔레롬	2	185400	18540	203940	사업자
32	2021-05-06	660-68-17458	(주)싸이버로지텍	9	3391557436	339155744	3730713180	사업자
33	2021-04-16	960-38-14906	(주)스마트로	10	602116	7500	609616	사업자
34	2021-04-27	760-38-14896	(주)숭산	9	12884240	1288424	14172664	사업자
35	2021-05-05	160-38-14961	(주)백두화학	6	3862000	386200	4248200	사업자
36	2021-04-19	260-28-12382	(주)신라건설	8	1161162742	116116230	1277278972	사업자

1/4분기 매입 합계표 집계

1. 전체 요약 (단위 : 천)

합계금액	공급가액	세액	매수
11,785,821	10,714,557	1,071,264	246

2. 월별 합계금액

상호명	4월	5월	6월	총합계
(주)빌더스넷	3,900,760	1,100	847	3,902,707
(주)싸이버로지텍	4,786	3,730,713	411	3,735,910
(주)서복상호저축은행	1,264,901	107,179	0	1,372,080
(주)신라건설	1,277,279	2,200	3,082	1,282,561
(주)씨에스리더	807,419	1,894	6	809,319
(주)백두기공	576	9,505	299,008	309,089
(주)서복월드	143,065	2,640	44,000	189,705
(주)아페론	53,571	2,200	739	56,510
(주)숭산	14,173	22,000	0	36,173
(주)서복	10,522	729	6,387	17,637
(주)무궁화	62	10,400	3,970	14,432
(주)아스텍	11,000	36	697	11,733
(주)백두화학	5,533	4,248	528	10,309
(주)스마트로	610	2,970	5,363	8,942
(주)에스티에스로지스	1,111	1,392	5,500	8,002
(주)백두텔레롬	5,317	204	1,435	6,957
(주)백두경영개발원	713	3,883	41	4,637
(주)씨제이스포츠	275	1,812	1,485	3,572
(주)서울용반	1,045	275	1,947	3,267
(주)삼진엘앤디	264	420	1,595	2,279
총합계	7,502,979	3,905,800	377,042	11,785,821

매입합계표   집계표   (+)

한눈에 보는 작업순서

데이터 형식 확인하기 ▶ 숫자와 날짜 형식으로 변환하기 ▶ 함수에 사용할 이름 정의하기 ▶ INDIRECT 함수로 합계 구하기

사용자 지정 표시 형식 설정하기 ▶ 피벗 테이블로 월별 합계 구하기 ▶ 피벗 테이블 서식 변경하기

수식 핵심 기능

양식 자동화

데이터 관리&집계

외부 데이터 편집

보고서 만들기

자동화 문서 만들기

데이터 분석&시각화

STEP 01 숫자와 날짜 형식으로 변환하기

❶ 빈 셀에 1을 입력한 후 복사하여 [A3:I61] 범위에 [선택하여 붙여넣기]로 곱해줍니다. 1을 곱하면 데이터는 변하지 않고 형식만 숫자로 변환됩니다.

❷ B열의 거래날짜를 범위로 지정한 후 [텍스트 나누기]를 사용하여 데이터 형식을 [날짜]로 변환합니다.

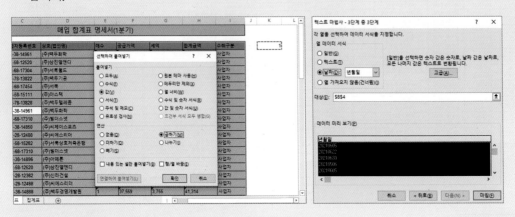

STEP 02 매입합계표로 집계표 작성하기

❶ [E3:H61] 범위를 지정하여 [선택 영역에서 만들기]로 이름 정의합니다.

❷ [집계표] 시트에서 SUM, INDIRECT 함수를 사용하여 전체 요약표를 계산하고 천 단위로 표시 형식을 설정합니다.

❸ 피벗 테이블을 삽입하여 상호별, 월별 총합계를 구하고 총합계 기준으로 내림차순 정렬을 실행합니다.

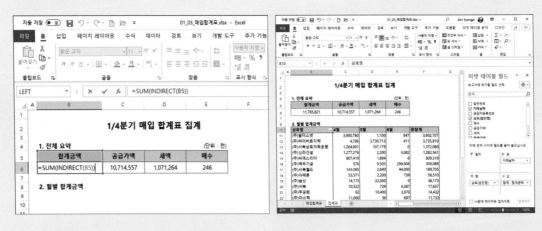

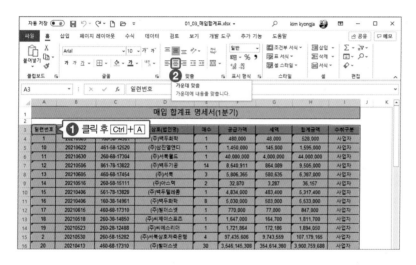

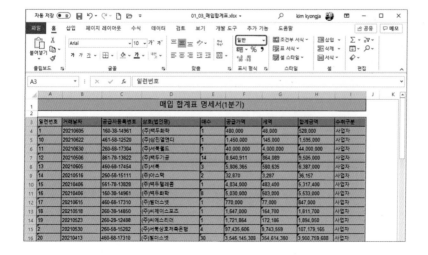

수식
핵심
기능

양식
자동화

데이터
관리&
집계

외부
데이터
편집

보고서
만들기

자동화
문서
만들기

데이터
분석&
시각화

STEP 01 숫자와 날짜 형식으로 변환하기

홈택스에서 다운로드한 매입합계표에서 각각의 열 데이터 형식을 확인해보고 [집계표] 시트에서 함수와 피벗 테이블에 참조할 열은 숫자와 날짜 형식으로 변환해보겠습니다.

01 데이터 형식 확인하기 [매입합계표] 시트의 매입 목록은 A열 일련번호를 기준으로 하여 1, 10, 11, …, 2, 20, 21, …순으로 정렬되어 있습니다. 또한 A열, [E:H] 열에는 오류 표시가 나타납니다. 정확한 원인을 알아보기 위해 데이터 형식을 확인해보겠습니다. ❶ [A3] 셀을 클릭한 후 [Ctrl]+[A] 를 누릅니다. ❷ [홈] 탭-[맞춤] 그룹-[가운데 맞춤]을 클릭합니다.

02 [가운데 맞춤]이 해제되면서 가로 맞춤 설정이 [일반]으로 변경되었습니다. 맞춤 설정이 [일반] 이면 텍스트 데이터는 왼쪽으로, 숫자 데이터는 오른쪽으로 표시됩니다. [A3:I61] 범위는 모두 원쪽으로 표시되는 것으로 보아 텍스트 데이터인 것을 알 수 있습니다.

03 텍스트 형식 숫자로 변환하기 ❶ [K3] 셀에 **1**을 입력한 후 Ctrl+C를 눌러 복사합니다. ❷
[C3] 셀을 클릭한 후 Ctrl+A를 누릅니다. ❸ 지정한 범위에서 마우스 오른쪽 버튼을 클릭하여 ❹
[선택하여 붙여넣기]를 클릭합니다.

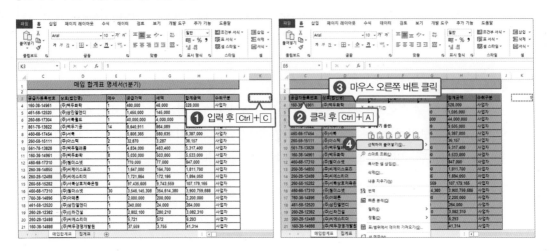

⏱ **시간단축** 1은 비어 있는 셀 중 임의의 셀에 입력합니다.

04 ❶ [선택하여 붙여넣기] 대화상자의 [붙여넣기]에서 [값]을 클릭하고 ❷ [연산]에서 [곱하기]를
클릭합니다. ❸ [확인]을 클릭합니다. 숫자로 변환이 가능한 열은 숫자로 모두 변환되어 셀 오른쪽
에 표시됩니다. ❹ [K3] 셀을 클릭하고 Delete를 눌러 삭제합니다.

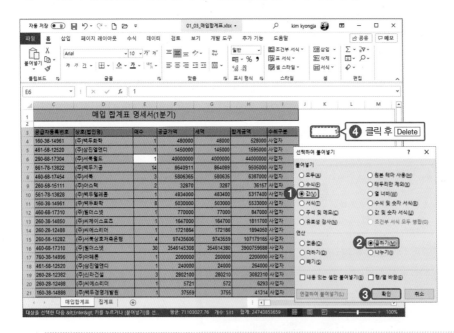

📊 **실력향상** [선택하여 붙여넣기]로 1을 곱했을 때 숫자 형식으로 변환할 수 없는 공급자등록번호와 상호, 수취구분 데이터에는
아무런 변화가 없습니다. 거래날짜는 표시 형식이 [텍스트]로 설정되어 있어 변환되지 않습니다.

05 날짜 형식으로 변환하기 거래날짜를 [날짜] 형식으로 변환해보겠습니다. ❶ [B4:B61] 범위를 지정합니다. ❷ [데이터] 탭─[데이터 도구] 그룹─[텍스트 나누기]를 클릭합니다. ❸ [텍스트 마법사 – 3단계 중 1단계] 대화상자에서 [구분 기호로 분리됨]을 클릭한 후 ❹ [다음]을 클릭합니다.

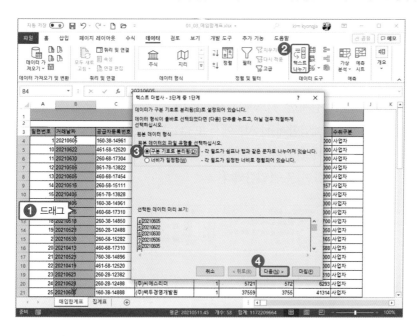

06 ❶ [텍스트 마법사 – 2단계 중 2단계] 대화상자의 [구분 기호]에는 아무것도 체크하지 않습니다. ❷ [다음]을 클릭합니다. ❸ [텍스트 마법사 – 3단계 중 3단계]에서 열 데이터 서식의 [날짜]를 클릭합니다. ❹ [마침]을 클릭합니다. 거래날짜가 [날짜] 형식으로 변환됩니다.

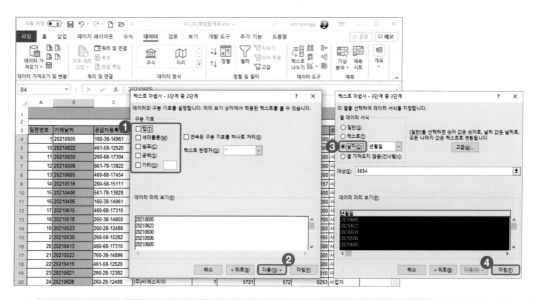

ᴵᴵᴵ 실력향상 [텍스트 마법사–3단계 중 2단계]에서 [구분 기호]를 아무것도 체크하지 않으면 1단계와 2단계의 기능을 사용하지 않게 되므로 텍스트를 나누지 않습니다. 3단계의 [열 데이터 서식]만 사용하기 위해서 이와 같이 설정합니다.

수식
핵심
기능

양식
자동화

데이터
관리&
집계

외부
데이터
편집

보고서
만들기

자동화
문서
만들기

데이터
분석&
시각화

STEP
02

매입합계표로 집계표 작성하기

[숫자]와 [날짜] 형식으로 변환된 데이터 목록을 사용하여 INDIRECT 함수로 항목별 합계를 구하고, 월별 합계금액을 집계하는 피벗 테이블을 작성해보겠습니다. 작성된 피벗 테이블은 합계금액을 기준으로 내림차순 정렬하고 천 단위로 표시 형식을 변경하겠습니다.

07 수식에 사용할 범위 이름 정의하기 [집계표] 시트에서 참조할 매수, 공급가액, 세액, 합계금액의 범위를 이름으로 정의하겠습니다. ❶ [매입합계표] 시트에서 [E3:H61] 범위를 지정합니다. ❷ [수식] 탭–[정의된 이름] 그룹–[선택 영역에서 만들기]를 클릭합니다. ❸ [선택 영역에서 이름 만들기] 대화상자에서 [첫 행]에만 체크한 후 ❹ [확인]을 클릭합니다.

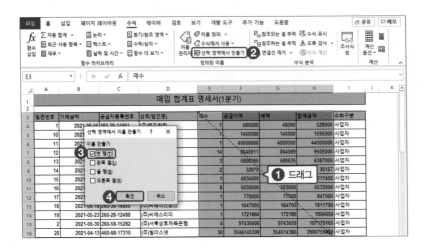

08 INDIRDCT 함수로 합계 구하고 복사하기 ❶ [집계표] 시트 탭을 클릭합니다. ❷ [B6] 셀을 클릭하고 ❸ **=SUM(INDIRECT(B5))**를 입력합니다. ❹ [B6] 셀의 채우기 핸들을 [E6] 셀까지 드래그합니다.

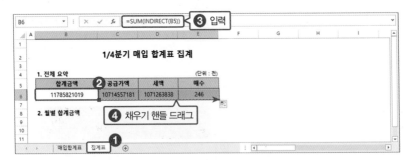

📊 **실력향상** INDIRECT 함수는 문자열 형태로 입력한 셀 주소나 이름을 실제 셀 주소나 정의된 이름으로 만드는 함수로 형식은 'INDIRECT(문자열, 참조 유형)'입니다. 각 항목별 합계를 구할 때 SUM 함수와 정의된 이름만 사용하여 '=SUM(합계금액)', '=SUM(공급가액)' 등으로 수식을 입력할 수 있지만, 이렇게 입력하면 수식을 복사하여 사용할 수 없습니다. [B6] 셀에 수식을 한 번만 입력한 후 [D6] 셀까지 복사하여 계산할 수 있도록 SUM 함수와 INDIRECT 함수를 중첩하여 사용합니다.

09 사용자 지정 표시 형식으로 천 원 단위 표시하기 계산된 금액 데이터의 표시 형식을 변경하여 단위를 천 원으로 표시해보겠습니다. ❶ [B6:D6] 범위를 지정합니다. ❷ 지정한 범위에서 마우스 오른쪽 버튼을 클릭하여 ❸ [셀 서식]을 클릭합니다. ❹ [셀 서식] 대화상자의 [표시 형식] 탭에서 [사용자 지정]을 클릭하고 ❺ [형식]에 **#,##0,**를 입력합니다. ❻ [확인]을 클릭합니다.

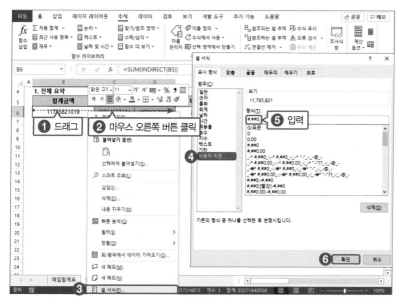

실력향상

표시 형식을 '#,##0,'로 지정하면 맨 마지막 쉼표(,) 뒤에 세 자리의 숫자가 생략된 것을 의미하므로 천 단위까지만 숫자가 표시됩니다.

10 월별 합계 구하는 피벗 테이블 작성하기 ❶ [매입합계표] 시트 탭을 클릭합니다. ❷ [A3] 셀을 클릭한 후 ❸ [삽입] 탭-[표] 그룹-[피벗 테이블]을 클릭합니다. ❹ [피벗 테이블 만들기] 대화상자에서 [표 또는 범위 선택]의 [표/범위]에 [매입합계표] 시트의 [A3:I61] 범위가 설정되어 있습니다. ❺ 피벗 테이블 보고서를 넣을 위치로 [기존 워크시트]를 클릭한 후 ❻ [위치] 입력란을 클릭하고 ❼ [집계표] 시트의 [B9] 셀을 클릭합니다. ❽ [확인]을 클릭합니다.

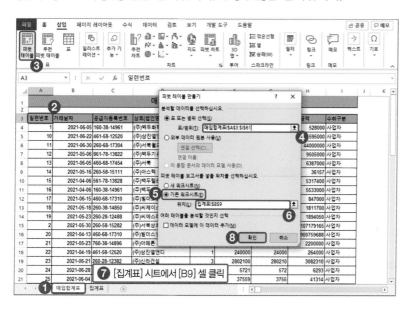

수식
핵심
기능

양식
자동화

데이터
관리&
집계

외부
데이터
편집

보고서
만들기

자동화
문서
만들기

데이터
분석&
시각화

11 [집계표] 시트의 [B9] 셀에 피벗 테이블 보고서 작업 영역이 표시됩니다. ❶ [피벗 테이블 필드] 작업 창에서 [거래날짜] 필드를 [열], [상호(법인명)] 필드를 [행], [합계금액] 필드를 [값] 영역으로 각각 드래그합니다. ❷ [C10] 셀에서 마우스 오른쪽 버튼을 클릭하여 ❸ [그룹]을 클릭합니다. ❹ [그룹화] 대화상자에서 [월]만 선택한 후 ❺ [확인]을 클릭합니다.

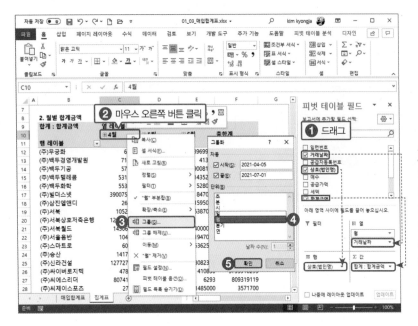

실력향상

엑셀 2016 버전부터는 피벗 테이블 필드를 설정할 때 [날짜] 필드를 행이나 열로 드래그하면 자동으로 월 단위 그룹이 설정되어 [월]과 [거래날짜] 필드가 함께 표시됩니다. 엑셀 2016 이전 버전에서는 [거래날짜] 필드만 표시됩니다.

12 금액 기준으로 정렬하기 ❶ [행 레이블]의 목록 단추⏷를 클릭하여 ❷ [기타 정렬 옵션]을 클릭합니다. ❸ [정렬(상호(법인명))] 대화상자에서 [내림차순 기준]을 클릭하고 ❹ 목록에서 [합계 : 합계금액]을 선택합니다. ❺ [확인]을 클릭합니다. 합계금액을 기준으로 내림차순 정렬됩니다.

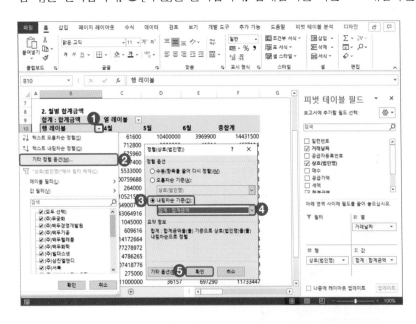

13 피벗 테이블 서식 설정하기 ❶ [디자인] 탭-[피벗 테이블 스타일] 그룹에서 [밝은 회색, 피벗 스타일 밝게 15]를 클릭합니다. ❷ 9행을 마우스 오른쪽 버튼으로 클릭하여 ❸ [숨기기]를 클릭합니다.

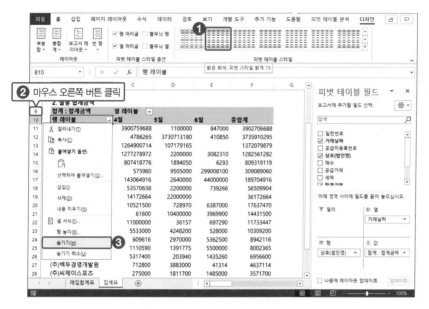

> **실력향상**
>
> 피벗 테이블 보고서에서 행과 열은 삭제할 수 없습니다. 불필요한 행이나 열은 숨깁니다.

14 ❶ 작성된 피벗 테이블 안에서 마우스 오른쪽 버튼을 클릭하여 ❷ [피벗 테이블 옵션]을 클릭합니다. ❸ [피벗 테이블 옵션] 대화상자의 [레이아웃 및 서식] 탭-[서식]에서 [빈 셀 표시]에 체크하고 ❹ 입력란에 **0**을 입력합니다. ❺ [업데이트 시 열 자동 맞춤]의 체크를 해제합니다. ❻ [확인]을 클릭합니다.

수식
핵심
기능

양식
자동화

데이터
관리&
집계

외부
데이터
편집

보고서
만들기

자동화
문서
만들기

데이터
분석&
시각화

15 ❶ [B10] 셀을 **상호명**으로 수정합니다. ❷ [C10:F31] 범위를 지정한 후 ❸ 마우스 오른쪽 버튼을 클릭한 후 ❹ [셀 서식]을 클릭합니다.

16 ❶ [셀 서식] 대화상자의 [표시 형식] 탭에서 [사용자 지정]을 클릭하고 ❷ [형식]에 **#,##0,**를 입력합니다. ❸ [테두리] 탭을 클릭합니다. ❹ [미리 설정]에서 [윤곽선]을 클릭하고 ❺ [테두리]에서 [수직 가운데]를 클릭합니다. ❻ [확인]을 클릭합니다.

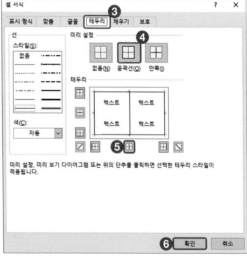

17 피벗 테이블의 금액 단위가 천 단위로 변경되고 테두리가 설정되었습니다.

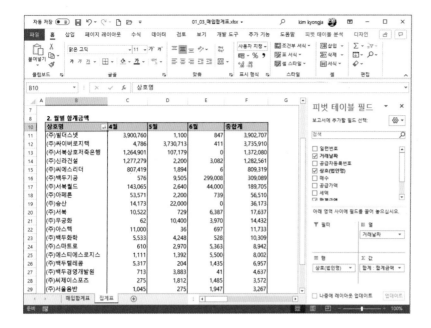

크로스탭 형식의 표 변환하여
보고용 집계표 만들기

실습 파일 | Part02/Chapter01/01_04_승하차인원.xlsx
완성 파일 | Part02/Chapter01/01_04_승하차인원(완성).xlsx

01 프로젝트 시작하기

기간별로 지하철 승하차 인원이 집계된 표 목록을 역명별/연도별로 집계하는 표로 변환하려고 합니다. 그룹별 합계를 집계하려면 SUMIFS 함수를 사용해야 하는데, 기존 표 목록이 크로스탭 형태로 집계되어 있어 함수를 적용할 수 없습니다. 이 목록을 파워 쿼리의 열 피벗 해제 기능을 이용하여 데이터베이스 목록으로 변환한 후 함수를 적용해보겠습니다. 새롭게 만들어야 하는 집계표에는 SUMIFS 함수를 사용하기 위해 역명과 구분 데이터가 반복적으로 입력되어 있는데, 조건부 서식에서 표시 형식과 테두리를 설정하여 집계표를 보기 좋게 꾸며주겠습니다.

이 프로젝트를 배우면 다른 부서에서 작성한 집계표로 함수를 적용할 수 있는 데이터베이스 목록을 만들어 원하는 집계표를 빠르게 작성할 수 있습니다.

**회사에서
바로 통하는
키워드** 파워 쿼리, 표 서식, 열 피벗 해제, 이름 정의, SUMIFS 함수, 조건부 서식

	A	B	C	D	E	F	G	H	I
1	연도	월	역명	승차		하차			
2				순승차	환승진입	순하차	환승진출		
3	2021	1	구로	472,610	809,571	180,113	929,008		
4	2021	1	금천구청	503,169	898,647	186,684	1,015,728		
5	2021	1	노량진	506,748	581,827	340,502	603,252		
6	2021	1	청량리	426,806	547,672	306,703	551,953		
7	2021	1	부평	510,052	561,312	343,236	581,781		
8	2021	1	서울역	442,621	551,181	295,855	568,253		
9	2021	1	석계	447,641	487,500	312,672	505,438		
10	2021	1	소사	501,591	764,374	173,897	880,598		
11	2021	1	시청	438,408	537,948	293,286	555,040		
12	2021	1	신도림	486,493	595,090	352,962	613,105		
13	2021	1	온수	176,911	879,666	185,978	998,563		
14	2021	1	용산	469,017	604,544	350,414			
15	2021	1	종로3가	441,196	553,000	305,159			
16	2021	2	구로	182,118	502,324	285,854			
17	2021	2	금천구청	197,603	551,181	295,855			
18	2021	2	노량진	159,519	591,436	316,277			
19	2021	2	청량리	174,871	638,401	315,415			
20	2021	2	부평	175,792	502,888	298,981			
21	2021	2	서울역	166,542	903,372	195,383			
22	2021	2	석계	168,760	597,470	303,723			
23	2021	2	소사	178,933	579,762	302,609			
24	2021	2	시청	170,293	862,660	190,601			
25	2021	2	신도림	175,629	503,337	308,754			
26	2021	2	온수	177,905	553,000	305,159			
27	2021	2	용산	164,346	629,970	328,712			
28	2021	2	종로3가	184,892	877,279	191,540			
29	2021	3	구로	476,360	898,647	186,684			
30	2021	3	금천구청	459,506	903,372	195,383			
31	2021	3	노량진	500,120	561,312	343,236			
32	2021	3	동대문	196,394	604,544	350,414			
33	2021	3	부평	463,547	764,374	173,897			
34	2021	3	서울역	196,694	537,948	293,286			

승하차통계 | 집계분석

[역명/연도별 지하철 승객수 집계]

역명	구분		2019	2020	2021	합계
서울역	기본	승차	1,218,926	1,263,958	1,973,529	4,456,413
		하차	1,329,899	1,607,938	1,570,194	4,508,031
	환승	진입	3,292,048	3,644,232	3,713,400	10,649,680
		진출	3,531,536	4,032,921	3,993,117	11,557,574
시청	기본	승차	308,371	695,271	1,965,508	2,969,150
		하차	323,654	864,842	1,657,976	2,846,472
	환승	진입	930,593	2,182,119	3,131,517	6,244,229
		진출	1,010,593	2,421,159	3,358,349	6,790,101
동대문	기본	승차	1,328,539	1,292,890	1,138,586	3,760,015
		하차	1,415,644	1,662,230	1,237,059	4,314,933
	환승	진입	3,554,164	3,808,982	1,866,460	9,229,606
		진출	3,808,789	4,180,564	1,946,239	9,935,592
종로3가	기본	승차	1,168,635	1,258,786	2,000,167	4,427,588
		하차	1,335,773	1,658,363	1,696,884	4,691,020
	환승	진입	3,314,632	3,848,087	3,410,612	10,573,331
		진출	3,566,757	4,229,273	3,547,948	11,343,978
용산	기본	승차	918,095	659,910	2,081,207	3,659,212
		하차	1,101,816	783,509	1,935,078	3,820,403
	환승	진입	2,584,561	1,605,993	3,065,301	7,255,855
		진출	2,734,166	1,773,228	3,239,471	7,746,865
노량진	기본	승차	1,012,318	1,413,434	2,148,119	4,573,871
		하차	1,172,412	1,623,697	1,888,926	4,685,035
	환승	진입	3,213,665	4,081,481	2,880,043	10,175,189
		진출	3,472,816	4,519,016	2,991,491	10,983,323

Sheet1 | 승하차통계 | 집계분석

한눈에 보는 작업순서

머리글 편집하고 표 등록하기 ▶ [Power Query 편집기] 시작하기 ▶ 열 피벗 해제하기 ▶

표로 로드하여 범위로 변환하기 ▶ SUMIFS 함수로 승객수 집계하기 ▶ 조건부 서식으로 표 꾸미기

수식 핵심 기능 / 양식 자동화 / 데이터 관리& 집계 / 외부 데이터 편집 / 보고서 만들기 / 자동화 문서 만들기 / 데이터 분석& 시각화

STEP 01 파워 쿼리를 이용하여 표 목록 변환하기

❶ [승하차통계] 시트의 머리글을 한 행으로 편집하고 표 서식을 설정합니다.

❷ 표로 등록한 데이터 목록을 [Power Query 편집기]에서 편집합니다. [순승차] 열에서 [환승진 출] 열까지 [열 피벗 해제]를 실행하여 행 목록으로 변환합니다. 열 제목을 수정하고 표로 로드 합니다.

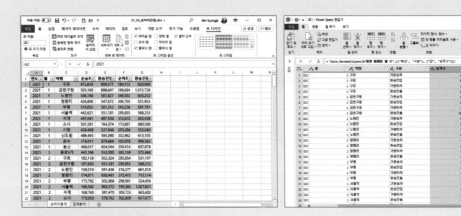

STEP 02 역명별/구분별/연도별 승객수 집계하기

❶ 변환된 표 목록에서 함수에 사용할 범위를 이름으로 정의합니다.

❷ [집계분석] 시트에 역명별, 구분별, 연도별 승객수를 SUMIFS 함수로 집계합니다.

❸ 역명과 구분에서 반복되는 문자는 조건부 서식으로 표시되지 않도록 설정합니다.

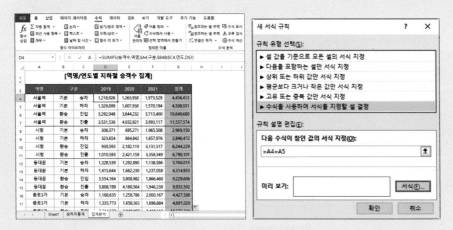

파워 쿼리를 이용하여 표 목록 변환하기

[승하차통계] 시트의 표는 크로스탭 형태로 집계되어 있어 함수를 사용할 수 없습니다. 파워 쿼리의 열 피벗 해제 기능을 이용하여 데이터베이스 목록으로 변환해보겠습니다.

01 머리글 편집하고 표 등록하기 [승하차통계] 시트의 집계표에는 머리글이 두 개의 행으로 작성되어 있습니다. 파워 쿼리에 사용되는 표는 머리글이 병합되지 않고 한 개의 행으로 되어 있어야 합니다. ❶ [A1:C2] 범위를 지정한 후 ❷ [홈] 탭-[맞춤] 그룹-[병합하고 가운데 맞춤圖]을 클릭하여 셀 병합을 해제합니다. ❸ [A1:C1] 범위를 지정한 후 ❹ 채우기 핸들을 [C2] 셀까지 드래그합니다. ❺ [자동 채우기 옵션圖]을 클릭하여 [셀 복사]를 클릭합니다.

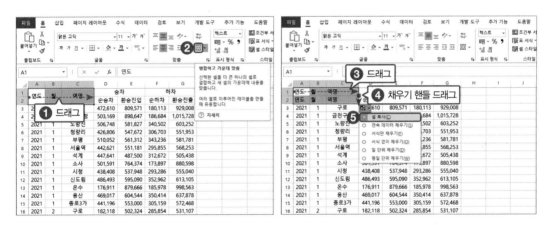

실력향상 [A1:C1] 범위를 채우기 핸들로 복사하면 자동 채우기 기능이 실행되어 [B2] 셀에 '화'가 표시됩니다. 복사를 하기 위해 [자동 채우기 옵션]-[셀 복사]를 클릭합니다.

02 ❶1행을 마우스 오른쪽 버튼으로 클릭하고 ❷ [삭제]를 클릭합니다.

수식
핵심
기능

양식
자동화

데이터
관리&
집계

외부
데이터
편집

보고서
만들기

자동화
문서
만들기

데이터
분석&
시각화

03 시트에 작성된 표를 [Power Query 편집기]에서 편집하려면 먼저 표로 등록해야 합니다. ❶ 데이터가 있는 임의의 셀을 클릭한 후 ❷ [홈] 탭-[스타일] 그룹-[표 서식]-[흰색, 표 스타일 밝게 1] 을 클릭합니다. ❸ [표 서식] 대화상자가 나타나면 입력된 범위를 그대로 유지하고 [머리글 포함]에 체크되어 있는지 확인한 후 ❹ [확인]을 클릭합니다. 표로 등록되었습니다.

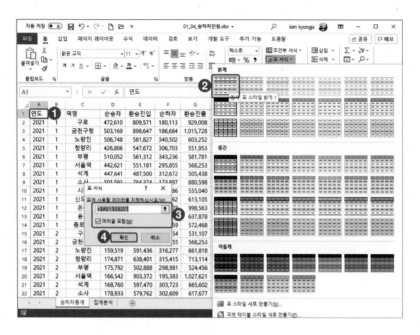

04 [Power Query 편집기] 시작하기 ❶ 데이터가 있는 임의의 셀을 클릭한 후 ❷ [데이터] 탭-[데이터 가져오기 및 변환] 그룹-[테이블/범위에서█]를 클릭합니다. [Power Query 편집기] 가 표시됩니다.

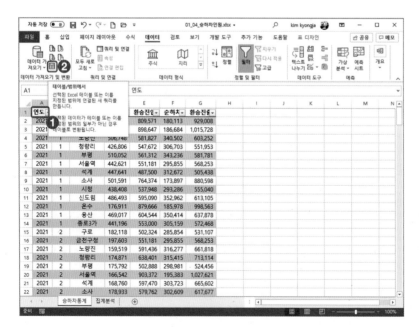

📊 **실력향상**

엑셀 2016 버전에서는 [데이터] 탭-[가져오기 및 변환] 그룹-[테이블에서]를 클릭하고, 엑셀 2013 이하 버전에서는 파워 쿼리를 추가 설치한 후 [파워 쿼리] 탭-[Excel 데이터] 그룹-[테이블/범위에서] 를 클릭합니다.

05 열 머리글 변경하기 ❶ [순승차] 열 머리글을 더블클릭하여 **기본승차**로 변경하고, ❷ [순하차] 열 머리글을 더블클릭하여 **기본하차**로 변경합니다.

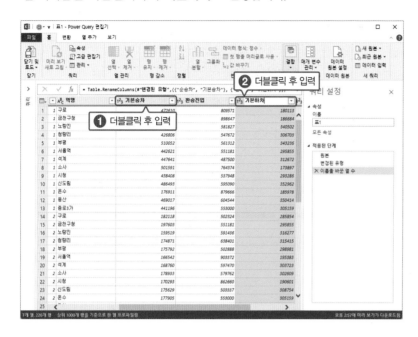

수식
핵심
기능

양식
자동화

데이터
관리&
집계

외부
데이터
편집

보고서
만들기

자동화
문서
만들기

데이터
분석&
시각화

실력향상
승하차 인원수가 입력된 열을 행 목록으로 변환하면 열 제목이 셀 데이터가 됩니다. [집계 분석] 시트에서 구분 항목이 [기본승차]와 [기본하차]로 되어 있어 이 데이터와 일치하는 열 제목을 사용해야 합니다.

06 열 피벗 해제하기 ❶ [기본승차] 열을 범위로 지정한 후 ❷ Shift 를 누른 상태에서 [환승진출] 열 머리글을 클릭해 [기본승차:환승진출] 열 범위를 지정합니다. ❸ 지정된 범위의 열 머리글을 마우스 오른쪽 버튼으로 클릭하여 ❹ [열 피벗 해제]를 클릭합니다. ❺ [특성] 열 머리글을 더블클릭하여 **구분**으로 변경하고, ❻ [값] 열 머리글을 더블클릭하여 **승객수**로 변경합니다.

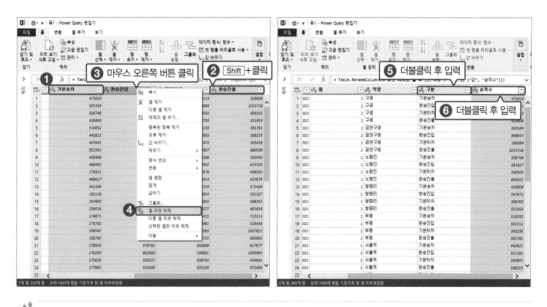

실력향상 [열 피벗 해제]는 피벗 테이블을 해제하는 기능과 같은 의미로, 열로 나열된 데이터가 행 목록으로 변환됩니다. [열 피벗 해제]를 하면 220개였던 행이 880개로 늘어납니다.

07 표로 로드하기 편집 완료된 쿼리를 워크시트로 내보내겠습니다. [홈] 탭-[닫기] 그룹-[닫기 및 로드]-[닫기 및 로드]를 클릭합니다. 새로운 시트가 추가되고 편집된 쿼리 결과가 표시됩니다.

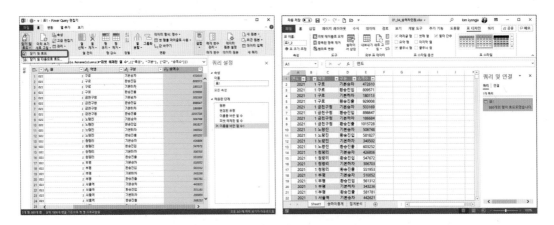

📊 **실력향상** 쿼리 편집을 수정하고 싶은 경우 [쿼리 및 연결] 작업 창에서 [표1]을 더블클릭합니다.

08 일반 범위로 변환하기 ❶ [표 디자인] 탭-[도구] 그룹-[범위로 변환]을 클릭합니다. ❷ '계속하면 시트에서 쿼리 정의가 영구히 제거되고 표가 정상 범위로 변환됩니다. 계속하시겠습니까?'라는 메시지가 나타나면 [확인]을 클릭합니다.

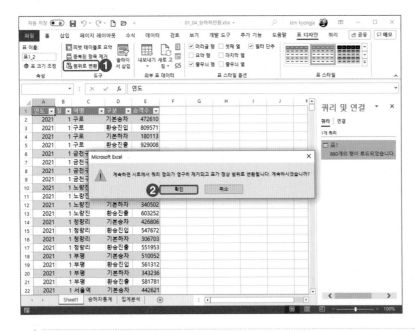

📊 **실력향상**
쿼리의 결과를 범위로 변환하면 [쿼리 및 연결] 작업 창의 [표1] 쿼리에 '연결 전용입니다'가 표시됩니다.

📊 **실력향상** 로드된 쿼리의 결과는 표로 등록되어 있습니다. 표로 등록된 데이터를 함수로 사용하면 셀 주소가 구조적 참조 형식인 '=표1[@구분]', '=표1[@승객수]' 등으로 입력됩니다. A1, B2, … 형식의 셀 주소로 사용하려면 일반 범위로 변환해야 합니다.

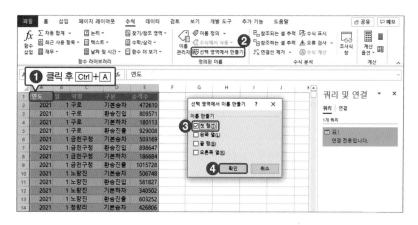

STEP 02 역명별/구분별/연도별 승객수 집계하기

[집계분석] 시트에 역명별/구분별/연도별 승객수 집계표를 작성해보겠습니다. 함수에서 참조할 범위를 이름으로 정의한 후 SUMIFS 함수를 사용해 같은 역명과 구분은 한 번씩만 표시되도록 조건부 서식을 적용해보겠습니다.

09 이름 정의하기 ❶ [Sheet1] 시트에서 데이터가 입력된 임의의 셀을 클릭하고 Ctrl + A 를 누릅니다. ❷ [수식] 탭-[정의된 이름] 그룹-[선택 영역에서 만들기]를 클릭합니다. ❸ [선택 영역에서 이름 만들기] 대화상자에서 [첫 행]만 체크한 후 ❹ [확인]을 클릭합니다.

10 SUMIFS 함수로 승객수 집계하기 ❶ [집계분석] 시트 탭을 클릭합니다. ❷ [D4] 셀을 클릭하고 ❸ **=SUMIFS(승객수, 역명, $A4, 구분, $B4&$C4, 연도, D$3)**를 입력합니다. ❹ [D4] 셀의 채우기 핸들을 [F4] 셀까지 드래그하여 수식을 복사합니다.

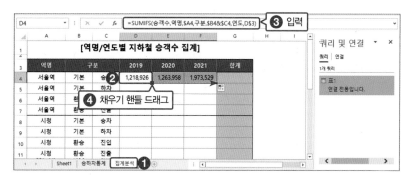

실력향상 두 개 이상의 조건에 맞는 합계를 구할 때는 SUMIFS 함수를 사용하고 형식은 'SUMIFS(합을 구할 범위, 조건 범위1, 조건1, 조건 범위2, 조건2, …)'입니다. '=SUMIFS(승객수, 역명, $A4, 구분, $B4&$C4, 연도, D$3)' 수식을 입력하여 [역명]으로 정의된 범위에서 [A4] 셀과 같고, [구분]으로 정의된 범위에서 'B4&C4'와 같고, [연도]로 정의된 범위에서 [D3] 셀과 같으면 [승객수]로 정의된 범위의 합계를 구합니다. [Sheet1]의 구분 데이터가 '기본승차', '기본하차', '환승진입', '환승진출'로 입력되어 있으므로 'B4&C4'로 [조건2] 인숫값을 입력합니다.

11 ❶ [D4:F4] 범위가 지정된 상태에서 [수식] 탭–[함수 라이브러리] 그룹–[자동 합계∑]를 클릭합니다. [G4] 셀에 합계가 표시됩니다. ❷ [D4:G4] 범위를 지정한 후 ❸ 채우기 핸들을 더블클릭합니다. ❹ [자동 채우기 옵션⊞▾]을 클릭하여 [서식 없이 채우기]를 클릭합니다.

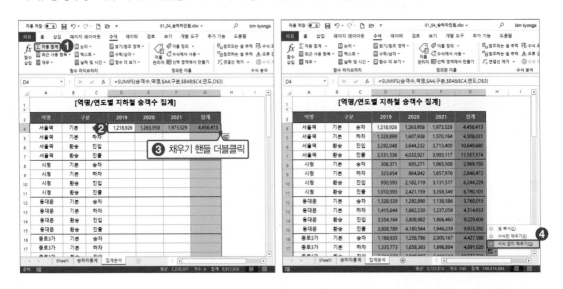

12 역명과 구분 한 번만 표시하기 [A:B] 열의 역명과 구분은 SUMIFS 함수에 모두 사용되고 있어 삭제할 수 없는 데이터입니다. 그러나 같은 역명과 구분이 중복되어 여러 번 표시되므로 조건부 서식에 수식을 적용하여 화면에 표시되지 않도록 해보겠습니다. ❶ [A5:B63] 범위를 지정합니다. ❷ [홈] 탭–[스타일] 그룹–[조건부 서식]–[새 규칙]을 클릭합니다.

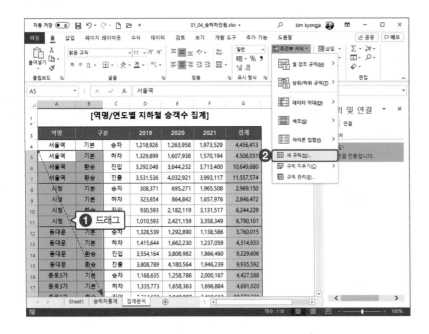

13 ❶ [새 서식 규칙] 대화상자의 [규칙 유형 선택]에서 [수식을 사용하여 서식을 지정할 셀 결정]을 클릭하고, ❷ 수식 입력란에 **=A4=A5**를 입력합니다. ❸ [서식]을 클릭합니다. ❹ [셀 서식] 대화상자의 [표시 형식] 탭에서 [사용자 지정]을 클릭합니다. ❺ 형식 입력란에 **;;;**을 입력합니다.

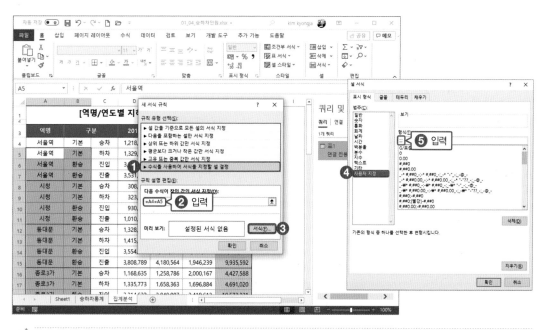

> 💪 **실력향상** [A4:B4] 셀은 항상 표시되어야 하고 테두리 서식도 변경되지 않아야 하므로 조건부 서식 범위에 포함하지 않습니다. '=A4=A5' 수식을 입력하여 위쪽 셀 데이터와 현재 셀 데이터가 같으면 서식이 적용되도록 합니다.

> 💪 **실력향상** [셀 서식] 대화상자의 [표시 형식] 탭-[사용자 지정]-[형식]에서 ';;;'를 입력하면 셀에 데이터가 표시되지 않습니다. 그리고 [테두리]에서 위쪽 테두리를 없애면 역명이나 구분 항목이 바뀔 때만 테두리가 표시됩니다.

14 ❶ [테두리] 탭을 클릭합니다. ❷ [스타일]에서 [없음]을 클릭한 후 ❸ [테두리]에서 [위쪽]을 클릭합니다. 위쪽 테두리가 없어집니다. ❹ [확인]을 클릭합니다. ❺ [새 서식 규칙] 대화상자의 [미리 보기]에 아무것도 표시되지 않습니다. ❻ [확인]을 클릭합니다.

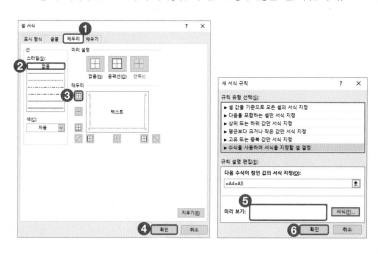

15 역명과 구분은 한 번씩만 표시되고 역명이나 구분이 표시되지 않는 셀에는 위쪽 테두리가 보이지 않습니다.

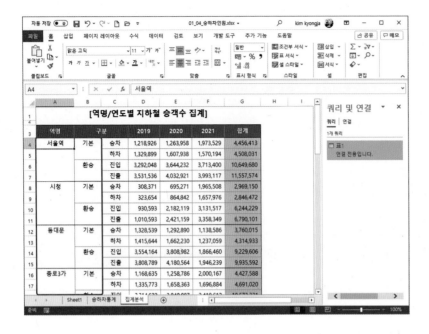

CHAPTER

02

표 데이터를
변환하여 한눈에
확인하는 보고서
작성하기

회사에서는 기존에 사용하던 엑셀 표를 다른 유형으로 변환하여 새로운 보고서로 만들어야 할
때가 종종 있습니다. 이때 대부분 수작업으로 데이터의 이동과 복사, 삭제를 반복하게 되는데
상황에 맞는 적절한 함수를 이용하면 빠르게 표 유형을 변환할 수 있습니다. 목록형 표를 2차원
크로스탭으로 변환하는 방법, 품명과 규격에 맞는 최저 단가를 찾아오는 보고서 작성 방법 등을
익혀보겠습니다.

목록 형태의 표를
2차원 크로스탭으로 변환하기

실습 파일 | Part02/Chapter02/02_01_건설폐기물우선순위.xlsx
완성 파일 | Part02/Chapter02/02_01_건설폐기물우선순위(완성).xlsm

01 프로젝트 시작하기

현장 관리팀에서 사용하고 있는 건설 폐기물 발생량 우선순위 표에는 목록의 개수가 많아 한눈에 확인하기 어렵습니다. 우선순위는 구분별로 1단계에서 6단계까지 다양하며 단계별 항목은 행 단위로 나열되어 있습니다. 이 표를 행에는 구분, 열에는 우선순위를 나열하여 직관적으로 확인할 수 있는 2차원 크로스탭으로 변환해보겠습니다. 병합되어 있는 구분 항목을 병합 해제하여 빈 셀에 수식으로 값을 채우고 INDEX, MATCH, IFERROR 함수를 배열 수식으로 입력하여 각 항목을 표시하겠습니다.

이 프로젝트를 배우면 워드 문서나 다운로드한 데이터 목록을 분석하기 쉬운 표로 변환하는 작업 방법을 익히고 업무에 응용할 수 있습니다.

회사에서 바로 통하는 키워드	이동 옵션, 중복된 항목 제거, 행/열 바꿈, INDEX 함수, MATCH 함수, IFERROR 함수, 배열 수식

수식
핵심
기능

양식
자동화

데이터
관리&
집계

외부
데이터
편집

보고서
만들기

자동화
문서
만들기

데이터
분석&
시각화

[건설 폐기물 발생량 측정 우선순위]

구분	우선순위	항목
건축물용도	1단계	주거용
	2단계	상업용
	3단계	주상복합
	4단계	아파트
	5단계	공유지
	6단계	기타
건축물구조	1단계	목조
	2단계	블록조
	3단계	기타
	4단계	RC조
	5단계	시멘트벽돌조
건축물벽체	1단계	벽돌
	2단계	블록
	3단계	흙
	4단계	판넬
	5단계	철콘
	6단계	기타
건축물지붕	1단계	기와
	2단계	스레트
	3단계	슬라브
	4단계	판넬
	5단계	기타
토목재료	1단계	아스팔트콘크리트
	2단계	시멘트콘크리트
	3단계	시멘트블록

[건설 폐기물 발생량 측정 우선순위]

구분						

건설폐기물

[건설 폐기물 발생량 측정 우선순위]

구분	우선순위	항목
건축물용도	1단계	주거용
건축물용도	2단계	상업용
건축물용도	3단계	주상복합
건축물용도	4단계	아파트
건축물용도	5단계	공유지
건축물용도	6단계	기타
건축물구조	1단계	목조
건축물구조	2단계	블록조
건축물구조	3단계	기타
건축물구조	4단계	RC조
건축물구조	5단계	시멘트벽돌조
건축물벽체	1단계	벽돌
건축물벽체	2단계	블록
건축물벽체	3단계	흙
건축물벽체	4단계	판넬
건축물벽체	5단계	철콘
건축물벽체	6단계	기타
건축물지붕	1단계	기와
건축물지붕	2단계	스레트
건축물지붕	3단계	슬라브
건축물지붕	4단계	판넬
건축물지붕	5단계	기타
토목재료	1단계	아스팔트콘크리트
토목재료	2단계	시멘트콘크리트
토목재료	3단계	시멘트블록

[건설 폐기물 발생량 측정 우선순위]

구분	1단계	2단계	3단계	4단계	5단계	6단계
건축물용도	주거용	상업용	주상복합	아파트	공유지	기타
건축물구조	목조	블록조	기타	RC조	시멘트벽돌조	
건축물벽체	벽돌	블록	흙	판넬	철콘	기타
건축물지붕	기와	스레트	슬라브	판넬	기타	
토목재료	아스팔트콘크리트	시멘트콘크리트	시멘트블록	기타		
폐기물분류	폐콘크리트	폐벽돌	폐블럭	건설오니	폐금속류	건설폐토석

건설폐기물

**한눈에
보는
작업순서**

병합된 빈 셀에
데이터 채우기 ▶ 중복된 항목 제거하여
목록 만들기 ▶ 행/열 바꾸어
단계 목록 만들기 ▶

이름 정의하기 ▶ INDEX, MATCH, IFERROR 함수를
배열 수식으로 입력하기

STEP 01 원본 표 편집하고 양식 만들기

❶ [B5:B36] 범위의 셀 병합을 해제한 후 빈 셀에 수식을 사용해 데이터를 일괄 입력합니다.

❷ 구분 데이터 범위를 복사하여 [H5] 셀에 값만 붙여 넣은 후 중복된 항목을 제거합니다.

❸ 우선순위의 한 그룹을 복사한 후 행/열을 바꾸어 [I4] 셀에 붙여 넣습니다.

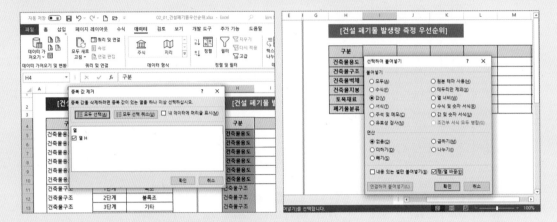

STEP 02 구분별/단계별 항목을 함수로 찾아오기

❶ [B4:D36] 범위를 [선택 영역에서 이름 만들기]를 이용하여 이름으로 정의합니다.

❷ INDEX, MATCH, IFERROR 함수를 배열 수식으로 입력하여 각 구분별/단계별 항목을 찾아 옵니다.

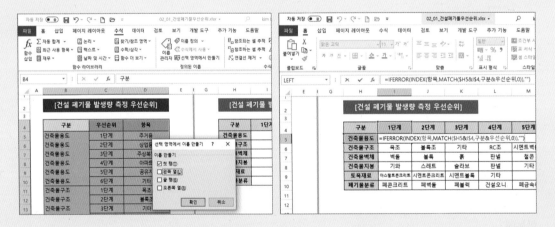

수식
핵심
기능

양식
자동화

데이터
관리&
집계

외부
데이터
편집

보고서
만들기

자동화
문서
만들기

데이터
분석&
시각화

STEP 01 원본 표 편집하고 양식 만들기

목록형의 표로 작성된 원본 표는 행 단위로 데이터 목록이 정리되어 있어 우선순위가 반복되고 행 개수가 많습니다. 이러한 데이터 목록을 2차원 크로스탭으로 변환하면 구분별/단계별 우선순위가 한눈에 파악되어 원하는 항목을 빠르게 확인할 수 있습니다. 원본 표에서 병합되어 있는 구분 데이터 범위의 셀 병합을 해제한 후 빈 셀에 수식으로 데이터를 한번에 입력해보겠습니다. 또한 [중복된 항목 제거]를 이용하여 구분 항목을 한 개씩 추출하고, 우선순위는 행/열을 바꾸어 복사한 후 2차원 크로스탭의 양식으로 작성해보겠습니다.

01 셀 병합 해제하기 ❶ [B5:B36] 범위를 지정합니다. ❷ [홈] 탭-[맞춤] 그룹-[병합하고 가운데 맞춤圖]을 클릭합니다.

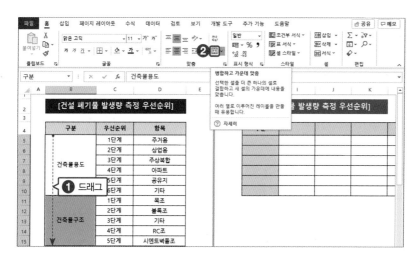

02 빈 셀만 선택하기 ❶ [B5:B36] 범위가 지정된 상태에서 [홈] 탭-[편집] 그룹-[찾기 및 선택]-[이동 옵션]을 클릭합니다. ❷ [이동 옵션] 대화상자에서 [빈 셀]을 클릭한 후 ❸ [확인]을 클릭합니다.

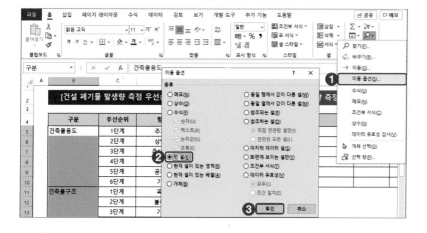

03 빈 셀에 구분 데이터 한번에 입력하기 [B5:B36] 범위의 빈 셀만 선택된 상태에서 **=B5**를 입력한 후 Ctrl + Enter 를 누릅니다. 빈 셀에 위쪽 데이터가 한번에 채워집니다.

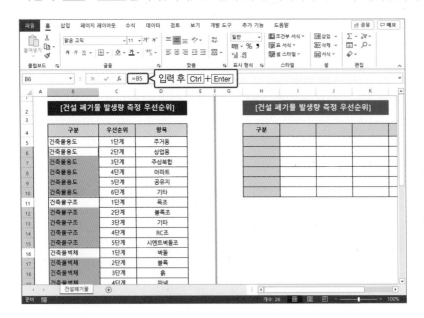

실력향상

빈 셀만 선택된 상태에서 '= B5'를 입력한 후 Ctrl + Enter 를 누르면 모든 셀에 바로 위쪽의 셀 데이터가 입력됩니다. 예를 들어, [B7] 셀에는 [B6] 셀 값이 입력되고 [B12] 셀에는 [B11] 셀 값이 입력됩니다.

04 수식을 값으로 복사하기 ❶ [B5:B36] 범위를 다시 지정한 후 ❷ Ctrl + C 를 눌러 복사합니다. ❸ 지정한 범위에서 마우스 오른쪽 버튼을 클릭하여 ❹ [붙여넣기 옵션]-[값 📋]을 클릭합니다. 변환할 두 번째 표에도 구분 데이터를 복사하겠습니다. ❺ [B5:B36] 범위가 복사된 상태에서 [H5] 셀을 마우스 오른쪽 버튼으로 클릭하여 ❻ [붙여넣기 옵션]-[값 📋]을 클릭합니다.

05 중복된 구분 항목 제거하기 ❶ [H5:H36] 범위가 지정된 상태에서 [데이터] 탭—[데이터 도구] 그룹—[중복된 항목 제거 📉]를 클릭합니다. ❷ [중복된 항목 제거] 대화상자에서 [열]—[열 H]의 체크를 확인합니다. ❸ [확인]을 클릭합니다. ❹ 중복되어 삭제된 개수와 남아 있는 개수를 보여주는 메시지가 나타나면 [확인]을 클릭합니다. 구분이 한 종류씩만 남습니다. ❺ [H5] 셀을 클릭한 후 ❻ [홈] 탭—[클립보드] 그룹—[서식 복사 📋]를 클릭합니다. ❼ [H6:H10] 범위를 드래그합니다.

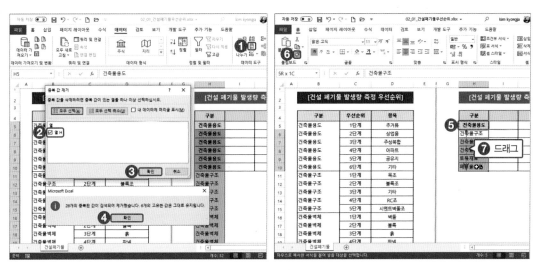

06 우선순위 행/열 바꾸어 복사하기 ❶ [C5:C10] 범위를 지정한 후 Ctrl + C 를 눌러 복사합니다. ❷ [I4] 셀을 마우스 오른쪽 버튼으로 클릭합니다. ❸ [선택하여 붙여넣기]를 클릭합니다. ❹ [선택하여 붙여넣기] 대화상자에서 [값]을 클릭하고 ❺ [행/열 바꿈]에 체크합니다. ❻ [확인]을 클릭합니다. 변환할 표 양식이 준비되었습니다.

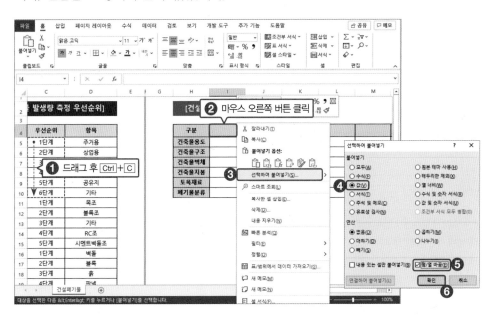

수식
핵심
기능

양식
자동화

데이터
관리&
집계

외부
데이터
편집

보고서
만들기

자동화
문서
만들기

데이터
분석&
시각화

STEP 02 구분별/단계별 항목을 함수로 찾아오기

앞서 준비된 2차원 크로스탭 표에 구분별/단계별 항목을 표시해보겠습니다. [B4:D36] 범위를 이름으로 정의한 후 INDEX, MATCH, IFERROR 함수를 배열 수식으로 입력합니다.

07 구분, 우선순위, 항목 범위를 이름으로 정의하기 ❶ [B4] 셀을 클릭한 후 Ctrl + A 를 누릅니다. ❷ [수식] 탭-[정의된 이름] 그룹-[선택 영역에서 만들기]를 클릭합니다. ❸ [선택 영역에서 이름 만들기] 대화상자에서 [첫 행]에만 체크하고 [왼쪽 열]의 체크를 해제합니다. ❹ [확인]을 클릭합니다.

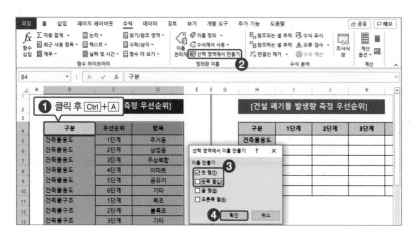

08 우선순위 표시하는 배열 함수 입력하기 정의된 이름을 이용하여 배열 수식으로 2차원 크로스탭에 항목을 표시해보겠습니다. ❶ [I5] 셀을 클릭하고 ❷ **=IFERROR(INDEX(항목, MATCH($H5&I$4, 구분&우선순위, 0)), "")**를 입력한 후 Ctrl + Shift + Enter 를 누릅니다. 수식에 중괄호 ({})가 표시됩니다.

📊 **실력향상** MATCH 함수는 지정된 범위 내에서 찾는 값이 몇 번째에 위치하는지 찾아 위치 번호를 반환합니다. 함수 형식은 'MATCH(찾을 값, 범위, 찾는 방법)'입니다. INDEX 함수는 데이터 목록에서 지정한 행 번호와 열 번호의 데이터를 찾아오는 함수로, 열이 한 개일 경우 열 번호를 생략할 수 있고 행이 한 개일 경우 행 번호를 생략할 수 있습니다. 함수 형식은 'INDEX(범위, 행 번호, 열 번호)'입니다.

📊 **실력향상** MATCH 함수를 이용하여 구분이 [H5] 셀과 일치하고 우선순위가 [I4] 셀과 일치하는 값의 행 번호를 찾습니다. INDEX 함수를 이용하여 항목 범위 중 MATCH 함수에서 찾은 행 번호의 값을 셀에 표시합니다. 일부 구분은 우선순위가 4단계나 5단계까지만 있어 MATCH 함수에서 에러가 발생합니다. 이때는 IFERROR 함수를 이용하여 빈 셀로 표시합니다.

09 수식 복사하기 구분이 건축물용도면서 우선순위가 1단계인 항목이 표시되었습니다. ❶ [I5] 셀의 채우기 핸들을 [N5] 셀까지 드래그한 후 ❷ [I5:N5] 범위가 지정된 상태에서 [N5] 셀의 채우기 핸들을 [N10] 셀까지 드래그합니다.

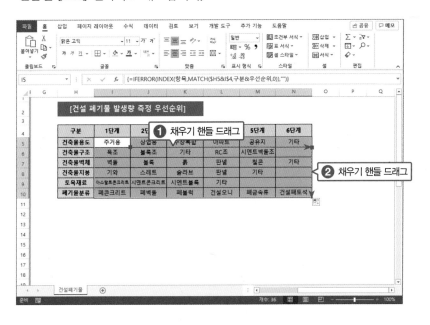

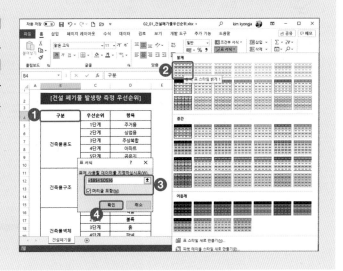

파워 쿼리의 피벗 열 기능으로 표 변환하기

[Power Qurery] 편집기의 [피벗 열]을 이용하여 목록 형태의 표를 2차원 크로스탭으로 변환할 수 있습니다.

실습 파일 | Part02/Chapter02/02_01_건설폐기물우선순위_파워쿼리.xlsx
완성 파일 | Part02/Chapter02/02_01_건설폐기물우선순위_파워쿼리(완성).xlsx

01 ❶ [B4] 셀을 클릭한 후 ❷ [홈] 탭-[스타일] 그룹-[표 서식]-[흰색, 표 스타일 밝게 1]을 클릭합니다. ❸ [표 서식] 대화상자에서 입력된 범위는 그대로 사용하고, [머리글 포함]이 체크되어 있는지 확인합니다. ❹ [확인]을 클릭합니다.

02 ❶[B4] 셀을 클릭한 후 ❷[데이터] 탭–[데이터 가져오기 및 변환] 그룹–[테이블/범위에서⊞]를 클릭합니다. 엑셀 2016 버전은 [데이터] 탭–[가져오기 및 변환] 그룹–[테이블에서]를 클릭하고, 엑셀 2013 이하 버전에서는 파워 쿼리를 추가 설치한 후 [파워 쿼리] 탭–[Excel 데이터] 그룹–[테이블/범위에서]를 클릭합니다.

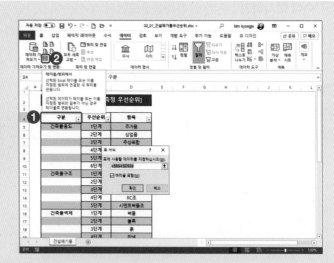

03 [Power Query 편집기]가 표시됩니다. ❶[구분] 열 머리글을 마우스 오른쪽 버튼으로 클릭하여 ❷[채우기]–[아래로]를 클릭합니다.

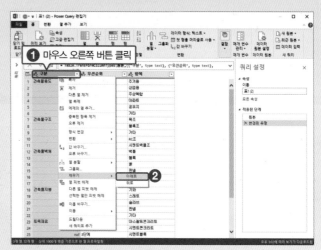

04 ❶[우선순위] 열을 범위로 지정한 후 ❷[변환] 탭–[열] 그룹–[피벗 열]을 클릭합니다. ❸[피벗 열] 대화상자에서 [값 열]에 [항목]을 선택하고 ❹[고급 옵션]을 클릭하여 ❺[값 집계 함수]를 [집계 안 함]으로 선택합니다. ❻[확인]을 클릭합니다. 만약 엑셀 2016 버전에서 [고급 옵션]이 없다면 프로그램을 업데이트해야 합니다.

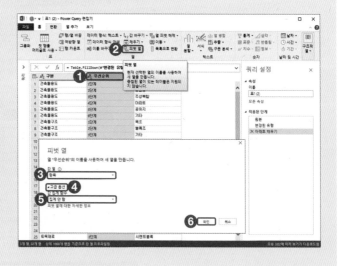

05 ❶ [홈] 탭-[닫기] 그룹-[닫기 및 로드]-[닫기 및 다음으로 로드]를 클릭합니다. ❷ [데이터 가져오기] 대화상자에서 [표]를 클릭하고, ❸ [기존 워크시트]를 클릭한 후 ❹ [건설폐기물] 시트의 [F4] 셀을 클릭합니다. ❺ [확인]을 클릭합니다.

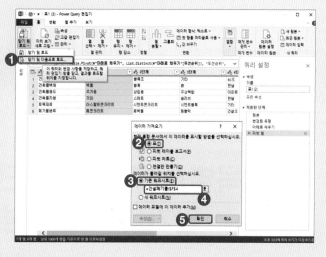

06 파워 쿼리로 변환된 표가 로드되었습니다.

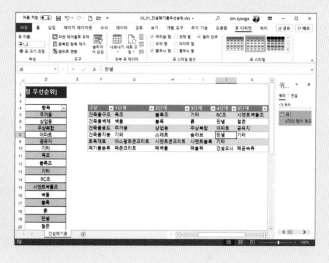

수식
핵심
기능

양식
자동화

데이터
관리&
집계

외부
데이터
편집

보고서
만들기

자동화
문서
만들기

데이터
분석&
시각화

품목별/규격별 최저 단가 찾아와 단가비교표 작성하기

실습 파일 | Part02/Chapter02/02_02_단가비교표.xlsx
완성 파일 | Part02/Chapter02/02_02_단가비교표(완성).xlsx

01 프로젝트 시작하기

자재 구매팀에서 구매해야 하는 각 품목별 단가표를 거래처별로 제안받아 하나의 파일로 취합했습니다. 이 목록을 보고 품목별/규격별 단가가 가장 저렴한 거래처를 한번에 파악할 수 있도록 단가비교표를 작성하려고 합니다. 품목별로 규격이 두 개부터 여덟 개까지 다양하므로 품목별 규격은 유효성 검사로 선택하고, 함수를 이용해 선택한 규격의 최저 단가와 거래처 이름은 최저 단가표에 자동으로 표시되도록 해보겠습니다.

이 프로젝트에서는 목록으로 나열되어 있는 방대한 데이터에서 최솟값이나 최댓값 등을 찾아 그 값에 해당하는 항목을 간략하게 정리하는 표 작성 방법을 익힐 수 있습니다.

회사에서 바로 통하는 키워드 이동 옵션, 선택 영역에서 이름 만들기, 유효성 검사, 배열 수식, INDIRECT 함수, IF 함수, MIN 함수, INDEX 함수, MATCH 함수

자재 단가목록

거래처	품목	규격	단위	수량	단가
아름스틱	CH_STUD	0.8T 102*35	M	1	1,580
아름스틱	CH_STUD	0.8T 127*35	M	1	1,850
아름스틱	CH_STUD	0.8T 152*35	M	1	1,960
아름스틱	CH_STUD	0.8T 64*35	M	1	1,310
아름스틱	CH_STUD	0.8T 75*35	M	1	1,400
아름스틱	CH_STUD	0.8T 92*35	M	1	1,520
아름스틱	J_RUNNER	0.8T 102*35	M	1	1,040
아름스틱	J_RUNNER	0.8T 127*35	M	1	1,130
아름스틱	J_RUNNER	0.8T 152*35	M	1	1,220
아름스틱	J_RUNNER	0.8T 64*35	M	1	830
아름스틱	J_RUNNER	0.8T 75*35	M	1	860
아름스틱	J_RUNNER	0.8T 92*35	M	1	860
아름스틱	RUNNER	0.8T 102*40	M	1	920
아름스틱	RUNNER	0.8T 129*40	M	1	1,070
아름스틱	RUNNER	0.8T 142*40	M	1	1,130
아름스틱	RUNNER	0.8T 154*40	M	1	1,160
아름스틱	RUNNER	0.8T 162*40	M	1	680
아름스틱	RUNNER	0.8T 179*40	M	1	750
아름스틱	RUNNER	0.8T 182*40	M	1	810
아름스틱	RUNNER	0.8T 194*40	M	1	860
아름스틱	RUNNER_BS	0.8T 102*40	M	1	610
아름스틱	RUNNER_BS	0.8T 129*40	M	1	630
아름스틱	RUNNER_BS	0.8T 142*40	M	1	670
아름스틱	RUNNER_BS	0.8T 154*40	M	1	740

최저 단가표

품목	규격	최저 단가	최저가 거래처
CH_STUD			
J_RUNNER			
RUNNER			
RUNNER_BS			
STUD			
STUD_BS			
메탈트림			
케이싱비드			
코너비드			

단가비교표 | 품목별규격

자재 단가목록

거래처	품목	규격	단위	수량	단가
아름스틱	CH_STUD	0.8T 102*35	M	1	1,580
아름스틱	CH_STUD	0.8T 127*35	M	1	1,850
아름스틱	CH_STUD	0.8T 152*35	M	1	1,960
아름스틱	CH_STUD	0.8T 64*35	M	1	1,310
아름스틱	CH_STUD	0.8T 75*35	M	1	1,400
아름스틱	CH_STUD	0.8T 92*35	M	1	1,520
아름스틱	J_RUNNER	0.8T 102*35	M	1	1,040
아름스틱	J_RUNNER	0.8T 127*35	M	1	1,130
아름스틱	J_RUNNER	0.8T 152*35	M	1	1,220
아름스틱	J_RUNNER	0.8T 64*35	M	1	830
아름스틱	J_RUNNER	0.8T 75*35	M	1	860
아름스틱	J_RUNNER	0.8T 92*35	M	1	860
아름스틱	RUNNER	0.8T 102*40	M	1	920
아름스틱	RUNNER	0.8T 129*40	M	1	1,070
아름스틱	RUNNER	0.8T 142*40	M	1	1,130
아름스틱	RUNNER	0.8T 154*40	M	1	1,160
아름스틱	RUNNER	0.8T 162*40	M	1	680
아름스틱	RUNNER	0.8T 179*40	M	1	750
아름스틱	RUNNER	0.8T 182*40	M	1	810
아름스틱	RUNNER	0.8T 194*40	M	1	860
아름스틱	RUNNER_BS	0.8T 102*40	M	1	610
아름스틱	RUNNER_BS	0.8T 129*40	M	1	630
아름스틱	RUNNER_BS	0.8T 142*40	M	1	670
아름스틱	RUNNER_BS	0.8T 154*40	M	1	740

최저 단가표

품목	규격	최저 단가	최저가 거래처
CH_STUD	0.8T 92*35	1,330	이삼건축
J_RUNNER	0.8T 92*35	760	이삼건축
RUNNER	0.8T 182*40	710	이삼건축
RUNNER_BS	0.8T 154*40	590	우성경랑
STUD	0.8T 140*45	1,300	우성경랑
STUD_BS	0.8T 100*45	540	한성내장
메탈트림	0.5T 10*25	330	한성내장
케이싱비드	0.5T 13*25	330	이삼건축
코너비드	0.5T 16*25	550	한성내장

단가비교표 | 품목별규격

한눈에 보는 작업순서

규격 목록 이름 정의하기 ▶ INDIRECT 함수로 유효성 검사 설정하기 ▶ 함수에 사용할 범위 이름 정의하기 ▶

IF, MIN 함수를 배열 수식으로 입력해 최저 단가 구하기 ▶ INDEX, MATCH 함수를 배열 수식으로 입력해 거래처 구하기

STEP 01 각 품목별 규격 목록을 이름으로 정의하고 유효성 검사 설정하기

❶ 품목별 규격 종류에서 [이동 옵션]을 이용하여 데이터가 입력된 범위만 선택한 후 왼쪽 열을 이름으로 정의합니다.

❷ [단가비교표] 시트의 최저 단가표 규격에 해당하는 범위에 유효성 검사를 설정하여 각 품목에 해당하는 규격만 목록에서 선택할 수 있도록 지정합니다.

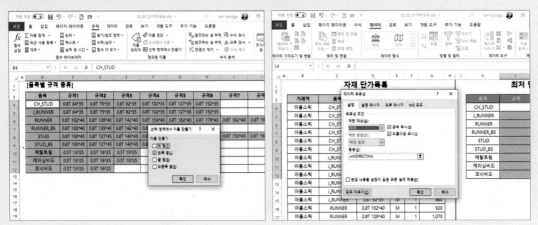

STEP 02 최저 단가와 거래처를 함수로 찾아 표시하기

❶ 자재 단가목록에서 거래처, 품목, 규격, 단가 범위를 이름으로 정의합니다.

❷ IF, MIN 함수를 배열 수식으로 입력하여 최저 단가를 표시합니다.

❸ INDEX, MATCH 함수를 배열 수식으로 입력하여 최저 단가를 제안한 거래처를 표시합니다.

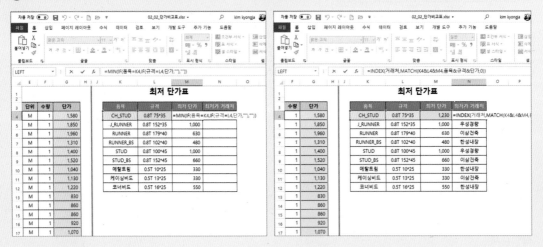

수식
핵심
기능

양식
자동화

데이터
관리&
집계

외부
데이터
편집

보고서
만들기

자동화
문서
만들기

데이터
분석&
시각화

각 품목별 규격 목록을 이름으로 정의하고 유효성 검사 설정하기

[품목별규격] 시트에 입력되어 있는 각 품목별 규격 목록을 이름으로 정의하고 [단가비교표] 시트에서 유효성 검사에 사용해보겠습니다. 유효성 검사의 원본에 INDIRECT 함수를 사용하여 각 품목별 규격을 목록으로 표시합니다.

01 이동 옵션 기능으로 데이터가 있는 셀만 선택하기 ❶ [품목별규격] 시트 탭을 클릭합니다. ❷ [B4:J12] 범위를 지정합니다. ❸ [홈] 탭-[편집] 그룹-[찾기 및 선택]-[상수]를 클릭합니다. 지정된 범위 중에서 데이터가 입력된 셀만 지정되었습니다.

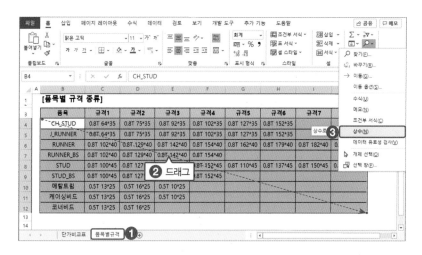

02 품목별 규격 범위 이름으로 정의하기 ❶ [수식] 탭-[정의된 이름] 그룹-[선택 영역에서 만들기]를 클릭합니다. ❷ [선택 영역에서 이름 만들기] 대화상자에서 [첫 행]의 체크를 해제하고 [왼쪽열]에만 체크합니다. ❸ [확인]을 클릭합니다.

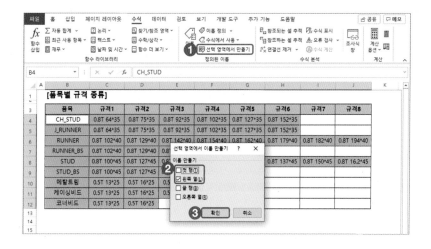

03 INDIRECT 함수로 규격에 유효성 검사 설정하기 ❶ [단가비교표] 시트 탭을 클릭합니다. ❷ [L4:L12] 범위를 지정한 후 ❸ [데이터] 탭-[데이터 도구] 그룹-[데이터 유효성 검사▦]를 클릭합니다. ❹ [데이터 유효성] 대화상자의 [설정] 탭에서 [제한 대상]을 [목록]으로 선택하고 ❺ [원본]에 **=INDIRECT(K4)**를 입력합니다. ❻ [확인]을 클릭합니다.

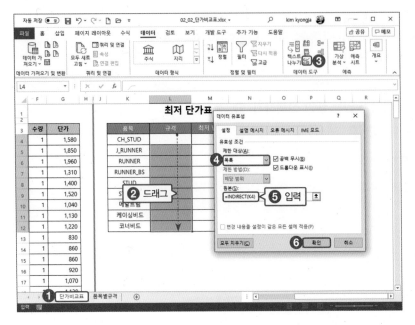

실력향상

INDIRECT 함수는 셀에 입력된 문자를 이름으로 사용할 수 있도록 해줍니다. 'INDIRECT(K4)' 수식에 의해 [K4] 셀에 입력된 문자가 정의된 이름으로 유효성 검사 목록에 적용됩니다. 유효성 검사에서 수식을 입력할 때 셀을 클릭하면 자동으로 절대 참조가 지정되므로 F4 를 세 번 눌러 상대 참조로 변경합니다.

04 [L4] 셀에서 목록 단추▾를 클릭하면 [K4] 셀에 입력된 'CH_STUD' 품목의 규격이 목록으로 표시됩니다. [L4:L12] 범위의 목록 단추▾를 클릭하여 임의의 규격을 모두 선택합니다.

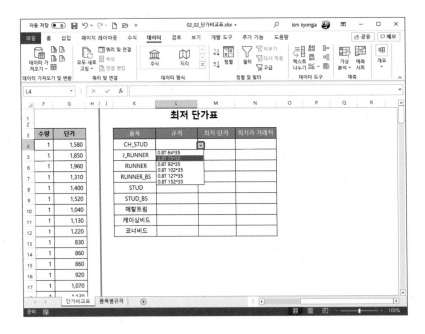

양식
자동화

데이터
관리&
집계

외부
데이터
편집

보고서
만들기

자동화
문서
만들기

데이터
분석&
시각화

STEP
02

최저 단가와 거래처를 함수로 찾아 표시하기

[단가비교표] 시트의 거래처, 품목, 규격, 단가 범위를 이름으로 정의한 후 IF, MIN, INDEX, MATCH 함수를 배열 수식으로 입력하여 각 품목별/규격별 최저 단가를 표시하겠습니다. 최저 단가를 제안한 거래처도 표시해보겠습니다.

05 거래처, 품목, 규격, 단가 범위 이름으로 정의하기 ❶ [B3:D179] 범위를 지정한 후 ❷ Ctrl 을 누른 상태에서 [G3:G179] 범위를 추가로 지정합니다. ❸ [수식] 탭-[정의된 이름] 그룹-[선택 영역에서 만들기]를 클릭합니다. ❹ [선택 영역에서 이름 만들기] 대화상자에서 [첫 행]에 체크하고, [왼쪽 열]의 체크를 해제합니다. ❺ [확인]을 클릭합니다.

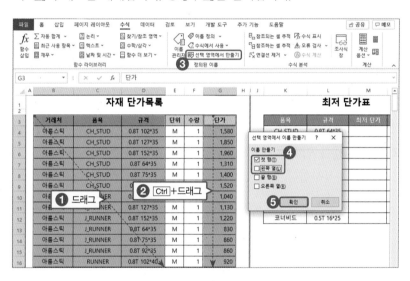

06 배열 수식으로 최저 단가 구하기 ❶ [M4] 셀을 클릭하고 ❷ **=MIN(IF(품목=K4, IF(규격=L4, 단가, ""), ""))**를 입력한 후 Ctrl + Shift + Enter 를 누릅니다.

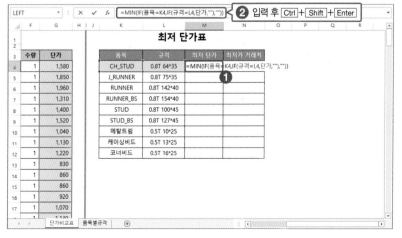

실력향상

IF 함수의 형식은 'IF(조건식, 참일 때 표시할 값이나 식, 거짓일 때 표시할 값이나 식)'입니다. 품목에 해당하는 범위의 데이터가 [K4] 셀과 같은지 비교하고 규격에 해당하는 범위의 데이터가 [L4] 셀과 같은지 비교하여 두 조건에 모두 맞는 항목의 단가를 반환합니다. 반환된 단가에서 MIN 함수를 통해 가장 작은 값을 셀에 표시합니다.

07 ❶ 배열 수식으로 입력되어 수식 앞뒤로 중괄호({})가 표시되었습니다. ❷ [M4] 셀의 채우기 핸들을 더블클릭하여 수식을 복사합니다. 품목별 규격에 해당하는 최저 단가가 표시됩니다.

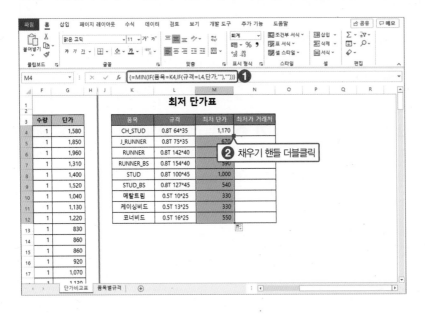

08 배열 함수로 최저가 거래처 구하기 ❶ [N4] 셀을 클릭하고 ❷ **=INDEX(거래처, MATCH (K4&L4&M4, 품목&규격&단가, 0))**를 입력한 후 Ctrl + Shift + Enter 를 누릅니다. ❸ [N4] 셀의 채우기 핸들을 더블클릭하여 수식을 복사합니다.

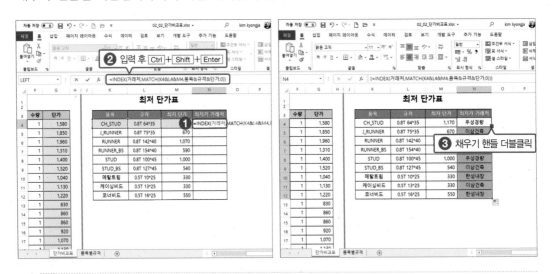

📊 **실력향상** 'MATCH(K4&L4&M4, 품목&규격&단가, 0)' 수식은 K열의 품목과 L열의 규격, M열의 최저 단가가 모두 일치하는 행 번호를 찾아 위치 번호를 반환하고 INDEX 함수에서 그 위치 번호에 맞는 거래처를 찾아 셀에 표시합니다.

비법 노트 ★★★

MINIFS 함수로 최저 단가 찾아오기

품목과 규격에 맞는 최저 단가를 찾을 때 MINIFS 함수를 사용하면 여러 개의 함수를 중첩하지 않고도 쉽게 결과를 구할 수 있습니다. MINIFS 함수는 조건에 맞는 셀 중에서 최솟값을 반환하는 함수로 엑셀 2019 버전과 마이크로소프트 365 버전에서 사용할 수 있습니다.

함수 형식	=MINIFS(min_range, criteria_range1, criteria1, [criteria_range2, criteria2], …) =MINIFS(최솟값을 구할 범위, 조건 범위1, 조건1, 조건 범위2, 조건2, …)
함수 인수	• min_range : 최솟값을 구할 범위입니다. • criteria_range1 : 조건이 맞는지 확인할 범위입니다. • criteria1 : 조건을 지정하는 인수로 숫자, 수식, 텍스트로 조건식을 입력합니다. [criteria_range] 인수와 [criteria] 인수는 쌍으로 입력하고, 126개까지 설정할 수 있습니다.

MINIFS 함수를 이용하여 최저 단가를 찾아오겠습니다.

실습 파일 | Part02/Chapter02/02_02_단가비교표_minifs.xlsx
완성 파일 | Part02/Chapter02//02_02_단가비교표_minifs(완성)xlsx

[M4] 셀에 **=MINIFS(단가, 품목, K4, 규격, L4)**를 입력합니다.

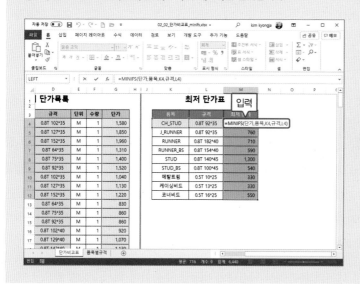

수식 핵심 기능

양식 자동화

데이터 관리& 집계

외부 데이터 편집

보고서 만들기

자동화 문서 만들기

데이터 분석& 시각화

프로젝트

클레임 내역 RAW 데이터로
분석 보고서 작성하기

실습 파일 | Part02/Chapter02/02_03_클레임접수현황분석.xlsx
완성 파일 | Part02/Chapter02/02_03_클레임접수현황분석(완성).xlsx

---

01 프로젝트 시작하기

제품에 대한 소비자들의 클레임 접수 내역이 입력된 데이터 목록을 이용하여 클레임 접수 현황 분석 보고서를 작성하려고 합니다. 보고서에는 총 세 개의 집계표가 필요합니다. 첫 번째는 전년도 대비 클레임 접수 건수를 집계하는 표로 COUNTIF 함수와 사용자 지정 표시 형식을 사용합니다. 두 번째 집계표는 담당자별 포장불량과 용기불량의 발생 건수를 COUNTIFS 함수로 집계하고 비율은 혼합 참조를 이용하여 한 번에 구합니다. 세 번째는 업체별/접수경로별 건수를 집계하는 표로 클레임 목록의 내용 데이터를 이용하여 접수방법을 구분하고 그 결과에 피벗 테이블을 적용하여 집계표를 작성해보겠습니다.

이 프로젝트를 배우면 취합된 엑셀 데이터 목록에서 핵심적인 내용을 추출하여 의사결정에 필요한 엑셀 보고서를 작성하는 기법을 습득할 수 있습니다.

**회사에서
바로 통하는
키워드** | IF 함수, COUNTIF 함수, COUNTIFS 함수, 사용자 지정 표시 형식, 피벗 테이블

관리번호	날짜	담당자	품목류	클레임분류	내용	접수방법	점검결과	수량	비고	업체명
102003	2020-02-17	구병정	즉석식품	용기불량	포장지 깨짐	소비자접수	확인불가	1		대형마트
102004	2020-02-17	구병정	즉석식품	이물질	검은색 가루 발생	소비자접수	설계결함	1	완료	대형마트
102005	2020-02-17	구병정	즉석식품	기타	(ISP)기타사항	ISP접수	설계결함	1	교환	대형마트
102008	2020-02-18	구병정	즉석식품	용기불량	(ISP)포장지 깨짐	ISP접수	소비자오인	1		대형마트
102009	2020-02-18	구병정	즉석식품	용기불량	(ISP)포장지 깨짐	ISP접수	소비자취급부주의	1		대형마트
583288	2020-02-18	진세천	즉석식품	용기불량	(ISP)포장지 깨짐	ISP접수	소비자취급부주의	9		대형마트
102013	2020-02-22	구병정	즉석식품	품질이상	(ISP)맛이 이상함	ISP접수	유통결함	1	폐기	대형마트
102016	2020-02-23	구병정	즉석식품	용기불량	(ISP)포장지 깨짐	ISP접수	유통결함	1		대형마트
665689	2020-02-23	진세천	즉석식품	용기불량	(ISP)포장지 깨짐	ISP접수	확인불가	1		대형마트
802390	2020-02-24	진세천	즉석식품	품질이상	(ISP)맛이 이상함	ISP접수	소비자오인	1		대형마트
102028	2020-02-25	구병정	즉석식품	용기불량	(ISP)포장지 깨짐	ISP접수	소비자오인	1		대형마트
102031	2020-02-26	구병정	즉석식품	용기불량	포장지 깨짐	소비자접수	소비자오인	1		대형마트
665689	2020-02-26	현종백	즉석식품	용기불량	포장지 깨짐	소비자접수	소비자오인	1		대형마트
802390	2020-03-05	현종백	즉석식품	품질이상	맛이 이상함	소비자접수	소비자오인	1		대형마트
109894	2020-03-05	현종백	즉석식품	품질이상	맛이 이상함	소비자접수	유통결함	1		대형마트
86797	2020-03-05	현종백	즉석식품	품질이상	맛이 이상함	소비자접수	유통결함	4		대형마트
387998	2020-03-05	현종백	즉석식품	포장불량	포장이 뜯어짐	소비자접수	유통결함	1		대형마트
490311	2020-03-05	현종백	즉석식품	포장불량	포장이 뜯어짐	소비자접수	소비자오인	1		대형마트
991338	2020-03-05	현종백	즉석식품	품질이상	맛이 이상함	소비자접수	소비자오인	1		대형마트
103024	2020-03-08	구병정	즉석식품	품질이상	맛이 이상함	소비자접수	유통결함		완료	대형마트
103025	2020-03-08	구병정	즉석식품	품질이상	맛이 이상함	소비자접수	확인불가	1		대형마트
103026	2020-03-08	구병정	즉석식품	품질이상	맛이 이상함	소비자접수	소비자오인	1		대형마트
103027	2020-03-08	구병정	즉석식품	품질이상	맛이 이상함	소비자접수	소비자오인	1		대형마트
103028	2020-03-08	구병정	즉석식품	품질이상	맛이 이상함	소비자접수	소비자오인	1	폐기	대형마트
109894	2020-03-08	진세천	즉석식품	용기불량	포장지 깨짐	소비자접수	구매결함	4		대형마트
103032	2020-03-09	구병정	즉석식품	포장불량	포장이 뜯어짐	소비자접수	소비자오인	1	완료	대형마트
103033	2020-03-09	구병정	즉석식품	포장불량	포장이 뜯어짐	소비자접수	유통결함	1	완료	대형마트
103034	2020-03-09	구병정	즉석식품	품질이상	맛이 이상함	소비자접수	소비자오인	1		대형마트
103035	2020-03-09	구병정	즉석식품	품질이상	맛이 이상함	소비자접수	소비자취급부주의	1		대형마트
103036	2020-03-09	구병정	즉석식품	포장불량	포장이 뜯어짐	소비자접수	유통결함	1		대형마트
103037	2020-03-09	구병정	즉석식품	포장불량	포장이 뜯어짐	소비자접수	유통결함	1		대형마트
103043	2020-03-10	구병정	즉석식품	품질이상	맛이 이상함	소비자접수	소비자오인	1	완료	대형마트
103045	2020-03-10	구병정	즉석식품	포장불량	포장이 뜯어짐	소비자접수	소비자오인	1	완료	대형마트

클레임목록 / 분석보고서

---

1. 전년도 대비 클레임 접수 건수

구분	용기불량	품질이상	포장불량	제품변질	이물질	기타	합계
전년도	103	199	70	20	3	4	399
금년도	111	232	55	17	4	5	424
증감건수	8	33	-15	-3	1	1	25
증감률	▲7.8%	▲16.6%	▼21.4%	▼15.0%	▲33.3%	▲25.0%	▲6.3%

2. 담당자별 포장불량과 용기불량 발생 건수

담당자	포장불량		용기불량		합계	비율
	건수	비율	건수	비율		
구병정	11	20.0%	15	13.5%	26	15.7%
김동호	20	36.4%	31	27.9%	51	30.7%
박성현	4	7.3%	33	29.7%	37	22.3%
이용수	6	10.9%	20	18.0%	26	15.7%
진세천	2	3.6%	7	6.3%	9	5.4%
최민정	6	10.9%	3	2.7%	9	5.4%
현종백	6	10.9%	2	1.8%	8	4.8%
합계	55	100.0%	111	100.0%	166	100.0%

3. 업체별 접수경로별 건수

업체구분	ISP접수	소비자접수	총합계
⊟대형몰	40	74	114
대형마트	18	32	50
백화점	22	42	64
⊟소형몰	59	167	226
소형마트	21	74	95
일반유통	21	30	51
편의점	17	63	80

클레임목록 / 분석보고서

한눈에 보는 작업순서

함수에 사용할 범위 이름 정의하기 ▶ 전년도 대비 클레임 접수 건수 집계하기 ▶ 사용자 지정 표시 형식으로 증감 강조하기

담당자별 포장불량과 용기불량 건수 집계하기 ▶ 클레임 내용으로 접수방법 구분하기 ▶ 업체별/접수경로별 피벗 테이블 작성하기

수식 핵심 기능

양식 자동화

데이터 관리& 집계

외부 데이터 편집

보고서 만들기

자동화 문서 만들기

데이터 분석& 시각화

STEP 01 전년도 대비 클레임 증감 건수 집계표 작성하기

❶ [클레임목록] 시트의 담당자와 클레임분류 데이터를 이름으로 정의합니다.

❷ COUNTIF 함수로 클레임분류별 금년도 접수 건수를 구합니다.

❸ 전년도 대비 증감건수와 증감률을 구합니다. 증감률에는 사용자 지정 표시 형식을 설정하여 색상을 구분하고 '▲▼'을 표시합니다.

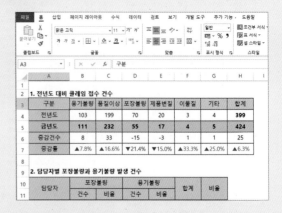

STEP 02 담당자별 포장불량과 용기불량 발생 건수 집계표 작성하기

❶ COUNTIFS 함수를 이용하여 담당자별 포장불량과 용기불량 발생 건수를 구합니다.

❷ 합계를 구한 다음 [이동 옵션]을 이용하여 빈 셀을 선택한 후 비율 수식을 한번에 입력합니다.

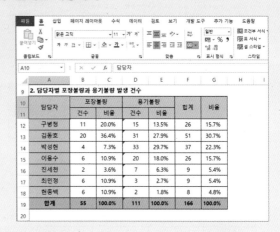

STEP 03 업체별/접수경로별 피벗 테이블 보고서 작성하기

❶ [클레임목록] 시트의 내용 데이터를 이용하여 IF, COUNTIF 함수로 접수방법을 ISP접수와 소비자접수로 구분하여 표시합니다.

❷ 피벗 테이블을 이용하여 업체별/접수방법별 건수를 집계합니다.

❸ 집계된 피벗 테이블의 업체명을 대형몰, 소형몰, 인터넷으로 구분하여 그룹으로 설정합니다.

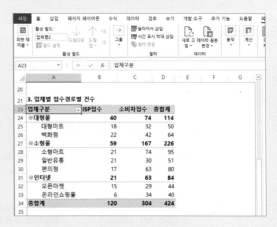

수식
핵심
기능

양식
자동화

데이터
관리&
집계

외부
데이터
편집

보고서
만들기

자동화
문서
만들기

데이터
분석&
시각화

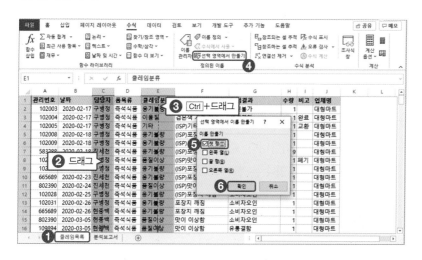

STEP 01 전년도 대비 클레임 증감 건수 집계표 작성하기

[클레임목록] 시트의 담당자와 클레임분류 데이터를 이름으로 정의한 후 COUNTIF 함수를 사용하여 클레임분류별 접수 건수를 구해보겠습니다. 그다음 전년도 대비 증감 건수와 증감률을 구하고 증감률은 사용자 지정 표시 형식을 설정하여 강조해보겠습니다.

01 이름 정의하기 ❶ [클레임목록] 시트 탭을 클릭하고 ❷ [C1:C425] 범위를 지정한 후 ❸ Ctrl 을 누른 상태에서 [E1:E425] 범위를 지정합니다. ❹ [수식] 탭-[정의된 이름] 그룹-[선택 영역에서 만들기]를 클릭합니다. ❺ [선택 영역에서 이름 만들기] 대화상자에서 [첫 행]에만 체크한 후 ❻ [확인]을 클릭합니다.

02 클레임분류별 금년도 접수 건수 구하기 ❶ [분석보고서] 시트 탭을 클릭합니다. ❷ [B5] 셀을 클릭한 후 ❸ **=COUNTIF(클레임분류, B3)**를 입력합니다. ❹ [B5] 셀의 채우기 핸들을 [G5] 셀까지 드래그합니다.

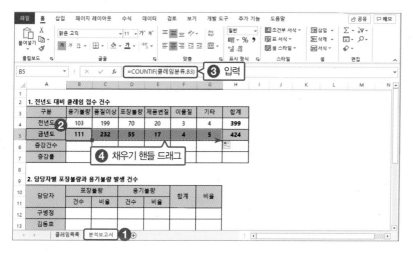

💪 실력향상

COUNTIF 함수는 한 개의 조건에 만족하는 셀의 개수를 구하는 함수로 형식은 'COUNTIF(범위, 조건)'입니다. [클레임분류] 범위에서 [B3] 셀과 같은 셀의 개수를 구합니다.

03 증감건수와 증감률 구하기 ❶ [B6] 셀을 클릭한 후 ❷ **=B5-B4**를 입력합니다. ❸ [B7] 셀을 클릭한 후 ❹ **=B6/B4**를 입력합니다. ❺ [B6:B7] 범위를 지정한 후 ❻ [B7] 셀의 채우기 핸들을 [H7] 셀까지 드래그합니다.

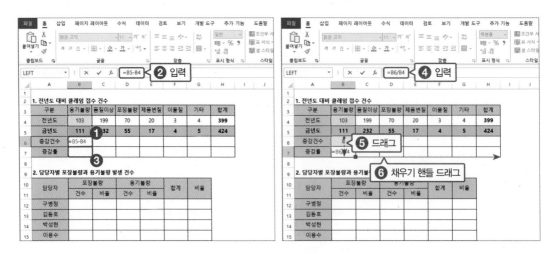

04 증감률에 양수와 음수 색상 변경하고 '▲▼' 표시하기 ❶ [B7:H7] 범위를 지정합니다. ❷ 지정한 범위에서 마우스 오른쪽 버튼을 클릭한 후 ❸ [셀 서식]을 클릭합니다. ❹ [셀 서식] 대화상자의 [표시 형식] 탭에서 [범주]-[사용자 지정]을 클릭합니다. ❺ [형식] 입력란에 **[빨강]▲0.0%;[파랑]▼ 0.0%;-**를 입력합니다. ❻ [확인]을 클릭합니다. 양수는 빨간색으로 '▲'이 표시되고, 음수는 파란색으로 '▼'이 표시됩니다.

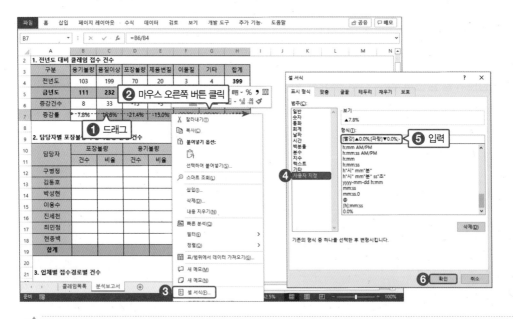

실력향상 셀에 두 개 이상의 표시 형식을 적용할 때는 구분 기호로 세미콜론(;)을 사용하고, 특정한 조건이 없을 때 '양수;음수;0; 문자' 기준으로 적용됩니다. [형식]에서 색상은 대괄호([])로 묶어서 표시하고 색상 이름은 [검정], [파랑], [녹청], [녹색], [자홍], [빨강], [흰색], [노랑]을 사용할 수 있습니다.

수식
핵심
기능

양식
자동화

데이터
관리&
집계

외부
데이터
편집

보고서
만들기

자동화
문서
만들기

데이터
분석&
시각화

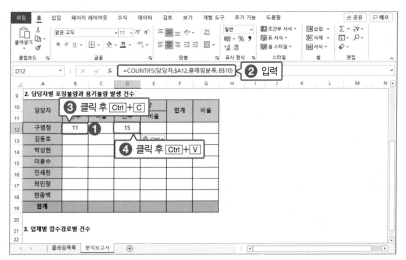

STEP
02

담당자별 포장불량과 용기불량 발생 건수 집계표 작성하기

COUNTIFS 함수를 이용하여 담당자별 포장불량과 용기불량 발생 건수를 구해보겠습니다. 그다음 합계를 구한 후 이동 옵션으로 빈 셀을 선택하여 비율 수식을 한번에 입력합니다.

05 담당자별 포장불량과 용기불량 건수 구하기 ❶ [B12] 셀을 클릭하고 ❷ **=COUNTIFS(담당자, $A12, 클레임분류, B$10)**를 입력합니다. ❸ [B12] 셀을 클릭하고 Ctrl+C를 눌러 복사합니다. ❹ [D12] 셀을 클릭한 후 Ctrl+V를 눌러 붙여 넣습니다.

▌▌ 실력향상

COUNTIFS 함수는 두 개 이상의 조건을 만족하는 셀 개수를 구하는 함수로 형식은 'COUNTIFS(범위1, 조건1, 범위2, 조건2,…)'입니다. [담당자] 범위에서 [A12] 셀과 같고, [클레임분류] 범위에서 [B10] 셀과 같은 데이터의 개수를 구합니다.

06 합계 구하고 복사하기 ❶ [F12] 셀을 클릭한 후 ❷ **=B12+D12**를 입력합니다. ❸ [B12:F12] 범위를 지정한 후 ❹ [F12] 셀의 채우기 핸들을 [F18] 셀까지 드래그합니다. ❺ [B12:F18] 범위가 지정된 상태에서 [수식] 탭-[함수 라이브러리] 그룹-[자동 합계 Σ]를 클릭합니다. 19행에 합계가 표시됩니다.

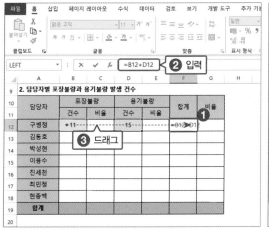

07 비율 구하기 ❶ [B12:G19] 범위를 지정합니다. ❷ [홈] 탭–[편집] 그룹–[찾기 및 선택]–[이동 옵션]을 클릭합니다. ❸ [이동 옵션] 대화상자에서 [빈 셀]을 클릭한 후 ❹ [확인]을 클릭합니다. ❺ 빈 셀이 모두 선택된 상태에서 **=B12/B$19**를 입력한 후 Ctrl+Enter 를 누릅니다. 비율이 모두 구해집니다.

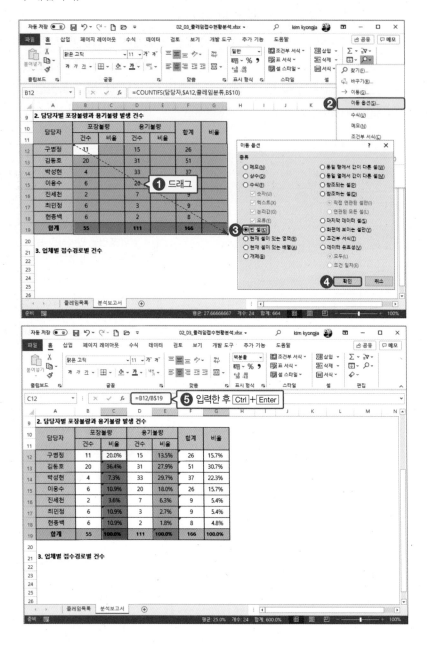

수식
핵심
기능

양식
자동화

데이터
관리&
집계

외부
데이터
편집

보고서
만들기

자동화
문서
만들기

데이터
분석&
시각화

업체별/접수경로별 피벗 테이블 보고서 작성하기

[클레임목록] 시트의 내용 데이터를 이용하여 IF, COUNTIF 함수로 접수방법을 ISP접수와 소비자접수로 구분해보겠습니다. 그다음 업체별/접수방법별 건수를 집계하는 피벗 테이블을 작성한 후 업체구분별로 그룹을 설정합니다.

08 접수방법 표시하기 ❶ [클레임목록] 시트 탭을 클릭합니다. ❷ G열을 마우스 오른쪽 버튼으로 클릭하고 ❸ [삽입]을 클릭합니다.

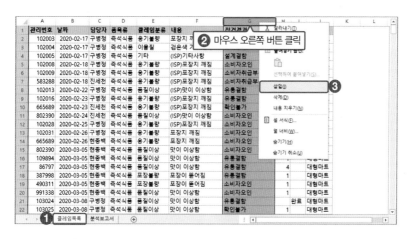

09 ❶ [G1] 셀에 **접수방법**을 입력하고, ❷ [G2] 셀을 클릭한 후 ❸ **=IF(COUNTIF(F2, "*ISP*"))0, "ISP접수","소비자접수")**를 입력합니다. ❹ [G2] 셀의 채우기 핸들을 더블클릭합니다.

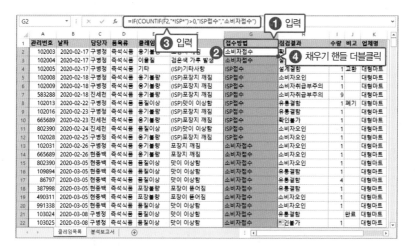

📊 **실력향상** 'COUNTIF(F2,"*ISP*")' 수식은 [F2] 셀에 'ISP' 문자가 몇 개 있는지 구합니다. '*ISP*'로 조건을 지정하면 'ISP' 문자가 포함된 개수를 구하므로 만약 'ISP' 문자가 포함되어 있다면 COUNTIF 함수의 결과가 1이 반환되고, 없다면 0이 반환됩니다. 그다음 IF 함수를 이용해 COUNTIF 함수의 결과가 0보다 크면 'ISP접수'를 셀에 표시하고, 0보다 크지 않으면 '소비자접수'를 셀에 표시합니다.

10 업체별/접수경로별 피벗 테이블 작성하기 ❶ [A1] 셀을 클릭한 후 ❷ [삽입] 탭-[표]그룹-[피벗 테이블]을 클릭합니다. ❸ [피벗 테이블 만들기] 대화상자에서 [표 또는 범위 선택]-[표/범위]에 [클레임목록] 시트의 [A1:K425] 범위가 설정되어 있습니다. ❹ 피벗 테이블 보고서를 넣을 위치로 [기존 워크시트]를 클릭한 후 ❺ [위치] 입력란을 클릭하고 ❻ [분석보고서] 시트의 [A22] 셀을 클릭합니다. ❼ [확인]을 클릭합니다.

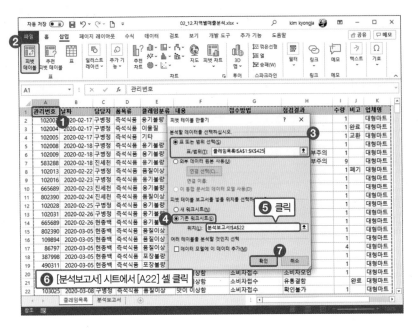

11 [분석보고서] 시트의 [A22] 셀에 피벗 테이블 보고서 작업 영역이 표시됩니다. [피벗 테이블 필드] 작업 창에서 [업체명] 필드를 [행], [접수방법] 필드를 [열], [품목류] 필드를 [값]으로 각각 드래그합니다.

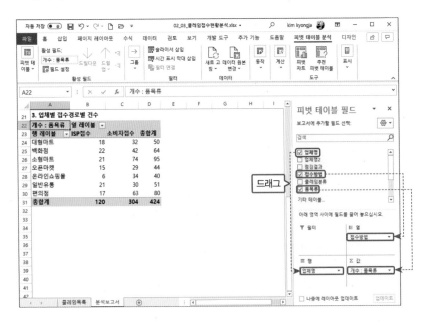

12 그룹 설정하기 ❶ [A24:A25] 범위를 지정합니다. **❷** 지정한 범위에서 마우스 오른쪽 버튼을 클릭한 후 **❸** [그룹]을 클릭합니다. [대형마트]와 [백화점]이 그룹으로 설정되었습니다.

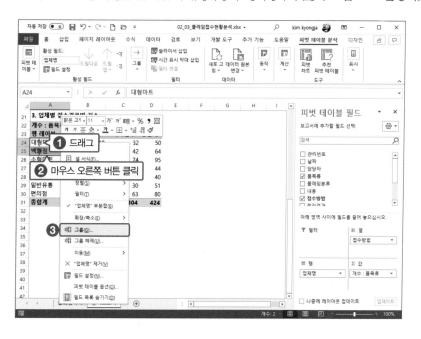

13 ❶ [A28] 셀을 클릭한 후 **❷** Ctrl 을 누른 상태에서 [A34] 셀과 [A36] 셀을 각각 클릭합니다. **❸** 지정한 범위에서 마우스 오른쪽 버튼을 클릭한 후 **❹** [그룹]을 클릭합니다. [소형마트], [일반유통], [편의점]이 그룹으로 설정되었습니다.

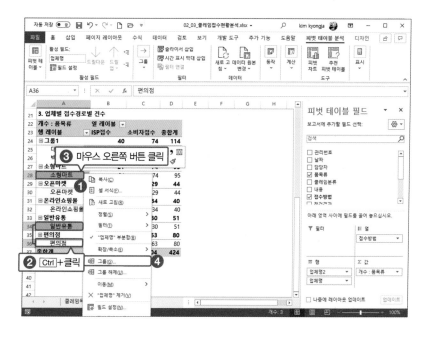

14 ❶ [A32] 셀을 클릭한 후 ❷ Ctrl을 누른 상태에서 [A34] 셀을 클릭합니다. ❸ 지정한 범위에서 마우스 오른쪽 버튼을 클릭한 후 ❹ [그룹]을 클릭합니다. [오픈마켓]과 [온라인 쇼핑몰]이 그룹으로 설정되었습니다.

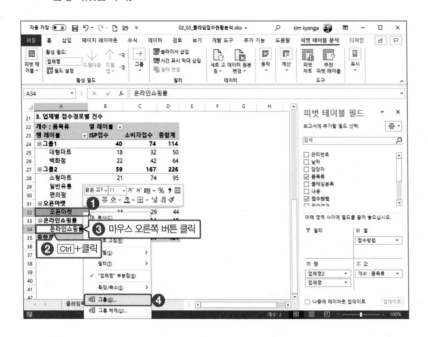

15 레이블 변경하기 ❶ [A23] 셀에 **업체구분**, [A24] 셀에 **대형몰**, [A27] 셀에 **소형몰**, [A31] 셀에 **인터넷**을 입력합니다. ❷ 22행을 마우스 오른쪽 버튼으로 클릭하여 ❸ [숨기기]를 클릭합니다.

16 열 너비 변경하기 ❶ [B:H] 열을 범위로 지정한 후 ❷ [열 경계선]을 드래그하여 열 너비를 동일하게 변경합니다.

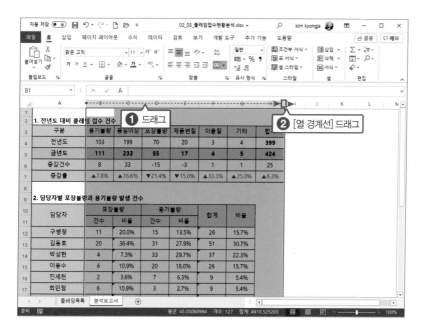

업체별 집계표 시트 분리하고
이동 링크 설정하기

실습 파일 | Part02/Chapter02/02_04_관리보수수수료.xlsx
완성 파일 | Part02/Chapter02/02_04_관리보수수수료(완성).xlsm

01 프로젝트 시작하기

일 년 동안 지급한 관리보수 수수료 금액을 파악하기 위해 월별 집계표를 작성하려고 합니다. 작성된 집계표는 업체별로 시트를 분리해서 관리해야 하는데, 업체의 수가 많아 시트 관리가 어려울 수 있습니다. 관리업체 목록을 만들고 업체명을 클릭했을 때 해당 시트로 이동할 수 있도록 문서를 작성해보겠습니다. 월별 집계표는 피벗 테이블을 이용하여 작성하고 작성된 피벗 테이블의 보고서 필터 페이지 기능을 이용하여 업체별로 시트를 자동으로 분리하겠습니다. 관리업체 목록은 GET.WORKBOOK 함수를 이용하여 시트 이름을 셀에 표시하고 HYPERLINK 함수를 이용하여 수식으로 링크를 설정합니다.

이 프로젝트에서는 방대한 데이터 목록을 그룹별 또는 시트별로 구분하여 관리할 수 있는 집계표 작성 방법을 배울 수 있습니다.

회사에서 바로 통하는 키워드	피벗 테이블, 보고서 필터 페이지 표시, INT 함수, GET.WORKBOOK 함수, INDEX 함수, ROW 함수, RIGHT 함수, FIND 함수, LEFT 함수, HYPERLINK 함수

	A	B	C	D	E	F	G	H
1		통합문서의 시트명	시트명 추출	시트 이동				
2		[02_04_관리보수수수료.xlsx]KSP	KSP	KSP				
3		[02_04_관리보수수수료.xlsx]강원기공	강원기공	강원기공				
4		[02_04_관리보수수수료.xlsx]디젤루	디젤루	디젤루				
5		[02_04_관리보수수수료.xlsx]비엔비콤	비엔비콤	비엔비콤				
6		[02_04_관리보수수수료.xlsx]에스메카	에스메카	에스메카				
7		[02_04_관리보수수수료.xlsx]에스엠비	에스엠비	에스엠비				
8		[02_04_관리보수수수료.xlsx]에프전기	에프전기	에프전기				
9		[02_04_관리보수수수료.xlsx]연진테크	연진테크	연진테크				
10		[02_04_관리보수수수료.xlsx]영진물산	영진물산	영진물산				
11		[02_04_관리보수수수료.xlsx]우진밸브	우진밸브	우진밸브				
12		[02_04_관리보수수수료.xlsx]웰리스위드	웰리스위드	웰리스위드				
13		[02_04_관리보수수수료.xlsx]인스에듀	인스에듀	인스에듀				
14		[02_04_관리보수수수료.xlsx]진한FCE	진한FCE	진한FCE				
15		[02_04_관리보수수수료.xlsx]진한테크	진한테크	진한테크				
16		[02_04_관리보수수수료.xlsx]진형기업	진형기업	진형기업				
17		[02_04_관리보수수수료.xlsx]코스텍	코스텍	코스텍				
18		[02_04_관리보수수수료.xlsx]테스콤	테스콤	테스콤				
19		[02_04_관리보수수수료.xlsx]행복전자	행복전자	행복전자				
20		[02_04_관리보수수수료.xlsx]화성상사	화성상사	화성상사				

관리업체목록 | 년간보수수수료 | KSP | 강원기공 | 디젤루 | 비엔비콤 | 에스메카 | 에스엠비 | 에프전기 | 연진테크 | 영진물산

	A	B	C	D	E	F
1	관리업체	KSP				
3	월	투자 수익액	대상 금액	관리비		
4	1월	2,570,500	8,876,685	1,874,755		
5	3월	8,915,200	12,238,747	1,453,963		
6	5월	4,394,500	3,630,251	527,112		
7	7월	2,970,400	8,923,867	490,812		
8	10월	3,211,600	13,623,876	1,858,296		
9	12월	1,506,100	4,876,319	579,306		
10	총합계	23,568,300	52,169,745	6,784,244		

한눈에 보는 작업순서

INT 함수로 관리보수금액 구하기 ▶ 관리업체별/월별 피벗 테이블 작성하기 ▶ 피벗 테이블 서식 변경하기 ▶ 관리업체별 피벗 시트 분리하기

GET.WORKBOOK 함수로 이름 정의하기 ▶ INDEX와 FIND 함수로 시트명 목록 만들기 ▶ HYPERLINK 함수로 시트 이동 링크 설정하기

STEP 01 피벗 테이블 작성하고 시트 분리하기

❶ [년간보수수수료] 시트에 INT 함수를 사용하여 관리보수금액을 구합니다.

❷ 금액이 계산된 데이터 목록을 이용하여 업체별/월별 금액 합계를 표시하는 피벗 테이블을 작성합니다.

❸ 작성된 피벗 테이블에서 [보고서 필터 페이지 표시]를 이용하여 관리업체별로 시트를 분리합니다.

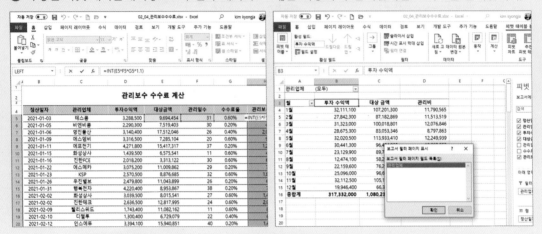

STEP 02 관리업체 목록 정리하기

❶ GET.WORKBOOK 함수를 이름으로 정의하고 INDEX 함수와 ROW 함수를 이용하여 통합 문서의 세 번째 시트부터 시트명을 셀에 표시합니다.

❷ RIGHT, LEN, FIND 함수를 이용하여 통합 문서의 시트명에 표시된 텍스트 중 시트명만 추출하여 표시합니다.

❸ HYPERLINK 함수를 이용하여 해당 시트로 이동할 수 있는 하이퍼링크가 설정된 텍스트를 표시합니다.

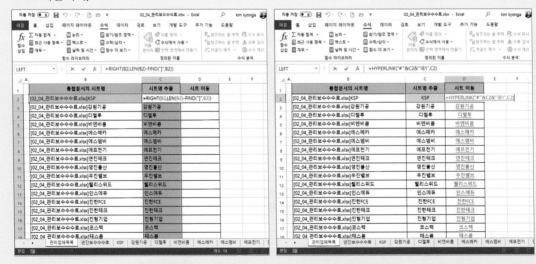

수식
핵심
기능

양식
자동화

데이터
관리&
집계

외부
데이터
편집

보고서
만들기

자동화
문서
만들기

데이터
분석&
시각화

STEP 01

피벗 테이블 작성하고 시트 분리하기

INT 함수를 사용하여 관리보수금액을 계산하고 업체별/월별 금액 합계를 표시하는 피벗 테이블을 작성해보겠습니다. 작성된 피벗 테이블의 서식을 변경하고 [보고서 필터 페이지 표시]를 이용하여 관리업체별로 시트를 분리합니다.

01 INT 함수로 관리보수금액 계산하여 정수로 표시하기 ① [년간보수수수료] 시트 탭을 클릭합니다. ② [H5] 셀을 클릭한 후 ③ **=INT(E5*F5*G5*1.1)**를 입력합니다. ④ [H5] 셀의 채우기 핸들을 더블클릭하여 수식을 복사합니다.

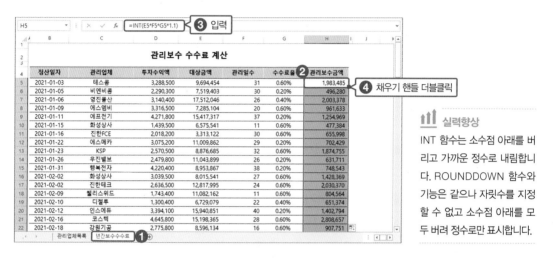

실력향상

INT 함수는 소수점 아래를 버리고 가까운 정수로 내림합니다. ROUNDDOWN 함수와 기능은 같으나 자릿수를 지정할 수 없고 소수점 아래를 모두 버려 정수로만 표시합니다.

02 새 워크시트에 피벗 테이블 작성하기 ① [B4] 셀을 클릭합니다. ② [삽입] 탭-[표] 그룹-[피벗 테이블]을 클릭합니다. ③ [피벗 테이블 만들기] 대화상자의 [표/범위]는 자동으로 설정된 [B4:H114] 범위를 사용하고 ④ 피벗 테이블 보고서를 넣을 위치로 [새 워크시트]를 클릭합니다. ⑤ [확인]을 클릭합니다.

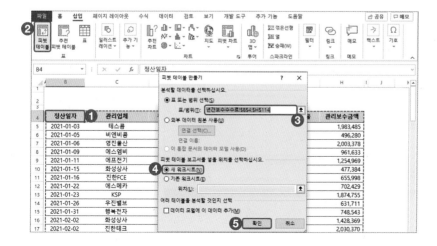

03 월별 금액 합계를 표시하는 레이아웃 설정하기 [Sheet1] 시트가 삽입되고 피벗 테이블 영역이 표시되었습니다. [피벗 테이블 필드] 작업 창에서 [관리업체] 필드는 [필터], [정산일자] 필드는 [행], [투자수익액]과 [대상금액], [관리보수금액] 필드는 모두 [값]으로 드래그합니다.

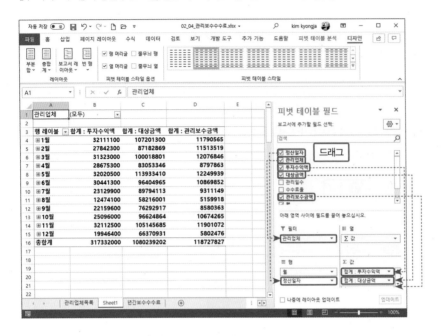

04 피벗 테이블 서식과 월별 그룹 설정하기 ❶ [디자인] 탭─[피벗 테이블 스타일] 그룹─[흰색, 피벗 스타일 밝게 1]을 클릭합니다. ❷ [A5] 셀에서 마우스 오른쪽 버튼을 클릭한 후 ❸ [그룹]을 클릭합니다. ❹ [그룹화] 대화상자에서 [월]만 선택한 후 ❺ [확인]을 클릭합니다.

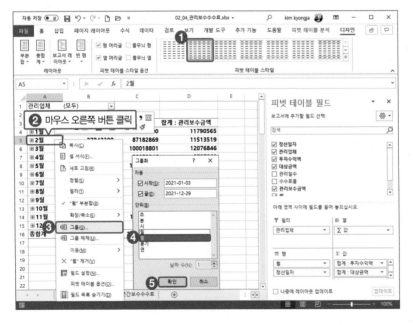

실력향상

엑셀 2016 버전부터 날짜 필드를 행이나 열로 배치하면 [월]과 [거래일자] 필드가 자동으로 표시됩니다. 월별로 그룹 설정된 [거래일자] 필드만 사용할 경우 그룹을 직접 설정합니다.

05 레이블 변경하고 표시 형식 설정하기 ❶ [A3] 셀에 **월**, [B3] 셀에 **투자 수익액**, [C3] 셀에 **대상 금액**, [D3] 셀에 **관리비**를 입력합니다. ❷ [B3:D16] 범위를 지정합니다. ❸ [홈] 탭-[맞춤] 그룹-[가운데 맞춤]을 클릭하고 ❹ [표시 형식] 그룹-[쉼표 스타일]을 클릭합니다.

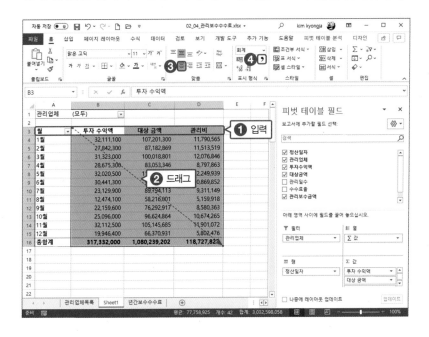

06 보고서 필터 페이지로 관리업체별 피벗 시트 분리하기 ❶ [Sheet1] 시트 탭을 드래그하여 [년간보수수수료] 시트 탭의 뒤쪽으로 이동시킵니다. ❷ [피벗 테이블 분석] 탭-[피벗 테이블] 그룹-[옵션]-[보고서 필터 페이지 표시]를 클릭합니다. ❸ [보고서 필터 페이지 표시] 대화상자에서 [관리업체]가 자동으로 선택되었습니다. ❹ [확인]을 클릭합니다.

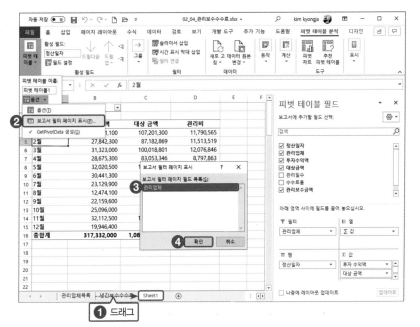

📊 **실력향상**

각 업체별 시트를 자동으로 분리하면 피벗 테이블 시트 탭의 뒤쪽에 분리된 시트 탭이 생성되므로 [년간보수수수료] 시트 탭을 앞쪽으로 위치시킵니다.

수식
핵심
기능

양식
자동화

데이터
관리&
집계

외부
데이터
편집

보고서
만들기

자동화
문서
만들기

데이터
분석&
시각화

07 작성된 피벗 테이블이 관리업체별로 분리되어 19개의 시트가 추가되었습니다.

관리업체 목록 정리하기

피벗 테이블의 보고서 필터 페이지 기능으로 삽입된 19개의 업체명을 관리하는 [관리업체목록] 시트를
정리해보겠습니다. 먼저 시트명을 셀에 표시할 때 사용하는 GET.WORKBOOK 매크로 함수를 이름
으로 정의하고 첫 번째 업체명부터 마지막 업체명까지 시트명을 셀에 표시해보겠습니다. 셀에 표시된 시트
명에 하이퍼링크를 설정하여 업체명 텍스트를 클릭하면 해당 시트로 바로 이동할 수 있도록 합니다.

08 GET.WORKBOOK 함수 이름으로 정의하기 ❶ [수식] 탭–[정의된 이름] 그룹–[이름 관리
자]를 클릭합니다. ❷ [이름 관리자] 대화상자에서 [새로 만들기]를 클릭합니다. ❸ [새 이름] 대화상
자에서 [이름]에 **시트명**을 입력하고 ❹ [참조 대상]에 **=GET.WORKBOOK(1)**를 입력합니다. ❺
[확인]을 클릭합니다. ❻ 다시 나타나는 [이름 관리자] 대화상자에서 [닫기]를 클릭합니다.

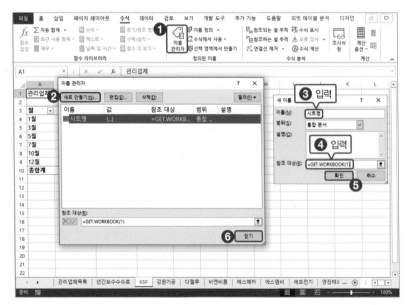

실력향상

수식을 사용하여 이름을 지정
할 때는 [이름 관리자]에서 직
접 정의해야 하며 수식으로 정
의한 이름은 [이름 상자] 목록에
표시되지 않습니다.

실력향상

GET.WORKBOOK 함수는 매
크로 함수입니다. 이름 정의
에서만 사용할 수 있고 'GET.
WORKBOOK(1)'로 사용하면
통합 문서의 이름과 모든 시트
명을 반환합니다.

09 통합 문서와 모든 시트명 셀에 표시하기 ❶ [관리업체목록] 시트 탭을 클릭합니다. ❷ [B2] 셀을 클릭한 후 ❸ **=INDEX(시트명, ROW()+1)**를 입력합니다. ❸ [B2] 셀의 채우기 핸들을 [B20] 셀까지 드래그합니다. 세 번째 시트부터 마지막 업체명까지 파일명과 시트명이 함께 표시됩니다.

실력향상 [B2] 셀의 채우기 핸들에서는 주변에 참조할 열 데이터가 없으므로 더블클릭으로 복사할 수 없습니다. 채우기 핸들을 드래그하여 복사합니다.

실력향상 이름으로 정의한 [시트명]에 현재 통합 문서의 모든 시트명이 배열로 저장되어 있습니다. INDEX 함수를 이용하여 배열의 목록에서 'ROW()+1' 번째 시트명을 셀에 표시합니다. [B2] 셀에서 'ROW()+1' 수식을 적용하면 결과가 3이 되므로 세 번째 시트명이 셀에 표시됩니다. INDEX 함수의 형식은 'INDEX(범위, 행 번호, 열 번호)'로, 행 개수가 한 개일 때는 행 번호를 생략할 수 있습니다.

10 시트 이름만 추출하기 ❶ [C2] 셀을 클릭한 후 ❷ **=RIGHT(B2, LEN(B2)−FIND("]", B2))**를 입력합니다. [B2] 셀에 표시된 데이터에서 시트명만 추출합니다. ❸ [C2] 셀의 채우기 핸들을 더블클릭하여 수식을 복사합니다.

실력향상 RIGHT 함수는 오른쪽부터 글자를 추출하는 함수로 형식은 ' RIGHT(셀 주소, 추출할 글자 수)'입니다. LEN 함수는 글자 수를 세어주는 함수로 형식은 '=LEN(셀 주소나 텍스트)' 입니다. FIND 함수는 찾을 문자를 지정한 셀에서 찾아 위치 번호를 반환하는 함수로 형식은 FIND(찾을 문자, 셀 주소, 찾기 시작할 문자 위치)'입니다.

실력향상 RIGHT 함수를 이용하여 [B2] 셀에서 닫는 대괄호(]) 뒤에 있는 모든 문자를 추출합니다. RIGHT 함수의 추출할 글자 수에 사용된 'LEN(B2)−FIND("]", B2) 수식은 '전체 글자 수−닫는 괄호(]) 글자 위치'를 뜻합니다. 즉, 'LEN(B2) 수식으로 셀에 입력된 글자 수를 모두 계산한 후 'FIND("]", B2) 수식으로 닫는 괄호(])의 위치 번호를 계산하여 뺄셈한 나머지가 시트명의 글자 수가 됩니다.

수식 핵심 기능

양식 자동화

데이터 관리& 집계

외부 데이터 편집

보고서 만들기

자동화 문서 만들기

데이터 분석& 시각화

11 해당 시트로 이동할 수 있는 하이퍼링크 수식 입력하기 ❶ [D2] 셀을 클릭한 후 ❷ **=HYPER LINK("#"&C2&"'!B1", C2)**를 입력합니다. 하이퍼링크가 설정된 시트명이 표시됩니다. ❸ [D2] 셀의 채우기 핸들을 더블클릭하여 수식을 복사합니다.

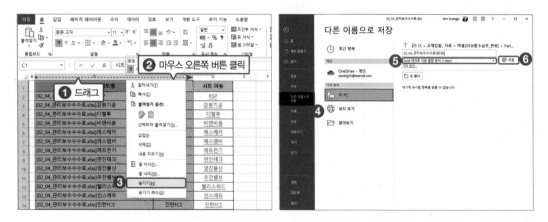

실력향상 HYPERLINK 함수는 특정 파일이나 시트, 인터넷 등으로 이동할 수 있는 링크를 설정합니다. 함수 형식은 'HYPERLINK(링크할 파일이나 시트의 정보, 셀에 표시할 텍스트)'입니다. 현재 파일에서 특정 시트로 이동하려면 '=HYPERLINK(#시 트명!셀주소, 셀에 표시할 문자)'로 수식을 입력합니다. '"#"&C2&"'!B1"'로 첫 번째 인수를 지정하면 [KSP] 시트의 [B1] 셀로 링크됩니다.

12 열 숨기기와 매크로 사용 통합 문서로 저장하기 ❶ [B:C] 열을 범위로 지정합니다. ❷ 지정한 범위에서 마우스 오른쪽 버튼을 클릭하여 ❸ [숨기기]를 클릭합니다. 매크로 함수가 사용된 파일 은 매크로 사용 통합 문서로 저장해야 합니다. ❹ [파일]-[다른 이름으로 저장]을 클릭합니다. ❺ [파일 형식]에서 [Excel 매크로 사용 통합 문서 (*.xlsm)]를 선택합니다. ❻ [저장]을 클릭합니다.

실력향상 매크로 함수가 사용된 파일을 [엑셀 통합 문서 (*.xlsx)]로 저장하면 '다음 기능은 매크로 제외 통합 문서에 저장할 수 없습니다'라는 메시지가 표시됩니다.

CHAPTER

03

수식과 함수를 활용하여 자동화 문서 만들기

엑셀의 수식과 함수는 단순히 집계 결과를 표시하기도 하지만 어떤 상황에서 어떻게 활용되는 지에 따라 여러 작업에 폭넓고 다양하게 사용할 수 있습니다. 엑셀에서 제공하는 데이터 관리 도구들을 잘 사용하고 함수를 적재적소에 배치하여 선택한 데이터에 따라 문서가 자동으로 바 뀌는 자동화 문서를 작성해보겠습니다. 이번 CHAPTER에서는 선택한 직원의 인적 사항을 확 인하는 재직증명서, 선택한 분기의 매출을 확인할 수 있는 매출 분석표, 선택한 년, 월의 근무자 를 확인하는 당직계획표를 만들면서 자동화 문서 만드는 방법을 익혀보겠습니다. 피벗 테이블 의 기존 필드와 함수를 이용하여 새로운 필드를 만드는 방법도 알아보겠습니다.

부서명과 성명을 선택하여
자동 발급되는 재직증명서 만들기

실습 파일 | Part02/Chapter03/03_01_재직증명서.xlsx
완성 파일 | Part02/Chapter03/03_01_재직증명서(완성).xlsx

01 프로젝트 시작하기

부서별로 정리되어 있는 직원 데이터에서 선택한 직원의 인적 사항을 파악하는 재직증명서를 작성하려고 합니다. 부서별로 구분되어 있는 직원 데이터에서 부서명 목록과 각 부서별 성명을 이름으로 정의하고, 재직증명서의 부서와 성명은 유효성 검사와 INDIRECT 함수로 수식을 작성하여 목록 형태로 표시하겠습니다. 유효성 검사 목록에서 부서명과 직원을 선택하면 해당 직원의 인적 사항을 VLOOKUP, INDIRECT 함수로 가져오고 DATEDIF, TODAY 함수로 입사 일자부터 현재 날짜까지 근무한 기간도 계산해보겠습니다. 목록 선택 시 나타나는 오류는 조건부 서식을 이용하여 표시되지 않도록 설정하고 재직증명서가 용지에 맞춰 인쇄되도록 인쇄 영역을 설정해보겠습니다.

이 프로젝트에서는 특정 데이터의 연관 데이터를 가져오거나 두 날짜 사이의 경과 일수를 계산하는 함수에 대해 정확히 파악할 수 있으며 오류를 처리하는 방법에 대해서도 알 수 있습니다.

회사에서 바로 통하는 키워드	이름 정의, 유효성 검사, INDIRECT 함수, VLOOKUP 함수, IF 함수, DATEDIF 함수, TODAY 함수, 조건부 서식, ISERROR 함수, 인쇄 영역 설정

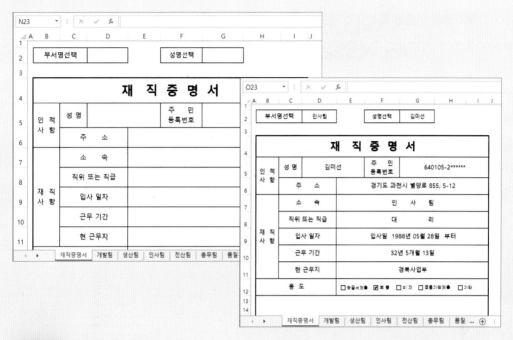

수식
핵심
기능

양식
자동화

데이터
관리&
집계

외부
데이터
편집

보고서
만들기

자동화
문서
만들기

데이터
분석&
시각화

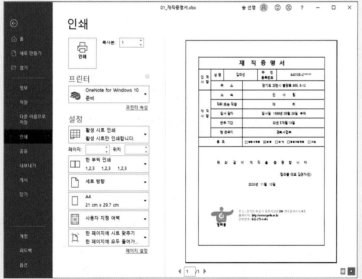

한눈에 보는 작업순서	유효성 검사로 부서명과 이름을 목록으로 만들기	▶	VLOOKUP 함수로 인적 사항 표시하기	▶	근무 기간과 발급일 표시하기	▶
	조건부 서식으로 오류 숨기기	▶	인쇄 영역 설정하기			

STEP 01 부서명과 이름을 목록으로 만들기

❶ 부서명 목록과 시트별로 구분되어 있는 각 부서의 직원 성명 목록을 이름으로 정의합니다.

❷ 부서명은 유효성 검사의 [제한 대상]을 [목록]으로 선택한 후 [부서명] 이름 범위를 목록으로 설정합니다.

❸ 성명은 유효성 검사의 [제한 대상]을 [목록]으로 선택한 후 INDIRECT 함수를 이용하여 셀에 문자열로 지정된 이름 범위의 데이터를 목록으로 표시합니다.

STEP 02 인적 사항 표시하기

❶ VLOOKUP 함수와 INDIRECT 함수로 선택한 직원의 주민등록번호, 주소, 직급 등 인적 사항을 가져오도록 수식을 작성합니다.

❷ DATEDIF 함수와 TODAY 함수로 입사 일자부터 현재 날짜까지의 근무 기간을 계산합니다.

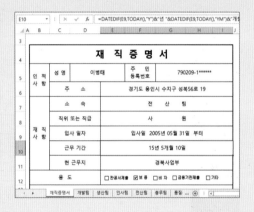

STEP 03 오류가 표시된 셀을 조건부 서식으로 정리하고 인쇄 설정하기

❶ 값을 찾아오지 못한 경우 오룻값이 표시되지 않도록 조건부 서식을 설정합니다.

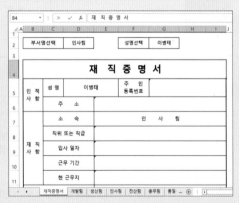

수식
핵심
기능

양식
자동화

데이터
관리&
집계

외부
데이터
편집

보고서
만들기

자동화
문서
만들기

데이터
분석&
시각화

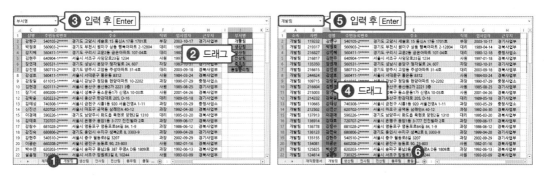

STEP 01 부서명과 이름을 목록으로 만들기

부서명 목록과 시트에 구분되어 있는 각 부서별 직원 성명을 이름으로 정의하겠습니다. 부서 목록은 정
의된 이름으로 유효성 검사를 설정하고, 직원 성명은 유효성 검사에 INDIRECT 함수를 입력하여 목
록으로 표시하겠습니다.

01 부서와 각 부서의 성명 목록을 이름으로 정의하기 ❶ [개발팀] 시트 탭을 클릭 후 ❷ [J2:J7] 범
위를 지정합니다. ❸ [이름 상자]에 **부서명**을 입력하고 Enter 를 누릅니다. ❹ [C2:C23] 범위를 지정
합니다. ❺ [이름 상자]에 **개발팀**을 입력하고 Enter 를 누릅니다. ❻ 같은 방법으로 **생산팀**([생산팀]
시트의 [C2:C17] 범위), **인사팀**([인사팀] 시트의 [C2:C21] 범위), **전산팀**([전산팀] 시트의 [C2:C20]
범위), **총무팀**([총무팀] 시트의 [C2:C13] 범위), **품질관리팀**([품질관리팀] 시트의 [C2:C11] 범위)의
성명을 각각 이름 정의합니다.

📊 **실력향상** 빠르게 범위를 지정하려면 범위를 지정할 때 단축키를 사용합니다. [C2] 셀을 클릭한 후 Ctrl + Shift + ↓ 를 눌러
[C2:C23] 범위를 지정합니다.

02 이름 목록 확인하기 ❶ [수식] 탭-[정의된 이름] 그룹-[이름 관리자]를 클릭합니다. ❷ [이름
관리자] 대화상자에서 이름 목록을 확인합니다. ❸ [닫기]를 클릭합니다.

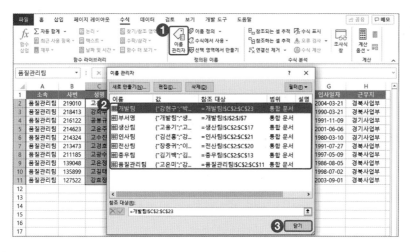

📊 **실력향상**
[이름 상자]의 목록 단추를 클
릭하여 이름 목록을 확인합니
다.

03 유효성 검사로 부서명 목록 표시하기 ❶ [재직증명서] 시트 탭을 클릭하고 ❷ [D2] 셀을 클릭합니다. ❸ [데이터] 탭—[데이터 도구] 그룹—[데이터 유효성 검사📖]를 클릭합니다. ❹ [데이터 유효성] 대화상자의 [설정] 탭에서 [제한 대상]을 [목록]으로 선택합니다. ❺ [원본]에 **=부서명**을 입력합니다. ❻ [확인]을 클릭합니다.

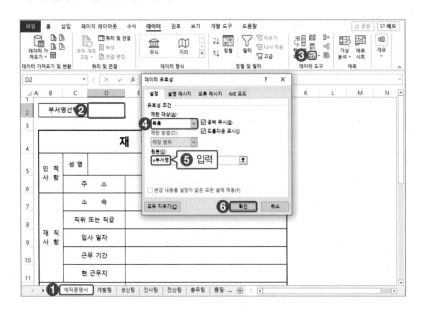

실력향상

이름 범위를 목록으로 설정하기 위해 '=이름' 형식으로 입력합니다. 유효성 검사 설정 후 셀의 목록 단추를 클릭하면 [부서명] 이름 범위인 [J2:J7] 범위의 데이터가 목록으로 표시됩니다.

04 유효성 검사로 성명 목록 표시하기 ❶ [D2] 셀의 목록 단추▾를 클릭하여 [전산팀]을 선택합니다. ❷ [G2] 셀을 클릭합니다. ❸ [데이터] 탭—[데이터 도구] 그룹—[데이터 유효성 검사📖]를 클릭합니다. ❹ [데이터 유효성] 대화상자의 [설정] 탭에서 [제한 대상]을 [목록]으로 선택합니다. ❺ [원본]에 **=INDIRECT($D$2)**를 입력합니다. ❻ [확인]을 클릭합니다.

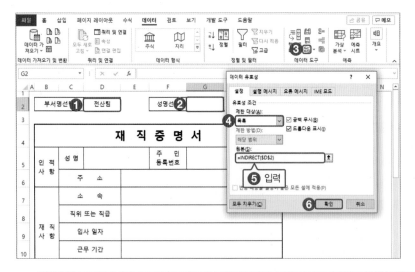

실력향상

INDIRECT 함수는 입력된 텍스트를 실제 셀 주소나 범위로 변환하는 함수로 형식은 'INDIRECT("텍스트")'입니다. 유효성 검사에 '=INDIRECT($D$2)'를 입력하면 [D2] 셀에 입력된 '전산팀' 텍스트를 [전산팀] 이름 범위로 변환하여 [전산팀] 시트의 [C2:C21] 범위의 데이터가 목록으로 표시됩니다.

실력향상 INDIRECT 함수가 참조하는 [D2] 셀에 부서명이 선택되어 있지 않으면 '원본은 현재 오류 상태입니다. 계속하시겠습니까?'란 오류 메시지가 표시됩니다. 메시지를 닫고 [D2] 셀에서 부서명을 선택한 후 유효성 검사를 다시 설정합니다.

05 ❶ [G2] 셀의 목록 단추🔽를 클릭하면 [전산팀]의 직원 이름이 목록으로 표시됩니다. ❷ 목록에서 [이병태]를 클릭합니다.

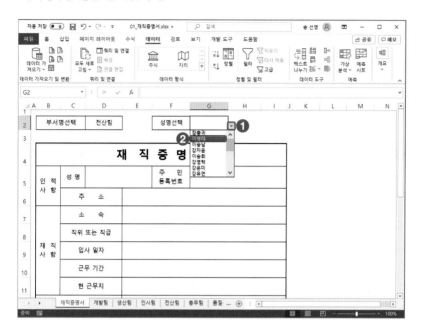

수식
핵심
기능

양식
자동화

데이터
관리&
집계

외부
데이터
편집

보고서
만들기

자동화
문서
만들기

데이터
분석&
시각화

★★★ 비법노트 수식으로 선택한 부서의 직원 이름 목록 가져오기

선택한 부서의 직원 성명 목록을 가져오기 위해 각 시트별 성명 범위를 이름 정의한 후 유효성 검사를 설정했습니다. 직원 성명을 각각 이름으로 정의하지 않고 선택한 부서의 성명 목록을 표시하려면 OFFSET, INDIRECT, COUNTA 함수로 수식을 작성합니다. [데이터 유효성] 대화상자의 [제한 대상]으로 [목록]을 선택한 후 [원본]에 **=OFFSET (INDIRECT($D$2&"!C2"), 0, 0, COUNTA(INDIRECT($D$2&"! C:C"))–1, 1)**를 입력합니다.

❶ **INDIRECT** : 입력된 텍스트를 셀 주소 형식으로 바꿔줍니다. 'INDIRECT($D$2&"!C2")' 수식은 [D2] 셀에 입력된 텍스트와 [C2] 셀의 텍스트를 연결하여 '전산팀!C2' 셀 주소를 반환하고, 'INDIRECT($D$2&"!C:C")' 수식은 '전산팀!C:C' 셀 주소를 반환합니다. [D2] 셀에서 선택한 부서명에 따라 해당 시트의 [C2] 셀이나 C열을 참조합니다.

❷ **COUNTA** : 지정한 범위 안에 비어 있지 않은 셀의 개수를 구합니다. 'COUNTA(INDIRECT($D$2&"!C:C"))–1' 수식은 선택한 부서의 시트에서 C열에 입력된 데이터 개수를 센 후 각 1행에 입력된 머리글을 뺀 전체 인원수를 세어줍니다.

❸ **OFFSET** : 함수 형식은 'OFFSET(시작 셀, 이동할 행 수, 이동할 열 수, 포함할 높이, 포함할 너비)'입니다. 선택한 부서에 해당하는 각 시트의 [C2] 셀에서(수식에서 이동할 행 수와 이동할 열 수가 0이므로 [C2] 셀이 기준 셀) COUNTA 함수로 각 부서의 인원수만큼 포함할 높이값을 지정하고 성명 데이터만 목록으로 설정하기 위해 포함할 너비값은 1로 지정합니다.

인적 사항 표시하기

선택한 직원의 인적 사항이 표시되도록 수식을 작성하겠습니다. 선택한 부서와 성명은 IF 함수를 이용하여 표시하고 주민등록번호, 주소, 직위, 입사 일자, 현 근무지는 VLOOKUP 함수와 INDIRECT 함수를 이용하여 데이터를 가져오겠습니다. DATEDIF 함수와 TODAY 함수로 입사 일자부터 현재 날짜까지 근무한 기간도 계산해보겠습니다.

06 선택한 직원의 성명과 소속 표시하기 ❶ [D5] 셀을 클릭하고 ❷ **=IF(G2="", "", G2)**를 입력하여 성명을 표시합니다. 소속도 표시하겠습니다. ❸ [E7] 셀에 **=IF(D2="", "", D2)**를 입력합니다.

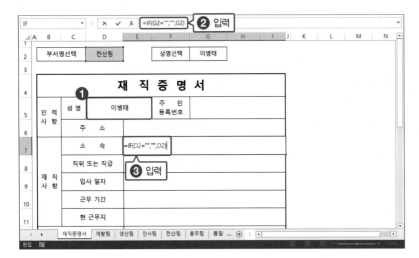

📊 **실력향상**

함수 형식은 'IF(조건식, 참값일 때 결괏값, 거짓값일 때 결괏값)'입니다. [G2] 셀에 성명이 선택되어 있지 않으면 빈칸으로, 성명이 선택되어 있으면 해당 성명을 표시하는 수식입니다. 소속란도 마찬가지로 [D2] 셀에 소속이 선택되어 있지 않으면 빈칸으로, 소속이 선택되어 있으면 해당 소속을 표시합니다.

07 VLOOKUP과 INDIRECT 함수로 인적 사항 표시하기 주민등록번호와 주소를 가져오겠습니다. ❶ [G5] 셀을 클릭하고 ❷ **=VLOOKUP(D5, INDIRECT(D2&"!C1:H100"), 2, 0)**를 입력합니다. ❸ [E6] 셀에 **=VLOOKUP(D5, INDIRECT(D2&"!C1:H100"), 3, 0)**를 입력합니다.

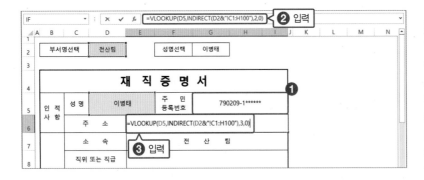

📊 **실력향상**

'INDIRECT(D2&"!C1:H100")' 수식은 [D2] 셀에서 선택한 부서명인 '전산팀'과 '!C1:H100' 텍스트를 연결하여 '전산팀!C1:H100' 셀 주소를 반환합니다. [전산팀] 시트의 [C1:H100] 범위를 참조합니다.

📊 **실력향상** VLOOKUP 함수의 형식은 'VLOOKUP(찾을 값, 참조 범위, 가져올 열 번호, 찾는 방법)'입니다. '=VLOOKUP(D5, INDIRECT(D2&"!C1:H100"), 3, 0)' 수식을 입력하면 INDIRECT 함수로 변환한 셀 참조 범위([전산팀] 시트의 [C1:H100] 범위)의 첫 열인 C열에서 [D5] 셀에 입력된 이름을 검색하고 참조 범위의 세 번째 열인 E열에서 검색한 이름이 입력된 행과 같은 행에 위치한 데이터를 가져옵니다. [찾는 방법] 인수에 입력된 '0'은 [D5] 셀에 입력된 이름과 정확히 일치하는 값을 찾는 옵션입니다.

08 직위 또는 직급도 표시하겠습니다. ❶ [E8] 셀에 **=VLOOKUP(D5, INDIRECT(D2&"!C1:H100"), 4, 0)**를 입력합니다. ❷ 입사 일자는 [E9] 셀에 **=VLOOKUP(D5, INDIRECT(D2&"!C1:H100"), 5, 0)**를 입력합니다. ❸ 현 근무지는 [E11] 셀에 **=VLOOKUP(D5, INDIRECT(D2&"!C1:H100"), 6, 0)**를 입력합니다.

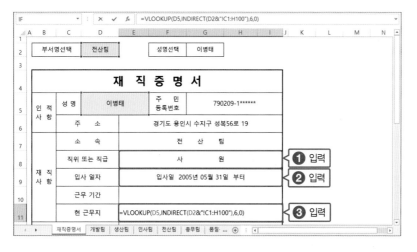

실력향상 날짜는 셀 서식에서 표시되는 형식을 수정할 수 있습니다. 입사 일자는 [셀 서식] 대화상자의 [사용자 지정] 형식에 '입사일 YYYY년 MM월 DD일 부터'로 입력되어 있습니다.

09 DATEDIF와 TODAY 함수로 근무 기간 계산하기 ❶ [E10] 셀을 클릭하고 ❷ **=DATEDIF(E9, TODAY(), "Y")&"년 "&DATEDIF(E9, TODAY(), "YM")&"개월 "&DATEDIF(E9, TODAY(), "MD")&"일"**를 입력합니다. 근무 기간이 정확히 표시됩니다.

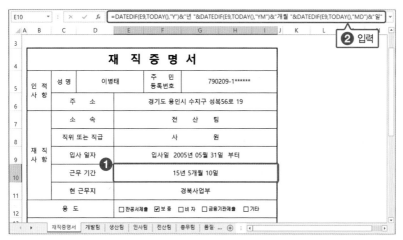

실력향상 & 연결 연산자는 함수와 문자를 연결하거나 함수와 함수를 연결할 때 사용합니다. '=DATEDIF(E9, TODAY(), "Y")&"년"'를 입력하면 경과된 연수 뒤에 '년' 문자가 붙은 결과가 표시됩니다.

실력향상 DATEDIF 함수의 형식은 'DATEDIF(이전 날짜, 이후 날짜, "옵션")'입니다. 첫 번째로 사용된 'DATEDIF(E9, TODAY(), "Y")' 수식은 [E9] 셀에 입력된 입사 일자부터 현재 날짜까지 'Y' 옵션에 맞춰 경과된 연수를 구해줍니다. 두 번째 'DATEDIF(E9, TODAY(), "YM")' 수식은 입사 일자부터 현재 날짜까지 'YM' 옵션에 맞춰 연수를 제외한 경과 개월 수를 구해줍니다. 세 번째 'DATEDIF(E9, TODAY(), "MD")' 수식은 입사 일자부터 현재 날짜까지 'MD' 옵션에 맞춰 연수와 개월 수를 제외한 경과 일수를 구해줍니다.

수식
핵심
기능

양식
자동화

데이터
관리&
집계

외부
데이터
편집

보고서
만들기

자동화
문서
만들기

데이터
분석&
시각화

CHAPTER 03 수식과 함수를 활용하여 자동화 문서 만들기 **343**

10 재직증명서가 발급되는 날짜 표시하기 [B17] 셀에 **=TODAY()**를 입력하여 재직증명서가 발급되는 날짜를 오늘 날짜로 표시합니다.

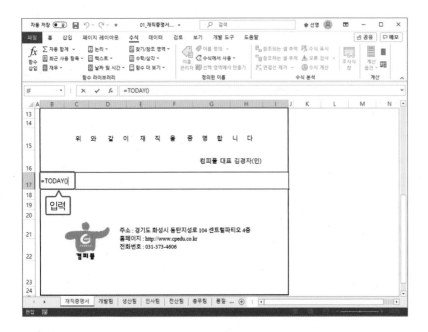

DATEDIF 함수 알아보기

DATEDIF 함수는 두 날짜 사이의 경과된 일수를 옵션에 따라 몇 년, 몇 개월, 며칠이 걸렸는지 구해주는 함수입니다. DATEDIF 함수는 라이브러리에 없는 함수이므로 셀에 함수식을 직접 입력하여 사용합니다.

함수 형식	=DATEDIF(start_date, end_date, return_type)
인수	• start_date : 시작 날짜를 지정합니다. 종료 날짜보다 이전 날짜를 입력합니다. • end_date : 종료 날짜를 지정합니다. 시작 날짜보다 이후 날짜를 입력합니다. • return_type : 기간을 구하는 옵션입니다. 옵션은 Y, M, D, YM, YD, MD 총 여섯 가지로 큰따옴표 ("")로 묶어서 입력하고 대소문자는 구분하지 않습니다. ① Y : 시작 날짜에서 종료 날짜 사이의 경과된 연수를 구합니다. ② M : 시작 날짜에서 종료 날짜 사이의 경과된 개월 수를 구합니다. ③ D : 시작 날짜에서 종료 날짜 사이의 경과된 일수를 구합니다. ④ YM : 시작 날짜에서 종료 날짜 사이의 경과된 연수와 일수를 제외한 나머지 경과 개월 수를 구합니다. ⑤ YD : 시작 날짜에서 종료 날짜 사이의 경과된 연수를 제외한 나머지 경과 일수를 구합니다. ⑥ MD : 시작 날짜에서 종료 날짜 사이의 경과된 연수와 개월 수를 제외한 나머지 경과 일수를 구합니다.

오류가 표시된 셀을 조건부 서식으로 정리하고 인쇄 설정하기

부서와 직원 성명을 선택하면 해당 직원의 인적 사항이 표시됩니다. 인적 사항이 표시된 상태에서 새롭게 부서를 선택하면 기존 셀에서 참조하던 직원이 포함되지 않으므로 재직증명서에 오류가 표시됩니다. 오류가 표시되지 않도록 조건부 서식을 설정하고 완성된 재직증명서가 용지에 맞춰 인쇄되도록 인쇄 영역도 지정하겠습니다.

11 재직증명서의 오류 확인하기 현재 직원의 인적 사항 말고 다른 부서의 직원 인적 사항도 확인해보겠습니다. ❶ [D2] 셀의 목록 단추▾를 클릭하여 부서 목록에서 [인사팀]을 클릭합니다. ❷ 변경된 부서인 인사팀에는 '이병태' 직원이 없으므로 주민등록번호, 주소, 근무지 등에 오류가 표시됩니다.

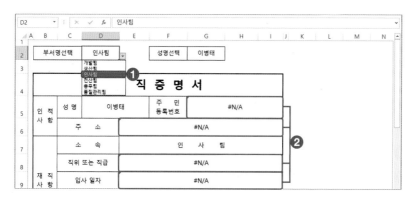

> 📊 **실력향상**
>
> #N/A 오류는 사용할 수 없는 값을 참조했을 때 나타나는 오류입니다. 인사팀에 이병태 직원의 값이 없으므로 #N/A 오류가 표시됩니다.

12 조건부 서식으로 오류 숨기기 ❶ [B4] 셀을 클릭합니다. ❷ Ctrl + A 를 눌러 재직증명서 전체를 범위로 지정합니다. ❸ [홈] 탭-[스타일] 그룹-[조건부 서식]-[새 규칙]을 클릭합니다. ❹ [새 서식 규칙] 대화상자에서 [수식을 사용하여 서식을 지정할 셀 결정]을 클릭합니다. ❺ 수식 입력란에 **=ISERROR(B4)**를 입력한 후 ❻ [서식]을 클릭합니다.

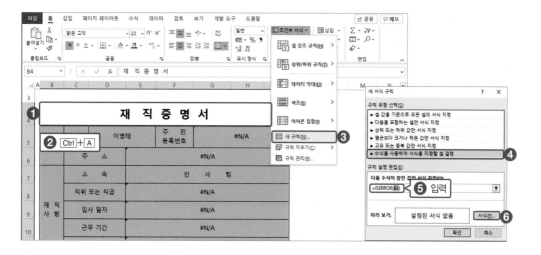

13 ❶ [셀 서식] 대화상자에서 [글꼴] 탭을 클릭합니다. ❷ [색]에서 [흰색, 배경 1]을 클릭합니다.
❸ [확인]을 클릭합니다. ❹ [새 서식 규칙] 대화상자의 [미리 보기]에서 서식을 확인한 후 ❺ [확인]
을 클릭합니다. 오류가 표시된 셀의 글꼴이 흰색으로 설정되어 표시되지 않습니다.

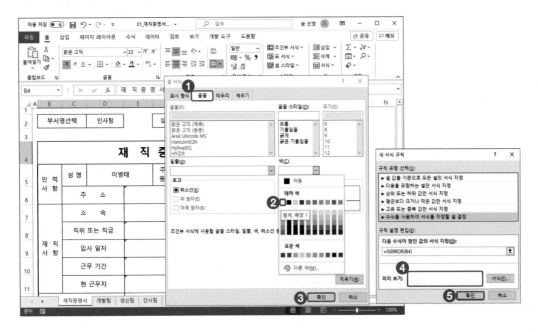

14 인쇄 영역 설정하기 ❶ [G2] 셀에서 인사팀 직원 목록 중 [김미선]을 선택합니다. ❷ [B4:I24]
범위를 지정합니다. ❸ [페이지 레이아웃] 탭-[페이지 설정] 그룹-[인쇄 영역]-[인쇄 영역 설정]을
클릭합니다.

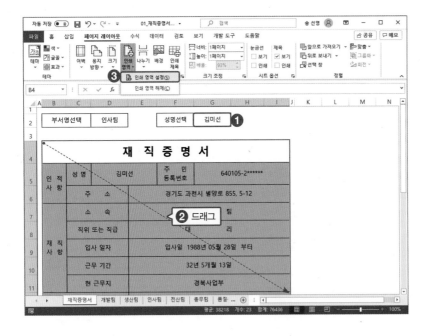

15 ❶ [파일] 탭-[인쇄]를 클릭하여 ❷ [인쇄 미리 보기]에서 인쇄되는 모양을 확인합니다.

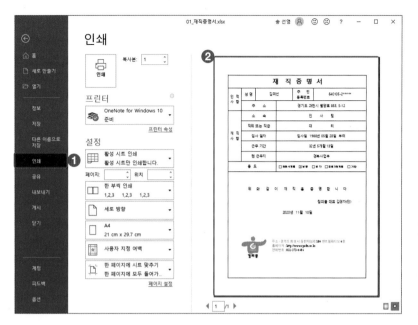

실력향상

[페이지 레이아웃] 탭-[페이지 설정] 그룹-[인쇄 영역]-[인쇄 영역 해제]를 클릭하면 설정한 인쇄 영역이 해제됩니다.

비법 노트 ★★★ 오류 대신 다른 값을 표시하는 IFERROR 함수 알아보기

IFERROR 함수를 이용해도 오류 표시를 숨길 수 있습니다. 함수 형식은 'IFERROR(계산식, 오류가 발생했을 때 대체할 값이나 식)'입니다. [E6] 셀의 수식을 **=IFERROR(VLOOKUP(D5, INDIRECT (D2&"!C1:H100"), 3, 0), "")** 로 수정하면 VLOOKUP 함수의 결과가 오류일 경우 빈 셀이 표시됩니다.

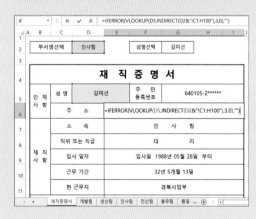

선택한 분기의 실적만 조회하는
자동분석표 만들기

실습 파일 | Part02/Chapter03/03_02_분기별매출분석.xlsx
완성 파일 | Part02/Chapter03/03_02_분기별매출분석(완성).xlsx

01 프로젝트 시작하기

사업부의 제품군별 매출 수량과 금액이 월별로 입력된 표가 있습니다. 이 표에 사업부별 집계를 추가하여 완성해보겠습니다. 완성된 표는 1월에서 12월까지의 실적이 한 시트에 입력되어 있어 한눈에 파악하기가 힘드므로 선택한 분기의 매출실적만 파악할 수 있도록 분기별 매출실적표를 따로 만들어보겠습니다. 사업부별 집계는 SUMIF와 SUM 함수를 이용하여 월별 수량과 금액 합계, 각 제품군의 연간 합계를 구하겠습니다. 다른 시트에는 선택한 분기의 실적만 한눈에 파악할 수 있도록 콤보 상자로 분기 목록을 만들고 선택한 분기에 맞는 제목과 포함되는 월만 표시되도록 수식을 작성하겠습니다. 각 월에 해당하는 실적 데이터는 OFFSET 함수를 이용하여 데이터를 가져와보겠습니다.

이 프로젝트를 배우면 행과 열을 이동하여 데이터를 가져오는 OFFSET 함수의 사용법을 익힐 수 있고, 콤보 상자 양식 컨트롤을 셀과 연결하여 자동화 양식을 만드는 업무에 유용하게 활용할 수 있습니다.

회사에서 바로 통하는 키워드	SUMIF 함수, 자동 합계, 콤보 상자, 양식 컨트롤, CHOOSE 함수, OFFSET 함수

수식
핵심
기능

양식
자동화

데이터
관리&
집계

외부
데이터
편집

보고서
만들기

자동화
문서
만들기

데이터
분석&
시각화

02 프로젝트 예제 미리 보기

한눈에 보는 작업순서	SUMIF 함수로 사업부별 금액과 수량 합계 구하기	▶	전체 매출 합계 구하기	▶	콤보 상자로 분기 목록 표시하기	▶
	선택한 분기가 표시되는 제목 만들기	▶	선택한 분기의 월 표시하기	▶	표시된 월의 실적 데이터 가져오기	

STEP 01 사업부별 연간 실적 집계하기

❶ SUMIF 함수로 사업부의 월별 금액 합계와 수량 합계를 구합니다.

❷ [수식] 탭-[함수 라이브러리] 그룹-[자동 합계]를 클릭하여 각 제품군의 1월에서 12월까지 매출실적 합계를 구합니다.

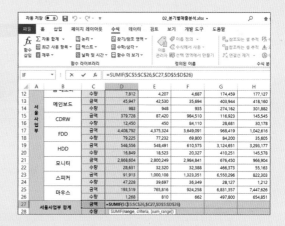

STEP 02 콤보 상자로 분기 목록 표시하고 제목 만들기

❶ [개발 도구] 탭-[컨트롤] 그룹-[삽입]-[콤보 상자(양식 컨트롤)]를 클릭하여 분기 목록을 표시합니다.

❷ 콤보 상자에서 클릭한 분기가 포함되어 '1사분기 매출실적'으로 제목이 표시되도록 수식을 작성합니다.

STEP 03 분기에 포함되는 월만 표시하고 실적 데이터 가져오기

❶ 선택한 분기에 포함되는 월만 표시되도록 CHOOSE 함수로 수식을 작성합니다.

❷ 표시된 월의 실적 데이터를 OFFSET 함수를 이용하여 가져옵니다.

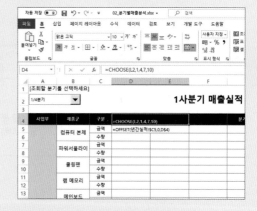

수식
핵심
기능

양식
자동화

데이터
관리&
집계

외부
데이터
편집

보고서
만들기

자동화
문서
만들기

데이터
분석&
시각화

STEP 01 사업부별 연간 실적 집계하기

[년간실적] 시트의 사업부별 금액과 수량의 매출 합계를 SUMIF 함수를 이용하여 구하고 사업부의 각
제품군별 금액과 수량의 1월에서 12월까지 매출 합계는 자동 합계를 이용하여 구해보겠습니다.

01 SUMIF 함수로 사업부별 금액과 수량 합계 구하기 ❶ [년간실적] 시트 탭을 클릭합니다. **❷**
[D27] 셀을 클릭하고 **❸ =SUMIF($C$5:$C$26, $C27, D$5:D$26)**를 입력합니다. **❹** [D27]
셀의 채우기 핸들을 [D28] 셀까지 드래그하여 수식을 복사합니다. **❺** [D27:D28] 범위가 지정된
상태에서 채우기 핸들을 오른쪽으로 드래그하여 [O28] 셀까지 수식을 복사합니다.

📊 실력향상

함수 형식은 'SUMIF(조건 범
위, 조건, 집계 범위)'입니다.
[C5:C26] 범위에서 [C27] 셀
에 입력된 '금액'과 같은 셀 위
치를 찾고 [D5:D26] 범위에서
같은 행 위치에 있는 값의 합
계를 구합니다.

02 경기 사업부와 해외(아시아) 사업부의 매출 합계도 구하겠습니다. **❶** [D45] 셀을 클릭하고 **❷**
=SUMIF($C$29:$C$44, $C45, D$29:D$44)를 입력한 후 **❸** [D45] 셀의 채우기 핸들
을 [D46] 셀까지 드래그하여 수식을 복사합니다. **❹** [D45:D46] 범위가 지정된 상태에서 채우
기 핸들을 오른쪽으로 드래그하여 [O46] 셀까지 수식을 복사합니다. **❺** [D61] 셀을 클릭하고 **❻**
=SUMIF($C$47:$C$60, $C61, D$47:D$60)를 입력한 후 **❼** [D61] 셀의 채우기 핸들을
[D62] 셀까지 드래그하여 수식을 복사합니다. **❽** [D61:D62] 범위가 지정된 상태에서 채우기 핸들
을 오른쪽으로 드래그하여 [O62] 셀까지 수식을 복사합니다.

03 해외(유럽) 사업부의 매출 합계도 구해보겠습니다. ❶ [D73] 셀을 클릭하고 ❷ **=SUMIF ($C$63:$C$72, $C73, D$63:D$72)**를 입력한 후 ❸ [D73] 셀의 채우기 핸들을 [D74] 셀까지 드래그하여 수식을 복사합니다. ❹ [D73:D74] 범위가 지정된 상태에서 채우기 핸들을 오른쪽으로 드래그하여 [O74] 셀까지 수식을 복사합니다.

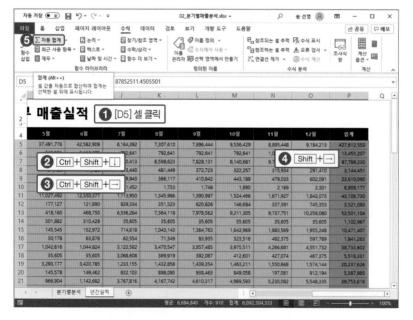

04 전체 매출 합계 구하기 ❶ [D5] 셀을 클릭한 후 ❷ Ctrl + Shift + ↓를 눌러 맨 아래쪽 데이터까지 범위로 지정하고 ❸ Ctrl + Shift + →를 눌러 맨 오른쪽 데이터까지 범위로 지정합니다. ❹ Shift + →를 한 번 더 눌러 오른쪽 한 칸을 추가로 범위를 지정합니다. ❺ [D5:P74] 범위가 지정된 상태에서 [수식] 탭–[함수 라이브러리] 그룹–[자동 합계∑]를 클릭합니다.

실력향상

합계를 구할 숫자 범위와 결과가 표시될 오른쪽 빈 셀들을 모두 범위로 지정한 후 [자동 합계]를 클릭하면 오른쪽 빈 셀에 각 행의 합계가 구해집니다. 합계 결과로 표시되는 숫자의 서식은 합계를 구하기 위해 지정한 범위의 숫자 서식과 같게 적용됩니다.

STEP
02

콤보 상자로 분기 목록 표시하고 제목 만들기

1년간의 데이터를 분기별로 구분해볼 수 있도록 양식 컨트롤의 콤보 상자로 분기 목록을 만들어보겠습니다. 목록에서 확인할 분기를 선택하면 해당 분기에 맞추어 제목이 표시되도록 수식을 작성해보겠습니다.

05 분기 목록이 표시되는 콤보 상자 만들기 ❶ [분기별분석] 시트 탭을 클릭합니다. ❷ [개발 도구] 탭-[컨트롤] 그룹-[삽입]-[콤보 상자(양식 컨트롤)▤]를 클릭합니다. ❸ [A2:B2] 범위에 드래그하여 적당한 크기로 삽입합니다.

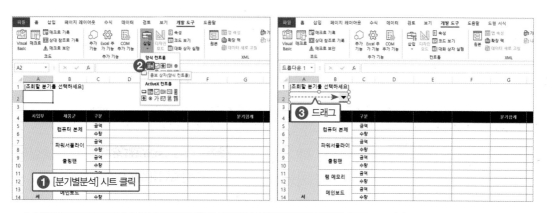

실력향상 콤보 상자와 같은 양식 컨트롤 메뉴가 포함된 [개발 도구] 탭은 [파일] 탭-[옵션]을 클릭하고 [Excel 옵션] 대화상자의 [리본 사용자 지정]-[개발 도구]에 체크한 후 사용합니다.

실력향상 콤보 상자를 삽입할 때 Alt 를 누른 채 드래그하면 셀 크기에 맞추어 그릴 수 있습니다.

06 콤보 상자 서식을 설정하기 ❶ 삽입한 콤보 상자를 마우스 오른쪽 버튼으로 클릭하여 ❷ [컨트롤 서식]을 클릭합니다. ❸ [개체 서식] 대화상자의 [컨트롤] 탭에서 [입력 범위]에 **$L$5:$L$8**, [셀 연결]에 **$L$2**를 입력합니다. ❹ [확인]을 클릭합니다.

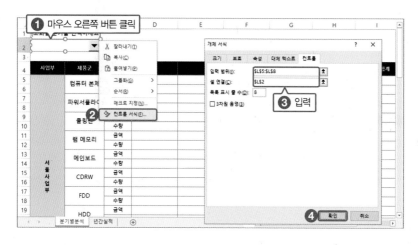

실력향상
[개체 서식] 대화상자의 [입력 범위]에는 콤보 상자의 목록으로 표시될 데이터 범위를 지정합니다. [셀 연결]에는 콤보 상자에서 선택한 값이 표시될 셀을 지정합니다.

07 콤보 상자 목록과 셀 연결 확인하기 ❶ 콤보 상자의 목록 단추▼를 클릭하여 [3/4분기]를 클릭합니다. ❷ 해당 분기의 위칫값이 [L2] 셀에 표시됩니다.

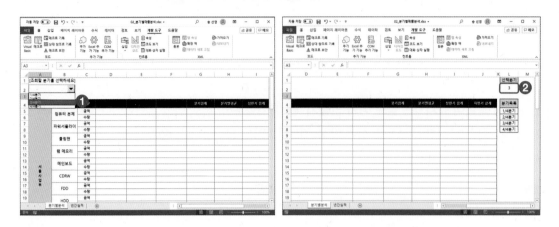

📊 **실력향상** 목록에서 선택한 분기의 순서가 [L2] 셀에 표시됩니다. 3/4분기는 목록 중 세 번째에 위치해 있으므로 [L2] 셀에 3이 표시됩니다.

08 선택한 분기가 포함된 제목 표시하기 ❶ [D2] 셀을 클릭하고 ❷ **=$L$2&"사분기 매출실적"**을 입력합니다. ❸ 콤보 상자의 목록 단추▼를 클릭하여 [2/4분기]를 클릭합니다. 해당 분기가 포함되어 제목으로 표시됩니다.

09 분기 목록이 표시된 열 숨기기 ❶ L열을 마우스 오른쪽 버튼으로 클릭한 후 ❷ [숨기기]를 클릭하여 연결된 셀과 분기 목록을 숨깁니다.

양식 컨트롤 알아보기

양식 컨트롤은 [개발 도구] 탭-[컨트롤] 그룹-[삽입]을 클릭하여 추가할 수 있습니다. 양식 컨트롤은 셀과 연결하거나 매크로와 연결하여 자동화 양식을 만드는 경우 사용하며 모든 버전에서 호환됩니다.

구분	설명
단추 ▭	주로 매크로와 연결하여 사용하며, 단추를 클릭하면 연결된 매크로가 실행됩니다.
콤보 상자 ▤	데이터를 목록 형태로 제공하며 여러 목록 중 하나만 선택할 수 있습니다. 선택한 데이터의 순서가 숫잣값으로 반환됩니다.
확인란 ☑	항목을 체크하거나 체크 해제하는 경우 사용합니다. 체크하면 TRUE, 체크를 해제하면 FALSE를 반환합니다.
스핀 단추 ▣	숫잣값의 증가/감소를 표현할 때 사용합니다. 증가/감소된 값이 연결된 셀에 반환됩니다.
목록 상자 ▤	데이터를 목록 형태로 제공합니다. 여러 목록을 한 화면에 표시할 수 있으며 하나 이상의 데이터를 선택할 수 있습니다. 콤보 상자와 같이 선택한 데이터의 순서가 숫잣값으로 반환됩니다.
옵션 단추 ◉	여러 항목 중 하나의 항목을 지정할 때 사용합니다. 그룹 상자에 여러 항목을 함께 포함하여 사용할 수 있으며 그려 넣은 순서대로 순번이 정해집니다. 연결된 셀에 순번이 반환됩니다.
그룹 상자 ▭	관련 있는 컨트롤을 하나의 그룹으로 묶을 때 하나의 그룹 상자 안에 포함시킵니다.
스크롤 막대 ▤	수직/수평으로 스크롤 막대를 추가할 수 있으며 숫잣값의 증가/감소를 큰 폭으로 표시할 때 사용합니다.

수식
핵심
기능

양식
자동화

데이터
관리&
집계

외부
데이터
편집

보고서
만들기

자동화
문서
만들기

데이터
분석&
시각화

분기에 포함되는 월만 표시하고 실적 데이터 가져오기

콤보 상자에서 선택한 분기에 포함되는 월만 표시되도록 CHOOSE 함수로 수식을 작성하고, 월에 해당하는 매출실적 데이터를 확인할 수 있도록 OFFSET 함수로 연관 데이터를 가져와 표시하겠습니다. 분기별 합계와 평균, 상반기와 하반기 매출실적 합계도 구하여 분기별 매출실적 보고서를 완성하겠습니다.

10 선택한 분기에 포함되는 월 표시하기 ❶ 선택한 분기의 첫 번째 월이 표시되도록 [D4] 셀에 **=CHOOSE(L2, 1, 4, 7, 10)**를 입력합니다. ❷ 두 번째 월이 표시될 [E4] 셀에 **=CHOOSE(L2, 2, 5, 8, 11)**를 입력하고 ❸ 세 번째 월이 표시될 [F4] 셀에 **=CHOOSE(L2, 3, 6, 9, 12)**를 입력합니다.

📊 실력향상 CHOOSE 함수의 형식은 'CHOOSE(인덱스 번호, 값1, 값2, …)'입니다. 인덱스 번호에 입력된 값의 결괏값에 따라 각 번호에 맞는 값을 반환합니다. 인덱스 번호에 '1'을 입력하면 [값1] 인수에 입력된 결과가 표시됩니다. [L2] 셀에 '1'을 입력하면 [D4] 셀, [E4] 셀, [F4] 셀의 CHOOSE 함수식에서 [값1] 인수에 입력된 1, 2, 3이 각각 표시됩니다. 인덱스 번호가 '2'면 4, 5, 6이 표시되고 '3'이면 7, 8, 9가, '4'면 10, 11, 12가 각각 표시됩니다.

11 숫자 뒤에 '월'이 함께 표시되도록 셀 서식 설정하기 ❶ [D4:F4] 범위를 지정합니다. ❷ 마우스 오른쪽 버튼을 클릭한 후 ❸ [셀 서식]을 클릭합니다. ❹ [셀 서식] 대화상자의 [표시 형식] 탭에서 [사용자 지정]을 클릭합니다. ❺ [형식]에 **0월**을 입력한 후 ❻ [확인]을 클릭합니다.

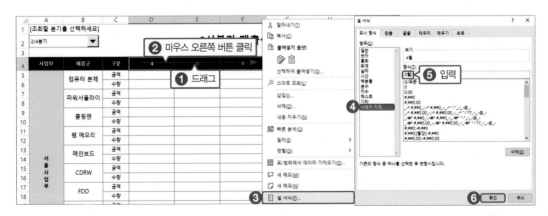

12 선택한 분기의 월 목록 확인하기 ❶ 콤보 상자에서 목록 단추 ▼ 를 클릭하여 [1/4분기]를 선택합니다. ❷ 해당 분기에 포함되는 월이 표시됩니다.

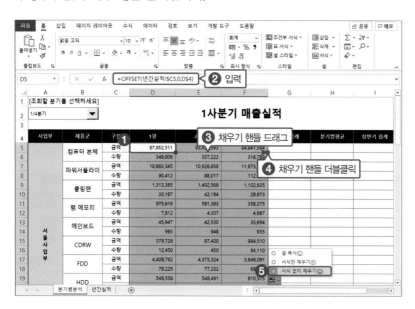

13 월에 해당하는 실적 데이터 가져오기 ❶ [D5] 셀을 클릭하고 ❷ **=OFFSET(년간실적!$C5, 0, D$4)**를 입력합니다. ❸ [D5] 셀의 채우기 핸들을 오른쪽으로 드래그하여 [F5] 셀까지 수식을 복사합니다. ❹ [D5:F5] 범위가 지정된 상태에서 채우기 핸들을 더블클릭하여 [D74:F74] 셀까지 수식을 복사합니다. 수식이 복사되면서 서식도 함께 복사됩니다. ❺ [자동 채우기 옵션 🖳]을 클릭한 후 [서식 없이 채우기]를 클릭합니다.

📶 실력향상 OFFSET 함수는 데이터를 찾아 가져오는 함수로 형식은 'OFFSET(기준 셀, 이동할 행, 이동할 열)'입니다. '=OFFSET(년간실적!$C5, 0, D$4)'를 입력하면 [년간실적] 시트의 [C5] 셀이 기준 셀이 되고 이동할 행은 '0'이므로 위아래로는 이동하지 않으며 이동할 열은 [D4] 셀에 입력된 숫자만큼 이동합니다. [D4] 셀에 입력된 숫자가 1이면 [년간실적] 시트의 [C5] 셀에서 오른쪽으로 한 칸, 4면 오른쪽으로 네 칸 이동하여 해당 값을 표시합니다. 수식에서 '$C5'는 열 고정 혼합 참조, 'D$4'는 행 고정 혼합 참조로 입력해야 수식을 복사해도 오류가 발생하지 않습니다.

수식
핵심
기능

양식
자동화

데이터
관리&
집계

외부
데이터
편집

보고서
만들기

자동화
문서
만들기

데이터
분석&
시각화

14 표시된 분기의 합계와 평균 계산하기 ❶ [G5] 셀을 클릭하고 ❷ **=SUM(D5:F5)**를 입력합니다. ❸ [G5] 셀의 채우기 핸들을 더블클릭하여 [G74] 셀까지 수식을 복사합니다. 수식이 복사되면서 서식도 함께 복사되어 서식이 자동으로 변경됩니다. ❹ [자동 채우기 옵션 🖳]을 클릭하여 [서식 없이 채우기]를 클릭합니다. ❺ [H5] 셀을 클릭하고 ❻ **=AVERAGE(D5:F5)**를 입력합니다. ❼ [H5] 셀의 채우기 핸들을 더블클릭하여 [H74] 셀까지 수식을 복사합니다. ❽ [자동 채우기 옵션 🖳]을 클릭하고 [서식 없이 채우기]를 클릭합니다.

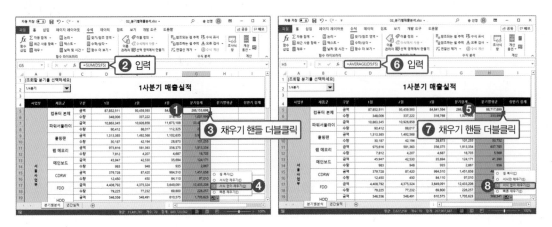

15 상반기와 하반기의 매출 합계 구하기 ❶ [I5] 셀을 클릭하고 ❷ **=SUM(년간실적!D5:I5)**를 입력합니다. ❸ [I5] 셀의 채우기 핸들을 더블클릭하여 [I74] 셀까지 수식을 복사합니다. ❹ [자동 채우기 옵션 🖳]을 클릭하여 [서식 없이 채우기]를 클릭합니다. ❺ [J5] 셀을 클릭하고 ❻ **=SUM(년간실적!J5:O5)**를 입력합니다. ❼ [J5] 셀의 채우기 핸들을 더블클릭하여 [J74] 셀까지 수식을 복사합니다. ❽ [자동 채우기 옵션 🖳]을 클릭하여 [서식 없이 채우기]를 클릭합니다.

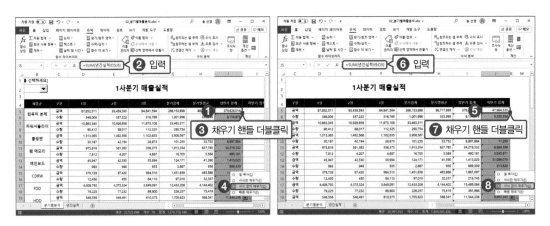

16 선택한 분기에 포함되는 월과 해당 분기의 합계, 평균 등 분기별 매출실적을 확인할 수 있습니다.

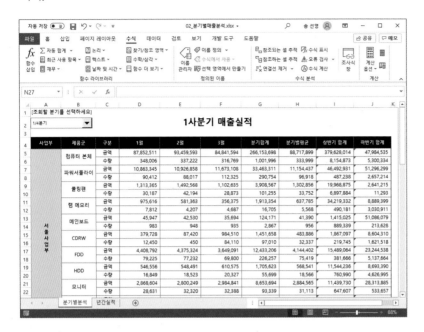

비법 노트 ★★★

CHOOSE 함수 알아보기

CHOOSE 함수는 인덱스 번호에 따라 원하는 결과를 표시할 때 사용합니다. 첫 번째 인수에 인덱스값을 입력하고 인덱스 번호에 맞춰 결과를 표시합니다.

함수 형식	=CHOOSE(index_num, value1, value2, …)
인수	• index_num : 1~254의 숫자를 직접 입력하거나 숫자가 입력된 셀 주소를 지정합니다. • value : [index_num] 인수에 입력된 숫자에 해당하는 결괏값을 입력합니다. [value] 인수의 개수는 [index_num] 인수에 입력된 인덱스값과 일치해야 합니다.

수식 핵심 기능

양식 자동화

데이터 관리& 집계

외부 데이터 편집

보고서 만들기

자동화 문서 만들기

데이터 분석& 시각화

부서별 직원들의 급여 내역
파악하고 분석하기

실습 파일 | Part02/Chapter03/03_03_급여월별분석.xlsx
완성 파일 | Part02/Chapter03/03_03_급여월별분석(완성).xlsx

01 프로젝트 시작하기

직원들의 급여 지급 내역을 분석하여 상반기와 하반기의 급여를 비교하고 인상된 급여 내역을 파악하려고
합니다. 먼저 이동 옵션 기능과 텍스트 나누기 기능을 이용하여 급여 지급 데이터에서 불필요한 데이터를
삭제하고 형식에 맞는 데이터로 변환하여 정리해보겠습니다. 직원의 기본급, 각종 수당, 공제액, 실지급액
은 피벗 테이블 보고서로 작성하고 상반기와 하반기의 급여 내역과 인상된 급여 내역을 필드 안의 항목과
함수식으로 확인해보겠습니다. 인상된 급여 내역은 조건부 서식을 이용하여 색으로 구분해보겠습니다.

이 프로젝트를 배우면 피벗 테이블을 만들고 필드 안의 항목들로 계산식을 작성하거나 조건에 따라 서식
을 작성하는 등 피벗 테이블을 활용하는 업무에 유용하게 응용할 수 있습니다.

회사에서 바로 통하는 키워드	이동 옵션, 텍스트 나누기, 피벗 테이블, 계산 항목, SUM 함수, 조건부 서식

수식 핵심 기능

양식 자동화

데이터 관리& 집계

외부 데이터 편집

보고서 만들기

자동화 문서 만들기

데이터 분석& 시각화

02 프로젝트 예제 미리 보기

	A	B	C	D	E	F	G	H	I	J	K	L	
1	사원명	소속부서	지급월	기본급	식대	차량유지비	보육수당	직무수당	직책수당	연장수당	야간수당	휴일수당	연
2	한영미	기획팀	2021.01	1,300,000	110,000	0	0	0	0	0	0	150,000	
3	한영미	기획팀	2021.02	1,300,000	110,000	0	0	0	0	0	0	675,000	
4	한영미	기획팀	2021.03	1,300,000	110,000	0	0	0	0	0	0	300,000	
5	한영미	기획팀	2021.04	1,300,000	110,000	0	0	0	0	0	0	300,000	
6	한영미	기획팀	2021.05	1,130,000	110,000	0	0	0	0	0	0	750,000	
7	한영미	기획팀	2021.06	1,130,000	110,000	0	0	0	0	0	0	150,000	
8	한영미	기획팀	2021.07	1,130,000	110,000	0	0	0	0	0	0	675,000	
9	한영미	기획팀	2021.08	1,130,000	110,000	0	0	0	0	0	0	300,000	
10	한영미	기획팀	2021.09	1,130,000	110,000	0	0	0	0	0	0	300,000	
11	한영미	기획팀	2021.10	1,130,000	110,000	0	0	0	0	0	0	750,000	
12	한영미	기획팀	2021.11	1,130,000	110,000	0	0	0	0	0	0	300,000	
13	한영미	기획팀	2021.12	1,130,000	110,000	0	0	0	0	0	0	750,000	
14	한영미 [사원] 외 소계			14,240,000	1,320,000	0	0	0	0	0	0	5,400,000	
15	박경호	기획팀	2021.01	1,168,310	100,000	0	0	0	0	288,860	0	0	
16	박경호	기획팀	2021.02	1,168,310	100,000	0	0	0	0	288,860	0	0	
17	박경호	기획팀	2021.03	1,168,310	100,000	0	0	0	0	288,860	0	0	
18	박경호	기획팀	2021.04	1,168,310	100,000	0	0	0	0	288,860	0	0	
19	박경호	기획팀	2021.05	1,285,141	100,000	0	0	0	0	288,860	0	0	
20	박경호	기획팀	2021.06	1,285,141	100,000	0	0	0	0	288,860	0	0	
21	박경호	기획팀	2021.07	1,285,141	100,000	0	0	0	0	288,860	0	0	
22	박경호	기획팀	2021.08	1,285,141	100,000	0	0	0	0	288,860	0	0	

급여지급내역

	A	B	C	D	E	F	G	H	I	J
1										
2										
3	사원명	기본급	수당총액	공제총액	실지급액					
4	⊟ 강미라	18,193,032	9,233,520	1,670,280	25,756,272					
5	상반기	7,697,052	4,148,040	816,490	11,028,602					
6	하반기	9,096,516	4,616,760	835,140	12,878,136					
7	급여 인상액	1,399,464	468,720	18,650	1,849,534					
8	⊟ 김상훈	18,193,032	4,853,940	1,267,920	21,779,052					
9	상반기	7,697,052	3,016,350	736,960	9,976,442					
10	하반기	9,096,516	2,426,970	633,960	10,889,526					
11	급여 인상액	1,399,464 -	589,380 -	103,000	913,084					
12	⊟ 김해강	4,664,880	1,688,246	443,500	5,909,626					
13	상반기	3,987,720	984,185	229,010	4,742,895					
14	하반기	2,332,440	844,123	221,750	2,954,813					
15	급여 인상액	1,655,280 -	140,062 -	7,260 -	1,788,082					
16	⊟ 김홍미	18,193,032	7,492,560	1,654,920	24,030,672					
17	상반기	7,697,052	3,612,360	800,150	10,509,262					
18	하반기	9,096,516	3,746,280	827,460	12,015,336					
19	급여 인상액	1,399,464	133,920	27,310	1,506,074					
20	⊟ 도건식	14,019,720	3,352,536	1,107,680	16,264,576					
21	상반기	4,588,443	957,715	236,140	5,310,018					
22	하반기	7,009,860	1,676,268	553,840	8,132,288					

급여현황분석　급여지급내역

한눈에 보는 작업순서

이동 옵션으로 소계 내역 제거하기 ▶ 지급월 데이터를 날짜 형식으로 변환하기 ▶ 피벗 테이블로 급여 현황 보고서 작성하기 ▶

상반기, 하반기, 급여 인상액 계산 항목 추가하기 ▶ 급여 인상액에 조건부 서식 설정하기

STEP 01 급여 지급 데이터 정리하기

❶ 직원들의 급여 소계 데이터를 [이동 옵션]의 [빈 셀]을
이용하여 한번에 제거합니다.

❷ 텍스트로 입력된 지급월 데이터를 [텍스트 나누기]로
날짜 형식으로 변환합니다.

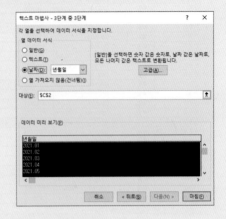

STEP 02 직원의 월별 급여 현황을 피벗 테이블로 만들기

❶ 각 직원의 월별 급여 현황을 피벗 테이블로
작성합니다.

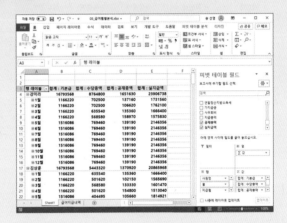

STEP 03 필드 안의 데이터로 계산식 작성하고 서식 설정하기

❶ 피벗 테이블에서 [행] 영역의 날짜 데이터
로 [계산 항목]을 이용하여 [상반기]와 [하반
기], [급여 인상액] 필드를 추가합니다.

❷ 조건부 서식으로 [인상된 금액] 필드만 다른
색상으로 구분하여 표시합니다.

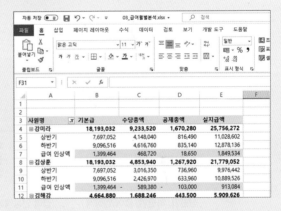

수식
핵심
기능

양식
자동화

데이터
관리&
집계

외부
데이터
편집

보고서
만들기

자동화
문서
만들기

데이터
분석&
시각화

급여 지급 데이터 정리하기

직원들의 급여 상세 내역과 소계가 구해진 급여 지급 내역표가 있습니다. 이 표에서 불필요한 데이터는 이동 옵션 기능을 이용하여 제거하고 문자로 입력된 지급월 데이터는 텍스트 나누기 기능을 이용해 날짜 형식으로 변환하여 급여 지급 내역표를 정리해보겠습니다.

01 직원별 소계 내역 삭제하기 ❶ B열을 범위로 지정합니다. ❷ [홈] 탭-[편집] 그룹-[찾기 및 선택]-[이동 옵션]을 클릭합니다. ❸ [이동 옵션] 대화상자에서 [빈 셀]을 클릭한 후 ❹ [확인]을 클릭합니다.

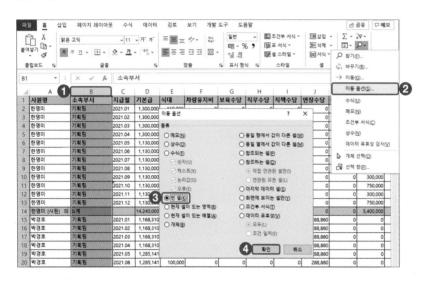

02 ❶ 선택된 빈 셀을 마우스 오른쪽 버튼으로 클릭하고 ❷ [삭제]를 클릭합니다. ❸ [삭제] 대화상자에서 [행 전체]를 클릭하고 ❹ [확인]을 클릭하여 소계 행 전체를 삭제합니다.

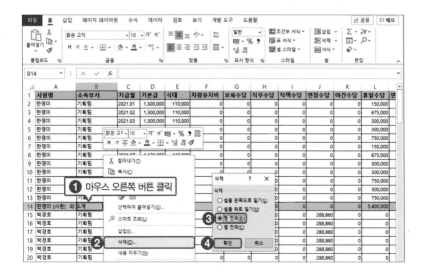

03 지급월 데이터 날짜 형식으로 변환하기 ❶ [C2] 셀을 클릭하고 ❷ Ctrl + Shift + ↓ 를 눌러 [C2:C109] 범위를 지정합니다. ❸ [데이터] 탭–[데이터 도구] 그룹–[텍스트 나누기]를 클릭합니다. ❹ [텍스트 마법사 – 3 단계 중 1단계] 대화상자에서 [구분 기호로 분리됨]을 클릭합니다. ❺ [다음] 을 클릭합니다.

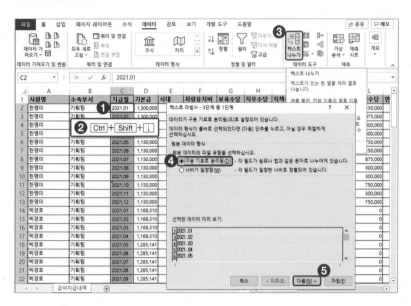

04 ❶ [텍스트 마법사 – 3단계 중 2단계] 대화상자에서 [구분 기호]의 체크를 모두 해제합니다. ❷ [다음]을 클릭합니다. ❸ [텍스트 마법사 – 3단계 중 3단계] 대화상자에서 [열 데이터 서식]의 [날짜] 를 클릭합니다. ❹ [마침]을 클릭합니다.

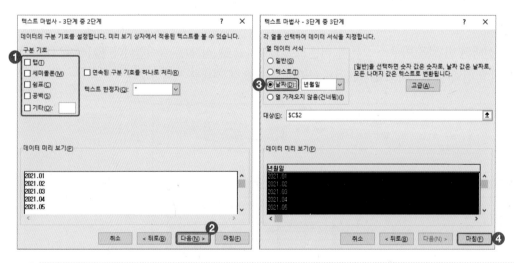

실력향상 특정 기호로 텍스트를 나누는 것이 아니므로 [구분 기호]의 체크를 모두 해제합니다.

실력향상 지급월 데이터가 '년.월(2021.01)' 형식으로 입력되어 있으므로 [열 데이터 서식]의 [날짜]에서 기본으로 선택되어 있는 [년월일]을 그대로 둡니다. 입력되어 있는 날짜 순서가 [년월일]과 다르다면 [날짜]에서 입력된 날짜 순서에 맞는 항목을 선택합니다.

05 ❶ [C2:C109] 범위가 지정된 상태에서 [홈] 탭-[표시 형식] 그룹-[표시 형식 ▾]-[간단한 날짜]를 클릭합니다. 표시되는 날짜보다 셀의 너비가 좁아 '###'으로 표시됩니다. ❷ [홈] 탭-[셀] 그룹-[서식]-[열 너비 자동 맞춤]을 클릭하여 열 너비를 데이터 너비에 맞춰줍니다.

수식
핵심
기능

양식
자동화

데이터
관리&
집계

외부
데이터
편집

보고서
만들기

자동화
문서
만들기

데이터
분석&
시각화

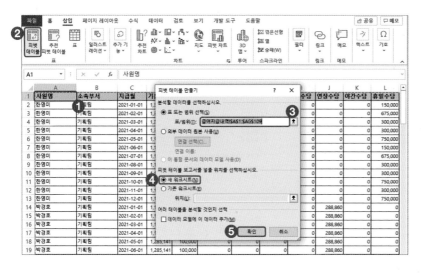

STEP
02

직원의 월별 급여 현황을 피벗 테이블로 만들기

정리된 데이터로 직원의 급여 현황 보고서를 작성해보겠습니다. 직원의 월별 기본급과 수당총액, 지급총액, 공제총액, 실지급액을 확인할 수 있도록 피벗 테이블로 보고서를 만들고 필요 없는 텍스트는 바꾸기 기능을 이용하여 제거하겠습니다.

06 **피벗 테이블로 급여 현황 보고서 만들기** ❶ [A1] 셀을 클릭합니다. ❷ [삽입] 탭-[표] 그룹-[피벗 테이블]을 클릭합니다. ❸ [피벗 테이블 만들기] 대화상자의 [표 또는 범위 선택]에 선택한 셀과 관련된 데이터 범위가 자동으로 입력되어 있습니다. ❹ 피벗 테이블 보고서를 놓을 위치는 [새 워크시트]가 기본으로 지정되어 있습니다. ❺ 데이터 범위와 위치 확인 후 [확인]을 클릭합니다.

07 ❶[피벗 테이블 필드] 작업 창에서 [사원명] 필드와 [지급월] 필드에 체크하여 [행] 영역에 추가합니다. ❷[보고서에 추가할 필드 선택]의 스크롤바를 드래그하면서 [기본급], [수당총액], [공제총액], [실지급액] 필드를 순서대로 체크합니다. 해당 필드가 [값] 영역에 추가됩니다.

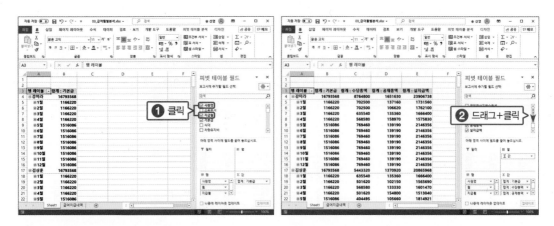

📊 **실력향상** 체크한 필드의 데이터가 문자 또는 날짜 데이터면 자동으로 [행] 영역으로 추가됩니다. 숫자 데이터면 [값] 영역으로 추가되고 합계가 구해집니다.

📊 **실력향상** 날짜 데이터인 [지급월] 필드는 [월]로 그룹 설정되어 추가됩니다. 날짜 데이터는 엑셀 버전에 따라 기본 그룹 설정이 다를 수 있습니다.

08 [값] 영역 필드 앞의 '합계' 텍스트 제거하기 ❶[홈] 탭–[편집] 그룹–[찾기 및 선택]–[바꾸기]를 클릭합니다. ❷[찾기 및 바꾸기] 대화상자의 [찾을 내용]에 **합계 :**를 입력합니다. [바꿀 내용]에는 아무것도 입력하지 않습니다. ❸[모두 바꾸기]를 클릭합니다. 몇 개의 데이터가 변경되었는지 보여주는 메시지가 표시됩니다. ❹[확인]을 클릭합니다. ❺[찾기 및 바꾸기] 대화상자에서 [닫기]를 클릭합니다.

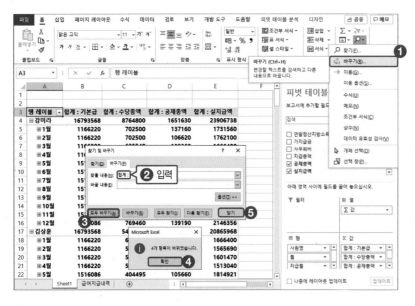

📊 **실력향상**
[바꾸기]로 '합계 :'까지만 입력하여 제거하고 ':' 기호 뒤의 공백 한 칸은 그대로 둡니다. 기존 필드에 [기본급], [수당총액], [공제총액], [실지급액] 필드가 이미 있으므로 필드명에 공백 한 칸이 포함된 [기본급], [수당총액], [공제총액], [실지급액]으로 변경하여 사용합니다.

수식
핵심
기능

양식
자동화

데이터
관리&
집계

외부
데이터
편집

보고서
만들기

자동화
문서
만들기

데이터
분석&
시각화

STEP 03

필드 안의 데이터로 계산식 작성하고 서식 설정하기

월별 급여 현황 피벗 테이블에서 상반기(1월~6월), 하반기(7월~12월), 그리고 상반기와 하반기의 급여 차익을 계산해보겠습니다. [지급월] 필드 안의 데이터로 계산해야 하므로 [계산 항목]을 이용하여 추가 필드를 만들고, 급여 차익은 조건부 서식을 이용하여 색상으로 구분해보도록 하겠습니다.

09 날짜 그룹 해제하기 ❶ [A5] 셀을 클릭합니다. ❷ 마우스 오른쪽 버튼을 클릭한 후 ❸ [그룹 해제]를 클릭합니다.

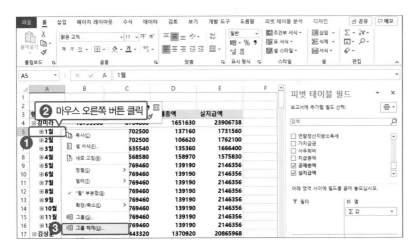

ill 실력향상

[그룹] 클릭 후 모든 항목의 선택을 해제해도 그룹을 해제할 수 있습니다.

10 상반기, 하반기, 급여 인상액 항목 추가하기 ❶ [A5] 셀을 클릭합니다. ❷ [피벗 테이블 분석] 탭-[계산] 그룹-[필드, 항목 및 집합]-[계산 항목]을 클릭합니다. ❸ ["지급월"에 계산 항목 삽입] 대화상자의 [이름]에 **상반기**를 입력합니다. ❹ [수식]에는 **=SUM('2021-01-01', '2021-02-01', '2021-03-01', '2021-04-01', '2021-05-01', '2021-06-01')**를 입력합니다. ❺ [추가]를 클릭합니다.

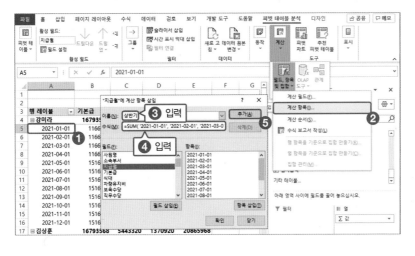

ill 실력향상

SUM 함수식의 날짜는 [지급월] 필드의 각 날짜를 더블클릭해도 입력할 수 있으며 날짜 사이의 쉼표는 직접 입력해야 합니다.

11 ① 계속해서 ["지급월"에 계산 항목 삽입] 대화상자의 [이름]에 **하반기**를 입력합니다. ② [수식]에는 **=SUM('2021-07-01', '2021-08-01', '2021-09-01', '2021-10-01', '2021-11-01', '2021-12-01')**를 입력하고 ③ [추가]를 클릭합니다. ④ 다시 ["지급월"에 계산 항목 삽입] 대화상자의 [이름]에 **급여 인상액**을 입력합니다. ⑤ [수식]에는 **=하반기-상반기**를 입력한 후 ⑥ [확인]을 클릭합니다.

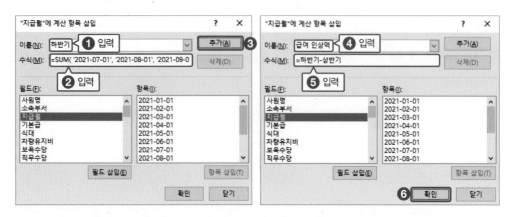

12 날짜 데이터 항목을 필터하고 숫자 서식 적용하기 ① [A5] 셀이 선택된 상태에서 [A3] 셀의 필터 단추▼를 클릭합니다. ② [지급월] 필드의 데이터 목록에서 [(모두 선택)]의 체크를 해제한 후 ③ [상반기], [하반기], [급여 인상액]에만 체크합니다. ④ [확인]을 클릭합니다. ⑤ [B4:E44] 범위를 지정하고 ⑥ [홈] 탭-[표시 형식] 그룹-[쉼표 스타일]을 클릭하여 서식을 적용합니다.

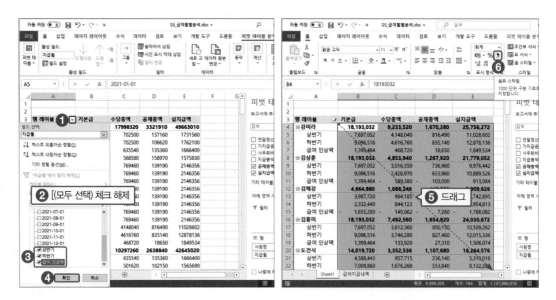

13 인상된 금액에 조건부 서식을 설정하기 ❶ [B4:E44] 범위가 지정된 상태에서 [홈] 탭–[스타일] 그룹–[조건부 서식]–[새 규칙]을 클릭합니다. ❷ [새 서식 규칙] 대화상자의 [규칙 유형 선택]에서 [수식을 사용하여 서식을 지정할 셀 결정]을 클릭합니다. ❸ 수식 입력란에 **=$A4="급여 인상액"** 를 입력합니다. ❹ [서식]을 클릭합니다. ❺ [셀 서식] 대화상자에서 [채우기] 탭을 클릭하고 ❻ [배경 색]에서 [연한 파랑]을 클릭합니다. ❼ [확인]을 클릭합니다. ❽ [새 서식 규칙] 대화상자에서도 [확 인]을 클릭합니다.

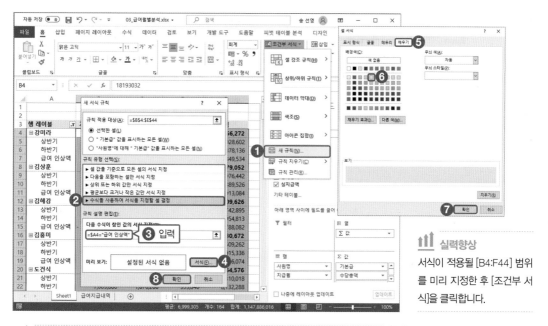

📊 **실력향상**

서식이 적용될 [B4:F44] 범위
를 미리 지정한 후 [조건부 서
식]을 클릭합니다.

📊 **실력향상** 수식에서 '$A4'는 A열에 '급여 인상액' 텍스트가 입력되어 있으므로 A열만 고정하는 열 고정 혼합 참조로 입력합
니다.

14 워크시트 이름 변경하기 ❶ [A3] 셀에 **사원명**을 입력합니다. ❷ [Sheet1] 시트 탭을 더블클릭하
고 시트 이름을 **급여현황분석**으로 수정합니다.

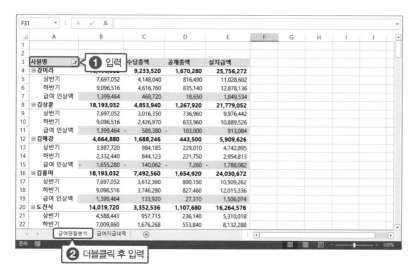

04

선택한 연, 월에 해당하는 날짜와 당직자가 자동으로 작성되는 당직계획표 만들기

실습 파일 | Part02/Chapter03/03_04_당직계획표.xlsx
완성 파일 | Part02/Chapter03/03_04_당직계획표(완성).xlsx

---

01 프로젝트 시작하기

연도와 월을 선택하면 해당 연도, 월의 날짜가 표시되고 당직자 목록에서 순번에 맞는 당직자를 찾아오는 당직계획표를 만들려고 합니다. 연도와 월은 유효성 검사를 이용하여 목록으로 표시하고 선택한 연도, 월에 맞는 제목은 수식으로 작성하겠습니다. 날짜와 요일은 DATE 함수와 표시 형식을 이용하여 표시해보겠습니다. 월마다 마지막 날짜가 다르므로 EOMONTH 함수와 조건부 서식으로 해당 월의 말일까지만 당직계획표에 표시되도록 서식을 설정하고 토요일과 일요일을 색상으로 구분해보겠습니다. 당직자 목록은 이름으로 정의한 후 IF 함수와 WEEKDAY, INDEX, SUM 함수를 이용한 배열 수식으로 순번에 맞게 평일 및 휴일당직자가 표시될 수 있도록 수식으로 작성해보겠습니다.

이 프로젝트를 배우면 날짜 데이터를 표시하고 서식을 설정하는 업무와 순서대로 데이터를 가져오는 업무에 유용하게 활용할 수 있습니다.

회사에서 바로 통하는 키워드	유효성 검사, ROW 함수, DATE 함수, 날짜 표시 형식, 조건부 서식, EOMONTH 함수, WEEKDAY 함수, IF 함수, INDEX 함수, SUM 함수, 배열 수식

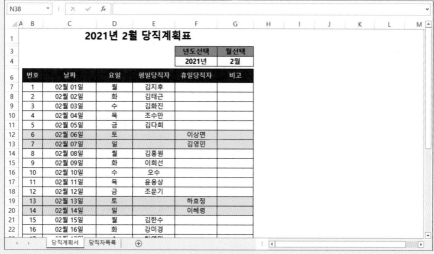

| 한눈에 보는 작업순서 | 유효성 검사로 연도와 월 목록 설정하기 | ▶ | 선택한 연도와 월이 표시되도록 제목 만들기 | ▶ | 선택한 연도, 월의 날짜와 요일을 수식으로 작성하여 표시하기 | ▶ | 조건부 서식을 이용하여 주말을 다른 색으로 구분하기 | ▶ |
| | 선택한 월의 말일까지만 표시되도록 조건부 서식 설정하기 | ▶ | 당직자 명단 이름 정의하기 | ▶ | IF와 WEEKDAY, INDEX, SUM 함수로 배열 수식을 작성하여 평일/휴일당직자 표시하기 | | |

수식 핵심 기능

양식 자동화

데이터 관리& 집계

외부 데이터 편집

보고서 만들기

자동화 문서 만들기

데이터 분석& 시각화

STEP 01 연도와 월 목록 만들고 선택한 연도, 월의 날짜 표시하기

❶ 유효성 검사의 [제한 대상]을 [목록]으로 설정한 후 연도는 2021, 2022, 2023으로, 월은 1, 2, 3, 4, 5, 6, 7, 8, 9, 10, 11, 12로 [원본]을 설정합니다.

❷ 선택한 연도와 월에 맞는 시작 날짜는 DATE 함수로 작성하고, 나머지 날짜는 일반 수식으로 작성합니다.

STEP 02 주말은 색으로 구분하고 매월 마지막 날짜까지만 표시하기

❶ 토요일과 일요일은 다른 색상이 표시되도록 조건부 서식에 WEEKDAY 함수로 수식을 작성합니다.

❷ 선택한 월의 마지막 날짜까지만 표시되도록 조건부 서식에 EOMONTH 함수로 수식을 작성합니다.

STEP 03 배열 함수로 순서에 맞는 당직자 이름 표시하기

❶ 평일당직자와 휴일당직자의 이름을 각각 정의합니다.

❷ IF 함수와 WEEKDAY, INDEX, SUM 함수로 배열 수식을 작성하여 당직자 이름을 순서대로 표시합니다.

수식
핵심
기능

양식
자동화

데이터
관리&
집계

외부
데이터
편집

보고서
만들기

자동화
문서
만들기

데이터
분석&
시각화

STEP 01

연도와 월 목록 만들고 선택한 연도, 월의 날짜 표시하기

연도와 월은 목록으로 만들고 선택한 연도, 월이 포함된 제목과 해당 월에 맞는 날짜가 표시되도록 당직 계획표를 만들어보겠습니다. 연도와 월의 목록은 유효성 검사를 이용하고 연, 월이 포함된 제목은 수식 으로 표시하겠습니다. 연, 월에 맞는 날짜는 ROW 함수로 번호를 매긴 후 DATE 함수와 일반 수식 그 리고 표시 형식을 이용하여 표현해보겠습니다.

01 연도 목록 표시하기 ❶ [F4] 셀을 클릭합니다. ❷ [데이터] 탭–[데이터 도구] 그룹–[데이터 유효 성 검사 📊]를 클릭합니다. ❸ [데이터 유효성] 대화상자의 [설정] 탭에서 [제한 대상]을 [목록]으로 선택합니다. ❹ [원본]에 **2021, 2022, 2023**을 입력한 후 ❺ [확인]을 클릭합니다.

02 월 목록 표시하기 ❶ [G4] 셀을 클릭합니다. ❷ [데이터] 탭–[데이터 도구] 그룹–[데이터 유효 성 검사 📊]를 클릭합니다. ❸ [데이터 유효성] 대화상자의 [설정] 탭에서 [제한 대상]을 [목록]으로 선택합니다. ❹ [원본]에 **1, 2, 3, 4, 5, 6, 7, 8, 9, 10, 11, 12**를 입력한 후 ❺ [확인]을 클릭합니다.

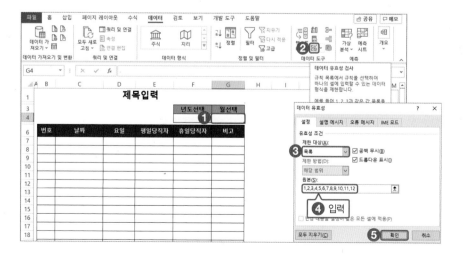

03 선택한 연도와 월 포함하여 제목 표시하기 ❶ [F4] 셀의 목록 단추▼를 클릭하여 [2021]을 선택합니다. ❷ [G4] 셀의 목록 단추▼를 클릭하여 [1]을 클릭합니다. ❸ [B1] 셀에 **=F4&"년 "&G4&"월 당직계획표"**를 입력합니다.

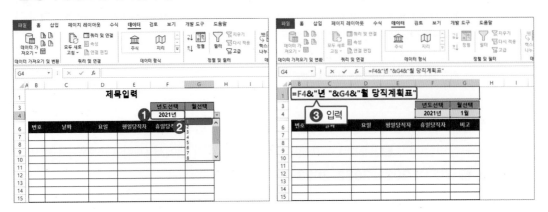

ⅲ실력향상 연도를 선택하면 '2021년'으로 표시되도록 [셀 서식] 대화상자의 [표시 형식] 탭-[사용자 지정]에 '0년' 형식이 설정되어 있습니다. 월도 마찬가지로 '0월' 형식이 설정되어 있습니다.

04 당직계획표 순번 입력하기 ❶ [B7] 셀을 클릭하고 ❷ **=ROW()-6**을 입력합니다. ❸ [B7] 셀의 채우기 핸들을 [B37] 셀까지 드래그하여 수식을 복사합니다.

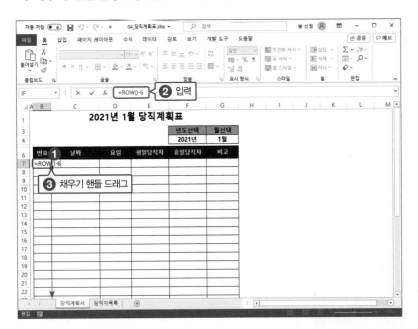

ⅲ실력향상 ROW 함수는 행 번호를 알려주는 함수로 'ROW()' 수식은 선택된 셀의 행 번호를 알려줍니다. [B7] 셀의 행 번호가 7이므로 7에서 6을 뺀 1이 표시되고 아래로 복사된 수식은 해당 셀의 행 번호에서 6을 뺀 숫자가 순서대로 표시됩니다.

05 선택한 연도와 월의 날짜 표시하고 서식 설정하기 ❶ [C7] 셀을 클릭하고 ❷ **=DATE(F4, G4, 1)**를 입력합니다. ❸ [C7] 셀을 마우스 오른쪽 버튼으로 클릭하고 ❹ [셀 서식]을 클릭합니다. ❺ [셀 서식] 대화상자의 [표시 형식] 탭에서 [사용자 지정]을 클릭합니다. ❻ [형식]에 **MM월 DD 일**을 입력하고 ❼ [확인]을 클릭합니다.

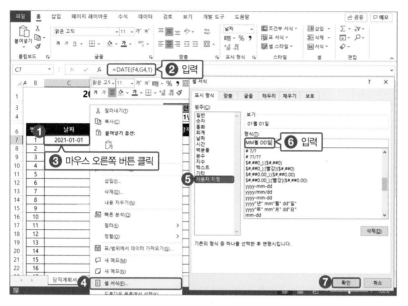

실력향상 함수 형식은 'DATE(년, 월, 일)'입니다. [F4] 셀의 숫자는 년, [G4] 셀의 숫자는 월, 입력한 '1'은 일로 인식하여 날짜 형식으로 표시합니다.

실력향상 날짜 형식에서 'Y'는 년, 'M'은 월, 'D'는 일로 인식하여 'MM월 DD일'로 지정하면 '01월 01일'로 표시됩니다. 대소문자는 구분하지 않습니다.

06 ❶ [C8] 셀을 클릭하고 ❷ **=C7+1**을 입력합니다. ❸ [C8] 셀의 채우기 핸들을 더블클릭하여 수식을 복사합니다.

수식
핵심
기능

양식
자동화

데이터
관리&
집계

외부
데이터
편집

보고서
만들기

자동화
문서
만들기

데이터
분석&
시각화

07 ❶ [D7] 셀을 클릭하고 ❷ **=C7**을 입력합니다. ❸ [D7] 셀을 마우스 오른쪽 버튼으로 클릭하고 ❹ [셀 서식]을 클릭합니다. ❺ [셀 서식] 대화상자의 [표시 형식] 탭에서 [사용자 지정]을 클릭합니다. ❻ [형식] 란에 **AAA**를 입력한 후 ❼ [확인]을 클릭합니다.

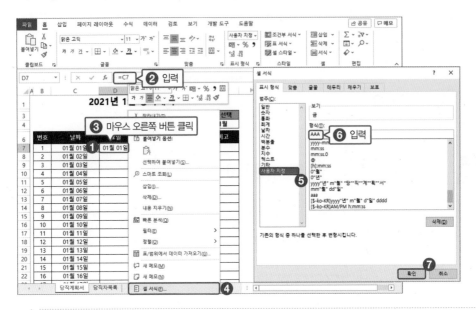

📊 **실력향상** [D7] 셀에 '=C7'을 입력하면 [C7] 셀을 참조하여 날짜 서식도 똑같이 표시됩니다.

📊 **실력향상** [표시 형식]을 'AAA'로 설정하여 날짜를 '일', '화', … 형식으로 표시합니다. 'AAAA'로 설정하면 '월요일', '화요일', … 형식으로 표시됩니다.

08 [D7] 셀의 채우기 핸들을 더블클릭하여 수식을 복사합니다.

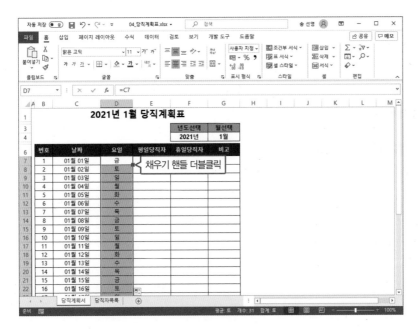

수식
핵심
기능

양식
자동화

데이터
관리&
집계

외부
데이터
편집

보고서
만들기

자동화
문서
만들기

데이터
분석&
시각화

STEP
02

주말은 색으로 구분하고 매월 마지막 날짜까지만 표시하기

당직계획표에서 WEEKDAY 함수로 조건부 서식을 설정하여 토요일과 일요일을 각각 다른 색으로 구분하고 EOMONTH 함수로 조건부 서식을 설정하여 선택한 월의 마지막 날짜까지만 표시해보겠습니다.

09 조건부 서식 설정하여 주말을 다른 색으로 구분하기 ❶ [B7:G37] 범위를 지정합니다. **❷** [홈] 탭–[스타일] 그룹–[조건부 서식]–[새 규칙]을 클릭합니다. **❸** [새 서식 규칙] 대화상자에서 [수식을 사용하여 서식을 지정할 셀 결정]을 클릭합니다. **❹** 수식 입력란에 **=WEEKDAY($C7)=7**을 입력한 후 **❺** [서식]을 클릭합니다.

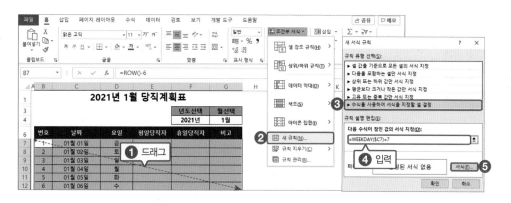

📊 **실력향상** WEEKDAY 함수는 입력된 날짜의 요일을 숫자로 표시해주는 함수로 형식은 'WEEKDAY(날짜, 요일 옵션)'입니다. C 열에 입력된 날짜의 요일을 확인하기 위해 열 고정 혼합 참조($C7)로 입력하고 [요일 옵션] 인수를 생략했습니다. [요일 옵션] 인수를 생략하면 1(일요일)에서 7(토요일)을 결과로 표시합니다. 지정한 범위에서 결과가 7(토요일)인 셀의 서식을 설정합니다.

10 ❶ [셀 서식] 대화상자의 [채우기] 탭을 클릭합니다. **❷** [배경색]으로 [연한 파랑]을 클릭합니다. **❸** [확인]을 클릭합니다. **❹** [새 서식 규칙] 대화상자의 [미리 보기]에서 서식을 확인한 후 **❺** [확인]을 클릭합니다.

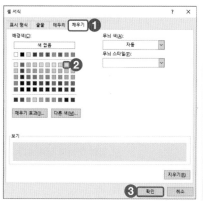

11 ❶ [B7:G37] 범위가 지정된 상태에서 [홈] 탭–[스타일] 그룹–[조건부 서식]–[새 규칙]을 클릭합니다. ❷ [새 서식 규칙] 대화상자에서 [수식을 사용하여 서식을 지정할 셀 결정]을 클릭합니다. ❸ 수식 입력란에 **=WEEKDAY($C7)=1**을 입력한 후 ❹ [서식]을 클릭합니다. ❺ [셀 서식] 대화상자의 [채우기] 탭–[배경색]으로 [연한 주황]을 클릭합니다. ❻ [확인]을 클릭합니다. ❼ [새 서식 규칙] 대화상자의 [미리 보기]에서 서식을 확인한 후 ❽ [확인]을 클릭합니다.

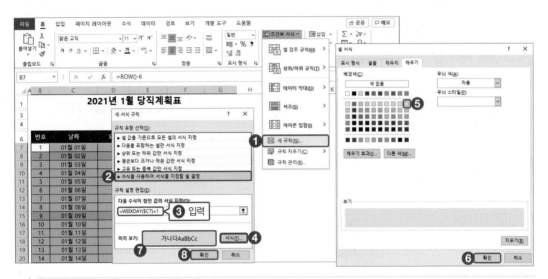

📊 **실력향상** ‘=WEEKDAY($C7)=1’로 입력하여 선택한 셀의 결과가 1(일요일)인 경우 서식을 설정합니다.

12 월의 말일까지만 표시되도록 조건부 서식 설정하기 ❶ [B7:G37] 범위가 지정된 상태에서 [홈] 탭–[스타일] 그룹–[조건부 서식]–[새 규칙]을 클릭합니다. ❷ [새 서식 규칙] 대화상자에서 [수식을 사용하여 서식을 지정할 셀 결정]을 클릭합니다. ❸ 수식 입력란에 **=$C7>EOMONTH ($C$7, 0)**를 입력한 후 ❹ [서식]을 클릭합니다.

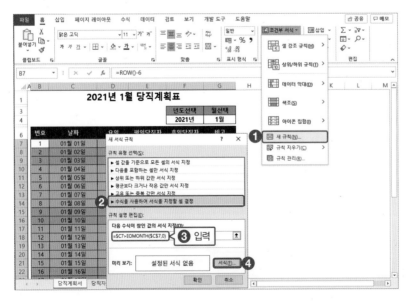

📊 **실력향상**
함수 형식은 'EOMONTH(날짜, 이전/이후 개월 수)'입니다. 'EOMONTH($C7, 0)'를 입력하면 [C7] 셀에 입력된 날짜에 0개월을 더한 해당 월의 마지막 날짜를 알려줍니다.

📊 **실력향상**
'=$C7>EOMONTH($C$7, 0)'를 입력하여 C열의 날짜가 해당 월의 마지막 날짜보다 큰 경우 서식이 적용되도록 설정합니다.

13 ❶[셀 서식] 대화상자의 [표시 형식] 탭에서 [사용자 지정]을 클릭합니다. ❷[형식]에 **;;;**를 입력합니다. ❸[테두리] 탭을 클릭합니다. ❹[선]–[스타일]에서 [없음]을 클릭한 후 ❺[테두리]에서 [왼쪽], [오른쪽], [아래쪽]을 각각 클릭하여 테두리를 없앱니다.

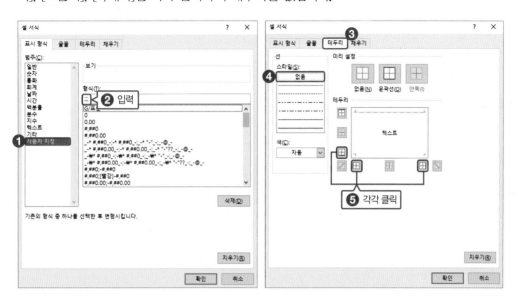

🎚 **실력향상** [셀 서식] 대화상자의 [표시 형식] 탭–[사용자 지정]–[형식]에는 숫자에 대한 서식을 입력할 수 있습니다. '양수;음수;0;문자' 형식으로 입력하여 양수와 음수, 0, 문자에 대한 서식을 각각 설정할 수 있습니다. ';;;'을 입력하면 양수, 음수, 0, 문자에 대한 서식을 모두 제거하여 오륫값을 제외한 모든 데이터가 표시되지 않습니다.

🎚 **실력향상** 테두리 설정 시 다음 달 날짜는 테두리 표시가 되지 않아야 하지만 해당 월 마지막 날짜의 아래쪽 테두리는 그대로 남겨두어야 합니다. [테두리]에서 [왼쪽], [오른쪽], [아래쪽] 테두리만 [없음]으로 설정합니다.

14 ❶[채우기] 탭을 클릭한 후 ❷[배경색]으로 [색 없음]을 클릭합니다. ❸[확인]을 클릭합니다. ❹[새 서식 규칙] 대화상자의 [미리 보기]에서 서식을 확인한 후 ❺[확인]을 클릭합니다.

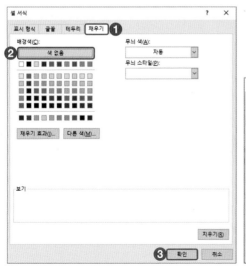

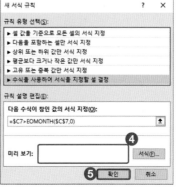

수식
핵심
기능

양식
자동화

데이터
관리&
집계

외부
데이터
편집

보고서
만들기

자동화
문서
만들기

데이터
분석&
시각화

15 [G4] 셀의 목록 단추 ▾를 클릭하여 [2월]을 선택합니다. 선택한 월의 마지막 날짜와 주말을
확인할 수 있습니다.

WEEKDAY 함수 알아보기

선택한 날짜의 요일을 숫자로 반환해주는 함수입니다. 같은 요일이더라도 반환 옵션에 따라 다른 결괏값이 표시됩니다.

함수 형식	=WEEKDAY(serial_number, return_type)
인수	• serial_number : 요일을 반환할 날짜 데이터를 지정합니다. 날짜 데이터를 직접 입력하거나 날짜가 입력된 셀을 클릭합니다. • return_type : 요일을 반환할 옵션을 지정합니다. 옵션은 1, 2, 3 중에서 하나의 옵션을 입력합니다.

1 또는 생략	1(일요일)~7(토요일)
2	1(월요일)~7(일요일)
3	0(월요일)~6(일요일)

EOMONTH 함수 알아보기

지정한 날짜에서 몇 개월 전의 날짜나 몇 개월 후의 날짜를 구하는 함수로 항상 해당 월의 마지막 날짜를 표시합니다.
예를 들어 '=EOMONTH(2월 날짜, 1)'를 입력하면 2월에서 1개월 후인 3월의 마지막 날짜 3월 31일을 표시하고
'=EOMONTH(2월 날짜, −1)'를 입력하면 2월의 1개월 전인 1월의 마지막 날짜 1월 31일을 표시합니다.

함수 형식	=EOMONTH(start_date, months)
인수	• start_date : 시작 날짜를 지정합니다. • months : 구하고자 하는 이전/이후 개월 수를 입력합니다.

수식
핵심
기능

양식
자동화

데이터
관리&
집계

외부
데이터
편집

보고서
만들기

자동화
문서
만들기

데이터
분석&
시각화

배열 함수로 순서에 맞는 당직자 이름 표시하기

[당직자목록] 시트에서 평일 및 주말 목록을 이름 정의하고 당직계획표에 평일/휴일당직자 명단을 표시해보겠습니다. IF, INDEX, WEEKDAY, SUM 함수로 배열 수식을 작성하여 평일당직자는 평일 목록에서 순서대로 표시하고 휴일당직자는 주말 목록에서 순서대로 표시해보겠습니다.

16 당직자 명단 이름 정의하기 ❶ [당직자목록] 시트 탭을 클릭합니다. ❷ [홈] 탭–[편집] 그룹–[찾기 및 선택]–[이동 옵션]을 클릭합니다. ❸ [이동 옵션] 대화상자에서 [상수]를 클릭하고 ❹ [확인]을 클릭합니다.

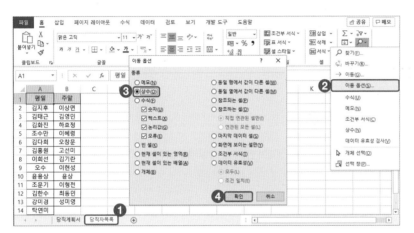

실력향상

[이동 옵션]의 [상수]를 클릭하면 [숫자], [텍스트], [논리값], [오류] 중 선택하여 상숫값을 지정할 수 있습니다. 시트 안의 데이터가 입력된 모든 셀을 범위로 지정할 때는 [상수]만 클릭하여 모든 값을 선택합니다.

17 데이터가 입력된 범위만 선택됩니다. ❶ [수식] 탭–[정의된 이름] 그룹–[선택 영역에서 만들기]를 클릭합니다. ❷ [선택 영역에서 이름 만들기] 대화상자에서 [첫 행]에만 체크한 후 ❸ [확인]을 클릭합니다.

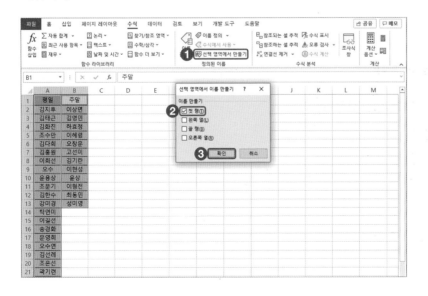

18 배열 수식으로 평일당직자 순서대로 표시하기 ❶ [당직계획서] 시트 탭을 클릭합니다. ❷ [E7] 셀을 클릭하고 ❸ **=IF(WEEKDAY(C7, 2))5, "", INDEX(평일, SUM((WEEKDAY ($C$7:C7, 2)<=5)*1)))**를 입력한 후 ❹ Ctrl + Shift + Enter 를 눌러 배열 수식으로 입력합니다.

실력향상

WEEKDAY 함수의 옵션을 '2'로 입력하면 1(월요일)~7(일요일)의 결괏값을 반환합니다.

실력향상 IF 함수식의 조건 인수에 WEEKDAY 함수를 사용하여 반환되는 요일 결괏값이 5보다 크면 빈칸(주말), 아니면 INDEX 함수로 값을 표시합니다.

실력향상 INDEX 함수의 형식은 'INDEX(범위, 행, 열)'입니다. 'INDEX(평일, SUM((WEEKDAY($C$7:C7, 2)<=5)*1)' 수식은 SUM 함수 안에 입력된 조건을 만족하는 개수를 세고 그 값에 1을 곱하여 결괏값을 표시합니다.

19 [E7] 셀의 채우기 핸들을 더블클릭하여 수식을 복사하면 평일당직자가 순서대로 표시됩니다.

20 배열 수식으로 휴일당직자 순서대로 표시하기 ❶ [F7] 셀을 클릭하고 ❷ =IF(WEEKDAY (C7,2)<=5, "", INDEX(주말, SUM((WEEKDAY($C$7:C7, 2))5)*1)))를 입력한 후 ❸ Ctrl +Shift+Enter를 눌러 입력 완료합니다.

🔼 **실력향상** 'IF(WEEKDAY(C7, 2)<=5, "", INDEX(주말, SUM((WEEKDAY($C$7:C7, 2))5)*1)))' 수식은 WEEKDAY 함수의 결괏값이 5보다 작으면 빈칸(평일), 아니면 INDEX 함수를 이용하여 [주말] 범위의 당직자를 순서대로 가져옵니다.

🔼 **실력향상** 'SUM((WEEKDAY($C$7:C7,2))5)*1)' 수식은 고정된 [C7] 셀부터 현재 셀까지의 요일을 체크하여 주말이면 현재 셀까지의 요일 개수를 반환하고 반환된 값에 1을 곱하여 결괏값을 표시합니다.

🔼 **실력향상** Ctrl+Shift+Enter를 눌러 배열 수식으로 입력합니다. 마이크로소프트 365 버전에서는 Enter만 눌러도 배열 수식으로 입력할 수 있습니다.

21 [F7] 셀의 채우기 핸들을 더블클릭하여 수식을 복사하면 휴일당직자가 순서대로 표시됩니다.

수식
핵심
기능

양식
자동화

데이터
관리&
집계

외부
데이터
편집

보고서
만들기

자동화
문서
만들기

데이터
분석&
시각화

조건을 만족하는 개수를 세는 SUM 함수 배열 수식 알아보기

함수를 어떻게 사용하느냐에 따라 다양한 결괏값을 표시하는 수식이 배열 수식입니다. SUM 함수는 대체로 'SUM((조건 범위=조건)*(집계 범위))' 형식으로 사용됩니다. 조건 범위에서 조건이 만족되면 집계 범위의 숫자를 더하는 수식으로, 만약 개수를 구하고 싶은 경우에는 '=SUM((조건 범위=조건)*1)'로 입력하여 조건이 만족되는 경우 1씩 카운트하여 결과를 표시합니다. 조건 마지막에 '*1'을 꼭 입력해줘야 개수로 집계됩니다. 조건이 여러 개면 'SUM((조건 범위=조건)*(조건 범위=조건)*1)' 수식을 사용합니다.

=SUM((WEEKDAY($C$7:C7,2)(=5)*1)를 입력하면 고정된 [C7] 셀부터 현재 셀까지의 범위에서 5보다 작거나 같은 월요일~금요일의 개수를 세어 결과를 표시합니다.

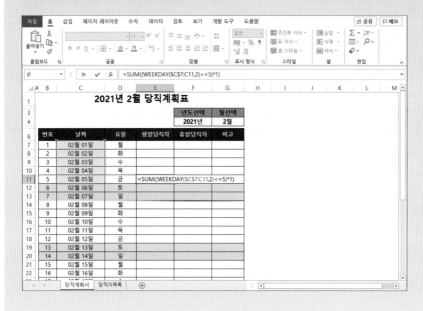

CHAPTER

04

함수로 분석하고
차트로
시각화하기

데이터를 시각적으로 표현하고 분석할 수 있도록 도와주는 도구가 차트입니다. 차트로 데이터를 효과적으로 표현하려면 먼저 차트에 표시될 데이터를 가공하는 작업이 필요합니다. 각각의 데이터를 함수로 요약 및 정리한 후 적합한 차트를 작성해보겠습니다. 월별 관리비 내역을 정리하여 선택한 월의 관리비를 비교하는 세로 막대형 차트부터 각 시트의 결산 내역을 함수로 정리하여 수입과 지출 내역을 표시하는 동적 막대 차트, 매출 데이터를 날짜와 요일로 정리하여 선택한 순위의 매출 데이터 현황을 표시하는 방사형 차트, 선택한 공사 종류의 달성율을 확인하는 게이지 차트까지 만들어보겠습니다. 이번 CHAPTER에서는 함수로 데이터를 가공하고 양식 컨트롤과 연결하여 차트를 표현하는 방법을 학습합니다.

분리된 시트의 관리비 내역으로 월별 비교 차트 작성하기

실습 파일 | Part02/Chapter04/04_01_일반관리비분석.xlsx
완성 파일 | Part02/Chapter04/04_01_일반관리비분석(완성).xlsx

01 프로젝트 시작하기

월별 관리비 내역을 차트로 비교하려고 합니다. 관리비는 각 시트에 계정별로 구분되어 있고 아직 계산되지 않은 내역이 있어 계산 작업과 데이터 집계 과정이 필요합니다. 번거롭고 복잡한 계산 작업은 건물별 비율을 이름으로 정의한 후 INDIRECT 함수를 이용하여 좀 더 쉽게 계산해보겠습니다. 각 시트에 정리되어 있는 계정별, 월별 관리비 내역은 INDIRECT 함수와 ADDRESS, COLUMN 함수를 이용하여 [연간관리비] 시트에 집계하고 [월별분석] 시트에 비교할 월의 관리비 내역을 가져와 차트로 작성하겠습니다. 비교할 월은 스핀 단추로 선택하고 OFFSET 함수로 연관 데이터를 가져와 세로 막대형 차트로 비교해보겠습니다.

이 프로젝트에서는 데이터를 찾아 표시하는 INDIRECT 함수와 OFFSET 함수의 사용 방법을 익힐 수 있어 데이터를 다른 시트에서 가져와 작업하는 업무에 유용하게 응용할 수 있습니다.

회사에서 바로 통하는 키워드 이름 정의, INDIRECT 함수, ADDRESS 함수, 자동 합계, 스핀 단추, OFFSET 함수, 세로 막대형 차트

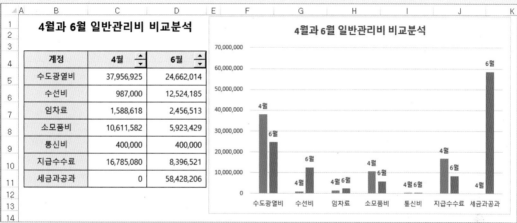

한눈에 보는 작업순서

건물 배분에 따라 계산된 건물별 비율을 이름 정의하기 ▶ 각 계정과목의 건물별, 월별 관리비를 INDIRECT 함수로 계산하기 ▶ 각 계정과목의 월별 합계 데이터 가져오기 ▶

월을 선택하는 스핀 단추 삽입하고 서식 설정하기 ▶ 선택한 월의 관리비 내역을 OFFSET 함수로 가져오기 ▶ 선택한 두 월을 비교할 세로 막대형 차트 작성하기

수식 핵심 기능

양식 자동화

데이터 관리& 집계

외부 데이터 편집

보고서 만들기

자동화 문서 만들기

데이터 분석& 시각화

STEP 01 관리비의 건물별 배분 금액 계산하기

❶ 각 건물에 따라 계산된 건물별 배분 비율을 이름으로 정의합니다.

❷ 각 관리비 시트에 있는 건물별 구분표에 INDIRECT 함수와 정의된 이름으로 수식을 작성하여 건물별 관리비를 계산합니다.

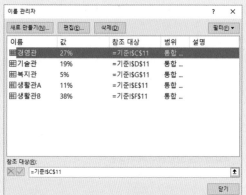

STEP 02 일반관리비의 월별 금액 가져오기

❶ 시트로 구분되어 있는 관리비의 월별 합계를 INDIRECT, ADDRESS 함수로 수식을 작성하여 [연간관리비] 시트에 표시합니다.

STEP 03 선택한 월의 관리비 내역 표시하고 차트로 표현하기

❶ 비교할 두 월을 쉽게 선택할 수 있도록 스핀 단추를 삽입하고 서식을 설정합니다.

❷ 선택한 월의 관리비 내역을 OFFSET 함수로 가져옵니다.

❸ 두 월의 관리비 내역을 비교하여 볼 수 있도 록 세로 막대형 차트를 작성합니다.

수식
핵심
기능

양식
자동화

데이터
관리&
집계

외부
데이터
편집

보고서
만들기

자동화
문서
만들기

데이터
분석&
시각화

STEP

01 관리비의 건물별 배분 금액 계산하기

각 건물별 평수에 따라 관리비 비율이 정해져 있고, 그 비율에 맞게 계정과목들의 월별 관리비를 계산하려고 합니다. 건물별 비율은 이름으로 정의하고 각 계정과목들의 건물별 관리비를 INDIRECT 함수와 정의된 이름으로 계산해보겠습니다.

01 건물별 비율을 이름 정의하기 ❶ [기준] 시트 탭을 클릭합니다. ❷ [C10:G11] 범위를 지정합니다. ❸ [수식] 탭–[정의된 이름] 그룹–[선택 영역에서 만들기]를 클릭합니다. ❹ [선택 영역에서 이름 만들기] 대화상자에서 [첫 행]에만 체크한 후 ❺ [확인]을 클릭합니다.

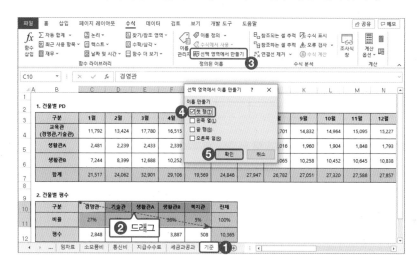

02 ❶ [수식] 탭–[정의된 이름] 그룹–[이름 관리자]를 클릭합니다. ❷ 각 건물별 이름으로 비율이 이름 정의된 것을 확인할 수 있습니다. ❸ [닫기]를 클릭하여 대화상자를 닫습니다.

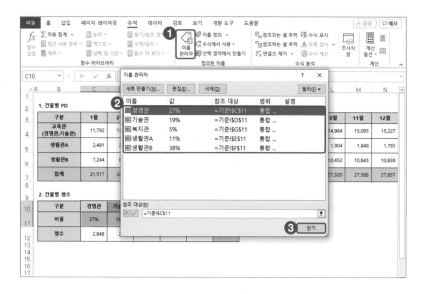

03 각 건물의 월별 수도광열비 계산하기 ❶ [수도광열비] 시트 탭을 클릭합니다. ❷ [C12] 셀을 클릭하고 ❸ **=C$4*INDIRECT($B12)**를 입력합니다. 소수점과 함께 '###'으로 표시됩니다. ❹ [C12] 셀을 클릭하고 ❺ [홈] 탭–[표시 형식] 그룹–[쉼표 스타일]을 클릭합니다.

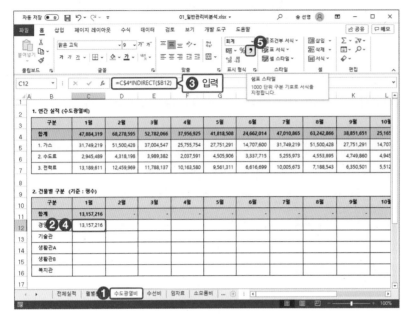

📊 **실력향상**

INDIRECT 함수는 텍스트 문자열을 셀 주소로 변환해줍니다. [B12] 셀에 입력된 '경영관' 텍스트를 [경영관] 이름으로 변환하여 경영관의 건물 비율값을 가져옵니다.

📊 **실력향상**

합계 금액은 월별로 [C4:O4] 범위에 있으므로 행 고정 혼합 참조(C$4)로 입력하고 건물 이름은 [B12:B16] 범위에 있으므로 열 고정 혼합 참조($B12)로 입력합니다.

04 ❶ [C12] 셀의 채우기 핸들을 오른쪽으로 드래그하여 [O12] 셀까지 수식을 복사합니다. ❷ [C12:O12] 범위가 지정된 상태에서 채우기 핸들을 더블클릭하여 [O16] 셀까지 수식을 복사합니다.

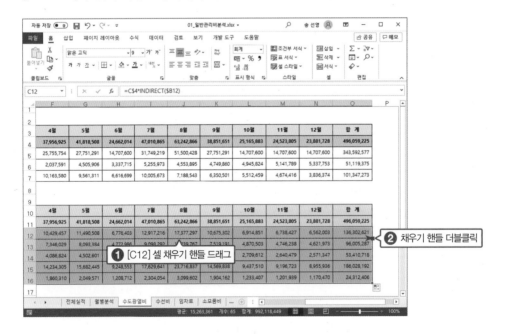

05 각 건물의 월별 수선비 계산하기 ❶ [수선비] 시트 탭을 클릭합니다. ❷ [C10] 셀을 클릭하고 ❸ **=C$4*INDIRECT($B10)**를 입력합니다. ❹ [C10] 셀을 클릭하고 ❺ [홈] 탭–[표시 형식] 그룹–[쉼표 스타일]을 클릭합니다. ❻ [C10] 셀의 채우기 핸들을 오른쪽으로 드래그하여 [O10] 셀까지 수식을 복사하고 ❼ [C10:O10] 범위가 지정된 상태에서 채우기 핸들을 더블클릭하여 [O14] 셀까지 수식을 복사합니다.

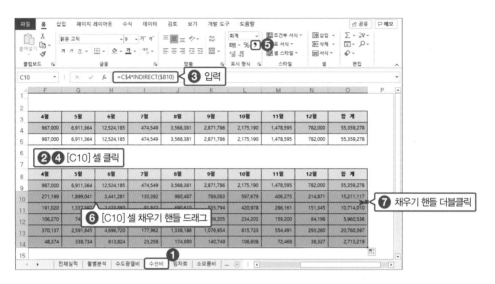

06 각 건물의 월별 임차료 계산하기 ❶ [임차료] 시트 탭을 클릭합니다. ❷ [C11] 셀을 클릭하고 ❸ **=C$4*INDIRECT($B11)**를 입력합니다. ❹ [C11] 셀을 클릭하고 ❺ [홈] 탭–[표시 형식] 그룹–[쉼표 스타일]을 클릭합니다. ❻ [C11] 셀의 채우기 핸들을 오른쪽으로 드래그하여 [O11] 셀까지 수식을 복사하고 ❼ [C11:O11] 범위가 지정된 상태에서 채우기 핸들을 더블클릭하여 [O15] 셀까지 수식을 복사합니다.

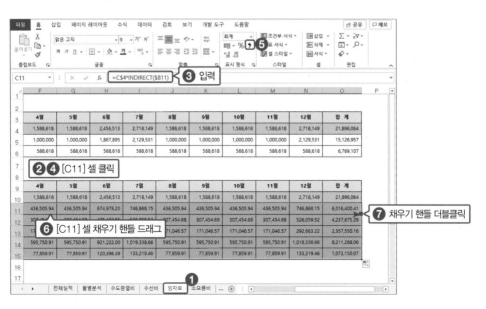

수식
핵심
기능

양식
자동화

데이터
관리&
집계

외부
데이터
편집

보고서
만들기

자동화
문서
만들기

데이터
분석&
시각화

07 각 건물의 월별 소모품비 계산하기 ❶ [소모품비] 시트 탭을 클릭합니다. ❷ [C18] 셀을 클릭하고 ❸ **=C$4*INDIRECT($B18)**를 입력합니다. ❹ [C18] 셀을 클릭하고 ❺ [홈] 탭-[표시 형식] 그룹-[쉼표 스타일]을 클릭합니다. ❻ [C18] 셀의 채우기 핸들을 오른쪽으로 드래그하여 [O18] 셀까지 수식을 복사하고 ❼ [C18:O18] 범위가 지정된 상태에서 채우기 핸들을 더블클릭하여 [O22] 셀까지 수식을 복사합니다.

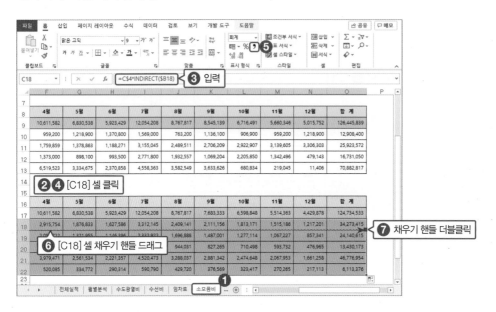

08 각 건물의 월별 통신비 계산하기 ❶ [통신비] 시트 탭을 클릭합니다. ❷ [C10] 셀을 클릭하고 ❸ **=C$4*INDIRECT($B10)**를 입력합니다. ❹ [C10] 셀을 클릭하고 ❺ [홈] 탭-[표시 형식] 그룹-[쉼표 스타일]을 클릭합니다. ❻ [C10] 셀의 채우기 핸들을 오른쪽으로 드래그하여 [O10] 셀까지 수식을 복사하고 ❼ [C10:O10] 범위가 지정된 상태에서 채우기 핸들을 더블클릭하여 [O14] 셀까지 수식을 복사합니다.

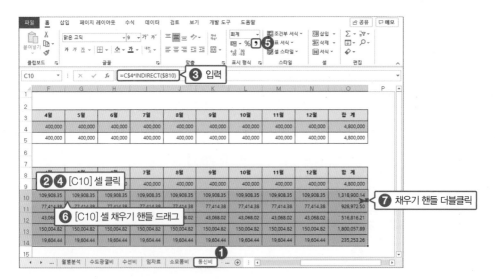

09 각 건물의 월별 지급수수료 계산하기 ① [지급수수료] 시트 탭을 클릭합니다. ② [C14] 셀을 클릭하고 ③ **=C$4*INDIRECT($B14)**를 입력합니다. ④ [C14] 셀을 클릭하고 ⑤ [홈] 탭–[표시 형식] 그룹–[쉼표 스타일]을 클릭합니다. ⑥ [C14] 셀의 채우기 핸들을 오른쪽으로 드래그하여 [O14] 셀까지 수식을 복사하고 ⑦ [C14:O14] 범위가 지정된 상태에서 채우기 핸들을 더블클릭하여 [O18] 셀까지 수식을 복사합니다.

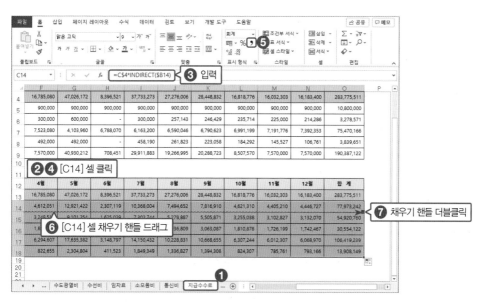

10 각 건물의 월별 세금과공과 계산하기 ① [세금과공과] 시트 탭을 클릭합니다. ② [C10] 셀을 클릭하고 ③ **=C$4*INDIRECT($B10)**를 입력합니다. ④ [C10] 셀을 클릭하고 ⑤ [홈] 탭–[표시 형식] 그룹–[쉼표 스타일]을 클릭합니다. ⑥ [C10] 셀의 채우기 핸들을 오른쪽으로 드래그하여 [O10] 셀까지 수식을 복사하고 ⑦ [C10:O10] 범위가 지정된 상태에서 채우기 핸들을 더블클릭하여 [O14] 셀까지 수식을 복사합니다.

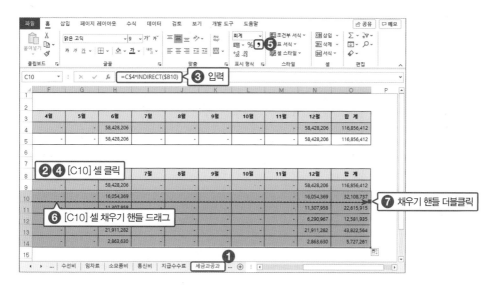

일반관리비의 월별 금액 가져오기

각 시트에 구분되어 있는 월별 관리비를 [연간관리비] 시트로 가져와보겠습니다. INDIRECT, ADDRESS, COLUMN 함수를 이용하여 계정의 월별 관리비 금액을 찾아 표시하고 전체 합계도 구해보겠습니다.

11 각 관리비 계정의 월별 합계 가져오기 ❶ [연간관리비] 시트 탭을 클릭합니다. **❷** [D5] 셀을 클릭하고 **❸ =INDIRECT($B5&"!"&ADDRESS(4, COLUMN()−1))**를 입력합니다. **❹** [D5] 셀의 채우기 핸들을 오른쪽으로 드래그하여 [O5] 셀까지 수식을 복사한 후 **❺** [D5:O5] 범위가 지정된 상태에서 아래로 드래그하여 [O11] 셀까지 수식을 복사합니다.

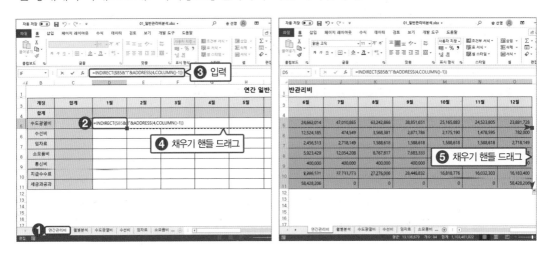

📊 **실력향상** 'COLUMN()' 수식은 COLUMN 함수가 입력된 셀의 열 번호를 알려줍니다. [D5] 셀에 COLUMN 함수가 입력되어 있으므로 4를 반환합니다.

📊 **실력향상** ADDRESS 함수는 인수로 입력된 행과 열을 조합하여 셀 주소를 만드는 함수로 형식은 'ADDRESS(행, 열, 참조 방식)'입니다. 행은 4, 열은 COLUMN 함수식의 결과에서 1을 뺀 3이므로 세 번째 열 'C'와 '4'를 조합하여 [C4] 셀 주소의 값을 반환합니다.

📊 **실력향상** B열에 입력된 계정들의 시트에서 각 월의 합계를 가져오기 위해 열 고정 혼합 참조($B4)로 입력합니다. [B5] 셀에 입력된 '수도광열비'를 시트명으로 사용해 '수도광열비!C4' 셀에 입력된 값을 가져옵니다.

12 월별 합계와 계정별 합계 구하기 월별 합계를 구해보겠습니다. ❶ [D4] 셀을 클릭하고 ❷ **=SUM (D5:D11)**를 입력합니다. ❸ [D4] 셀의 채우기 핸들을 오른쪽으로 드래그하여 [O4] 셀까지 수식을 복사합니다. 계정과목의 연간 합계도 구해보겠습니다. ❹ [C4] 셀을 클릭하고 ❺ **=SUM(D4:O4)**를 입력합니다. ❻ [C4] 셀의 채우기 핸들을 더블클릭하여 [C11] 셀까지 수식을 복사합니다.

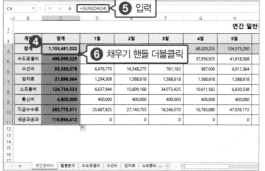

수식
핵심
기능

양식
자동화

데이터
관리&
집계

외부
데이터
편집

보고서
만들기

자동화
문서
만들기

데이터
분석&
시각화

STEP 03

선택한 월의 관리비 내역 표시하고 차트로 표현하기

선택한 월의 관리비 내역을 표시하고 차트로 시각화하겠습니다. 스핀 단추를 삽입하고 셀과 연결하여 월을 쉽게 선택할 수 있도록 한 후 선택한 월의 관리비는 OFFSET 함수로 가져오겠습니다. 비교할 두 월의 관리비 내역은 세로 막대형 차트로 표현해보겠습니다.

13 스핀 단추 삽입하고 서식 설정하기 ❶ [월별분석] 시트 탭을 클릭합니다. ❷ [개발 도구] 탭-[컨트롤] 그룹-[삽입]-[스핀 단추(양식 컨트롤)]를 클릭합니다. ❸ [C4] 셀의 오른쪽에 드래그하여 삽입합니다.

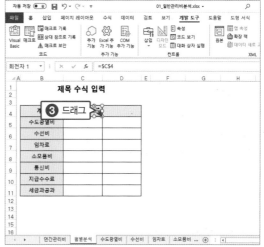

14 ❶ 삽입한 스핀 단추를 마우스 오른쪽 버튼으로 클릭하고 ❷ [컨트롤 서식]을 클릭합니다. ❸ [컨트롤 서식] 대화상자의 [컨트롤] 탭에서 [최소값]에 **1**, [최대값]에 **12**, [증분 변경]에 **1**, [셀 연결]에 **$C$4**를 입력합니다. ❹ [확인]을 클릭합니다.

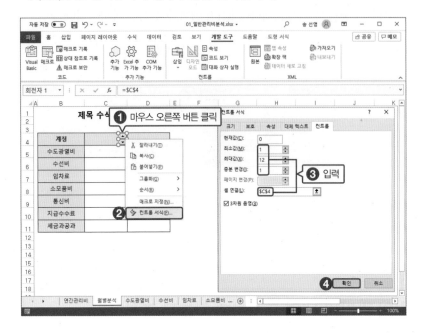

실력향상

[셀 연결]에는 스핀 단추를 클릭할 때마다 증가/감소되는 값이 표시될 셀 주소를 입력합니다. 셀 주소는 직접 입력하거나 해당 셀을 클릭하여 입력할 수 있습니다.

15 ❶ Ctrl 을 누른 상태에서 스핀 단추를 클릭합니다. ❷ Ctrl + Shift 를 누른 상태에서 오른쪽으로 드래그하여 [D4] 셀 오른쪽에 복사합니다. ❸ 복사한 스핀 단추를 마우스 오른쪽 버튼으로 클릭하고 ❹ [컨트롤 서식]을 클릭합니다. ❺ [컨트롤 서식] 대화상자의 [컨트롤] 탭에서 [셀 연결]을 **$D$4**로 수정합니다. ❻ [확인]을 클릭합니다.

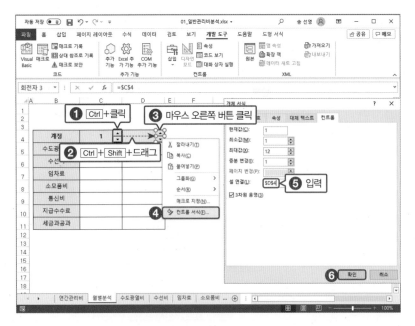

실력향상

스핀 단추의 선택을 해제한 후 다시 클릭하면 증가/감소 버튼이 눌러져 [C4] 셀의 값이 변경됩니다. 스핀 단추를 선택하거나 속성을 변경하고 싶을 때는 Ctrl 을 누른 상태에서 클릭합니다.

16 ❶ [C4] 셀의 스핀 단추를 클릭하여 '1'로 표시하고 ❷ [D4] 셀의 스핀 단추를 클릭하여 '3'으로 표시합니다.

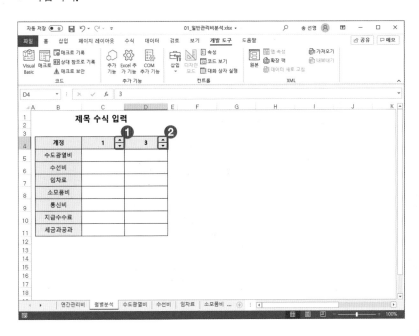

17 표시 형식 설정하여 숫자 뒤에 '월' 표시하기 ❶ [C4:D4] 범위를 지정합니다. ❷ 지정한 범위에서 마우스 오른쪽 버튼을 클릭한 후 ❸ [셀 서식]을 클릭합니다. ❹ [셀 서식] 대화상자의 [표시 형식] 탭에서 [사용자 지정]을 클릭합니다. ❺ [형식]에 **0월**을 입력합니다. ❻ [확인]을 클릭합니다.

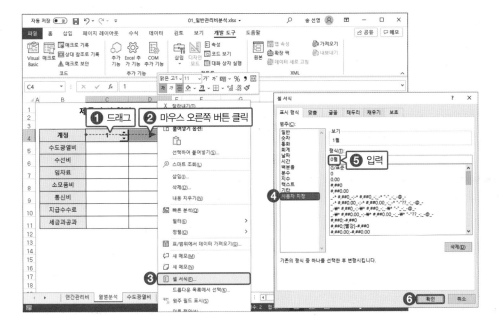

수식
핵심
기능

양식
자동화

데이터
관리&
집계

외부
데이터
편집

보고서
만들기

자동화
문서
만들기

데이터
분석&
시각화

18 선택한 월의 관리비 내역 가져오기 ❶ [C5] 셀을 클릭하고 **❷ =OFFSET(연간관리비!$C5, 0, C$4)**를 입력합니다. **❸** [C5] 셀의 채우기 핸들을 오른쪽으로 드래그하여 [D5] 셀까지 수식을 복사한 후 **❹** [C5:D5] 범위가 지정된 상태에서 채우기 핸들을 더블클릭하여 [D11] 셀까지 수식을 복사합니다. 제목에도 수식을 작성하겠습니다. **❺** [B1] 셀의 텍스트는 삭제하고 **=C4&"월과 "& D4&"월 일반관리비 비교분석"**를 입력합니다.

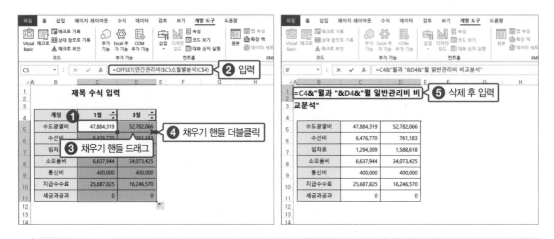

[실력향상] OFFSET 함수의 형식은 'OFFSET(기준 셀, 이동할 행, 이동할 열)'입니다. [연간관리비] 시트의 [C5] 셀을 기준 셀로 지정한 후 행은 0으로 입력하여 위아래로는 이동하지 않고, 이동할 열인 [C4] 셀에 입력된 숫자만큼 오른쪽으로 이동하여 해당 값을 가져옵니다. [연간관리비] 시트의 [C5:C11] 범위에 관리비 내역이 있으므로 열 고정 혼합 참조인 '$C5'로, [월별분석] 시트의 [C4:D4] 범위에 월을 찾아 오른쪽으로 이동할 숫잣값이 입력되어 있으므로 행 고정 혼합 참조인 'C$4'로 입력합니다.

---

19 선택된 월의 세로 막대형 차트 삽입하기 ❶ [B5:D11] 범위를 지정합니다. **❷** [삽입] 탭-[차트] 그룹-[세로 또는 가로 막대형 차트 삽입]-[2차원 세로 막대형]-[묶은 세로 막대형]을 클릭합니다. **❸** 삽입된 차트의 윤곽선을 드래그하여 원하는 위치로 이동한 후 **❹** 크기 조절점을 드래그하여 적절한 크기로 변경합니다.

[실력향상] 차트 삽입 시 [B4:D11] 범위를 지정하면 머리글에 입력된 월이 숫자로 인식되어 계열값으로 입력됩니다. 머리글을 제외한 데이터 범위만 선택하여 차트를 작성합니다.

---

20 차트의 계열 이름 수정하기 ❶ 차트가 선택된 상태에서 [차트 디자인] 탭-[데이터] 그룹-[데이터 선택]을 클릭합니다. ❷ [데이터 원본 선택] 대화상자의 [범례 항목(계열)]에서 [계열1]을 클릭한 후 ❸ [편집]을 클릭합니다.

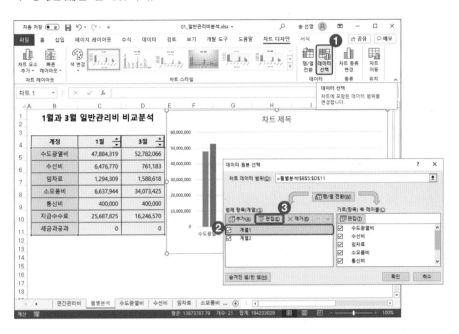

21 ❶ [계열 편집] 대화상자의 [계열 이름]에 **=월별분석!$C$4**를 입력합니다. ❷ [확인]을 클릭합니다. ❸ [데이터 원본 선택] 대화상자의 [범례 항목(계열)]에서 [계열2]를 클릭하고 ❹ [편집]을 클릭합니다.

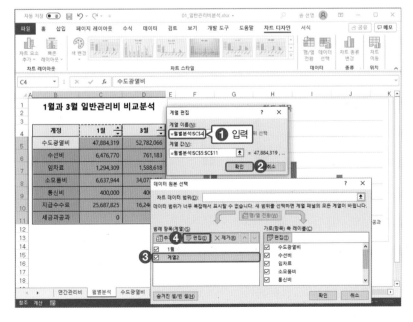

📊 **실력향상**

[계열 이름]은 범례나 데이터 레이블을 표시할 때 보이는 텍스트입니다. 선택한 월이 몇 월인지 확인하기 위해 [C4] 셀을 입력합니다.

수식
핵심
기능

양식
자동화

데이터
관리&
집계

외부
데이터
편집

보고서
만들기

자동화
문서
만들기

데이터
분석&
시각화

22 ❶ [계열 편집] 대화상자의 [계열 이름]에 **=월별분석!$D$4**를 입력합니다. ❷ [확인]을 클릭합니다. ❸ [데이터 원본 선택] 대화상자에서도 [확인]을 클릭합니다.

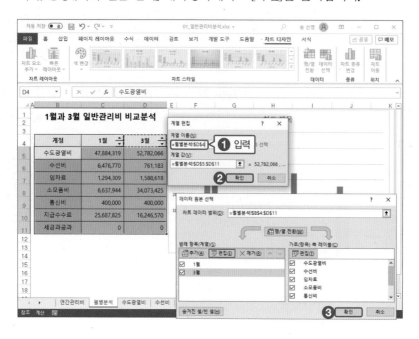

23 차트 제목 수정하기 ❶ 차트 제목을 클릭하고 ❷ 수식 입력줄에 **=월별분석!$B$1**을 입력한 후 Enter 를 누릅니다. ❸ 차트 제목이 선택된 상태에서 [홈] 탭-[글꼴] 그룹-[굵게]를 클릭합니다.

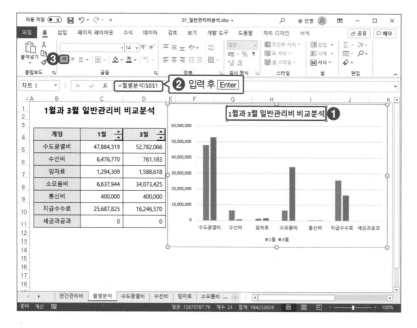

📊 실력향상

차트 제목이 [B1] 셀과 연결되어 [B1] 셀의 값이 변경되면 차트 제목도 같이 변경됩니다.

24 범례와 레이블 표시 여부 설정하기 ❶ [차트 디자인] 탭-[차트 레이아웃] 그룹-[차트 요소 추가]-[범례]-[없음]을 클릭하여 범례가 보이지 않게 설정합니다. ❷ [차트 디자인] 탭-[차트 레이아웃] 그룹-[차트 요소 추가]-[데이터 레이블]-[기타 데이터 레이블 옵션]을 클릭합니다.

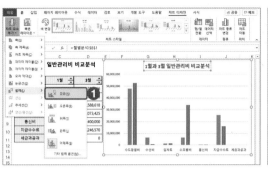 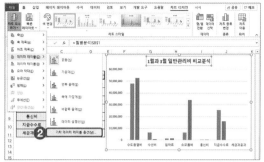

25 ❶ [데이터 레이블 서식] 작업 창이 표시됩니다. [레이블 옵션▥]의 [레이블 내용]에서 [계열 이름]에 체크하고 ❷ [값]은 체크를 해제합니다. ❸ [레이블 옵션]의 [자세히▽]를 클릭하고 ❹ [계열 "3월" 데이터 레이블]을 클릭합니다.

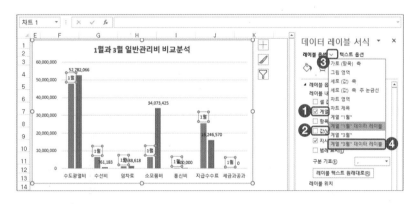

26 ❶ [레이블 옵션▥]의 [레이블 내용]에서 [계열 이름]에 체크하고 ❷ [값]은 체크를 해제합니다. ❸ [닫기▢]를 클릭하여 작업 창을 닫습니다. ❹ 스핀 단추를 클릭하여 [C4] 셀은 '4월'로, [D4] 셀은 '6월'로 지정하여 두 월의 관리비 내역을 차트로 확인합니다.

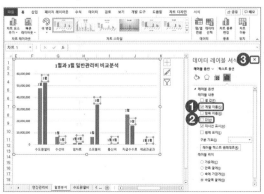 

수식
핵심
기능

양식
자동화

데이터
관리&
집계

외부
데이터
편집

보고서
만들기

자동화
문서
만들기

데이터
분석&
시각화

월별 계정과목을 취합하여 수입/지출의 예산과 결산을 확인하는 동적 차트 작성하기

실습 파일 | Part02/Chapter04/04_02_월별계정과목.xlsx
완성 파일 | Part02/Chapter04/04_02_월별계정과목(완성).xlsx

01 프로젝트 시작하기

월별 수입과 지출 데이터를 정리하여 전체 결산 금액을 구하고 수입, 지출의 결산 금액과 달성 비율을 차트로 시각화하겠습니다. 시트별로 정리된 월별 결산 금액은 INDIRECT 함수와 ROW 함수로 가져와 하나의 시트에 표시하고 SUM 함수와 INDIRECT 함수로 연간 결산 총액을 구해보겠습니다. 계정과목별 차트를 작성하기에는 과목명이 많아 차트를 한눈에 파악하기 힘듭니다. 우선 수입의 예산과 결산 금액으로 차트를 작성한 후 수입/지출의 예산과 결산 금액 데이터를 이름으로 정의하겠습니다. 그리고 수입 관련 계정과목의 예산과 결산, 지출 관련 계정과목의 예산과 결산을 동적 차트로 표현해보겠습니다.

이 프로젝트에서는 차트에 반영되는 데이터가 많은 경우 동적 이름 범위를 정의하여 선택한 범주의 데이터만 차트에 표시하는 동적 차트를 만들 수 있어 업무에 유용하게 사용할 수 있습니다.

회사에서 바로 통하는 키워드 이름 정의, INDIRECT 함수, ROW 함수, SUM 함수, 유효성 검사, IF 함수, 세로 막대형 차트, 동적 차트

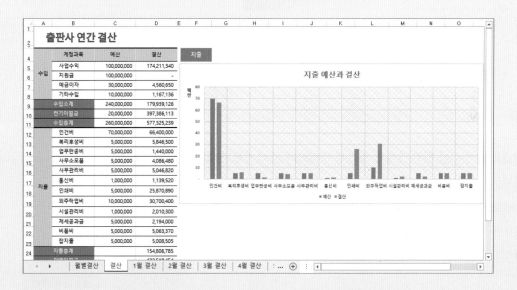

수식
핵심
기능

양식
자동화

데이터
관리&
집계

외부
데이터
편집

보고서
만들기

자동화
문서
만들기

데이터
분석&
시각화

한눈에 보는 작업순서

[월별결산] 시트에 각 월의 결산 금액을 가져오기 ▶ 계정과목의 월별 결산 금액을 이름 정의하기 ▶ SUM과 INDIRECT 함수로 결산 총금액 구하기 ▶

수입 계정의 예산과 결산으로 세로 막대형 차트 작성하기 ▶ 수입과 지출 목록 표시하기 ▶ 예산과 결산, 계정과목을 동적 범위로 이름 정의하기 ▶ 차트 데이터 범위 수정하기

STEP 01 계정과목의 월별 결산 금액 가져오기

❶ 각 월의 결산 금액을 INDIRECT, ROW 함수를 이용하여 [월별결산] 시트로 가져옵니다.

❷ SUM, INDIRECT 함수로 계정과목별 연간 총합계를 구합니다.

STEP 02 수입 계정의 예산과 결산 데이터로 세로 막대형 차트 작성하기

❶ 수입의 예산과 결산 데이터로 세로 막대형 차트를 작성합니다.

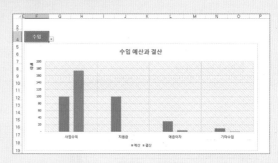

STEP 03 동적 이름 범위 만들고 차트에 적용하여 동적 차트 만들기

❶ 예산과 결산, 계정과목 범위를 IF 함수를 이용하여 수입과 지출에 맞는 동적 이름 범위로 정의합니다.

❷ 차트의 범위를 이름 범위로 수정하여 동적 차트로 표현합니다.

STEP 01 계정과목의 월별 결산 금액 가져오기

각 시트에 정리된 1월부터 12월까지의 결산 데이터를 INDIRECT와 ROW 함수로 [월별결산] 시트에
가져와보겠습니다. 계정과목별 1월~12월 데이터는 계정과목명으로 이름 정의하고 정의된 이름 범위로
계정과목별 연간 총합계를 SUM과 INDIRECT 함수로 구해보겠습니다.

01 계정과목별 월별 결산 금액 가져오기 ❶ [월별결산] 시트 탭을 클릭하고 ❷ [B3] 셀을 클릭한
후 ❸ **=INDIRECT("'"&B$2&"'!D"&ROW()+2)**를 입력합니다. ❹ [B3] 셀의 채우기 핸들을 오
른쪽으로 드래그하여 [M3] 셀까지 수식을 복사합니다. ❺ [B3:M3] 범위가 지정된 상태에서 채우기
핸들을 더블클릭하여 [M23] 셀까지 수식을 복사합니다. ❻ [자동 채우기 옵션]을 클릭하여 [서
식 없이 채우기]를 클릭합니다.

▲ll 실력향상
'ROW()' 수식은 수식이 입력
된 현재 셀의 행 번호를 알려
줍니다. ROW 함수가 포함된
수식이 [B3] 셀에 입력되어 있
으므로 'ROW()' 수식은 3을
반환하고 그 결과에 2를 더하
여 5를 반환합니다.

▲ll 실력향상 INDIRECT 함수는 입력된 텍스트를 셀 참조 형식으로 변환합니다. [B2] 셀의 텍스트 데이터를 ['1월 결산'!D5] 셀을
참조하는 수식으로 변환하여 [1월 결산] 시트에서 [D5] 셀의 값을 가져옵니다.

02 계정과목별 월별 결산 금액 가져오기 ① [A2] 셀을 클릭하고 ② Ctrl+A를 눌러 표 전체를 범위로 지정합니다. ③ [수식] 탭-[정의된 이름] 그룹-[선택 영역에서 만들기]를 클릭합니다. ④ [선택 영역에서 이름 만들기] 대화상자에서 [왼쪽 열]에만 체크한 후 ⑤ [확인]을 클릭합니다. ⑥ [이름 상자]의 목록 단추▼를 클릭하여 이름 목록을 확인합니다.

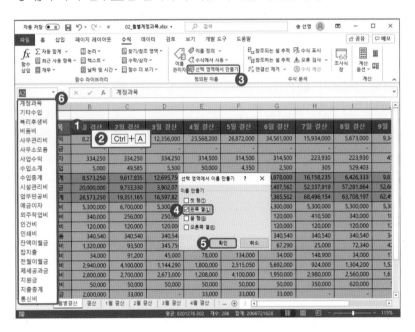

03 계정과목별 연간 결산액 계산하기 ① [결산] 시트 탭을 클릭합니다. ② [D5] 셀을 클릭한 후 ③ **=SUM(INDIRECT(B5))**를 입력합니다. ④ [D5] 셀의 채우기 핸들을 드래그하여 [D25] 셀까지 수식을 복사합니다. ⑤ [자동 채우기 옵션⟦⟧]을 클릭하여 [서식 없이 채우기]를 클릭합니다.

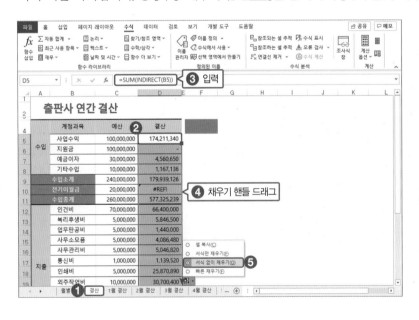

ıll 실력향상
[B5] 셀에 사업수익이 입력되어 있어 'SUM(사업수익)'으로 계산됩니다. [사업수익] 이름 범위의 숫잣값 합계를 구합니다.

04 전기이월금 오류 수정하기 ① [B10] 셀의 내용을 **전월이월금**으로 수정합니다. **②** [B10] 셀을 마우스 오른쪽 버튼으로 클릭하고 **③** [셀 서식]을 클릭합니다.

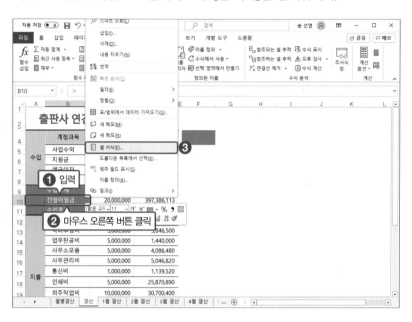

실력향상 이름 정의했던 [월별결산] 시트에는 계정과목이 '전기이월금'이 아닌 '전월이월금'으로 입력되어 있습니다. '전기이월금'은 지정해놓은 이름 범위가 아니므로 오류로 표시됩니다.

05 ① [셀 서식] 대화상자의 [표시 형식] 탭에서 [사용자 지정]을 클릭합니다. **②** [형식]에 **;;;전기이월금**을 입력하고 **③** [확인]을 클릭합니다.

실력향상

사용자 지정에서는 '양수;음수;0;문자' 형식으로 각 데이터 서식을 형식별로 설정할 수 있습니다. ';;;전기이월금'으로 입력하여 양수, 음수, 0에 대한 서식은 지정하지 않고 문자 서식은 '전기이월금'으로 지정하면 문자를 입력했을 때 항상 '전기이월금'으로 표시됩니다.

수식
핵심
기능

양식
자동화

데이터
관리&
집계

외부
데이터
편집

보고서
만들기

자동화
문서
만들기

데이터
분석&
시각화

수입 계정의 예산과 결산 데이터로 세로 막대형 차트 작성하기

계정과목별 데이터 비교 차트를 만들어보겠습니다. 우선 수입의 계정과목별 예산과 결산 데이터로 세로 막대형 차트를 작성하고 유효성 검사로 수입과 지출을 선택하는 목록을 만들겠습니다. 막대 차트를 작성한 후에는 수입 또는 지출을 선택함에 따라 차트 제목이 변경되도록 차트 제목을 수정하고 스타일과 축 서식도 수정해보겠습니다.

06 수입의 계정과목별 차트 작성하기 ❶ [B4:D8] 범위를 지정합니다. ❷ [삽입] 탭–[차트] 그룹–[세로 또는 가로 막대형 차트 삽입█▏▎]–[2차원 세로 막대형]–[묶은 세로 막대형]을 클릭합니다. ❸ 삽입된 차트의 윤곽선을 드래그하여 원하는 위치로 이동한 후 ❹ 크기 조절점을 드래그하여 적절한 크기로 변경합니다.

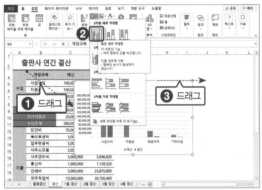
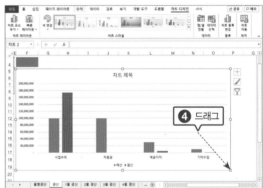

07 수입과 지출 목록 표시하기 ❶ [F4] 셀을 클릭하고 ❷ [데이터] 탭–[데이터 도구] 그룹–[데이터 유효성 검사🔲]를 클릭합니다. ❸ [데이터 유효성] 대화상자의 [설정] 탭에서 [제한 대상]을 [목록]으로 선택합니다. ❹ [원본]에 **수입**, **지출**을 입력하고 ❺ [확인]을 클릭합니다.

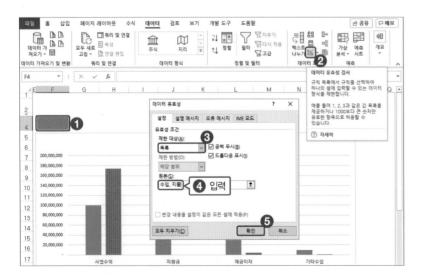

08 차트 제목을 수식으로 작성하기 ❶ [F4] 셀의 목록 단추⏷를 클릭하여 [수입]을 선택합니다. ❷ [G4] 셀을 클릭하고 ❸ **=F4&" 예산과 결산"**를 입력합니다. ❹ 다시 [G4] 셀을 클릭하고 ❺ [홈] 탭-[글꼴] 그룹-[글꼴 색]-[흰색, 배경 1]을 클릭하여 보이지 않게 설정합니다.

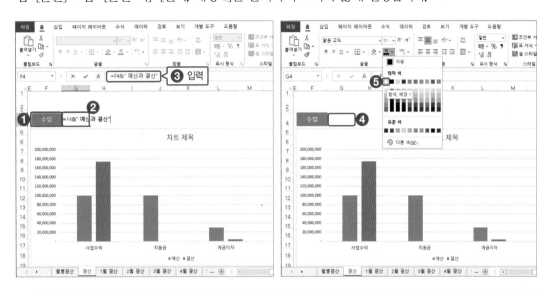

🔺 **실력향상** 차트 제목에는 연산자를 입력할 수 없습니다. 다른 셀에 차트에 표시할 텍스트를 수식으로 가져온 후 차트 제목에 연결하여 사용합니다.

09 차트 제목 연결하기 ❶ 차트 제목을 클릭하고 ❷ 수식 입력줄에 **=결산!$G$4**를 입력한 후 Enter를 누릅니다.

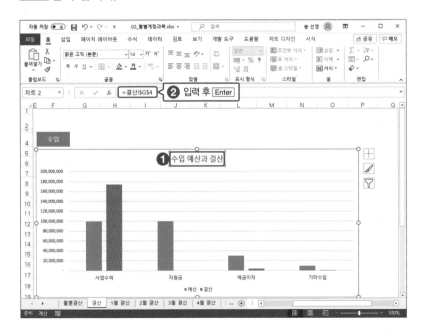

10 색상표 적용하고 차트 스타일 설정하기 ❶[차트 디자인] 탭-[차트 스타일] 그룹-[색 변경]-[다양한 색상표 2]를 클릭합니다. ❷[차트 디자인] 탭-[차트 스타일] 그룹-[자세히▾]-[스타일 7]을 클릭하여 스타일을 설정합니다.

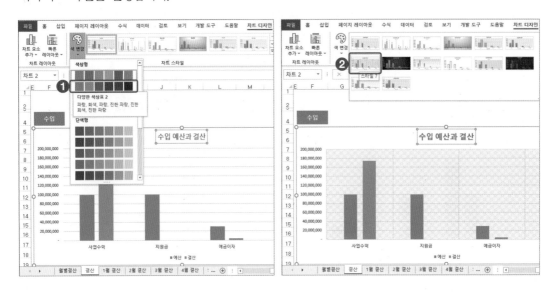

11 축 서식 변경하기 ❶[세로 (값) 축]을 마우스 오른쪽 버튼으로 클릭하고 ❷[축 서식]을 클릭합니다. ❸[축 서식] 작업 창에서 [축 옵션▥]-[표시 단위]-[백만]을 클릭합니다. ❹[백만] 레이블을 클릭하고 ❺[표시 단위 레이블 서식] 작업 창에서 [크기 및 속성▦]-[맞춤]-[텍스트 방향]-[세로]를 클릭합니다. ❻[닫기✕]를 클릭하여 [표시 단위 레이블 서식] 작업 창을 닫습니다.

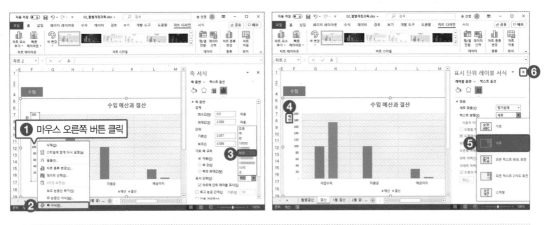

▟▟▟ 실력향상 레이블을 클릭하면 [표시 단위 레이블 서식] 작업 창으로 자동 변경됩니다.

동적 이름 범위 만들고 차트에 적용하여 동적 차트 만들기

수입과 지출 중 하나를 선택하여 해당 계정과목의 예산과 결산 데이터를 차트로 표현해보겠습니다. IF 함수로 계정과목과 예산, 결산의 동적 이름 범위를 만들고 이름 범위를 차트 범위에 적용하여 선택한 항목이 차트에 표시되도록 동적 차트를 완성해보겠습니다.

12 계정과목과 예산, 결산을 함수로 이름 정의하기 ❶ [수식] 탭-[정의된 이름] 그룹-[이름 관리자]를 클릭합니다. ❷ [이름 관리자] 대화상자에서 [새로 만들기]를 클릭합니다. ❸ [새 이름] 대화상자의 [이름]에는 **예산**을 입력합니다. ❹ [참조 대상]에는 **=IF($F$4="수입", $C$5:$C$8, $C$12:$C$23)**를 입력합니다. ❺ [확인]을 클릭합니다. ❻ [이름 관리자] 대화상자에서 [새로 만들기]를 한 번 더 클릭합니다.

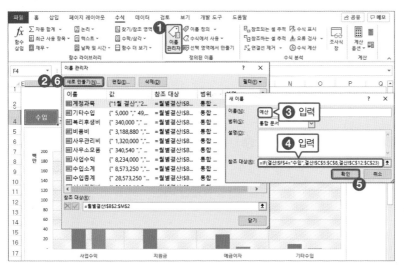

실력향상

차트가 선택된 상태에서는 [수식] 탭의 메뉴가 모두 비활성화됩니다. 임의의 셀을 클릭한 후 [수식] 탭-[정의된 이름] 그룹-[이름 관리자]를 클릭합니다.

실력향상

[F4] 셀에 입력된 값이 '수입'이면 [C5:C8] 범위를, '수입'이 아니면 [C12:C23] 범위를 [예산] 범위로 지정하는 수식입니다.

13 ❶ [새 이름] 대화상자의 [이름]에는 **결산**을 입력합니다. ❷ [참조 대상]에는 **=IF($F$4="수입", $D$5:$D$8, $D$12:$D$23)**를 입력합니다. ❸ [확인]을 클릭합니다.

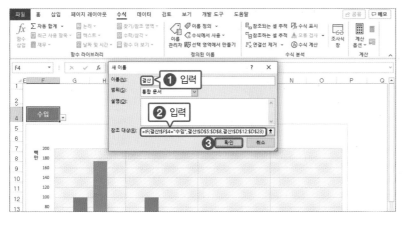

실력향상

[F4] 셀에 입력된 값이 '수입'이면 [D5:D8] 범위를, '수입'이 아니면 [D12:D23] 범위를 [결산] 범위로 지정합니다.

수식
핵심
기능

양식
자동화

데이터
관리&
집계

외부
데이터
편집

보고서
만들기

자동화
문서
만들기

데이터
분석&
시각화

14 ❶ [이름 관리자] 대화상자의 이름 목록에서 [계정과목]을 클릭합니다. ❷ [참조 대상]의 기존 내용은 삭제하고 **=IF($F$4="수입", $B$5:$B$8, $B$12:$B$23)**를 입력합니다. ❸ 체크☑를 클릭해 수정을 완료합니다. ❹ [닫기]를 클릭합니다.

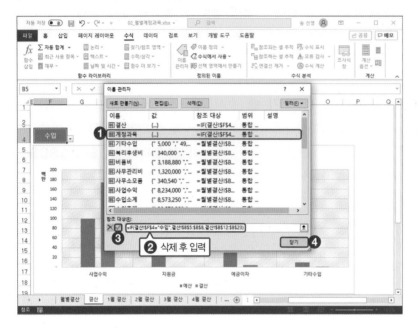

📊 **실력향상**

[F4] 셀에 입력된 값이 '수입'이면 [B5:B8] 범위를, '수입'이 아니면 [B12:B23] 범위를 [계정과목] 범위로 지정합니다.

📊 **실력향상**

[계정과목]은 사용되지 않는 이름 범위이므로 수정하여 사용합니다. [참조 대상]에서 내용을 변경한 후 체크를 클릭하여 완료합니다.

15 차트 데이터 범위 수정하기 ❶ 차트를 클릭하고 ❷ [차트 디자인] 탭-[데이터] 그룹-[데이터 선택]을 클릭합니다. ❸ [데이터 원본 선택] 대화상자에서 [범례 항목(계열)]의 [예산]을 클릭한 후 ❹ [편집]을 클릭합니다. ❺ [계열 편집] 대화상자의 [계열 값]을 **=결산!예산**으로 수정합니다. ❻ [확인]을 클릭합니다.

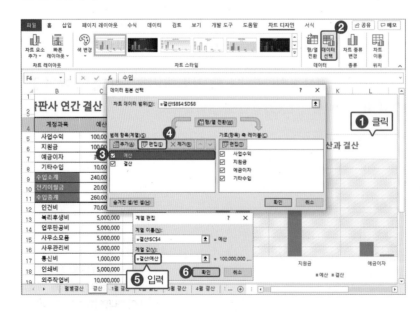

📊 **실력향상**

[F4] 셀에 입력된 값에 따라 참조하는 범위가 달라지는 [예산] 이름 범위로 수정합니다.

16 결산도 수정하겠습니다. ❶ [데이터 원본 선택] 대화상자에서 [범례 항목(계열)]의 [결산]을 클릭하고 ❷ [편집]을 클릭합니다. ❸ [계열 편집] 대화상자의 [계열 값]을 **=결산!결산**으로 수정합니다. ❹ [확인]을 클릭합니다.

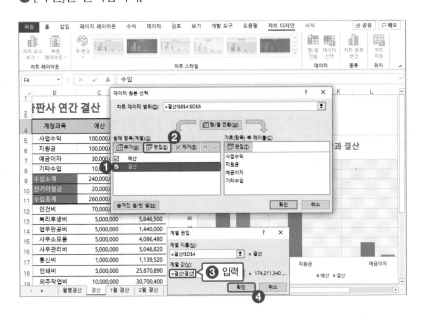

17 계정과목도 수정하겠습니다. ❶ [데이터 원본 선택] 대화상자에서 [가로(항목) 축 레이블]의 [편집]을 클릭합니다. ❷ [축 레이블] 대화상자의 [축 레이블 범위]를 **=결산!계정과목**으로 수정합니다. ❸ [확인]을 클릭합니다. ❹ [데이터 원본 선택] 대화상자에서도 [확인]을 클릭합니다. ❺ [F4] 셀의 목록 단추 ▽를 클릭하여 ❻ [지출]을 클릭합니다. 지출 계정과목의 예산과 결산 내역을 확인할 수 있습니다.

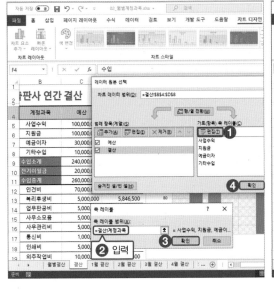
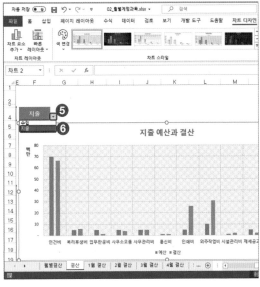

수식
핵심
기능

양식
자동화

데이터
관리&
집계

외부
데이터
편집

보고서
만들기

자동화
문서
만들기

데이터
분석&
시각화

03

매출내역 데이터로 요일/시간대별 매출현황 분석하기

실습 파일 | Part02/Chapter04/04_03_시간대별매출목록.xlsx
완성 파일 | Part02/Chapter04/04_03_시간대별매출목록(완성).xlsx

01 프로젝트 시작하기

거래 발생 시간별로 기록된 매출내역표를 이용해 매출이 높은 요일/시간대별 분석표를 만들어보겠습니다. RAWDATA의 거래 날짜는 날짜 형식으로 변환한 후 요일을 표시하고 거래시간에서는 시간 데이터만 추출한 후 요일별, 시간대별 매출액의 합계를 계산해보겠습니다. 요일/시간대별 데이터가 많아 매출금액 현황이 한눈에 파악되지 않으므로 LARGE 함수로 지정한 순위의 매출액을 표시하고 스크롤 막대를 순위 셀과 연결하여 편하게 순위를 지정할 수 있도록 설정하겠습니다. 조건부 서식으로 선택한 순위의 매출액과 선택한 순위보다 높은 매출액을 색상으로 구분하고 선택된 매출액이 포함된 요일/시간대별 현황을 방사형 차트로 표현해보겠습니다.

이 프로젝트를 익히면 많은 양의 데이터를 색으로 구분하여 데이터의 분포를 파악하고 선택한 데이터의 현황을 차트로 표현하는 업무에 유용하게 활용할 수 있습니다.

회사에서 바로 통하는 키워드 텍스트 나누기, CHOOSE 함수, WEEKDAY 함수, LEFT 함수, SUMIFS 함수, LARGE 함수, 스크롤 막대, 조건부 서식, SUM 함수, COLUMN 함수, 배열 수식, INDEX 함수, 방사형 차트

7월 매출내역

No	거래번호	거래날짜	거래시간	상품코드	수량	단가	금액
1	H10022	20210701	000035	Fn464340	11	7,326	80,586
2	H10025	20210701	000407	Fn783766	5	30,779	153,895
3	H10028	20210701	000506	Fn381024	5	37,366	186,830
4	H10019	20210701	000515	Fn687903	7	41,405	289,835
5	H10024	20210701	000609	Fn674110	11	52,921	582,131
6	H10024	20210701	000914	Fn761417	7	34,424	240,968
7	H10020	20210701	001328	Fn174412	17	6,996	118,932
8	H10021	20210701	003108	Fn226164	15	16,701	250,515
9	H10027	20210701	003159	Fn159945	9	5,272	47,448
10	H10020	20210701	003228	Fn761818	1	14,633	14,633
11	H10021	20210701	003329	Fn684090	6	49,257	295,542
12	H10012	20210701	003334	Fn881305	1	8,744	8,744
13	H10014	20210701	003501	Fn586109	2	29,247	58,494
14	H10020	20210701	003510	Fn408394	4	34,716	138,864
15	H10012	20210701	003658	Fn856728	1	43,134	43,134
16	H10013	20210701	003814	Fn817602	1	15,238	15,238
17	H10024	20210701	003856	Fn197863	16	2,262	36,192
18	H10015	20210701	004300	Fn517412	16	47,492	759,872
19	H10027	20210701	004302	Fn529505	16	24,856	397,696

매출데이터 / 데이터분석 ⊕

요일별 시간대별 매출현황

	월	화	수	목	금	토	일
1	26,688,404	23,054,820	27,274,563	32,933,545	30,152,229	31,123,012	17,188,969
2	22,824,872	15,385,972	22,657,554	29,921,005	26,966,607	21,176,719	13,992,533
3	11,890,760	9,135,554	10,599,680	17,365,340	17,000,821	19,296,225	12,169,279
4	7,959,494	7,376,055	12,157,611	12,619,044	16,733,359	6,344,279	15,511,833
5	9,218,463	4,516,855	6,772,916	10,169,504	10,014,400	8,912,273	7,605,506
6	9,393,143	15,900,020	17,470,602	21,428,037	10,276,116	13,332,248	16,730,075
7	31,948,506	29,352,722	34,294,206	36,874,387	30,231,138	16,241,019	19,591,242
8	40,604,419	41,166,137	41,848,029	58,105,563	42,285,744	28,358,072	52,490,848
9	35,573,741	43,501,612	50,159,298	57,428,534	39,959,378	27,467,762	38,255,371
10	31,769,236	30,480,297	46,989,463	44,945,974	62,283,391	29,394,484	30,584,693
11	34,740,312	21,162,694	24,338,688	39,839,816	34,041,169	24,573,387	23,355,408
12	56,035,710	60,255,538	60,500,171	75,075,163	52,292,346	32,207,804	64,766,299
13	52,569,602	61,242,152	50,352,163	66,834,431	57,713,437	24,022,743	45,338,075
14	31,951,369	33,629,418	38,021,528	48,105,475	55,739,771	21,115,419	36,715,723
15	46,000,774	48,979,675	43,054,547	48,062,928	55,534,885	34,583,059	33,201,371
16	55,358,580	59,604,516	58,675,830	57,288,285	61,674,373	34,872,954	45,236,516
17	42,770,912	34,590,023	36,513,232	57,095,739	51,956,833	25,109,179	39,933,334
18	42,521,921	56,487,950	43,789,490	59,337,761	59,992,445	35,103,685	39,860,394
19	53,928,308	38,996,751	57,894,725	57,247,358	48,452,435	35,997,565	49,557,101
20	48,947,483	57,639,173	51,103,985	66,912,638	53,623,565	22,733,875	43,033,344
21	52,474,548	44,006,284	46,135,442	87,576,853	40,320,933	32,935,362	49,871,443
22	58,623,319	66,143,388	54,201,401	66,064,441	41,270,125	29,118,707	47,451,115

순위	매출금액	위치	요일
27	56,035,710	1	월

월요일, 시간대별 매출현황

매출데이터 / 데이터분석 ⊕

한눈에 보는 작업순서

날짜 형식을 변환하고 WEEKDAY, CHOOSE 함수로 요일 표시하기 ▶ 거래시간에서 시간대 추출하기 ▶ SUMIFS 함수로 요일별, 시간대별 매출 합계 계산하기 ▶ LARGE 함수로 지정한 순위의 매출금액 가져오기 ▶

스크롤 막대 삽입하여 순위 셀과 연결하기 ▶ 조건부 서식으로 매출 순위에 맞는 색 표시하기 ▶ 선택한 순위의 매출 금액 위치 파악하고 이름 정의하기 ▶ 방사형 차트로 요일의 시간대별 현황 표시하기 ▶

STEP 01 매출 데이터의 날짜와 시간대 정리하기

❶ 거래날짜 데이터를 날짜 형식으로 변환하고 WEEKDAY, CHOOSE 함수로 해당 날짜의 요일을 표시합니다.

❷ 시간 데이터에서 시간대를 의미하는 데이터만 LEFT 함수로 추출한 후 숫자 형식으로 표현합니다.

STEP 02 요일별, 시간대별 매출금액의 합계와 지정한 순위의 매출금액 표시하기

❶ SUMIFS 함수로 수식을 작성하여 요일별, 시간대별 매출 합계를 구합니다.

❷ 매출현황 데이터에서 LARGE 함수를 이용하여 지정한 순위의 매출금액을 표시합니다.

STEP 03 선택한 순위의 매출금액이 위치한 요일 파악하고 차트로 표현하기

❶ 선택한 순위의 매출금액이 포함된 요일의 시간대별 매출현황을 방사형 차트로 표현합니다.

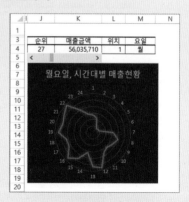

수식
핵심
기능

양식
자동화

데이터
관리&
집계

외부
데이터
편집

보고서
만들기

자동화
문서
만들기

데이터
분석&
시각화

STEP
01

매출 데이터의 날짜와 시간대 정리하기

거래날짜와 거래시간별로 기록된 매출내역 RAWDATA를 정리해보겠습니다. 거래날짜는 텍스트 나누기 기능을 이용하여 날짜 형식으로 변환한 후 날짜에 맞는 요일을 구해보겠습니다. 거래시간은 LEFT 함수로 시간대만 추출하여 표현하고 매출 데이터 범위를 이름으로 정의하겠습니다.

01 거래날짜를 날짜 형식으로 변환하기 ❶ [매출데이터] 시트 탭에서 [D4] 셀을 클릭한 후 ❷ Ctrl + Shift + ↓ 를 눌러 [D4:D21519] 범위를 지정합니다. ❸ [데이터] 탭─[데이터 도구] 그룹─[텍스트 나누기]를 클릭합니다. ❹ [텍스트 마법사 ─ 3단계 중 1단계] 대화상자에서 [구분 기호로 분리됨]을 클릭합니다. ❺ [다음]을 클릭합니다.

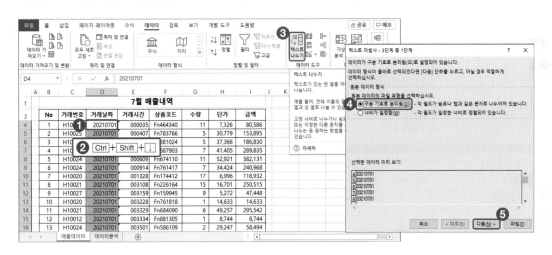

02 ❶ [텍스트 마법사 ─ 3단계 중 2단계] 대화상자에서 [구분 기호]의 체크를 모두 해제합니다. ❷ [다음]을 클릭합니다. ❸ [텍스트 마법사 ─ 3단계 중 3단계] 대화상자에서 [열 데이터 서식]─[날짜]를 클릭합니다. ❹ [마침]을 클릭합니다.

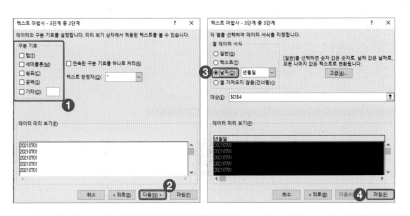

📊 **실력향상**
특정 기호로 텍스트를 나누는 것이 아니라 데이터 형식을 변환하는 것이므로 [구분 기호]의 체크를 모두 해제합니다.

📊 **실력향상** [거래날짜] 데이터가 '년월일' 순서로 입력되어 있어 [날짜] 옆에 기본으로 선택되어 있는 [년월일]을 그대로 유지합니다.

03 날짜의 요일 표시하기 ❶ E열을 범위로 지정한 후 ❷ 마우스 오른쪽 버튼을 클릭하여 ❸ [삽입]을 클릭합니다. ❹ [E3] 셀에 **요일**을 입력합니다. ❺ [E4] 셀을 클릭하고 ❻ **=CHOOSE (WEEKDAY(D4), "일", "월", "화", "수", "목", "금", "토")**를 입력합니다. ❼ [E4] 셀의 채우기 핸들을 더블클릭하여 수식을 복사합니다.

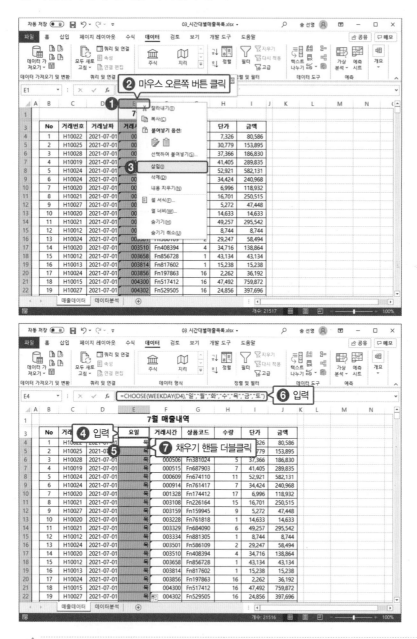

📊 **실력향상** WEEKDAY 함수는 입력된 날짜의 요일을 숫자로 반환해주는 함수로 형식은 'WEEKDAY(날짜, 옵션)'입니다. 옵션을 생략하면 1(일요일)부터 7(토요일)까지의 값을 반환합니다.

📊 **실력향상** CHOOSE 함수의 형식은 'CHOOSE(숫잣값, 숫잣값이 1일 때, 숫잣값이 2일 때, …)'입니다. 첫 번째 인수에 입력된 WEEKDAY 함수의 결괏값이 1이면 '일', 2면 '월'로, 숫자에 맞는 요일을 표시합니다.

04 거래시간에서 시간대 추출하기 ❶ G열을 범위로 지정한 후 ❷ 마우스 오른쪽 버튼을 클릭하여 ❸ [삽입]을 클릭합니다. ❹ [G3] 셀에 **시간대**를 입력합니다. ❺ [G4] 셀을 클릭하고 ❻ **=LEFT (F4, 2)*1**을 입력합니다. ❼ [G4] 셀의 채우기 핸들을 더블클릭하여 수식을 복사합니다.

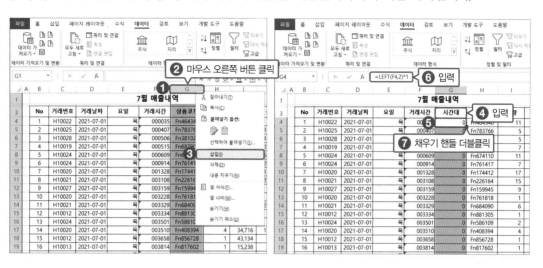

실력향상 LEFT 함수의 형식은 'LEFT(문자, 추출할 문자 개수)'입니다. 거래시간 데이터에서 시간을 표시하는 왼쪽 두 개의 문자를 추출합니다.

실력향상 LEFT 함수는 데이터를 문자 형식으로 추출합니다. 뒤에 1을 곱하는 연산을 추가하여 문자 형식을 숫자 형식으로 변환합니다.

05 이름 정의하기 ❶ [B3] 셀을 클릭한 후 ❷ Ctrl + A 를 눌러 표 전체를 범위로 지정합니다. ❸ [수식] 탭-[정의된 이름] 그룹-[선택 영역에서 만들기]를 클릭합니다. ❹ [선택 영역에서 만들기] 대화상자에서 [첫 행]에만 체크한 후 ❺ [확인]을 클릭합니다.

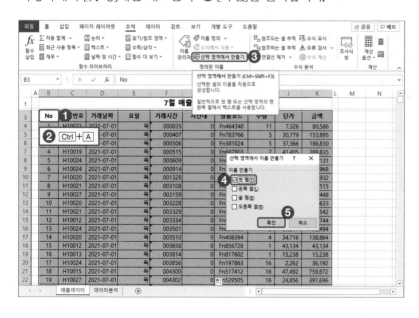

수식
핵심
기능

양식
자동화

데이터
관리&
집계

외부
데이터
편집

보고서
만들기

자동화
문서
만들기

데이터
분석&
시각화

요일별, 시간대별 매출금액의 합계와 지정한 순위의 매출금액 표시하기

정리한 데이터로 매출금액을 계산하고 지정한 순위의 매출액을 확인하여 매출현황을 파악해보겠습니다. SUMIFS 함수로 요일별, 시간대별 매출액 합계를 구하고 LARGE 함수와 스크롤 막대를 이용하여 지정한 순위의 매출액을 표시해보겠습니다. 매출액은 조건부 서식으로 선택한 순위와 선택한 순위보다 높은 매출액에 색을 지정하여 매출현황을 분석해보겠습니다.

06 요일별, 시간대별 판매금액 합계 구하기 ❶ [데이터분석] 시트 탭을 클릭합니다. ❷ [B4] 셀을 클릭하고 ❸ **=SUMIFS(금액, 요일, B$3, 시간대, $A4)**를 입력합니다. ❹ [B4] 셀의 채우기 핸들을 오른쪽으로 드래그하여 [H4] 셀까지 수식을 복사합니다. ❺ [B4:H4] 범위가 지정된 상태에서 채우기 핸들을 더블클릭하여 수식을 복사합니다.

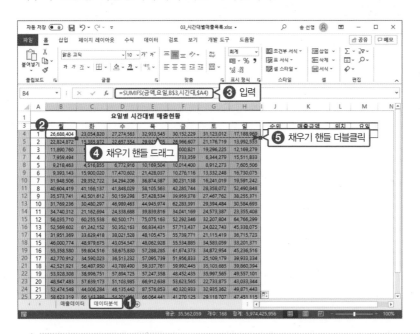

📶 **실력향상** SUMIFS 함수의 형식은 'SUMIFS(합계를 구할 범위, 조건 범위1, 조건1, 조건 범위2, 조건2, …)'입니다. [요일] 이름 범위에서 [B3] 셀에 입력된 요일과 같은 요일을 찾고 [시간대] 이름 범위에서 [A4] 셀에 입력된 시간과 같은 시간을 찾은 후 두 조건을 모두 만족하는 금액의 합을 구합니다.

📶 **실력향상** 요일은 [B3:H3] 범위에 입력되어 있어 행 고정 혼합 참조(B$3)로, 시간대는 [A4:A27] 범위에 입력되어 있어 열 고정 혼합 참조($A4)로 입력합니다.

07 24시 합계 오류 수정하기 ❶ [A27] 셀에 **0**을 입력하여 0시의 매출 합계를 확인합니다. ❷ [A27] 셀을 마우스 오른쪽 버튼으로 클릭하여 ❸ [셀 서식]을 클릭합니다. ❹ [셀 서식] 대화상자의 [표시 형식] 탭에서 [사용자 지정]을 클릭합니다. ❺ [형식]에 **;;24;**을 입력한 후 ❻ [확인]을 클릭합니다.

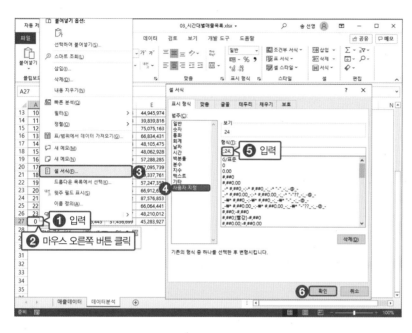

📊 **실력향상**
[매출데이터] 시트에는 '24시'가 '0시'로 입력되어 있어 매출합계가 구해지지 않습니다. [A27] 셀의 '24'를 '0'으로 수정하고 표시 형식을 이용하여 '24시'로 표시합니다.

📊 **실력향상**
[셀 서식] 대화상자의 [사용자 지정]에 '양수;음수;0;문자' 형식으로 한번에 여러 가지 서식을 설정할 수 있습니다. ';;24;'로 입력하여 값이 '0'인 경우 '24'로 표시되도록 서식을 설정합니다.

08 지정한 순위의 매출금액 표시하기 ❶ [J4] 셀에 **1**을 입력합니다. ❷ [K4] 셀을 클릭하고 ❸ **=LARGE(B4:H27, J4)**를 입력합니다.

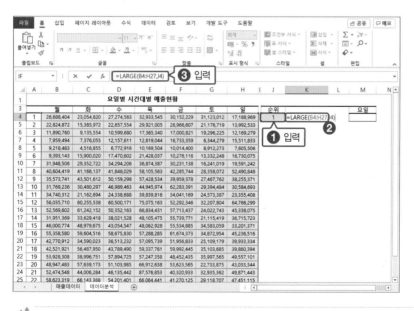

📊 **실력향상** LARGE 함수의 형식은 'LARGE(범위, 순위)'입니다. [B4:H27] 범위에서 [J4] 셀에 입력된 순위의 매출금액을 가져옵니다.

09 스크롤 막대 삽입하고 서식 설정하기 ① [개발 도구] 탭-[컨트롤] 그룹-[삽입]-[스크롤 막대
(양식 컨트롤)圖]를 클릭합니다. ② [J5:K5] 범위에 드래그하여 삽입합니다.

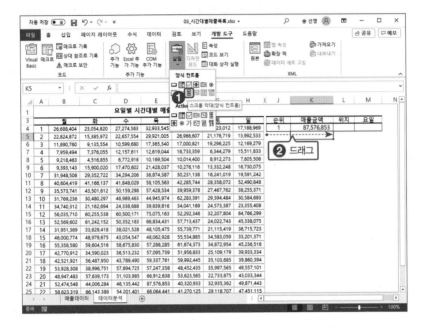

실력향상

양식 컨트롤의 스크롤 막대
는 가로로 길게 드래그하여 그
리면 가로 스크롤 막대로, 세
로로 길게 드래그하여 그리면
세로 스크롤 막대로 그려집니
다.

10 ① 삽입한 스크롤 막대를 마우스 오른쪽 버튼으로 클릭하고 ② [컨트롤 서식]을 클릭합니다.
③ [컨트롤 서식] 대화상자의 [컨트롤] 탭에서 [최소값]은 **1**, [최대값]은 **100**, [증분 변경]에 **1**, [셀
연결]에 **$J$4**를 입력합니다. ④ [확인]을 클릭합니다.

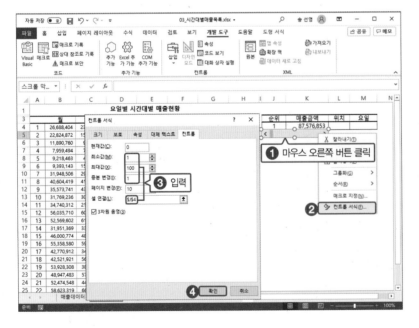

실력향상

스크롤 막대를 드래그했을 때
[최소값]은 1, [최대값]은 100,
왼쪽과 오른쪽의 이동 단추 클
릭 시 증가/감소되는 값은 1
입니다. 증가/감소되는 값은
연결해놓은 [J4] 셀에 입력됩
니다.

11 ❶ 임의의 셀을 클릭하여 스크롤 막대의 선택을 해제합니다. ❷ 스크롤 막대를 드래그하여 순위를 '7'로 변경하고 매출금액을 확인합니다.

12 선택한 순위의 매출금액을 색으로 구분하기 ❶ [B4] 셀을 클릭한 후 ❷ Ctrl + Shift + → 를 누르고 ❸ Ctrl + Shift + ↓ 를 눌러 [B4:H27] 범위를 지정합니다. ❹ [홈] 탭-[스타일] 그룹-[조건부 서식]-[셀 강조 규칙]-[같음]을 클릭합니다. ❺ [같음] 대화상자의 [다음 값과 같은 셀의 서식 지정]에 **=$K$4**를 입력합니다. ❻ [적용할 서식]에서 [사용자 지정 서식]을 클릭합니다.

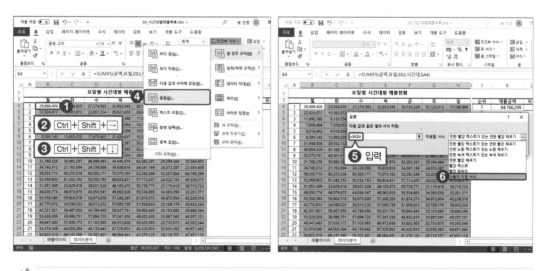

📊 실력향상 [B4:H27] 범위에서 [K4] 셀에 입력된 값과 같은 값에 서식이 적용됩니다.

수식 핵심 기능

양식 자동화

데이터 관리& 집계

외부 데이터 편집

보고서 만들기

자동화 문서 만들기

데이터 분석& 시각화

13 ❶ [셀 서식] 대화상자의 [채우기] 탭–[배경색]에서 [진한 파랑]을 클릭합니다. ❷ [글꼴] 탭을 클릭하고 ❸ [색]을 [흰색, 배경 1]로 클릭합니다. ❹ [확인]을 클릭합니다. ❺ [같음] 대화상자에서도 [확인]을 클릭합니다.

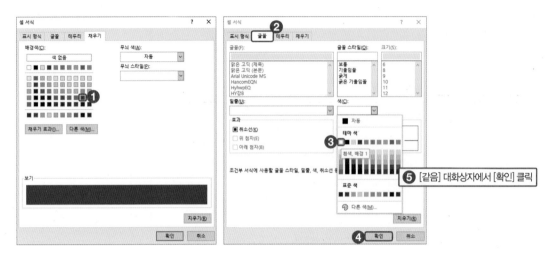

14 선택한 순위보다 높은 순위의 매출금액을 색으로 구분하기 ❶ [B4:H27] 범위가 지정된 상태에서 [홈] 탭–[스타일] 그룹–[조건부 서식]–[셀 강조 규칙]–[보다 큼]을 클릭합니다. ❷ [보다 큼] 대화상자의 [다음 값보다 큰 셀의 서식 지정]에 **=$K$4**를 입력합니다. ❸ [적용할 서식]에서 [사용자 지정 서식]을 클릭합니다.

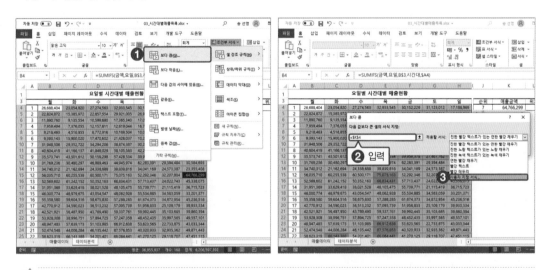

실력향상 [B4:H27] 범위에서 [K4] 셀에 입력된 값보다 큰 값에 서식이 적용됩니다.

15 ❶ [셀 서식] 대화상자의 [채우기] 탭-[배경색]에서 [연한 회색]을 클릭합니다. ❷ [확인]을 클릭합니다. ❸ [보다 큼] 대화상자에서도 [확인]을 클릭합니다. ❹ 스크롤 막대를 드래그하여 순위를 '45'로 변경하고 해당 매출금액을 찾아 매출금액 현황을 파악합니다.

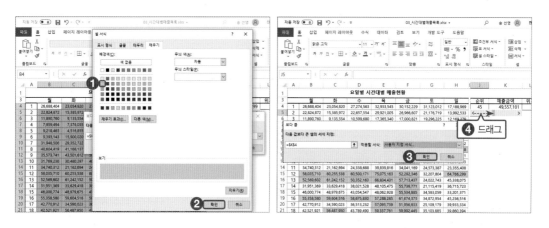

STEP
03

선택한 순위의 매출금액이 위치한 요일 파악하고 차트로 표현하기

선택한 순위의 매출액이 포함된 요일과 해당 요일의 시간대별 매출현황을 차트로 표현해보겠습니다. 선택한 매출액의 위치는 SUM, COLUMN 함수를 배열 수식으로 입력하여 가져오고, 요일은 INDEX 함수를 이용하여 데이터를 표시한 후 이름으로 정의하겠습니다. 정의한 이름은 차트에 반영하여 선택한 매출액이 포함된 요일의 매출현황을 방사형 차트로 파악해보겠습니다.

16 매출금액의 열 위치 확인하기 ❶ [L4] 셀을 클릭하고 ❷ =SUM((B4:H27=K4)*COLUMN(B4:H27))-1을 입력한 후 ❸ Ctrl + Shift + Enter 를 눌러 입력을 완료합니다.

실력향상 'SUM((조건을 찾을 범위=조건)*COLUMN(위치를 파악할 범위))' 형식을 배열 수식으로 입력합니다. [B4:H27] 범위에서 [K4] 셀에 입력된 매출금액과 같은 값을 찾은 후 COLUMN 함수로 [B4:H27] 범위에서 찾은 값의 열 위치를 찾습니다. A열에 입력된 시간대 열을 제외하기 위해 수식에 '-1'을 추가합니다.

17 매출금액이 발생한 요일 표시하기 ❶ [M4] 셀을 클릭하고 ❷ **=INDEX(B3:H3, 1, L4)**를 입력합니다. 45순위의 매출금액이 위치한 '일'이 표시됩니다.

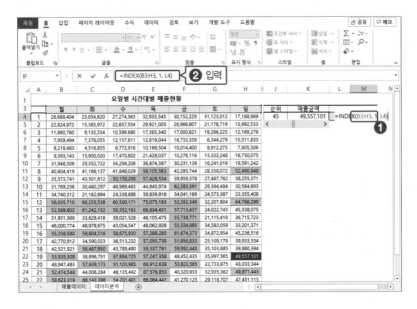

🔼 **실력향상**
요일이 입력된 [B3:H3] 범위에서 [L4] 셀에 입력된 위치의 요일을 표시합니다.

18 표시된 요일의 모든 시간대 범위를 이름으로 정의하기 ❶ [수식] 탭-[정의된 이름] 그룹-[이름 관리자]를 클릭합니다. ❷ [이름 관리자] 대화상자에서 [새로 만들기]를 클릭합니다. ❸ [새 이름] 대화상자의 [이름]에 **선택된요일**을 입력합니다. ❹ [참조 대상]에 **=OFFSET($A$4, 0, $L$4, 24, 1)**를 입력합니다. ❺ [확인]을 클릭합니다. ❻ [이름 관리자] 대화상자에서 [닫기]를 클릭합니다.

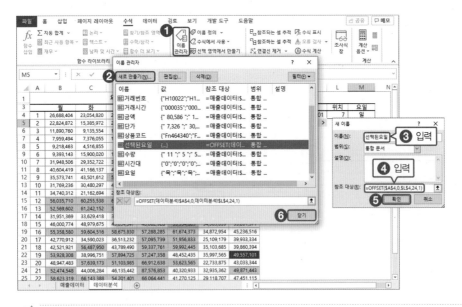

🔼 **실력향상** OFFSET 함수의 형식은 'OFFSET(시작 셀, 이동할 행수, 이동할 열수, 참조할 높이(행수), 참조할 너비(열수))'입니다. [A4] 셀을 시작 셀로 지정한 후 행은 이동하지 않고 열은 [L4] 셀에 입력된 숫자만큼 이동합니다. 이동한 셀에서 높이는 24, 너비는 1만큼의 범위를 [지정된요일] 이름 범위로 지정합니다.

19 방사형 차트 작성하기 ① [A3:B27] 범위를 지정합니다. ② [삽입] 탭-[차트] 그룹-[폭포, 깔대기형, 주식형, 표면형 또는 방사형 차트 삽입🖺]-[방사형]-[방사형]을 클릭합니다. ③ 삽입된 차트의 윤곽선을 드래그하여 원하는 위치로 이동한 후 ④ 크기 조절점을 드래그하여 적절한 크기로 변경합니다.

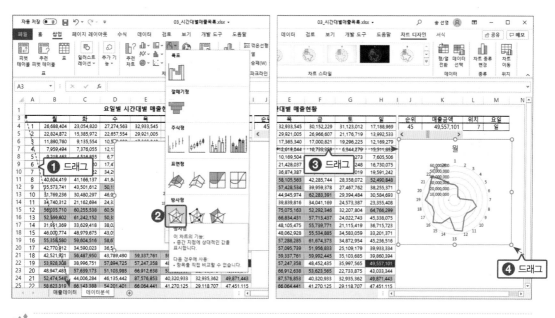

실력향상 방사형 차트는 가운데 중심점을 기준으로 항목들의 위치를 상대적으로 비교할 때 사용하는 차트입니다.

20 차트 제목 작성하기 ① [L5] 셀을 클릭하고 ② **=M4&"요일, 시간대별 매출현황"**를 입력합니다. ③ 차트 제목을 클릭하고 ④ 수식 입력줄에 **=데이터분석!$L$5**를 입력한 후 [Enter]를 누릅니다. ⑤ [L5] 셀을 클릭하고 ⑥ [홈] 탭-[글꼴] 그룹-[글꼴 색]-[흰색, 배경 1]을 클릭합니다.

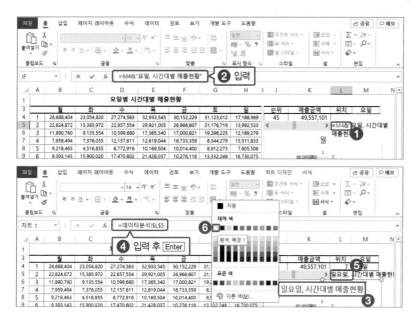

수식 핵심 기능

양식 자동화

데이터 관리& 집계

외부 데이터 편집

보고서 만들기

자동화 문서 만들기

데이터 분석& 시각화

21 차트 서식 설정하기 ❶ [차트 디자인] 탭–[차트 스타일] 그룹–[색 변경]–[다양한 색상표 3]을 클릭합니다. ❷ [차트 디자인] 탭–[차트 스타일] 그룹–[스타일 5]를 클릭합니다. ❸ [차트 디자인] 탭–[차트 레이아웃] 그룹–[차트 요소 추가]–[축]–[기본 세로]를 클릭하여 세로축을 보이지 않게 설정합니다.

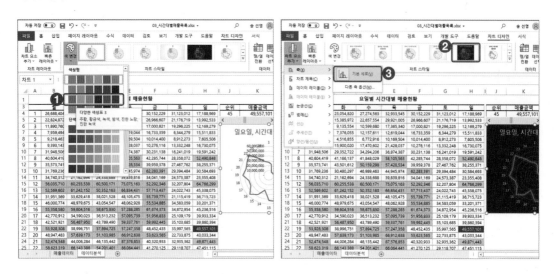

22 차트 데이터 범위 수정하기 ❶ [차트 디자인] 탭–[데이터] 그룹–[데이터 선택]을 클릭합니다. ❷ [데이터 원본 선택] 대화상자의 [범례 항목(계열)]에서 [월]을 클릭하고 ❸ [편집]을 클릭합니다.

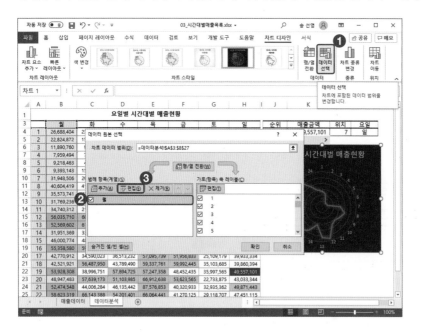

23 ❶ [계열 편집] 대화상자의 [계열 이름]에 **=데이터분석!$M$4**를 입력합니다. ❷ [계열 값]에는 **=데이터분석!선택된요일**을 입력합니다. ❸ [확인]을 클릭합니다. ❹ [데이터 원본 선택] 대화상자에서도 [확인]을 클릭합니다.

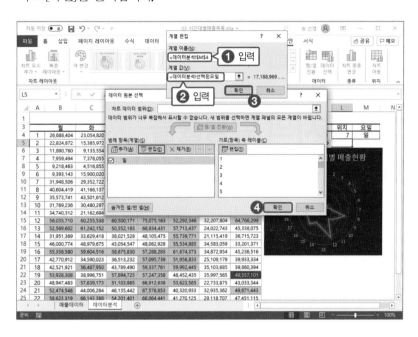

24 스크롤 막대를 드래그하여 순위를 선택하면 해당 순위의 매출금액과 매출금액이 발생한 요일의 시간대별 매출현황을 파악할 수 있습니다.

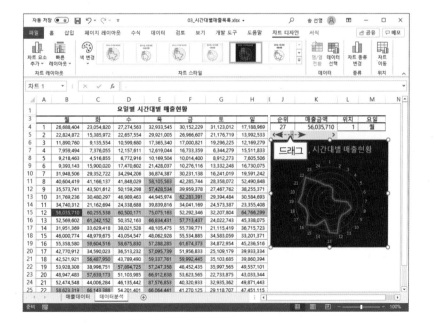

수식
핵심
기능

양식
자동화

데이터
관리&
집계

외부
데이터
편집

보고서
만들기

자동화
문서
만들기

데이터
분석&
시각화

직접공사의 달성율을
게이지 차트로 표현하기

실습 파일 | Part02/Chapter04/04_04_직접공사달성율.xlsx
완성 파일 | Part02/Chapter04/04_04_직접공사달성율(완성).xlsx

01 프로젝트 시작하기

공사 진행 현황이 입력된 공정 확인서에서 선택한 공사의 달성율을 게이지 차트로 표현하여 공사별 달성 현황을 파악해보겠습니다. 게이지 차트는 엑셀에서 제공하지 않는 차트 종류이므로 도넛 차트와 원형 차트를 이용하여 표현하겠습니다. 도넛 차트는 달성율, 달성율의 반대 데이터, 차트의 반대쪽을 표현하는 데이터를 입력하여 작성하겠습니다. 게이지 차트의 바늘은 데이터를 입력하여 기존 차트에 추가한 후 차트 종류를 원형 차트로 바꿔 표현해보겠습니다. 모든 공사를 한번에 확인할 수 없으므로 콤보 상자로 목록을 만들어 선택한 공사의 달성율 현황을 게이지 차트로 확인하겠습니다.

이 프로젝트를 익히면 차트에 필요한 데이터를 가공하고 차트를 다양하게 표현하는 업무에 유용하게 적용할 수 있습니다.

회사에서 바로 통하는 키워드	게이지 차트, 도넛 차트, 원형 차트, INDEX 함수, 콤보 상자

공정 확인서

1. 사업장명 : 지원로얄듀크 신축공사
2. 사업주체 : NS 건설㈜
3. 공사기간 : 2021년 2월 1일 ~ 2023년 9월 20일

공종	전월누계		금월		누계			비고
직접공사	계획	실행	계획	실행	계획	실행	달성률	
건축	5.09	2.54	1.23	0.76	6.32	3.30	52.22%	
토목	46.23	21.53	12.56	6.53	58.79	28.06	47.73%	
설비	5.21	3.23	0.95	0.55	6.16	3.78	61.36%	
전기	2.13	1.45	0.43	0.34	2.56	1.79	69.92%	
조경	2.12	0.00	0.84	0.52	2.96	0.52	17.57%	
전기소방	1.89	0.31	0.64	0.34	2.53	0.65	25.69%	
기계소방	1.26	0.79	0.23	0.20	1.49	0.99	66.44%	
현장간접비	14.53	8.46	2.56	1.23	17.09	9.69	56.70%	

선택 데이터	직접공사		달성율	반대값	계기판반대	달성율	바늘크기	반대편

공정 확인서

1. 사업장명 : 지원로얄듀크 신축공사
2. 사업주체 : NS 건설㈜
3. 공사기간 : 2021년 2월 1일 ~ 2023년 9월 20일

공종	전월누계		금월		누계			비고
직접공사	계획	실행	계획	실행	계획	실행	달성률	
건축	5.09	2.54	1.23	0.76	6.32	3.30	52.22%	
토목	46.23	21.53	12.56	6.53	58.79	28.06	47.73%	
설비	5.21	3.23	0.95	0.55	6.16	3.78	61.36%	
전기	2.13	1.45	0.43	0.34	2.56	1.79	69.92%	
조경	2.12	0.00	0.84	0.52	2.96	0.52	17.57%	
전기소방	1.89	0.31	0.64	0.34	2.53	0.65	25.69%	
기계소방	1.26	0.79	0.23	0.20	1.49	0.99	66.44%	
현장간접비	14.53	8.46	2.56	1.23	17.09	9.69	56.70%	

현장간접비공사 달성율

56.7%

달성율을 확인하고 싶은 공사 선택 현장간접비 ▼

한눈에 보는 작업순서

도넛 차트에 표현될 데이터 만들기 ▶ 도넛 차트 작성하기 ▶ 도넛 차트 서식 설정하기 ▶ 원형 차트에 표현될 데이터 만들기

원형 차트 작성하기 ▶ 원형 차트 서식 설정하기 ▶ 콤보 상자로 직접공사 목록 표시하기

수식 핵심 기능

양식 자동화

데이터 관리& 집계

외부 데이터 편집

보고서 만들기

자동화 문서 만들기

데이터 분석& 시각화

STEP 01 도넛 차트로 달성율 표현하기

❶ 차트에 표현할 직접공사의 달성율, 달성율의 반대 데이터, 그리고 차트의 반대쪽을 표현할 데이터를 작성합니다.

❷ 입력된 데이터로 도넛 차트를 작성합니다.

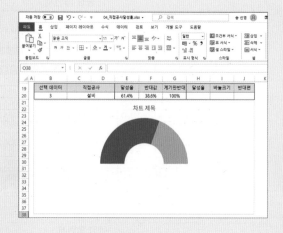

STEP 02 원형 차트로 달성율을 표시할 바늘 표현하기

❶ 바늘을 표현할 데이터를 작성합니다.

❷ 원형 차트를 [보조 축]으로 기존 차트에 추가합니다.

STEP 03 직접공사를 목록으로 선택할 콤보 상자 추가하기

❶ 콤보 상자를 추가하여 직접공사 목록을 표시하고 선택한 데이터와 연결합니다.

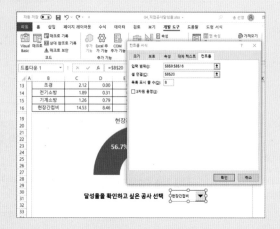

수식
핵심
기능

양식
자동화

데이터
관리&
집계

외부
데이터
편집

보고서
만들기

자동화
문서
만들기

데이터
분석&
시각화

<table>
<tr><td style="background:#888;color:#fff;text-align:center;">STEP
01</td><td><h1>도넛 차트로 달성율 표현하기</h1></td></tr>
</table>

직접공사 목록 중 선택한 공사의 달성율을 차트로 작성하기 위해 선택할 데이터의 위칫값과 해당 위치의 공사값, 달성율을 INDEX 함수로 표시해보겠습니다. 함수로 가져온 달성율값 하나만으로는 차트를 작성할 수 없습니다. 달성율과 달성율의 반대편을 표시할 값을 먼저 구합니다. 게이지 차트(계기판 차트)는 반원 모양이므로 표시하지 않을 아래쪽 데이터값을 지정한 후 차트를 작성하겠습니다. 차트를 작성한 후에는 서식을 설정하여 차트를 계기판 모양으로 만들어보겠습니다.

01 직접공사 위칫값과 공사값, 달성율 데이터 가져오기 ❶ [B20] 셀에 **1**을 입력합니다. ❷ [C20] 셀을 클릭하고 ❸ **=INDEX(B9:B16, B20)**를 입력합니다. ❹ [E20] 셀을 클릭하고 ❺ **=INDEX(I9:I16, B20)**를 입력합니다. ❻ [E20] 셀을 클릭하고 ❼ [홈] 탭-[표시 형식] 그룹-[백분율 스타일]을 클릭한 후 ❽ [홈] 탭-[표시 형식] 그룹-[자릿수 늘림[⎘⎘]]을 한 번 클릭하여 백분율을 소수점 첫째 자리까지 표시합니다.

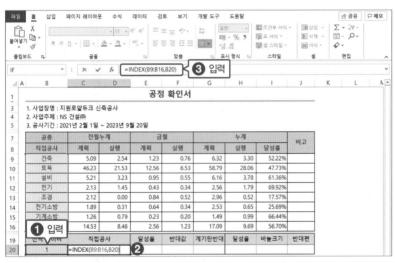

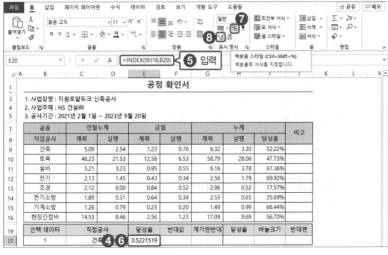

📊 실력향상

INDEX 함수로 직접공사 목록인 [B9:B16] 범위에서 [B20] 셀에 입력된 위치의 공사값과 달성율 목록인 [I9:I16] 범위에서 [B20] 셀에 입력된 위치의 달성율 데이터를 표시합니다.

02 달성율 반댓값, 계기판 반대편에 표시할 값 입력하기 ❶ [G20] 셀에 **100%**를 입력합니다. ❷ [F20] 셀을 클릭하고 ❸ **=G20-E20**을 입력합니다. ❹ [F20] 셀을 클릭하고 ❺ [홈] 탭–[표시 형식] 그룹–[백분율 스타일]을 클릭한 후 ❻ [홈] 탭–[표시 형식] 그룹–[자릿수 늘림]을 한 번 클릭하여 백분율을 소수점 첫째 자리까지 표시합니다.

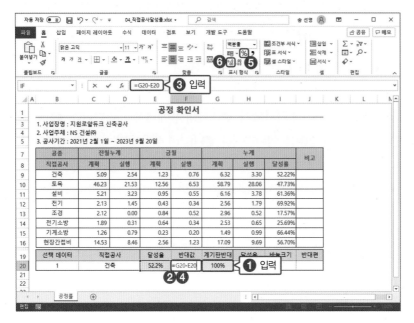

실력향상

도넛 차트를 가로선 기준으로 위쪽과 아래쪽을 구분하여 그리기 위해 달성율과 반댓값의 합이 100%가 되도록 입력하고 반대쪽을 표시할 '100%'는 직접 입력합니다.

03 [B20] 셀에 **3**을 입력하여 선택한 위치의 직접공사, 달성율 등의 값을 확인합니다.

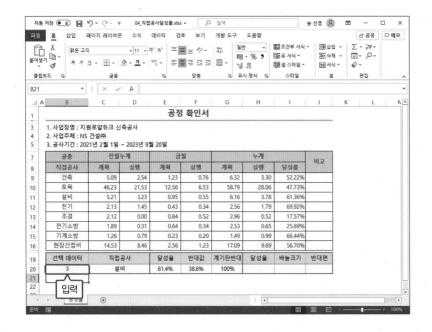

04 도넛 차트 작성하기 ❶ [E19:G20] 범위를 지정한 후 ❷ [삽입] 탭–[차트] 그룹–[원형 또는 도넛형 차트 삽입🔘]–[도넛형]–[도넛형]을 클릭합니다. ❸ 삽입된 차트의 윤곽선을 드래그하여 원하는 위치로 이동한 후 ❹ 크기 조절점을 드래그하여 적절한 크기로 변경합니다.

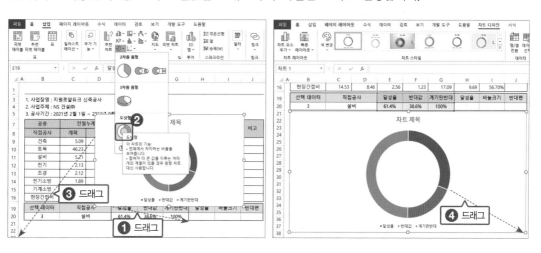

05 계열 옵션에서 각도와 구멍 크기 수정하기 ❶ 차트의 범례를 클릭한 후 Delete를 눌러 삭제합니다. ❷ 도넛 차트를 마우스 오른쪽 버튼으로 클릭하고 ❸ [데이터 계열 서식]을 클릭합니다.

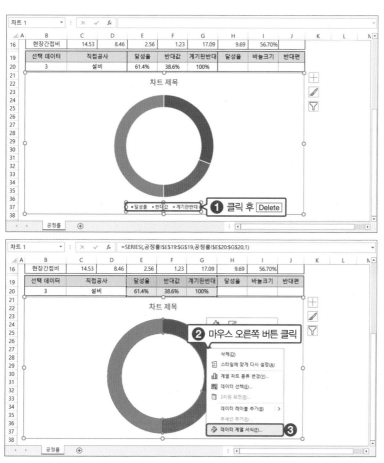

수식
핵심
기능

양식
자동화

데이터
관리&
집계

외부
데이터
편집

보고서
만들기

자동화
문서
만들기

데이터
분석&
시각화

06 ❶ [데이터 계열 서식] 작업 창의 [계열 옵션]–[계열 옵션]–[첫째 조각의 각]에 **270**을 입력합니다. ❷ [도넛 구멍 크기]에는 **45**를 입력합니다.

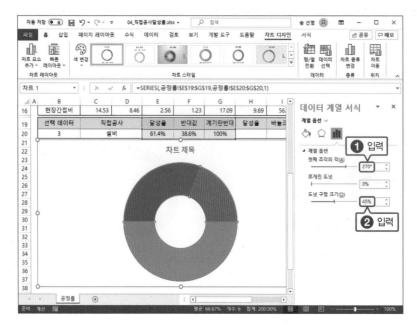

실력향상

첫 번째 값인 달성율을 표시하는 파랑 계열 조각의 각도를 수정하여 위치를 변경합니다.

07 계기판반대 요소 보이지 않게 설정하기 ❶ 차트의 [계기판반대] 요소를 클릭하고 ❷ [데이터 요소 서식] 작업 창의 [채우기 및 선🪣]을 클릭합니다. ❸ [채우기]는 [채우기 없음]을 클릭하고 ❹ [테두리]는 [선 없음]을 클릭합니다.

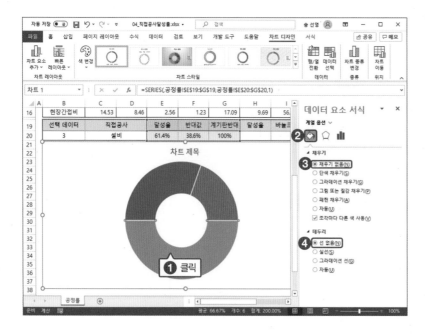

08 차트색 설정하기 ❶ [달성율] 요소를 클릭하고 ❷ [데이터 요소 서식] 작업 창의 [채우기 및 선 🖍]–[채우기]–[채우기 색]에서 [파랑]을 클릭합니다. ❸ [테두리]는 [선 없음]을 클릭합니다.

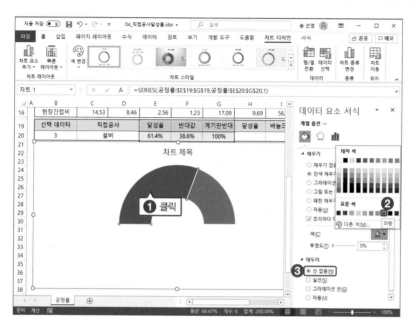

09 ❶ [반대값] 요소를 클릭하고 ❷ [데이터 요소 서식] 작업 창의 [채우기 및 선🖍]–[채우기]–[채우기 색]에서 [흰색, 배경 1, 25% 더 어둡게]를 클릭하고 ❸ [테두리]는 [선 없음]을 클릭합니다. ❹ [닫기☒]를 클릭하여 작업 창을 닫습니다.

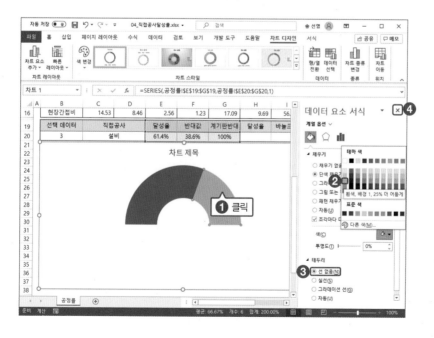

수식
핵심
기능

양식
자동화

데이터
관리&
집계

외부
데이터
편집

보고서
만들기

자동화
문서
만들기

데이터
분석&
시각화

원형 차트로 달성율을 표시할 바늘 표현하기

계기판 차트의 바늘 모양을 원형 차트로 표현해보겠습니다. 도넛 차트와 마찬가지로 달성율과 바늘 크기, 그리고 반대편을 표현할 데이터를 입력한 후 차트 데이터 범위에 추가하고 원형 차트로 종류 변경하여 바늘 모양을 완성해보겠습니다.

10 차트에 필요한 데이터 입력하기 ❶ [H20] 셀을 클릭하고 ❷ **=E20**을 입력합니다. ❸ [I20] 셀에 **2%**를 입력합니다. ❹ [J20] 셀을 클릭하고 ❺ **=200%-H20-I20**을 입력합니다. ❻ [J20] 셀을 클릭하고 ❼ [홈] 탭-[표시 형식] 그룹-[백분율 스타일]을 클릭합니다.

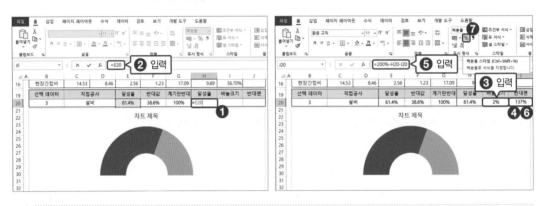

🏋 **실력향상** [I20] 셀에 입력하는 값에 따라 바늘의 너비가 정해집니다. 바늘 외에 다른 부분을 표시하기 위해 달성율과 반대편 데이터를 입력합니다.

11 바늘 데이터 차트에 추가하기 ❶ 차트를 클릭한 후 ❷ [차트 디자인] 탭-[데이터] 그룹-[데이터 선택]을 클릭합니다. ❸ [데이터 원본 선택] 대화상자의 [범례 항목(계열)]의 [추가]를 클릭합니다.

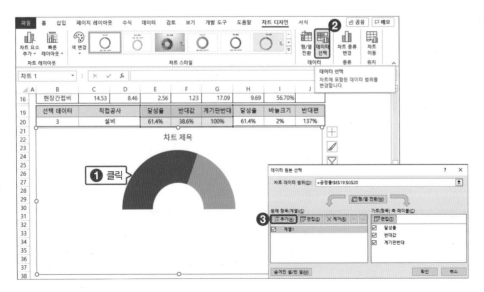

12 ❶[계열 편집] 대화상자의 [계열 값]에 **=공정률!$H$20:$J$20**을 입력합니다. ❷[확인]을 클릭합니다. ❸[데이터 원본 선택] 대화상자에서도 [확인]을 클릭합니다.

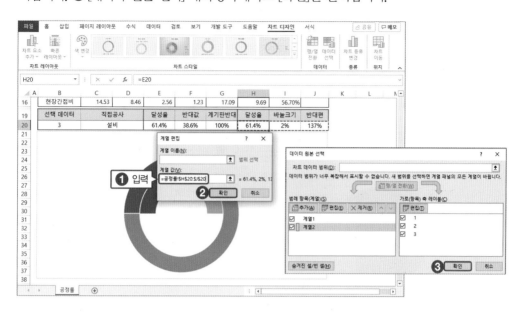

13 차트 종류와 축 변경하기 ❶ 추가된 차트를 마우스 오른쪽 버튼으로 클릭하고 ❷[계열 차트 종류 변경]을 클릭합니다. ❸[계열2]의 [차트 종류]를 [원형]으로 변경하고 ❹[보조 축]에 체크합니다. ❺[확인]을 클릭합니다.

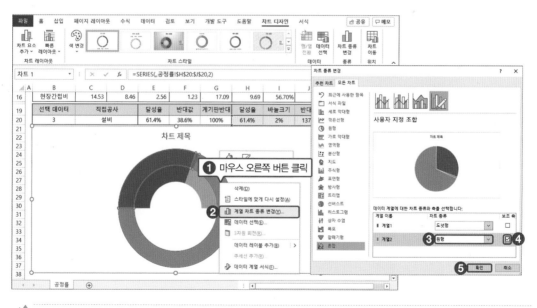

📊 **실력향상** [보조 축]에 체크해야 도넛 차트 위쪽에 차트가 표시됩니다.

📊 **실력향상** 엑셀 2010 이전 버전에서는 차트를 마우스 오른쪽 버튼으로 클릭하고 [데이터 계열 서식]을 클릭한 후 [보조 축]에 체크하여 보조 축으로 변경합니다. 그리고 다시 차트를 마우스 오른쪽 버튼으로 클릭하고 [계열 차트 종류 변경]에서 차트 종류를 변경합니다.

수식
핵심
기능

양식
자동화

데이터
관리&
집계

외부
데이터
편집

보고서
만들기

자동화
문서
만들기

데이터
분석&
시각화

14 첫째 조각의 각도 변경하기 ❶ 원형 차트를 마우스 오른쪽 버튼으로 클릭하고 ❷ [데이터 계열 서식]을 클릭합니다. ❸ [데이터 계열 서식] 작업 창의 [계열 옵션📊]–[계열 옵션]–[첫째 조각의 각] 을 **270**으로 수정합니다.

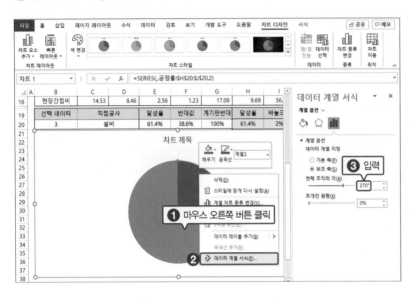

15 차트 조각 서식 변경하기 ❶ [계열2]의 [요소 3]을 클릭하고 ❷ [계열 옵션]–[채우기 및 선◇]을 클릭합니다. ❸ [채우기]는 [채우기 없음]으로 ❹ [테두리]는 [선 없음]을 클릭합니다. ❺ [요소 1]을 클릭하여 ❻ [채우기]는 [채우기 없음]으로 ❼ [테두리]는 [선 없음]을 클릭합니다.

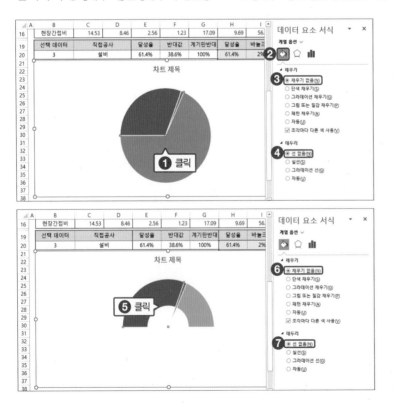

16 ❶ [요소 2]를 클릭 후 ❷ [계열 옵션]의 [채우기 및 선 🖌]–[채우기]–[채우기 색]에서 [진한 파랑]을 클릭합니다. ❸ 차트의 [그림 영역]을 클릭한 후 ❹ 크기 조절점을 드래그하여 크기를 조절합니다.

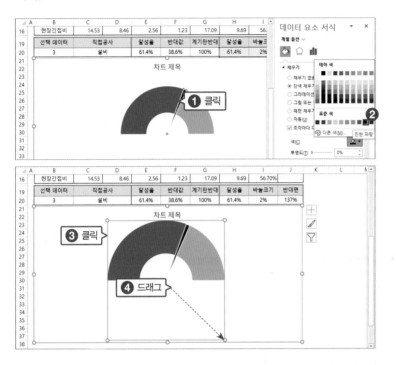

17 데이터 레이블 표시하기 ❶ 도넛 차트의 [계열2 요소 1]을 클릭한 후 한 번 더 클릭하고 ❷ 마우스 오른쪽 버튼을 클릭하여 ❸ [데이터 레이블 추가 ▶]–[데이터 레이블 추가]를 클릭합니다. ❹ 데이터 레이블을 클릭하고 ❺ [홈] 탭–[글꼴] 그룹–[글꼴 크기]에 **18**을 입력합니다. ❻ [홈] 탭–[글꼴] 그룹–[글꼴 색]은 [흰색]으로 설정하고 ❼ [홈] 탭–[글꼴] 그룹–[굵게]를 클릭합니다. ❽ 데이터 레이블을 드래그하여 적당한 곳에 위치시킵니다.

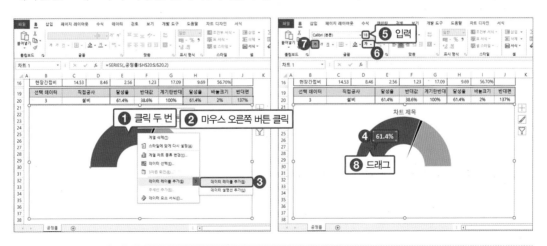

실력향상 도넛 차트 위에 보이지 않는 원형 차트가 있습니다. 달성율을 표시하는 파란색 부분을 클릭한 후 한 번 더 클릭하여 정확히 선택합니다.

수식
핵심
기능

양식
자동화

데이터
관리&
집계

외부
데이터
편집

보고서
만들기

자동화
문서
만들기

데이터
분석&
시각화

18 차트 제목 표시하기 ❶ [C20] 셀을 클릭하고 ❷ 수식 입력줄의 수식을 **=INDEX(B9:B16, B20)&"공사 달성율"**로 수정합니다. ❸ 차트 제목을 클릭하고 ❹ 수식 입력줄에 **=공정률!$C$20**을 입력한 후 Enter 를 누릅니다.

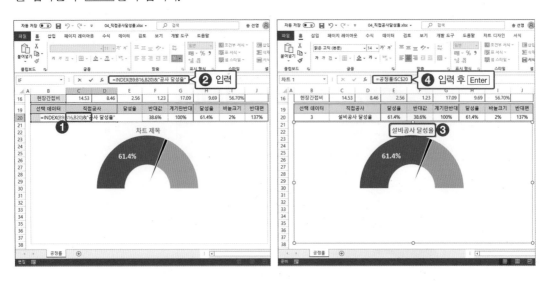

19 차트 이동하여 가공 데이터 숨기기 ❶ 차트 영역을 클릭합니다. ❷ 가공한 데이터를 숨기기 위해 차트를 위쪽으로 드래그하여 위치를 이동시킵니다.

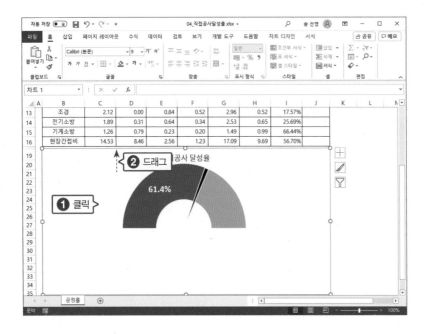

수식
핵심
기능

양식
자동화

데이터
관리&
집계

외부
데이터
편집

보고서
만들기

자동화
문서
만들기

데이터
분석&
시각화

STEP
03

직접공사를 목록으로 선택할 콤보 상자 추가하기

직접공사를 목록으로 제공하여 선택한 공사의 현황을 차트에 반영하겠습니다. 양식 컨트롤의 콤보 상자
로 직접공사의 목록을 표시하고 셀과 연결하여 콤보 상자에서 선택한 공사의 달성율이 차트에 표시되
도록 작성하겠습니다.

20 텍스트 상자로 안내 문구 작성하기 ❶ [삽입] 탭─[일러스트레이션] 그룹─[도형]─[텍스트 상자
⬚]를 클릭합니다. ❷ 차트의 아래쪽 빈 공간을 클릭한 후 **달성율을 확인하고 싶은 공사 선택**을 입
력합니다. ❸ [홈] 탭─[글꼴] 그룹─[글꼴 크기]에 **14**를 입력하고 ❹ [홈] 탭─[글꼴] 그룹─[굵게]를
클릭합니다.

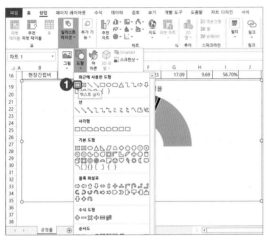 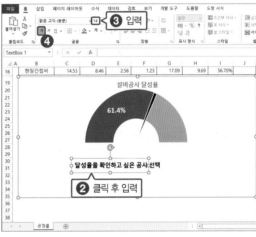

21 콤보 상자 추가하고 셀과 연결하기 ❶ [개발 도구] 탭─[컨트롤] 그룹─[삽입]─[양식 컨트롤]에서
[콤보 상자(양식 컨트롤)⬚]를 클릭합니다. ❷ 텍스트 상자의 오른쪽에 드래그하여 삽입합니다.

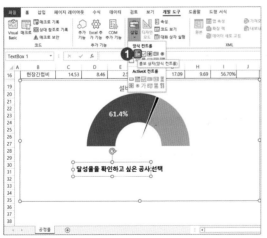 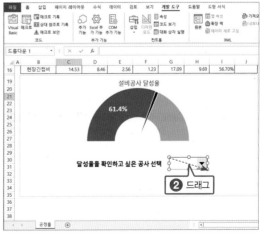

22 ❶ 콤보 상자를 마우스 오른쪽 버튼으로 클릭하고 ❷ [컨트롤 서식]을 클릭합니다. ❸ [컨트롤 서식] 대화상자의 [컨트롤] 탭-[입력 범위]에 **$B$9:$B$16**을 입력하고 ❹ [셀 연결]에는 **$B$20**을 입력합니다. ❺ [확인]을 클릭합니다. ❻ 콤보 상자의 목록에서 확인하고 싶은 공사를 선택하여 해당 공사의 달성율을 확인합니다.

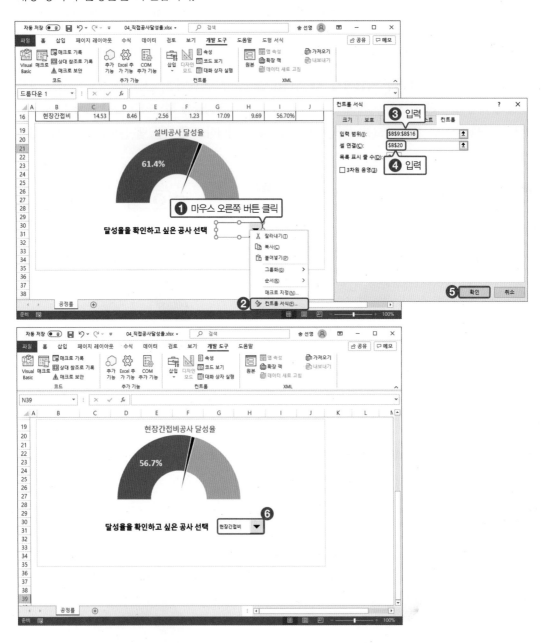

찾아보기

찾아보기

회사통 엑셀 시리즈로
스펙을 업그레이드하라!

엑셀 왕초보부터 시작해 실무에 강한 직장인이 되는 지름길!
수많은 독자가 검증한 실무 예제와 업무 실력 향상에 꼭 필요한 내용이 알차게 수록되어 있습니다.
사랑받는 한빛미디어 엑셀 시리즈로 업무경쟁력을 쌓아보세요.

핵심기능과 현장밀착형 예제로 실무 활용 능력을 높인다!

프로젝트형 예제로 데이터 활용과 분석 능력을 업그레이드한다!

회사에서 바로 통하는
실무 엑셀
함수&수식

24,000원 | 2021년 6월 11일 | 448쪽

❶ 40개 핵심기능과 프로젝트 예제로 학습한다!
❷ 수식과 함수를 연계하여 실무에서 바로 쓰는 자동화 문서 작성
  이 가능하다!
❸ 엑셀 모든 버전에서 사용할 수 있다!

꼭 필요한 핵심기능을 먼저 익히고 엄선된 실무 프로젝트 예제
로 활용 능력을 높인다. 자동화 문서를 만드는 방법, 가공되지
않은 데이터를 업무에 적합하게 편집하는 방법, 동적 차트로 시
각적인 보고서를 작성하는 방법 등을 학습할 수 있다.

회사에서 바로 통하는
실무 엑셀
데이터 활용+분석

22,000원 | 2019년 6월 10일 | 480쪽

❶ 엑셀 모든 버전으로 학습한다!
❷ 회사에서 쏙 뽑아온 전략 예제로 익힌다!
❸ 프로젝트형 실무 예제로 데이터 관리에 최적화된
  엑셀 기능 학습이 가능하다!

표와 필터로 업무에 맞게 데이터를 관리하고, 수식과 함수로 원
하는 데이터를 간단하게 집계, 분석하는 방법을 학습한다. 피벗
테이블과 피벗 차트로 데이터를 효과적으로 시각화하는 방법,
원하는 보고서를 자유자재로 작성하는 방법 등을 익힐 수 있다.